『資本論』の経営理論

――協業論と指揮論の構築をめざして――

藤原直樹

御茶の水書房

はしがき

　本書は、カール・マルクス『資本論』等に依拠しながら、経営学（経営労務論分野）の基礎理論の構築のみを目的とした理論書である。著者は『資本論』あるいはマルクス経済学研究が比較的盛んな学問的環境において学部・大学院時代等を送ってきたとはいえ、研究生活の当初よりこのような経営労務論分野の基礎研究に従事していたわけではない。旧西ドイツに関する現状分析を、主として経営内における労働者の移動について研究を行ってきた。[1] したがって、『資本論』研究ならびに経営労務論分野の基礎理論の構築を内容とする本書は、比較的近年における筆者の研究の成果なのである。

　では、なぜ今かような本書を上梓しなければならないのか。その理由を若干長くなるが述べておこう。それは端的に言うならば、批判経営学の研究に際して、経営労務論分野に属する諸先学の多くが、マルクスならびに『資本論』を十分に注意深く広範に検討された上で議論をしてきたのか、という疑問がどうしても拭いきれないからである。例えば、諸先学の多くは研究に際して『資本論』第1巻4篇「相対的剰余価値の生産」を取り扱う。その際、第一の傾向として、その内容を同第5篇第14章「絶対的および相対的剰余価値」における「資本のもとへの労働の形式的包摂」から「資本のもとへの労働の実質的包摂」へという一見実に魅力的に思われるタームでまとめてしまうのであり、第二の傾向として、同第4篇を同第11章「協業」における一般に「管理の二重性規程」とされる箇所[2]を取り上げることに終止するのである。しかし、後者に関しては、この同第4篇の第11章を、そして続く第12章「分業とマニュファクチュア」を全体として丹念に読むのであれば、マルクスは協業に関する各種の概念を導入した上で、社会的分業とマニュファクチュア的分業とへの分業に関する注意深い使い分けを行ないなが

---

1) 藤原直樹「西ドイツにおける経営内キャリア形成の可能性（1）〜（7）」、大分大学経済論集第43巻第5号（1992.1）〜第49巻第2号（1997.7）所収。その他。
2) 現行邦訳書の代表例として新日本出版社新書版『資本論』①〜⑬を用いるのであれば、それは同③575〜578ページの該当部分を意味する。

i

ら、一種の協業論を形成しようと試みているのである。その上でマルクスは、第11章における生産力の増大、第11章から第12章における生産様式の変革と生産力の増大を説いているとしか、筆者は読めなかったのである。つまり、「管理の二重性」とは第11章における一論点にすぎず、筆者が第11章および第12章から導き出したものは「協業の二重性」という新たな考え方なのである。また、先の第一の傾向とした件に関しては、「資本のもとへの労働の形式的包摂」「資本のもとへの労働の実質的包摂」とは具体的に何を展開させるためのタームであるのか、『資本論』全体での意義は何であったのか、が十分解明されないまま取り上げられていたと言えよう。3)

さて、本書の具体的な課題を以下述べよう。本書第1章〜第8章までは（以下、本書前半部と称す）、『資本論』等に依拠する経営学（経営労務論分野）の基礎理論におけるさらなる基礎部分として協業論ならびに指揮論・資本家の指揮論を打ち立てることを目的としている。そこで、ここで言う協業論ならびに指揮論・資本家の指揮論とは何を意味するのか明らかにしておこう。

第一に、筆者は、マルクスが『資本論』第1巻第4篇第11章および第12章において、その目的・課題を遂行するための前提として協業論を形成していると考えている。マルクスは同第4篇第10章の最後において以下の第4篇の課題を次のように述べる。

> 労働の生産力の発展は、資本主義的生産の内部では、労働日のうち労働者が自分自身のために労働しなければならない部分を短縮し、まさにそのことによって、労働日のうち労働者が資本家のためにただで労働することのできる他の部分を延長することを、目的としている。このような結果が、諸商品を安くしないでもどの程度達成されうるかは、相対的剰

---

3) もちろん批判経営学の経営労務論分野で『資本論』の読解について定評のある先学もおられた。その第一人者として角谷登志雄教授の所説を取り上げる（本書第2章第2節2-1.）。
　　また、厳密に言えば、以上の批判は筆者が属する経営労務論分野に向けられたもので、批判経営学の他分野に向けたものではない。批判経営学の経営財務論分野における、『資本論』の読解について定評のある先学として浅野敞教授の所説を取り上げる（同、2-2.）。しかし、浅野教授の所説の厳格さ・完全性に比べるのであれば角谷教授の所説は不満の残るものと言わざるを得ないのである。

はしがき

余価値の特殊な生産諸方法において示されるであろう。いまやわれわれは、その生産諸方法の考察に移ることにする。[4]

　すなわち、相対的剰余価値の生産へと通ずる（特別剰余価値の実現を経ての）、労働の生産力の発展および生産諸方法の変革を具体的に考察しようとしている。それを、「協業」、「分業とマニュファクチュア」、「機械設備と大工業」のそれぞれの段階にて著述することである。但し、具体的な労働の生産力の発展と生産諸方法の変革を考察するためには、これが実際に行なわれる場を用意し、どのように形成されるのかを議論しなければならないであろう。つまり、具体的かつ特殊な協業の一種としての資本主義的経営：当初はマニュファクチュアはいかなる論理のもとで形成されるのか。これを、労働の生産力の発展と生産諸方法の変革を具体的に考察する前提として、マルクスは『資本論』第1巻第11章・第12章にて論じているのである。それは協業ならびに分業に関する各種の概念を駆使しながら論理的に打ち出されているのである。以上が筆者の言う協業論の意味するところである。本書では、本書の研究の方法と本書前半部の目的を論じた第1章に続く、第2章〜第4章が経営学の基礎理論としての協業論の樹立を扱った著述部分である。

　第二に、『資本論』等に依拠する指揮論・資本家の指揮論の確立とは何を目指すものか述べておこう。周知のように、『資本論』における協業と指揮との関係は、同第1巻第11章「協業」に関しては協業一般というメインカテゴリーが存在しその一要件が指揮（計画という作業）なのである。そして、この指揮とならび独自な発展形態として資本家の指揮が登場することになる。本書では、まず、この協業一般における指揮から資本家の指揮への転化とその根拠を、前述の協業論を基礎として解明しようと試みる（本書第5章）。次に、『資本論』にて展開されるべき資本家の指揮の具体的内容を知るために、資本家の指揮の分類を行なうことにする。その上で、マニュファクチュアにおける資本家の指揮の具体的内容、ならびに、機械制大工業における資本家の指揮の具体的内容を考察することとする（以上、本書第6章・第7

---

[4] カール・マルクス著　資本論翻訳委員会訳『資本論』③（第一巻　第三分冊）新日本出版社　1983年、560ページ。

章・補章)。なお、本書第8章は本書前半部の、すなわち、協業論ならびに指揮論・資本家の指揮論の結論を示したものである。

　本書第9章〜第13章(以下、本書後半部と称す)は、本書前半部で確立した協業論ならびに指揮論・資本家の指揮論を基礎として、続く『資本論』等を対象とした理論的課題の解決を意図したものである。本書前半部の成果を用いることにより、先学が提起された課題に対し、一定の回答を示すことも目的としている。本書後半部における課題と内容は3点に区分することが可能である。第9章・第10章では商業資本における資本家の指揮の独自性を論ずる。第11章・第12章においては、『資本論』に先んじたマルクスの諸旧稿における指揮論・資本家の指揮論の展開とその後の『資本論』への移行を解明する。第13章では資本家の指揮の具体的な活動と生産的労働との関連性を論じる。総じて、本書は『資本論』等に依拠しつつ経営学の基礎理論の構築のみを目的とした構成となっている。但し、本書前半部が基礎理論の基礎であるとすれば、本書後半部は基礎理論に基づく応用的な理論的課題を扱うものである。

　筆者は、『資本論』に基づき、「協業の二重性」の導出、「資本主義的管理の二重性」の根拠について、指揮概念 Kommando から Leitung/Direktion への展開、そして資本家の指揮(Leitung)の分類とそのタイプcを中心とする具体的な内容と展開、等々を例えば本書前半部で論じてきた。これらは全く新たに筆者が『資本論』に依り導いた議論である。しかし、目的はことさら新規の論点をひけらかすことでも、筆者の議論が全く正しいと主張することでもない。『資本論』とは新たな観点で検討することが可能な書であり、新たな着想を与える古典であること、つまり『資本論』自体が内包する力を確認することである。そして、『資本論』を着実に、全体的に、かつ、新しい研究成果を加味しながら読解することで、新たな基礎理論が展開できるのではないかという一つの試みに過ぎない。本書が、現在の批判経営学の優秀な諸論者に再び『資本論』を詳細に検討する契機となれば幸いなのである。

　なお、本書の基となる諸論文は下記のものである。これらに加筆・訂正を行なうことで本書は完成されている。藤原直樹稿「カール・マルクス『資本論』「管理の二重性論」再論〔1〕〜〔9〕」、大分大学経済論集第60巻第4・5

号（2009.1）～第 64 巻第 3・4 合併号（2012.11）所収、同稿「『資本論』「管理の二重性論」再論、補遺〔1〕～〔5〕」、大分大学経済論集第 65 巻第 2 号（2013.7）～第 67 巻第 4・5 合併号（2016.1）所収。

　最後に、本出版に際して、筆者の研究の進展に対して誠にお世話になった次の方々に感謝の念を表しておこう。まずは、筆者の出身である九州大学経済学部の諸先生方である。学部、大学院修士課程・博士課程在学中に、日本学術振興会特別研究院（PD）在籍中にて、諸先生方の薫陶なくしては本書は成り立ちえないものであった。これらの諸先生方とマルクス・『資本論』の関わりについて、これについての筆者の受け止め方を記すのであれば、それのみで一編を著すことができる程なのである。次に、同大学院経営労務論専攻であった諸先輩と同門の方々である。才気みなぎる皆様の御議論に尊敬の念を抱かずにおられないのである。また、現在の勤務先である大分大学経済学部の皆様にも大変お世話になった。同学部の先生方には折々御批評とアドバイスを頂戴し、御便宜を図って頂いた。同学部教育研究支援室のスタッフの方々には紀要にて初出原稿を執筆する際には誠に有り難い御支援を頂いているのである。

　　　　　　　　　　　　　　　　　　　　　2018 年春　大分賀来にて

『資本論』の経営理論

目　次

目　次

　　はしがき　i

第1章　序論、『資本論』の読解方法について……………………3
　　はじめに　3
　1. 問題提起のための序節　7
　2. 『資本論』第1巻第5章「労働過程と価値増殖過程」とはどのように論ずるべきか、第3篇「絶対的剰余価値の生産」とは何か　30
　　2-1. 『資本論』第1巻第5章「労働過程と価値増殖過程」の課題は何か　31
　　2-2. 第5章第1節「労働過程」について　36
　　2-3. 第5章第2節「価値増殖過程」について　50
　　2-4. 理論上の総括　55
　3. 『資本論』第1巻第4篇「相対的剰余価値の生産」とは何か、第11章「協業」以下はどのように論ずるべきか　69
　4. 本書前半部における問題の所在　81

第2章　『資本論』第1巻第11章・第12章の検討の前に…83
　1. 『資本論』第3巻第23章「利子と企業者利得」における「資本主義的管理の二重性」規定について　83
　2. 従来の学説を振り返って　95
　　2-1. 角谷登志雄教授の所説　95
　　2-2. 浅野敏教授の所説　102

第3章　『資本論』第1巻 第11章・第12章における協業および分業 ……………………………………………109
　1. 分業とは何か　110
　2. 協業とは何か──協業一般の規定　111
　3. 単純協業とは何か　113

4. 資本主義的協業とは何か　113
　5. 資本主義的協業と雇用の規定　117
　6. 分業にもとづく協業とは何か　118

第4章　『資本論』第1巻第11章・第12章、協業論としての再構築 …………………………………………………………… 121

　1. 『資本論』第1巻第11章・第12章における問題点　121
　2. 単純協業と資本主義的協業との関連性　123
　3. 単純協業と分業にもとづく協業との関連性　128
　4. 資本主義的協業を再論する　130
　5. 「協業の二重性」の導出、資本主義的経営の形成へ　132

第5章　『資本論』における二つの資本家の指揮とその移行 ………………………………………………………………… 137

　1. 「資本主義的管理の二重性」の根拠について　139
　2. 『資本論』「管理の二重性」規定におけるマルクスのもう一つの主張　141
　3. 指揮概念 Kommando から Leitung への転化の根拠について　162

第6章　『資本論』における資本家の指揮 (Leitung) の実質について──マルクスの視野にある資本家の指揮の具体的内容を考察する── ……………………………………………………… 169

　1. 問題の所在　169
　2. 資本家の指揮（Leitung）の実質を考察する場合の、分類のための視点　173
　3. 資本家の指揮（Leitung）、タイプaを考察する　176
　4. 資本家の指揮（Leitung）、タイプbを考察する　179
　5. 資本家の指揮(Leitung)、タイプcを考察する。その内容と展開　183
　6. 資本家が協業における指揮者になるということ　198

第7章 『資本論』第1巻第13章「機械設備と大工業」における資本家の指揮（Leitung）を解明する──特にタイプcを中心として── ……………………………………………………… 205
　1.「第1節　機械設備の発展」について　208
　2.「第4節　工場」について　213
　3.「第9節　工場立法（保健および教育条項）。イギリスにおけるそれの一般化」における展開　223

補　章　技術学（Technologie）とは何か、技術学の現在 ……… 243
　1. マルクスの言及　244
　2. ベックマン（Johan Beckmann）、星野芳郎教授の業績　248

第8章　結語／これまでの立論と成果を整理・再検討する　261

第9章　『資本論』第3巻第5篇第23章中「──商業的部門をまったく度外視すれば──」を考察する ……………… 275
　1. 問題の所在　275
　2. 第3巻第4篇第17章「商業利潤」を取り上げる　277
　3. 商人的資本家のもとでの商業賃労働者の出現、マルクスは何を論じているのか　281
　4. 次章に向けてのむすび　293
　付論.「困難な問題」に関する従来の研究について　295

第10章　商業資本における資本家の指揮の基礎的態様 …… 301
　1. 商業資本における資本家の指揮についてのある論争　303
　2. 商業、商業労働、商人的資本家の指揮
　　　──角谷登志雄教授の業績を振り返る　309
　3. 商業資本における資本家の指揮の実質　318
　4. 結語　325

目　次

第 11 章　『資本論』に関わる旧稿における指揮論の展開 …… 327

1. 問題の所在　327
2. 「経済学批判（1861-1863 年草稿）前期分」を検討する　329
   - 2-1. 第 3 章Ⅰ．1．「g　労働過程と価値増殖過程との統一（資本主義的生産過程）」　329
   - 2-2. 第 3 章Ⅰ．3．「a　協業」　332
   - 補記．『資本論』における指揮概念とその展開　339
   - 2-3. 第 3 章Ⅰ．3．「b　分業」他　342
3. 「経済学批判（1861-1863 年草稿）後期分」を検討する　344
   - 3-1. 後期分 3．「γ　機械。自然諸力と科学との応用（続き）」　344
   - 3-2. 後期分 3．「i　資本のもとへの労働の形態的包摂と実質的包摂。過渡諸形態」　348
4. 「第 6 章　直接的生産過程の諸結果」における進展　353
5. 小括　375

第 12 章　資本のもとへの労働の形式的包摂・実質的包摂論の行方──『資本論』への移行を考察する── …… 381

1. 問題の所在　381
2. 諸概念の『資本論』への移行について　384
3. 考察と結語　397

第 13 章　生産的労働・不生産的労働論と資本家の指揮の実質について …… 407

1. 問題の所在　407
2. 『資本論』における生産的労働と不生産的労働の規定　413
3. 二つの『剰余価値学説史』と二つの生産的労働・不生産的労働論　419
   - 3-1. 諸草稿における生産的労働・不生産的労働論とは何か　419
   - 3-2. 諸草稿における生産的労働の規定等　427
   - 3-3. 諸草稿から『資本論』へ、次節への手掛かり　431
4. 資本家の指揮の実質と生産的労働・「生産的な機能」　435
   - 4-1. 産業資本における資本家の指揮、基本規定　436

xi

 4-2. 商業資本における資本家の指揮　　440
 4-3. 資本家の代理者による指揮のケース　　444

索引　　447

『資本論』の経営理論
――協業論と指揮論の構築をめざして――

第1章　序論、『資本論』の読解方法について

はじめに

　以下に掲げる文章は、カール・マルクス『資本論』第1巻、第4篇、第11章「協業」から引用したものである。

　　それと同様に、労働にたいする資本の指揮（Kommando）は、はじめは労働者が自分のためにではなく、資本家のために、それゆえ資本家のもとで労働することの形式的結果として現われたにすぎなかった。〔しかし〕多数の賃労働者の協業とともに、資本の指揮は、労働過程そのものを遂行するための必要事項に、現実的生産条件に、発展する。生産場面における資本家の命令は、いまや、戦場における将軍の命令と同じように不可欠なものとなる。
　　比較的大規模の直接に社会的または共同的な労働は、すべて多かれ少なかれ一つの指揮（Direktion）を必要とするのであるが、この指揮は、個別的諸活動の調和をもたらし、生産体総体の運動――その自立した諸器官の運動とは違う――から生じる一般的諸機能を遂行する。バイオリン独奏者は自分自身を指揮するが、オーケストラは指揮者を必要とする。指揮、監督、および調整（Leitung, Überwachung und Vermittlung）というこの機能は、資本に従属する労働が協業的なものになるやいなや、資本の機能となる。この指揮機能（die Funkition der Leitung）は、資本の独特な機能として、独特な特性をもつようになる。
　　第一に、資本主義的生産過程を推進する動機とそれを規定する目的とは、できるだけ大きな資本の自己増殖、すなわちできるだけ大きな剰余

価値の生産、したがって資本家による労働力のできるだけ大きな搾取である。同時に就業している労働者の総数が増えるとともに、彼らの抵抗が増大し、それとともに、この抵抗を抑えつけるための資本の圧力が必然的に増大する。資本家の指揮は、社会的労働過程の本性から発生し、この過程につきものの一つの特殊な機能であるだけではなく、同時に、社会的労働過程の搾取の機能であり、それゆえ搾取者とその搾取原料〔労働者〕とのあいだの不可避的敵対によって条件づけられている。同様に、他人の所有物として賃労働者に対立する生産諸手段の範囲が増大するとともに、生産諸手段の適切な使用を管理する必要も増大する。さらに、賃労働者たちの協業は、資本が彼らを同時に使用することの単なる結果である。賃労働者たちの諸機能の連関と生産体総体としての彼らの統一とは、彼らのそとに、彼らを集め結びつけている資本のなかに、ある。それゆえ、彼らの労働の連関は、観念的には資本家の計画として、実際的には資本家の権威として、彼らの行為を自己の目的に従わせる他人の意志の力として、彼らに対立する。

　それゆえ、資本家の指揮は、内容から見れば二面的である——それは、指揮される生産過程そのものが、一面では生産物の生産のための社会的労働過程であり、他面では資本の価値増殖過程であるという二面性をそなえているためである——とすれば、形式から見れば専制的である[1]。
（カッコ内原語 ── 藤原）

　マルクスの上記の記述は、よく知られるように、マルクスの理論に依拠している、いわゆる、個別資本理論の立場に立つ研究者、とりわけ経営労務論専攻の研究者によって、「管理の二重性」を述べていると規定された部分である。すなわち、資本主義的企業の内部には、全く異なった管理の様式が二重に存在しており、第一は、歴史貫通的に存在し、すべての「比較的大規模の直接に社会的または共同的な労働」に必要とされる指揮・監督の機能であ

---

1) K. Marx: Das Kapital, Dietz, 1980, Bd. I, S. 350-351. 社会科学研究所監修、資本論翻訳委員会訳『資本論』③（第一巻　第三分冊）新日本出版社　1983年、575～577ページ。なお、以下『資本論』からの引用文は、特にことわりのない限り、同上訳書シリーズに依拠することとする。

り、これを管理の一般的機能とするものである。第二は、資本主義的生産様式のもとでの、「資本の独特な機能として、独特な特性をもつようになる」指揮機能である。すなわち、資本家の指揮は、同時に、社会的労働過程の搾取の機能であり、それゆえ搾取者とその搾取原料〔労働者〕とのあいだの不可避的敵対によって条件づけられており、その内容は、搾取、抑圧、支配の機能をはたすものである。これらの点を、資本主義的生産様式に特有な管理、あるいは、特殊的機能を有する管理として把握するものである。

個別資本理論の多くの論者が、先に挙げたマルクスの記述に着目し、そして、「管理の二重性」に関して様々な形で論じている。しかし、その反面、引用文それ自体が記載されている『資本論』第1巻、第4篇、第11章「協業」については、その全体を、体系的に分析した上での研究は、極めて少ないのが現状である。いかなる事情で、このような状況が生じているのか。さらに、第11章「協業」、および、内容的に強い関連性を有する第12章「分業とマニュファクチュア」を対象として、なぜ、詳細かつ体系的な分析と、その上での新たな問題設定が必要なのかを論じなければならない。これが、本研究における「第1章　序論、『資本論』の読解方法について」の全体としての課題である。

「管理の二重性」に言及する論者の多くは、第11章「協業」に関する扱いとは対照的に、『資本論』第1巻、第3篇、第5章「労働過程と価値増殖過程」に着目し、重視し、そして、これに基づき自説を展開するのであった。とりわけ、「管理の二重性」における管理の一般的機能と第5章第1節「労働過程」を、直接的に関連させながら論じるのであった。従来の個別資本理論における一連の研究の過程を、浅野敞教授は次のように総括しておられる。

　　そして、この規定に依拠して、中西教授は、この「直接的に社会的な、または共同的労働」における「労働者と指揮者の関係」を「個人の人間関係」として把握され、さらにそれを「物と物との関係」、「労働技術的諸関係」と解しておられるのである。この中西教授の規定を継承することによって、従来の個別資本理論において、「直接的に社会的な労

働」における問題を、「労働過程」の問題、したがって、「使用価値的側面」、「素材的側面」あるいは「技術的側面」の問題だとする規定が一般化しているとしなければならない[2]。

したがって、中西教授以降の個別資本理論〔問題Ⅰ、Ⅱ、Ⅸ〕で指摘した、北川教授、上林教授のように、労働者に対する指揮監督の機能を、一方、一般的指揮機能のみに還元し、しかも社会的労働過程と簡単な労働過程を区別せず、社会的労働過程を簡単な労働過程に解消することによって、この一般的指揮機能を労働過程、使用価値形成過程に関する自然的性格のものと規定し、他方、あたかも、機械などの生産手段が資本の運動に包摂されて労働者搾取の手段として機能するのと同様に、指揮監督機能が資本の運動に包摂されるが故に搾取機能という社会的性格を発揮すると規定し、これをもって、指揮監督機能、監督労働の自然的性格と社会的性格の二重性と規定することはできないのである。マルクスは、資本の機能、資本による労働者の指揮監督の機能を、「一般的機能」と「支配機能」との「二重の機能」として、しかも相異なる「二つの社会的機能」の統一として規定しているのである[3]。

このように、経営と企業の関係を、労働過程と価値増殖過程の対立的統一の関係として把握する規定は、中西教授以来の個別資本理論においてごく一般的に見られる。たしかに、個別資本の運動したがって企業、経営の運動を、その最も抽象的な規定性において考察する場合には、その生産過程を労働過程と価値増殖過程との二重性において把握しなければならないであろう。

しかし、個別資本の運動をより具体的で複雑な規定性において把握し、具体的な労働者の管理過程を解明し、ブルジョア経営学を内容的に

---

2) 浅野敏『個別資本理論の研究』ミネルヴァ書房 1974年、200ページ。なお、冒頭の「この規定に依拠して」とは、先に引用した、『資本論』第1巻、第11章「協業」における一部分を意味している。さらに、中西教授とは、中西寅雄氏のことであり、同著『経営経済学』日本評論社 昭和6年、からの引用である。
3) 同上、203ページ。

第 1 章　序論、『資本論』の読解方法について

批判する場合に、経営、企業の概念をこのような抽象的で本質的な契機に還元して規定することによって生じる誤謬についてはすでに述べた[4]。

ここでの問題点は、『資本論』第 1 巻、第 4 篇、第 11 章において生じた課題に対し、その解を、同第 1 巻、第 3 篇、第 5 章に求めている点に他ならない。なぜこれが問題なのかを明確にするために、また、本書が『資本論』を考察対象としている以上、マルクスの、あるいは、『資本論』における経済学の方法・理論的方法に言及せざるをえないのである。すなわち「第 1 章　序論、『資本論』の読解方法について」における「1.　問題提起のための序節」は、専ら、この点を論じてゆくものである。

1.　問題提起のための序節

周知のように、通常では、マルクスの経済学方法論は次のように説明されている。

> 経済学の叙述の方法は、探究の過程が、具体的な諸現象から出発して、分析によって抽象的な諸要素を見出し、これをカテゴリーとして固定しながら、もっとも抽象的な基礎的カテゴリーに到達するものにたいして、逆にこのもっとも抽象的なカテゴリーから出発して、総合によって次第に具体的な諸現象に到達し、それらを説明する過程である。このように、抽象的なものから具体的なものへとすすむのが、理解の正当な順序であり、こうすることで経済の諸現象を模索的にでなく、系統的に説明することができる[5]。

研究の方法としての「下降法」、すなわち、最も具体的な現象の表面から本質的な規定へと分析する方法と、理論の展開の方法としての「上向

---

4) 浅野、前掲書、205 ページ。
5) 見田石介稿「経済学方法論 1」、大阪市立大学経済研究所編『経済学辞典　第 3 版』岩波書店　1992 年、所収、313 ページ。

法」、すなわち、最も抽象的で単純な本質的規定から具体的で複雑な現象形態へと展開する方法[6]。

しかし、正確を期するために、マルクスの経済学方法論について、該当し、かつ、核心をなすマルクスの提起を以下に挙げることとする。『〔経済学批判への〕序説』における「3　経済学の方法」からである。

　　われわれが与えられた一国を経済学的に考察する場合には、われわれはその国の人口、その人口の諸階級への分布、都市、農村、海洋、種々の生産部門、輸出入、年々の生産と消費、商品価格、等々から始める。
　　実在的で具体的なもの、現実的前提をなすものから始めること、したがって、たとえば経済学では、社会的生産行為全体の基礎であり主体である人口から始めることが、正しいことのように思われる。しかし、もっと詳しく考察すれば、これはまちがいだということがわかる。人口は、たとえば、それを構成する諸階級を無視すれば、一つの抽象である。この諸階級というものも、諸階級の基礎になっている諸要素、たとえば賃労働、資本、等々を知らなければ、やはり一つの空語である。賃労働、資本、等々は、交換、分業、価格、等々を前提する。たとえば資本は、賃労働がなければ、価値、貨幣、価格、等々がなければ、なにものでもない。だから、もし私が人口から始めるとすれば、それは、全体についての一つの混沌とした表象であろう。そして、もっと詳しく規定することによって、私は分析的にだんだんもっと簡単な概念に考えついてゆくであろう。表象された具体的なものから、だんだん稀薄になる抽象的なものに進んでいって、ついには最も簡単な諸規定に到達するであろう。そこでこんどはそこからふたたびあともどりの旅を始めて、最後にはふたたび人口に到達するであろう。といっても、こんどは、一つの全体についての混沌とした表象としての人口にではなく、多くの規定と関係とをふくむ一つの豊かな総体としての人口に到達するであろう。第

---

6) 浅野、前掲書、20ページ。

第1章　序論、『資本論』の読解方法について

一の道は、経済学がその成立にさいして歴史的にたどってきた道である。たとえば十七世紀の経済学者たちは、いつでも、生きている全体から、すなわち人口、国民、国家、いくつかの国家、等々から、始めている。しかし、彼らは、いつでも、分析によっていくつかの規定的な抽象的な一般的な関係、たとえば分業や貨幣や価値などを見つけだすことに終わっている。これらの個々の契機が多かれ少なかれ固定され抽象されると、労働や分業や欲望や交換価値のような簡単なものから国家や諸国民間の交換や世界市場にまでのぼってゆく経済学の諸体系が始まった。このあとのほうのやり方が、明らかに、科学的に正しい方法である。具体的なものが具体的であるのは、それが多くの規定の総括だからであり、したがって多様なものの統一だからである。それゆえ、具体的なものは、それが現実の出発点であり、したがってまた直観や表象の出発点であるにもかかわらず、思考では総括の過程として、結果として現われ、出発点としては現われないのである。第一の道では、充実した表象が蒸発させられて抽象的な規定にされた。第二の道では、抽象的な諸規定が、思考の道を通って、具体的なものの再生産になってゆく。それゆえ、ヘーゲルは、実在的なものを、自分のうちに自分を総括し自分のうちに沈潜し自分自身から運動する思考の結果としてとらえるという幻想におちいったのであるが、しかし、抽象的なものから具体的なものにのぼってゆくという方法は、ただ、具体的なものをわがものとし、それを一つの精神的に具体的なものとして再生産するという思考のための仕方でしかないのである[7]。

たとえば、地代、土地所有から始めること以上に自然的なことはないように思われる。なぜならば、土地所有は、土地すなわちすべての生産と存在との源泉に結びついており、またある程度固定したすべての社会の最初の生産形態——農業——に結びついているからである。しかし、これ以上のまちがいはないであろう。ある一定の生産が他のすべての生産

---

7) カール・マルクス著、杉本俊朗訳『経済学批判』大月書店　1966年改訳発行、所収、293〜294ページ。但し、『〔経済学批判への〕序説』は、岡崎次郎訳によるものである。

に、したがってまたこの一定の生産の諸関係が他のすべての諸関係に、順位と影響力とを指示するということは、どの社会形態にもあることである。それは、一つの一般的な照明であって、他のすべての色彩はそのなかにひたされて、それぞれの特殊性におうじて修正されるのである。それは一つの特別なエーテルであって、そのうちに出現するすべての存在の比重を決定するのである。(中略) 定着的農耕をおこなう諸民族にあっては——この定着がすでに大きな段階なのであるが——、すなわち古代諸民族や封建的諸民族でのように定着的農耕が優勢な諸民族では、工業やその組織でさえ、またそれに対応する所有の諸形態でさえ、多かれ少なかれ土地所有的な性格をおびている。すなわち、古代ローマ人の場合のようにまったく定着的農耕に依存しているか、または、中世に見るように、都市やその諸関係でも農村の組織を模倣しているのである。中世には資本そのものが——それが純粋な貨幣資本でないかぎり——、伝統的な手工業道具などとして、このような土地所有的性格をおびている。ブルジョア社会ではそれが逆である。農業はしだいにたんなる一産業部門となってきて、まったく資本によって支配されている。地代も同じである。土地所有が支配している形態ではどの形態でもまだ自然的関係が優勢である。資本が支配している形態では、社会的に歴史的につくりだされた要素が優勢である。地代は資本なしには理解できない。ところが、資本のほうは地代なしでも理解できる。資本はブルジョア社会のいっさいを支配する経済力である。資本が出発点にも終点にもならなければならない。そして、土地所有よりもさきに展開されなければならない。資本と土地所有とが別々に考察されてから、両者の相互関係が考察されなければならない。

　それだから、経済学的諸範疇を、それらが歴史的に規定的範疇だった順序にしたがって配列することは、実行もできないし、まちがいでもあろう。むしろ、諸範疇の順序は、それらが近代ブルジョア社会で互いにもっている関係によって規定されているのであって、この関係は、諸範疇の自然的順序として現われるものや歴史的発展の順序に対応するものとは、まさに逆である。ここで問題にされるものは、経済的諸関係がい

ろいろな社会形態の継起のなかで歴史的に占める関係ではない。まして、「観念のなかでの」(プルードン)(歴史的運動のぼやけた表象のなかでの)経済的諸関係の順序などではなおさらない。問題は、近代ブルジョア社会のなかでのこれら諸関係の編制なのである[8]。

　最初に、後者の引用文から検討してゆこう。そこで明確なことは、マルクスが、著述において、経済学的諸範疇の順序・配列について細心の注意を示している点である。その要点は、経済学的「諸範疇の順序は、それらが近代ブルジョア社会で互いにもっている関係によって規定されているのであって、この関係は、諸範疇の自然的順序として現われるものや歴史的発展の順序に対応するものとは、まさに逆である。」ということである。さらに、「問題は、近代ブルジョア社会のなかでのこれらの諸関係の編制なのである。」と明言している。これらを、例として、平易に述べたものが、土地所有・地代と資本との関係を論じている、以下の部分である。「資本が支配している形態では、社会的に歴史的につくりだされた要素が優勢である。地代は資本なしには理解できない。ところが、資本のほうは地代なしでも理解できる。資本はブルジョア社会のいっさいを支配する経済力である。資本が出発点にも終点にもならなければならない。そして、土地所有よりもさきに展開されなければならない。資本と土地所有とが別々に考察されてから、両者の相互関係が考察されなければならない。」

　そこで次に、「問題は、近代ブルジョア社会のなかでのこれら諸関係の編制なのである。」という認識と、いわゆる下降法・上向法を述べているとされる前者の引用文とは、どのような関連性を有しているのであろうか。

　まず、前者の引用文における第1行～第18行では、マルクスは何を試みているのか確認しなければならない、これは「研究の方法としての『下降法』、すなわち、最も具体的な現象の表面から本質的な規定へと分析する方法」を、マルクスが論じているとされる部分であろう。

　「われわれが与えられた一国を経済学的に考察する場合には、…等々から

[8) カール・マルクス、前掲書、303～305ページ。

始める。」「しかし、もっと詳しく考察すれば、これはまちがいだということがわかる。」以上に例示したように、マルクスが「第一の道」と呼ぶ、ここでの記述で行なわれているものは、一つの考察（Betrachtung）に他ならない。その内容を端的に示せば、「表象された具体的なものから、だんだん稀薄になる抽象的なものに進んでいって、ついには最も簡単な諸規定に到達するであろう。」ということである。つまり、結論として、最も簡単な諸規定とは何かを探ろうとした考察であろう。その目的は、「第二の道」が、抽象的な諸規定から出発するため、これを確定しなければならない、ということであろう。

　ただし、実在的で具体的なもの、現実的前提をなすものの検討から始まり（ここでは人口）、だんだん稀薄になる抽象的なものの検討に進み（諸階級、賃労働・資本等であろう）、ついには最も簡単な諸規定に（ここでは、価値、貨幣、価格等）到達するのであるから、この過程で、これらの経済学的諸範疇の相互の関係を、おおよそ定めることは可能である。換言すれば、「地代は資本なしには理解できない。ところが、資本のほうは地代なしでも理解できる。」という点は、「第一の道」の考察において、十分に認識しうるのである。しかし、この「第一の道」における、上述の経済学的諸範疇の順序での考察では、具体的なものは「全体についての一つの混沌とした表象であろう。」という重大な問題が残るのである。そこで他のやり方が必要とされる。問題は、実在的で具体的なものの扱い方なのである。

　前者の引用文（8～9ページ）における第18行～第43行が、「第二の道」に関する説明である。「第一の道」でマルクスが行ったものが考察であるのに対し、マルクスによればここで遂行しているのは思考（Denken）である。それは、以下の例示からも明白となろう。そして、「第二の道」の内容は、次のようなものである。「そこでこんどはそこからふたたびあともどりの旅を始めて、最後にはふたたび人口に到達するであろう。」「第二の道では、抽象的な諸規定が、思考の道を通って、具体的なものの再生産になってゆく。」ここで注意すべきは、次の記述から明らかなように、マルクスは、「第二の道」において、その目的と方法とを、はっきりと区分している点である。すなわち、「抽象的なものから具体的なものにのぼってゆくという方法は、た

第1章 序論、『資本論』の読解方法について

だ、具体的なものをわがものとし、それを一つの精神的に具体的なものとして再生産するという思考のための仕方でしかないのである。」とマルクスは言うのである。

「第二の道」における目的とは何か、すでに明白であろう。「具体的なものの再生産」、「具体的なものをわがものとし、それを一つの精神的に具体的なものとして再生産する」ことである。その意味するものは何か。これも明らかである。「一つの全体についての混沌とした表象としての人口にではなくて、多くの規定と関係とをふくむ一つの豊かな総体としての人口に到達する」ことである。さらに、マルクスは、「具体的なものが具体的であるのは、それが多くの規定の総括だからであり、したがって多様なものの統一だからである。」とも述べている。

すなわち、具体的なものは、それが現実の出発点であり、したがってまた直観や表象の出発点であるにもかかわらず、その限りでの具体的なものは、全体についての一つの混沌とした表象にとどまるのである。これに対し、「第二の道では、抽象的な諸規定が、思考の道を通って、具体的なものの再生産になってゆく」のであった。そこでの、思考によって得られ、新たに再生産された具体的なものとは何か。それ自体は（その名称が）前者と同一であっても、多くの規定の総括であり、それ故、多様なものの統一である点が明確に設定されたものであり、さらには、多くの規定と関係とをふくむ一つの豊かな総体へと到達すべきものなのである。

以上のように「第二の道」の目的とその意味するものを確認した。そして『〔経済学批判への〕序説』における本章は、「経済学の方法」について論じた部分であり、その理論的方法を課題としたものである。したがって、この「第二の道」の目的とは、経済学そのものの目的でもあると考えられる。その点で、「具体的なものの再生産」という目的、ならびに、その内容を示した、「具体的なものが具体的であるのは、それが多くの規定の総括だからであり、したがって多様なものの統一だからである。」、および、「多くの規定と関係とをふくむ一つの豊かな総体としての人口に到達するであろう。」というマルクスの説明に関しては、この両者が有する意義を再度強調しなければならないであろう。

13

では、「第二の道」における方法とは何か。それは、「抽象的なものから具体的なものにのぼってゆくという方法」に他ならないのである。マルクスは、これは「思考のための仕方でしかないのである。」とも述べている。そして、なぜこの方法が不可欠なのかは、もはや明快であろう。「第二の道」の思考においては、その目的が「具体的なものの再生産」であり、その意味するところが、多くの規定の総括であり、したがって、多様なものの統一であり、やがて、「多くの規定と関係とをふくむ一つの豊かな総体」として再現されるべきものであった。やはり、これらの点が根拠となるのである。「具体的なものの再生産」を目的とする以上は、もはや、具体的なものを出発点とすることはできない。具体的なものを、多くの規定の総括として、多様なものの統一として、厳密に把握し直す以上は、最も簡単な諸規定が、最も単純な経済学的諸範疇が、思考の出発点とならなければならないのである。まさに、「具体的なものは、それが現実の出発点であり、したがってまた直観や表象の出発点であるにもかかわらず、思考では総括の過程として、結果として現われ、出発点としては現われないのである。」（以上のマルクスの引用文における「思考」の傍点は藤原による）

　さて、ここで、以上の論述の整理をかねながら、マルクスが後者の引用文（9～11ページ）で強調していた経済学的諸範疇の順序の問題を検討しよう。まず、後者の引用文でマルクスは、一例として、地代、土地所有から経済学的諸範疇の歩みを始めることの適否を論じている。その際、社会における支配的なものである経済学的範疇に着目し、これを判断の手段としているのである。例えば、「定着的農耕が優勢な諸民族では、工業やその組織でさえ、またそれに対応する所有の諸形態でさえ、多かれ少なかれ土地所有的な性格をおびている。」、あるいは、「土地所有が支配している形態ではどの形態でもまだ自然的関係が優勢である。」というものである。では、中世以前における支配的範疇が土地所有であったのに対し、ある社会において資本が支配するようになれば、どのように展開されなければならないのであろうか。マルクスは次のように述べる。「ブルジョア社会ではそれが逆である。農業はしだいにたんなる一産業部門となってきて、まったく資本によって支配され

ている。地代も同じである。(中略) 地代は資本なしには理解できない。ところが、資本のほうは地代なしでも理解できる。資本はブルジョア社会のいっさいを支配する経済力である。資本が出発点にも終点にもならなければならない。そして、土地所有よりもさきに展開されなければならない。資本と土地所有とが別々に考察されてから、両者の相互関係が考察されなければならない。」

「資本はブルジョア社会のいっさいを支配する経済力である。」という判断のための根拠は、また、それ故、「資本が出発点にも終点にもならなければならない。そして、土地所有よりもさきに展開されなければならない。」という経済学的諸範疇の順序に関する記述も、全く正しいものであろう。さらに、「それだから、経済学的諸範疇を、それらが歴史的に規定的範疇だった順序にしたがって配列することは、実行もできないし、まちがいでもあろう。」とする、経済学的諸範疇の展開に関しての結論も全く正しい。

しかし、「むしろ、諸範疇の順序は、それらが近代ブルジョア社会で互いにもっている関係によって規定されているのであって」、および、「問題は、近代ブルジョア社会のなかでのこれら諸関係の編制なのである。」というマルクスの重要な視点にもかかわらず、この指摘を実現するためには、経済学的諸範疇の順序を正確に設定するためには、社会における支配的存在への注視のみでは、やはり不充分であろう。簡単な例を挙げれば、社会における支配的地位から脱落した土地所有だが、この前後にくるべき経済学的諸範疇は何であろうか。あるいは、ブルジョア社会のいっさいを支配する資本とはいえ、資本以前に何らかの経済学的諸範疇を取り上げなくてよいのか、等々。経済学的諸範疇の順序を確定するためには、これらの問題を一つ一つ解決してゆかなければならない。マルクスが「諸範疇の順序」および「諸関係の編成」を強調する意味は、経済学的諸範疇の順序を正確に定め、理論展開の方向性を示すための（その上で論述してゆくための）方法論が必要であるということであろう。それは、やはり、マルクスの前者の引用文、すなわち、「第一の道」および「第二の道」なのである。そこで、再び「第一の道」および「第二の道」を別の角度より検討し直さなければならないのである。

「表象された具体的なものから、だんだん稀薄になる抽象的なものに進ん

でいって、ついには最も簡単な諸規定に到達するであろう。」というマルクスの「第一の道」においては、その考察の目的は、最も簡単な諸規定を確定することに他ならない。と同時に、考察の過程で、表象された具体的なもの、だんだん稀薄になる抽象的なもの、そして、最も簡単な諸規定、という観点に従って、経済学的諸範疇の順序をおおよそ定めることは、当然可能である。課題は、この道すじで、経済学的諸範疇の順序を正確に定め、理論展開の方向性を示すこと（その上で論述してゆくこと）が適切なのか、という点である。そこには、以下に挙げる二つの問題点が存在するのである。

すなわち、仮にこのような方向で理論展開が行なわれるのであれば、第一の問題点は、出発点である表象された具体的なものは、「全体についての一つの混沌とした表象」にとどまることである。「第二の道」の、そして、経済学の目的が「具体的なものの再生産」である点を鑑みれば、これは決定的とも言える欠点なのである。さらに、第二の問題点は、まさにマルクスの言う、「しかし、彼らは、いつでも、分析によっていくつかの規定的な抽象的な一般的な関係、たとえば分業や貨幣や価値などを見つけだすことに終っている。」ことである。つまり、理論展開の最終的地点で、抽象的な経済学的範疇を発見することに終っているのである。「第一の道」は、経済学の研究の上で、手続きとしては不可欠な存在でありながらも、上記の理由により、この道すじで、経済学的諸範疇の順序を正確に定め、理論展開の方向性を示すこと（その上で論述してゆくこと）はできないのである。

では、「抽象的な諸規定が、思考の道を通って、具体的なものの再生産になってゆく。」とする「第二の道」においては、経済学的諸範疇の順序を正確に定め、理論展開の方向性を示すこと（その上で論述してゆくこと）が、可能であろうか。また、可能であるとすれば、そこに至るプロセスはいかなるものであろうか。まず、「第二の道」においては、その思考の目的は、「具体的なものの再生産」であった。換言すれば、「具体的なものをわがものとし、それを一つの精神的に具体的なものとして再生産するという思考」を行なっているのである。そして、これらの意味するものは、「具体的なものが具体的であるのは、それが多くの規定の総括だからであり、したがって多様なものの統一だからである。」というマルクスの言明から判断できるのである。

さらには、「多くの規定と関係とをふくむ一つの豊かな総体としての人口に到達するであろう。」が、「第二の道」の結果なのであった。

　ここでは、「第二の道」の、経済学の目的、および、その内容が、必然的に「第二の道」の方法等を定めている点に注意しなければならないのである。すなわち、「第二の道」の（経済学の）目的が、「具体的なものの再生産」である以上、より具体的なものと判断しうる経済学的範疇は、経済学的諸範疇の順序において、より後に位置づけられねばならないのである。あるいは、「具体的なものの再生産」とは、具体的なものを、多くの規定の総括として、したがって多様なものの統一として捉え直す以上、より単純で、より抽象的な経済学的範疇は、理論展開において、より以前に設定されなければならない。そして、「多くの規定と関係とを」要しないものが、理論展開の中で出発点に立つのであり、これは、「第一の道」で確定された「最も簡単な諸規定」に他ならないのである。したがって、「第二の道」の目的に従って必要とされる、「第二の道」の方法、つまり、「抽象的なものから具体的なものにのぼってゆくという方法」とは、同時に、経済学的諸範疇の順序を正確に定め、理論展開の方向性を示すもの（その上で論述してゆくこと）でもあることがわかる。

　以上のように、経済学的諸範疇の順序を正確に定め、理論展開の方向性を示すための方法論は、「第一の道」を経た上での、「第二の道」の中に存在していることを確認した。そして、この「第一の道」および「第二の道」をマルクスが述べた部分は（マルクスの前者の引用文は）、『〔経済学批判への〕序説』における「3　経済学の方法」の冒頭に記載されている。これに対し、マルクスは、この段階での（1857年時点での）、以下の具体的なプランで、「3　経済学の方法」を結んでいる。やはり、経済学的諸範疇の順序、理論展開の仕方に対する、マルクスの問題意識の高さを知ることができるのである。

　　区分は明らかに次のようにされなければならない。(1) 一般的な抽象的な諸規定。したがって、それらは多かれ少なかれすべての社会形態にあてはまるが、しかし以上に説明した意味でそうなのである。(2) ブル

ジョア社会の内部編制をなしていて基本的な諸階級がそれに立脚している諸範疇。資本、賃労働、土地所有。これらのものの相互関係。都市と農村。三つの大きな社会階級。これらの階級のあいだでの交換。流通、信用制度（私的）。(3) 国家の形態でのブルジョア社会の総括。それ自身にたいする関係のなかで考察されたそれ。「不生産的」諸階級。租税。国債。公信用。人口。植民地。国外移民。(4) 生産の国際的関係。国際的分業。国際的交換。輸出入。為替相場。(5) 世界市場と恐慌[9]。

　次の課題として、「第一の道」および「第二の道」について、それぞれの内容を総括しうる、適切な標題を考えなければならないであろう。マルクスは、いったい、「第一の道」で、ならびに、「第二の道」で何を行なおうとしているのかを正確に捉えた上での、タイトルの付与である。あるいはまた、次のようにも換言できるであろう。今日の通常の理解では、7～8ページで示したように、最初の引用文では、「第一の道」を「探究の過程」と、「第二の道」を「説明する過程」と、そして両者を「経済学の叙述の方法」として把握されているようである。次の引用文では、「第一の道」を「研究の方法としての『下降法』」と、「第二の道」を「理論の展開の方法としての『上向法』」と把握されているようである。これらの適否を検討することでもある。
　マルクスが「第一の道」で行なうことは、一つの考察であった。それは、「表象された具体的なものから、だんだん稀薄になる抽象的なものに進んでいって、ついには最も簡単な諸規定に到達するであろう。」という過程において、最も簡単な諸規定とは何かを確定することを目的とするものであった。また、この考察の過程で、表象された具体的なもの、だんだん稀薄になる抽象的なもの、最も簡単な諸規定、という観点で、経済学的諸範疇を分類することも当然可能である。したがって、ここでの考察とは、研究に他ならないのである。但し、この道すじで、論述することはできないこと、「第一の道」の考察で経済学は完結するものではない点、そして、「第一の道」は「第二の道」の前提となるべき研究上の一手段として必要なことから、予備的研

---

9) カール・マルクス著、前掲書、305～306ページ。

第1章　序論、『資本論』の読解方法について

究と言うべき研究の方法についてマルクスは述べていると思われる。

これに対し、「第二の道では、抽象的な諸規定が、思考の道を通って、具体的なものの再生産になってゆく。」と述べているように、マルクスが「第二の道」で行なうことは、思考であった。そして、この目的は、「具体的なものをわがものとし、それを一つの精神的に具体的なものとして再生産する」ことであった。さらに、「具体的なものの再生産」とは、「具体的なものが具体的であるのは、それが多くの規定の総括だからであり、したがって多様なものの統一だからである。」という認識のもとで、経済学的諸範疇を再生産することである。この「第二の道」における思考の目的と定義が、必然的に、「抽象的なものから具体的なものにのぼってゆく」とする「第二の道」の思考のための方法と、最も簡単な諸規定から出発し、「こんどは、一つの全体についての混沌とした表象としての人口にではなくて、多くの規定と関係とをふくむ一つの豊かな総体としての人口に到達する」という、経済学的諸範疇の順序を、決定していたのである。

そこで、仮に、現在「第一の道」を終えた地点に位置しているマルクスは、あるいは、経済学研究者は、これから、「第二の道」に即して、いかなることを遂行してゆかねばならないのであろうか。おそらく、以下の2点が必要であろう。

経済学的諸範疇の分類は、「第一の道」において可能であった。但し、この場合は、表象された具体的なものから、抽象的なものに、最も単純な諸規定へと、逆の順序であった。ここでは、最も単純な諸規定から出発しながら、経済学的諸範疇がどこに位置するのかを、再び考慮し、正しい位置づけを確定しなければならない。これが第一の課題である。さらに、マルクスは、ある特定の社会を支配している存在は何かに着目し、「資本はブルジョア社会のいっさいを支配する経済力である。」という視点も併せもっていた。つまり、資本という経済学的範疇の位置づけが、特に重要になってくるのである。

その上で、論述において、より後者に位置する経済学的諸範疇は、より具体的な経済学的諸範疇ということである。そこで、この経済学的範疇については、それ以前に登場したどのような経済学的諸範疇を包括するものである

のか、前者と後者の経済的関係はどのようなものであるかを、思考し、理論化しなければならない。より具体的な経済学的諸範疇に関して、「多様なものの統一」として再生産してゆく必要があると言えよう。著述が進む度に、この仕事を繰り返し遂行しなければならない。これが第二の課題である。また、その際には、先に挙げた理由より、以前に現われた経済学的諸範疇の中では、資本が特に重要であり、常に資本という経済学的範疇との関係を考えてゆかねばならないであろう。

　さて、これまで検討してきた「第二の道」において、マルクスは、その思考により何を行おうとしているのであろうか。また、マルクスは、「第二の道」を通じて、何を説明しようと意図しているのであろうか。すでに答えは明白であろう。思考により行なうべきは、経済学の研究であり、「第二の道」を通じて語っていることは、研究の方法についてであろう。先に、マルクスは「第一の道」においても研究の方法を述べているとしたが、これは予備的研究と命名すべき研究についてのものである。それに対し、「第二の道」での研究の方法とは、これこそ、本質的な研究、あるいは、主たる研究と命名しうる研究に関するものであり、その方法を説明していると理解することができるのである。

　では、通常の見解における総括には、どのような問題点が存在しているのであろうか。まずは、「第一の道」を「探究の過程」と、「第二の道」を「説明する過程」、そして両者を「経済学の叙述の方法」とされる見解である。まず、「第二の道」とは単に「説明する過程」を意味するのかが問題となる。また、マルクスは、「第二の道」において、「第二の道」の方法を、「しかし、抽象的なものから具体的なものにのぼってゆくという方法は、ただ、具体的なものをわがものとし、それを一つの精神的に具体的なものとして再生産するという思考のための仕方でしかないのである。」と述べ、理論展開の方向性あるいは経済学的諸範疇の順序について示唆していた。そして、確かに、理論は、これらに即して論述されてゆくのであるから、両者を「経済学の叙述の方法」とすることも誤りではないかもしれない。しかし、端的に言えば、「第一の道」・「第二の道」は、「経済学の叙述の方法」のみを論じているのか、という疑問が生じるのである。

第1章　序論、『資本論』の読解方法について

　マルクスの二つの引用文（8～11ページ）を参照しながら、「第二の道」とは何かを再論すれば、以下のようになる。第一に、マルクスが「第二の道」で行なうものは、あくまで思考であった。第二に、「第二の道」におけるマルクスの主張は、次のように包括的に捉えねばならなかった。マルクスは、「第二の道」という思考過程の、経済学の目的を、「具体的なものをわがものとし、それを一つの精神的に具体的なものとして再生産する」ことと明確に提示していた。さらに、その内容を、「具体的なものが具体的であるのは、それが多くの規定の総括だからであり、したがって多様なものの統一だからである。」、ならびに、「多くの規定と関係とをふくむ一つの豊かな総体としての人口に到達するであろう。」という表現で説明していたのである。そして、この両者が、「第二の道」の方法（「思考のための仕方」）と、経済学的諸範疇の順序を、必然的に要求しているのであった。第三に、「第二の道」をこのように理解するのであれば、それは、「具体的なものの再生産」という目的に向かって、自らの思考により理論化する際の必要手順を示しているものでもあった。

　以上の3点での理由により、私は、「第二の道」を、本質的な研究、あるいは、主たる研究について、その研究の方法を論じているとしたのである。「経済学の叙述の方法」は、そこに含まれているかもしれないが、「第二の道」の中の一部に過ぎず、しかも、「第二の道」全体の中では従属的な性質を有するものであると言えよう。

　残念ながら、「第二の道」を「説明する過程」、両者を「経済学の叙述の方法」として一面的に捉える理解は、別の問題も生じさせることになる。最初の引用文（7ページ）では、続けて次のように述べられていた。「このように、抽象的なものから具体的なものへとすすむのが、理解の正当な順序であり、こうすることで経済の諸現象を模索的にでなく、系統的に説明することができる。」「第二の道」を「経済学の叙述の方法」として把握するのであれば、この記述は正当なものであろう。しかし、「抽象的なものから具体的なものへとすすむ」とは、マルクスによれば「抽象的なものから具体的なものにのぼってゆくという方法」に他ならず、それは「第二の道」の方法（「思考のための仕方」）を意味するのであった。これは、やはり、「第二の道」全体の

中の一要素にすぎないのである。さらに、より問題な点は、「第二の道」を「抽象的なものから具体的なものへとすすむ」という記述でまとめることにより、マルクスが「第二の道」において取り上げた、結果として現われる具体的なものの真意が、はたして伝えられているのか、ということである。マルクスの「第二の道」における具体的なものとは、正しくは「具体的なものの再生産」であった。その意味するものを、「具体的なものが具体的であるのは、それが多くの規定の総括だからであり、したがって多様なものの統一だからである。」、および、「多くの規定と関係とをふくむ一つの豊かな総体としての人口に到達するであろう。」という表現で説明したのである。そして、これらこそが、「第二の道」における思考の、経済学研究の、目的なのであった。マルクスが、「第二の道」において具体的なものについて論じている本当の意味は、あるいは、その重要性は、以上のように理解して判明するものであろう。この点が、先の引用文（7ページ）では、正しく伝えられることになるのであろうか。あるいはまた、マルクスによれば、「第一の道」における出発点としての具体的なものと、「第二の道」における結果として現われる具体的なものとは、名称は同じでも（例えば人口）、その意味する内容は全く異なるものであった。そのことが、最初の引用文全体から読みとれるであろうか。具体的なものという言葉が、マルクスの真意と離れて理解されること、あるいは、表現されることは、厳に慎まなければならないであろう。具体的なものという言葉の、いわば独り歩きが懸念されるのである。

　次に通常の理解として2番目に紹介した引用文（7〜8ページ）における、「第一の道」を「研究の方法としての『下降法』」と、「第二の道」を「理論の展開の方法としての『上向法』」とされる理解はいかがであろうか。後者の「理論の展開の方法」が、研究の方法を意味するものであるならば、特に何も申し上げる必要はないであろう。仮に、そうではないのであれば、ここまでの批判が、ほぼそのまま該当するものであると考える。そして、マルクスは、研究の方法を「第一の道」のみで語っているのか、「第一の道」ではたして研究は終るのか、という疑問を呈しなければならないのである。

　また、「第一の道」を「研究の仕方」あるいは「研究の方法」として、「第

第1章　序論、『資本論』の読解方法について

二の道」を「経済学の叙述の仕方」あるいは「叙述の方法」として把握される見解も有力なようである。このような見解の検討には、全く別の手法が必要であろう。「研究の仕方」あるいは「研究の方法」という言葉は、そして、「叙述の仕方」あるいは「叙述の方法」という言葉は、『〔経済学批判への〕序説』において出現しているものではなく、マルクスは全く別の場所で明言しているからである。『資本論』第1巻における、「あと書き〔第2版への〕」にて説明されている。そこで該当部分を以下紹介することとする。

　『資本論』で用いられた方法は、すでに、この点についての、いろいろと相互に矛盾した解釈が行われていることで証明されているように、あまり理解されていない。
　（中略）
ペテルブルグの『ヴェーストニク・エヴロープイ』（ヨーロッパ報知）誌は、もっぱら『資本論』の方法を取り扱った一論文（1872年5月号、427〜436ページ）において、私の研究の方法（Forschungsmethode）は厳密に実在論的であるが、叙述の方法（Darstellungsmethode）は不幸にもドイツ的弁証法的であることを見いだしている。同誌は次のように言っている。「一見したところ、叙述の外的形式から判断すれば、マルクスは最大の観念論哲学者であり、しかも、この言葉のドイツ的な意味で、すなわち悪い意味で、そうなのである。しかし、実際には、彼は、経済学批判という仕事における彼のすべての先行者よりも、無限にもっと実在論者である。…彼を観念論者と呼ぶことはどうしてもできない。」
　私はこの筆者に対して、彼自身の批判からのいくつかの抜粋によって答える以上に、うまく答えることはできない。さらに、これらの抜粋は、そのロシア語原文を手に入れることができない多くの私の読者にも興味のあるところであろう。
　（『資本論』では、このあと、マルクスによるイ・イ・カウフマン論文からの長い引用文が続くが、すべて省略する。）

　この筆者は、私の現実的方法と彼が名づけるものを、このように的確

に描き、その方法の私個人による適用が考慮される際には、このように好意的に描いているのであるが、こうして彼の描いたものは、弁証法的方法以外のなんであろうか？

　もちろん、叙述の仕方（Darstellungsweise）は、形式としては、研究の仕方（Forschungsweise）と区別されなければならない。研究は、ある素材（Stoff）を詳細にわがものとし、素材のさまざまな発展諸形態を分析し、それらの発展諸形態の内的紐帯(つながり)をさぐり出さなければならない。この仕事を完成させてのちに、はじめて、現実の運動は、それに応じて叙述される（dargestellt werden）ことができるのである。これが成功して、そして、今や、素材の生命が観念的に映るのであれば、あたかも、それはある構成と先験的に（a priori）かかわりあっているかのように、見えるのかもしれない。

　私の弁証法的方法は、ヘーゲルのそれとは根本的に異なっているばかりでなく、それとは正反対のものである。ヘーゲルにとっては、彼が理念という名のもとに一つの自立的な主体に転化しさえした思考過程が、現実的なものの創造者であって、現実的なものはただ思考過程の外的現象をなすにすぎない。私にあっては反対に、観念的なものは、人間の頭脳のなかで置き換えられ、翻訳された物質的なものに他ならない。[10]

『〔経済学批判への〕序説』「3　経済学の方法」において、マルクスが叙述の仕方を述べているとするならば、それは、「第二の道」の目的ならびに方

---

10) K. Marx: Das Kapital, Bd. I, S. 25-27.　藤原訳、傍線も藤原による。
　　なお、マルクスは、引用文の中で「この筆者は、私の現実的方法と彼が名づけるものを」と記しているが、イ・イ・カウフマン論文においては「マルクスの現実的方法」という用語は存在しない。次のような記述をマルクスは「私の現実的方法」と理解したものと思われる。
　　「最後に、ロシアの読者は、この点において、マルクスの（研究ではなく）叙述の方法のために思いちがいにおちいる可能性がある。それは、弁証法的な叙述であって、あたかも厳密に一つの理念からひきだされているようにみえるが、実際はつねに諸現象に立ちもどっていかねばならないのである。マルクスは、まさに引証した事実について論じているそのときが、きわめて難解なのである。観念の発展にかんするドイツ的な曲芸になれていないロシアの読者は、マルクスを完全にえとくするためには、自分でまずそれをよりわかりやすいことばに翻訳しなければならないであろう。」〔イ・イ・カウフマン著、二村新太郎訳「カール・マルクスの経済学批判の見地」、『経済』（新日本出版社）第37号（1967年5月臨時増刊号）所収、268ページ。〕

法(「思考のための仕方」)と、経済学的諸範疇の順序を正確に定め、理論展開の方向性を示すことを基礎とするものであった。その上で、これからどのようにして経済学を叙述してゆくのかが課題であった。ところが、上述の引用文を一読してわかるように、ここでのマルクスの「叙述の仕方」とは、第一に、「これが成功して、そして、今や、素材の生命が観念的に映るのであれば、あたかも、それはある構成と先験的にかかわりあっているかのように、見えるのかもしれない。」ということから発生するものであった。つまり、研究が完成し、叙述をなし終えた後に、できあがった著作を対象としたものであり、これをどのように読み取るのかということである。第二に、「叙述の方法」は、「叙述の外的形式」をめぐる課題であり、「不幸にもドイツ的弁証法的であること」(あるいは、そのように見えること)を、問題点としたものである。そしてマルクスは、これに関する誤解を解くことに注力しているのであった。

　すなわち、仮に「3　経済学の方法」における叙述の仕方と、「あと書き〔第2版への〕」における「叙述の仕方」「叙述の方法」とでは、以上のように、次元の全く異なることを論じているのであった。また、そもそも、マルクスが、「研究の方法」・「叙述の方法」等と明言しているのは、あくまで「あと書き〔第2版への〕」においてである。したがって、「第二の道」を「叙述の方法」「叙述の仕方」とすることはできないのであり、両者を混同することにつながるのである(「第一の道」のみを研究の方法とする点は、すでに批判した通りである)。

　最後に、難解な文章ながら「あと書き〔第2版への〕」における先の引用文を解明することは、本書にとって重要なことと考えている。そこで、「研究の方法」、「叙述の方法」、あるいは、「叙述の仕方」、「研究の仕方」とは何かを、そして、これらの連関を、以下私見として論じることとする。

　マルクスは、イ・イ・カウフマンの批判を受ける形で、まず、「私の研究の方法は厳密に実在論的であるが、叙述の方法は不幸にもドイツ的弁証法的であることを見いだしている。」と述べている。「研究の方法」と「叙述の方法」との間には、志向するものが大きく異なっており、また両者が対立的にも描かれていることがわかる。ところが、「もちろん、叙述の仕方は、形式

としては、研究の仕方と区別されなければならない。」とも述べている。こちらは、「研究の仕方」と「叙述の仕方」の区別は形式的なものであり、両者は決して対立的には記されていない。これらの帰結は、表現は似ているものの、厳密に言えば、異なるものを意味していることである。「叙述の方法」と「叙述の仕方」とは、相互の関連性はあるものの、別々のものと理解しなければならないのである。この解釈を出発点として、以下、それぞれの内容を確認しなければならない。

　マルクスが、「あと書き〔第２版への〕」の後半部分で、すなわち、先の引用文で、主として論じているものは「叙述の方法」であるが、その内容と問題の所在はすでに述べた通りである。では、他の三者はいかなるものであろうか。マルクスは、「もちろん、叙述の仕方は、形式としては、研究の仕方と区別されなければならない。」と述べたあと、続けて次のように説明している。「研究は、ある素材を詳細にわがものとし、素材のさまざまな発展諸形態を分析し、それらの発展諸形態の内的紐帯(つながり)をさぐり出さなければならない。」前後の文脈から判断し、これが「研究の仕方」なのである。続けて、「この仕事を完成させてのちに、はじめて、現実の運動は、それに応じて叙述されることができるのである。」とマルクスは言う。同じく、これが「叙述の仕方」なのである。

　そこで、これらの内容が吟味されなければならない。「研究の仕方」で、「叙述の仕方」で、マルクスは何を説明しようとしているのであろうか。最初に「研究の仕方」を取り上げる。先の引用文より、マルクスは研究を、順を追いながら、三つのステップとして説明していた。第一は「研究は、ある素材（Stoff）を詳細にわがものとし」というものである。ここでは、「ある素材」とは何かが問題となるが、研究における素材ということで、ある特定の研究対象としてさしつかえないであろう。第二は、「素材のさまざまな発展諸形態を分析し」である。これは、素材つまり特定の研究対象は発展するものであり、その発展諸形態を分析してゆく、ということになる。何を意味するのであろうか。『資本論』第１巻の「あと書き」ということで、『資本論』第１巻から実際に例を引くことが許されるのであれば、「貨幣の資本への転化」、あるいは、「不変資本と可変資本」というものであろう。前者は、ある研究

対象が別の経済学的範疇へ発展することを意味する。後者は、資本という研究対象（経済学的範疇）のさらなる具体化ということになる。第3は、「それらの発展諸形態の内的紐帯（つながり）をさぐり出さなければならない。」である。上記の例から示せば、資本の（貨幣から発展した）、あるいは、不変資本・可変資本の内的紐帯ということになる。しかし、これが意味するものは、もはや明瞭であろう。マルクスは、『〔経済学批判への〕序説』「3　経済学の方法」において、「第二の道」の目的として、「具体的なものの再生産」を強調していた。そして、この内容を、「具体的なものが具体的であるのは、それが多くの規定の総括だからであり、したがって多様なものの統一だからである。」、および、「多くの規定と関係とをふくむ一つの豊かな総体としての人口に到達するであろう。」という表現で説明していたのである。すなわち、「それらの発展諸形態」とは、「第二の道」での再生産されるべき具体的なものを意味するのである。また、「内的紐帯（つながり）をさぐり出さなければならない」とは、ある経済学的範疇を、「多くの規定の総括」として、「したがって多様なものの統一」として、さらには、「多くの規定と関係とをふくむ一つの豊かな総体」として把握しなければならないということである。換言すれば、研究において、これらのプロセスを踏むことにより、初めて、「素材のさまざまな発展諸形態」が確定されるとも言えよう。

　次に、「この仕事を完成させてのちに、はじめて、現実の運動は、それに応じて叙述されることができるのである。」とする「叙述の仕方」を検討しよう。ここでは「現実の運動」とは何を指すものかが問題となろう。まず、運動とは何か。これは、「研究の仕方」において「素材のさまざまな発展諸形態を分析し」とあるように、先に示した、特定の研究対象の発展が運動となる。そして、「現実の」とは、どういう意味であろうか。「あと書き〔第2版への〕」からの引用文全体より判断するならば、確かに運動はしているものの、決して「現実の運動」ではないものが存在しており、これを強く意識しての「現実の」という形容になるものと思われる。すなわち、「ヘーゲルにとっては、彼が理念という名のもとに一つの自立的な主体に転化しさえした思考過程が、現実的なものの創造者であって、現実的なものはただ思考過程の外的現象をなすにすぎない。」のであった。このヘーゲルの認識と理論

展開は、マルクスにとって決して容認できるものではない。そして、現実的なものに対する反ヘーゲル的な把握の必要性が、「現実の」という言葉につながるのであろう。マルクスは、「私にあっては反対に、観念的なものは、人間の頭脳のなかで置き換えられ、翻訳された物質的なものに他ならない。」と言明している。ここでの運動は、つまり、「素材のさまざまな発展諸形態」は、一瞥すれば、観念的なものの運動であるかのように見える。だが、実は、物質的なものの運動に他ならず、このように理解し、叙述してゆくことの必要性を、「現実の運動」という表現で説いているのである。ここで整理すれば、「叙述の仕方」とは、特定の研究対象の発展は、反ヘーゲル的な認識において、また、これを物質的なものの運動として把握したうえで、完成された研究に応じて叙述されることができる、ということを意味するのである。

さて、マルクスにおける「第二の道」は、「具体的なものの再生産」から、「具体的なものの再生産」を目的として前面に出した上で、その意味と、そこで必要とされる方法、つまり「抽象的なものから具体的なものにのぼって

---

11)「第二の道」あるいは「3 経済学の方法」においては、叙述の手法について、直接的に説明している部分はない。しかし、「叙述の仕方」における「現実の運動」が意味するものを、以下のように、ほぼ同じ形で論じているのである。すなわち、「第二の道」の引用文（8～9ページ）の中で、マルクスは、「それゆえ、ヘーゲルは、実在的なものを、自分のうちに自分を総括し自分のうちに沈潜し自分自身から運動する思考の結果としてとらえるという幻想におちいったのであるが、」と述べているが、これは「あと書き〔第2版への〕」におけるヘーゲル批判と同一の内容のものである。
さらに、マルクスは、「第二の道」の引用文のすぐ後で、次のように論じている。
「そして、これは同義反復でしかないが、思考された総体としての具体的な総体は、一つの思考された具体物は、実際に、思考の産物であり、総括の産物であるとする限りでは、正しい。しかし、けっして、直観や表象の外または上にあって思考し、自分自身を生みだす概念の産物ではありえない。むしろ、直観や表象の概念への加工の産物なのである。(中略) 実在する主体は、相変らず頭の外でその独立性を保っている。これは、頭が、ただ思弁的に、ただ理論的にのみふるまっているためであり、その限りのことであるが。それ故、理論的方法に際しても、主体は、社会は、前提としていつでも表象に浮かんでいなければならないのである。」(K. Marx, Einleitung〔zur Kritik der Politischen Ökonomie〕, in: Karl Marx-Friedrich Engels Werke, Band 13, Dietz Verlag, Berlin, 1985, S. 632-633. 藤原訳)
これは、「あと書き〔第2版への〕」における、「私にあっては反対に、観念的なものは、人間の頭脳のなかで置き換えられ、翻訳された物質的なものに他ならない。」と、よく類似した内容のものである。つまり、概念は、自ら思考はしないし、自分自身を生みだしもしない。概念は、人間によって、直観や表象が加工されたものである。そして、表象には常に実在する主体や社会が浮かんでいなければならない、となる。最後の、実在する主体や社会とは、物質的なものに他ならないであろう。

ゆくという方法」を、論じたものである。これに対し、「研究の仕方」と「叙述の仕方」は、実際の研究において、出発点となるある素材から、その研究の手法と実際の叙述について、順を追いながら説明するものであろう。すなわち、ある特定の研究対象を出発点とし、その発展を導きだし、発展の過程における経済学的諸範疇の相互の関係を探り出すものである。そして、これに応じた叙述となる。したがって、「第二の道」と「研究の仕方」「叙述の仕方」とは、その説明の順序は逆のものではあるが、ほぼ同一のものを論じていることがわかるのである。[11]

では、「研究の方法」とは何を意味するのであろうか。1873年1月24日付の「あと書き〔第2版への〕」には、その説明は存在しない。但し、ほぼ同じ時期である1872年3月18日付の「フランス語版への序言」において、マルクスは次のように述べている。

> 私が使用してきた、そして経済的諸問題には未だ適用されたことのない研究の方法は、はじめの諸章を読むことをかなり困難にしています。[12]

明解な説明ではないが、「はじめの諸章を読むことをかなり困難にしています。」が、「研究の方法」の理解の手がかりとなる。『資本論』第1巻のはじめの諸章とは、「第1章　商品」、「第2章　交換過程」、「第3章　貨幣または商品流通」であった。これを、「研究の方法」が「読むことをかなり困難にしてい」る事情とは何であろうか。それは、なぜ、経済学の理論的著作を「商品」から始めるのか、なぜ、「商品」、「交換過程」、「貨幣または商品流通」の順で理論展開が行なわれるのか、また、なぜマルクスの「研究の方法」が、これらの叙述を必要とするのか、ということであろう。その答えは、もちろん、「3　経済学の方法」における「第一の道」・「第二の道」等の論述の中に、確かに存在しているのである。このように考えれば、「研究の方法」の内容を明示している部分が「第一の道」・「第二の道」等であるということになる。

以上のように、マルクスの言う「研究の仕方」と「叙述の仕方」、および「研

---

12) K. Marx: Das Kapital, Bd. I, S. 31. 藤原訳。

究の方法」について検討してきた。そして、これらの考察の結論は、「第一の道」はマルクスが研究の方法について、ただし予備的研究について説いたものである、これに対し、「第二の道」もマルクスが研究の方法について、これは本質的な研究あるいは主たる研究と命名しうる研究の方法について論じたものである、とする私の理解にとり、一助になるものであろう。

　ここまで、マルクスの経済学の方法に関して、主として『〔経済学批判への〕序説』を取り上げながら詳論してきた。そして、「第一の道」および「第二の道」等により、これらに関する私の理解のように、マルクスは経済学の研究を進めたことを、そして、『資本論』の理論展開が行なわれた点を、想定している。あるいはまた、マルクスの言う「研究の方法」、「叙述の方法」、「研究の仕方」、「叙述の仕方」に基づき、そして、これらに関する私の理解のように、『資本論』の理論展開と叙述は進んでゆくことを仮定する。
　その上で、以下、本章では次の点を論じることとする。続く第2節では、『資本論』第1巻、第11章「協業」に、そこでの「管理の二重性」に関わる問題点を解決する上で、同第5章「労働過程と価値増殖過程」はどのように位置づけられなければならないのか、解決に資する点と限界を論じることとする。第3節では、上記の問題点を解決するためには、やはり第11章「協業」以下を考察の中心対象としなければならないこと、しかも同第4篇「相対的剰余価値の生産」全体を通して考えてゆかねばならない点を論じてゆく。最後に第4節で、本書全体についての問題の所在を述べてゆく。[13]

2. 『資本論』第1巻第5章「労働過程と価値増殖過程」とはどのように論ずるべきか、第3篇「絶対的剰余価値の生産」とは何か

　『資本論』第1巻、第5章「労働過程と価値増殖過程」とは、どのような内容のものであろうか。マルクスは、そこで、何をどのように論じているの

---

13) 先に7ページにおいて断じた「『資本論』第1巻、第4篇、第11章において生じた課題に対し、その解を、同第1巻、第3篇、第5章に求めている点に他ならない。」という事態は、以上の『資本論』に関する研究方法の一点のみよりも、全く不適切と言わざるをえないのである。

であろうか。個別資本理論の立場にある多くの研究者が取り上げてきた経緯より、特に、第5章第1節「労働過程」を中心に明らかにしなければならない。そして、本書では、『資本論』第1巻、第11章「協業」における「管理の二重性」部分を問題の中心としているのであるから、協業という集団労働、および、これに立脚する指揮に関する問題を解決するために、『資本論』の理論展開における第1巻第5章の基本的特質と、解決に資する点と限界を論じることとする。その上で、労働過程および価値増殖過程におけるただ一人の労働者の存在というマルクスの想定から、第5章および第3篇を理論的に再検討するものである。

2-1.『資本論』第1巻第5章「労働過程と価値増殖過程」の課題は何か

最初に、第5章の内容の分析に入る前に、それ以前の諸章から振り返ることとする。これは、第5章「労働過程と価値増殖過程」とは、『資本論』第1巻全体の中で、つまり、最も簡単な規定から理論展開が行なわれる過程で、いかなる位置づけを付与されているのか、どのような課題を解決するためのものかを、検討するためである。

周知のように、『資本論』第1巻は、「第1篇 商品と貨幣」として、「第1章 商品」から叙述が始まる。まず、商品が有している二つの側面、商品を形成するための二つの側面、すなわち使用価値と交換価値の存在から、マルクスは説くのである。その上で、マルクスは、「商品に表わされる労働の二重性」、「商品に含まれる労働のこの二面的性質」[14]を論じてゆく。そして、次のような結論を導くのであった。

「すべての労働は、一面では、生理学的意味での人間的労働力の支出であり、同等な人間的労働または抽象的人間的労働というこの属性において、それは商品価値を形成する。すべての労働は、他面では、特殊な、目的を規定された形態での人間的労働力の支出であり、具体的有用的労働というこの属性において、それは使用価値を生産する。」(『資本論』[1]、79ページ)

---

14) K.Marx：Das Kapital, Dietz, 1980, Bd.I. 社会科学研究所監修、資本論翻訳委員会訳『資本論』[1](第一巻 第一分冊)新日本出版社 1982年、70～71ページ。なお、同上邦訳書を使用するに際して、以下では『資本論』からの引用文の直後に新日本出版社新書版からの引用巻数とページ数を表示する。

第1篇における貨幣形態の発生と貨幣の形成を受けて、理論は「第2篇　貨幣の資本への転化」「第4章　貨幣の資本への転化」へと発展してゆく。
　「商品流通は資本の出発点である。商品生産、および発達した商品流通——商業——は、資本が成立する歴史的前提をなす。世界商業および世界市場は、16世紀に資本の近代的生活史を開く。
　商品流通の素材的内容、すなわちさまざまな使用価値の交換を度外視して、この過程が生みだす経済的諸形態だけを考察するならば、われわれは、この過程の最後の産物として、貨幣を見いだす。商品流通のこの最後の産物が、資本の最初の現象形態である。(中略)
　貨幣としての貨幣と資本としての貨幣とは、さしあたり、それらの流通形態の相違によってのみ区別される。」(『資本論』②、249～250ページ) マルクスが以上のように述べることから始める、この第4章には、以下のような三つの論点が存在するのである。
　貨幣が、「資本の最初の現象形態である。」しかし、「貨幣としての貨幣と資本としての貨幣とは、さしあたり、それらの流通形態の相違によってのみ区別される。」とマルクスは言う。では、貨幣から資本への転化を決定づけるものは何かが、当然求められる。これが第1の論点であり、回答として、マルクスは次のように論じている。

　　循環 W-G-W は、ある一つの商品の極から出発して別の一商品の極で終結するのであって、このあとの商品は流通から出て消費にゆだねられる。それゆえ、消費、欲求の充足、一言で言えば使用価値が、この循環の究極目的である。これに反して、循環 G-W-G は、貨幣の極から出発して、最後に同じ極に帰ってくる。それゆえ、この循環を推進する動機とそれを規定する目的とは、交換価値そのものである。
　　　　(中略)
　総じて、ある貨幣額が別の貨幣額から区別されうるのは、その大きさの違いだけによるのである。それゆえ、過程 G-W-G は、その両極がともに貨幣であるから、両極の質的な区別によってではなく、もっぱら両極の量的な相違によって、その内容が与えられる。最初に流通に投げ込ま

れたよりも多くの貨幣が、最後に流通から引きあげられる。100 ポンド・スターリングで買われた綿花が、たとえば 100 プラス 10 ポンド・スターリング、すなわち 110 ポンド・スターリングでふたたび売られる。それゆえ、この過程の完全な形態は、G-W-G' であり、この G' は、G＋⊿G すなわち、最初に前貸しされた貨幣額プラスある増加分、に等しい。この増加分、または最初の価値を超える超過分を、私は剰余価値(surplus value)と名づける。それゆえ、最初に前貸しされた価値は、流通のなかで自己を維持するだけでなく、流通のなかでその価値の大きさを変え、ある剰余価値をつけ加える。すなわち自己を増殖する。そして、この運動が、それ〔最初に前貸しされた価値〕を資本に転化させるのである(『資本論』②、255～256 ページ)。

　ここでは、マルクスは、まず剰余価値という概念を作りだし、その定義を付与していることがわかる。そして、貨幣から始まる流通のなかで、ある剰余価値をつけ加える、すなわち自己を増殖する循環を指摘している。これは循環 W-G-W においては、「消費、欲求の充足、一言で言えば使用価値が、この循環の究極目的である」のに対し、そもそも、貨幣から始まる「循環を推進する動機とそれを規定する目的とは、交換価値そのものである」という点を基礎としたものである。その上で、「最初に流通に投げ込まれたよりも多くの貨幣が、最後に流通から引きあげられる」ことを目的としたものである。つまり、目的が交換価値であり、さらに、ある剰余価値をつけ加え、自己を増殖すること自体を目的としたものである点で、二重の独自性を有する循環と言えよう。この循環こそが、マルクスの言う「この運動が」を意味し、貨幣を資本に転化させる決定的な根拠なのである。
　では、なぜ自己を増殖することができるのか、いかなるプロセスで剰余価値は発生するのか、これが第 4 章においてマルクスが投じた第二の論点である。第 4 章第 2 節「一般的定式の諸矛盾」において、マルクスは、単純な商品流通が剰余価値の形成を許すかどうかの検討より始める。しかし、多面的にどのように考察しても、「流通または商品交換はなんらの価値も創造しない。」(『資本論』②、279 ページ)という結論を下す。そして、マルクスは、第

2節の最後において、次のように問いかけるのである。

> したがって、資本は、流通から発生するわけにはいかないし、同じく、流通から発生しないわけにもいかない。資本は、流通のなかで発生しなければならないと同時に、流通のなかで発生してはならないのである。
> こうして、二重の結果が生じた。
> 貨幣の資本への転化は、商品交換に内在する諸法則にもとづいて展開されるべきであり、したがって等価物どうしの交換が出発点をなす。いまのところまだ資本家の幼虫として現存するにすぎないわれわれの貨幣所有者は、商品をその価値どおりに買い、その価値どおりに売り、しかもなお過程の終わりには、彼が投げ入れたよりも多くの価値を引き出さなければならない。彼の蝶への成長は、流通部面のなかで行なわなければならず、しかも流通部面のなかで行なわれてはならない。これが問題の条件である。(『資本論』②、283〜284ページ)

現存の流通部面をめぐり、相互に矛盾した形式において、なぜ剰余価値が発生するのかをマルクスは問題とするのである。

第4章における第3の論点は、なぜ剰余価値は発生するのかという難問を解決するにあたり、その核心となるべき概念は何かということである。マルクスは、この概念を、第4章第3節「労働力の購買と販売」において、次のように提示している。

> したがって、この変化は、その商品の使用価値そのものから、すなわちその商品の消費から生じうるのみである。一商品の消費から価値を引き出すためには、わが貨幣所有者は、流通部面の内部で、すなわち市場において、一商品——それの使用価値そのものが価値の源泉であるという独自な性質をもっている一商品を、したがってそれの現実的消費そのものが労働の対象化であり、それゆえ価値創造である一商品を、発見する幸運にめぐまれなければならないであろう。そして、貨幣所有者は、市

場でこのような独特な商品を——労働能力または労働力を、見いだすのである。(『資本論』②、285～286ページ)

　以下、第4章第3節「労働力の購買と販売」では、労働力の価値とは何かを規定すること、および、労働力の使用価値の紹介が行なわれている。さて、上の引用文より、マルクスが剰余価値の発生の問題を解決するために核心的概念としたものは、商品としての労働力であることは明白である。また、二重の意味で自由な労働者が、商品としての労働力を、貨幣所有者、すぐのちには資本家と取引するという点に理論は展開していることになる。そして、商品としての労働力を貨幣所有者が購買し、この労働力商品の使用価値、つまりそれの現実的消費そのものが、問題解決のためのさらなる核心的概念に他ならないのである。

　『資本論』第1巻、第3篇第5章「労働過程と価値増殖過程」とは、なぜ剰余価値は発生するのかという問題に対し、「労働力というこの独自な商品」(『資本論』②、291ページ)に注目し、貨幣所有者によって購買された労働力商品の使用価値、つまり、「労働力の現実の使用、すなわちその消費過程においてはじめて現われる」(『資本論』②、300ページ)ものを分析することにより、直截に回答を示すための章なのである。そして、「第3篇　絶対的剰余価値の生産」における続く四つの章(第6章～第9章)、「第4篇　相対的剰余価値の生産」および「第5篇　絶対的および相対的剰余価値の生産」とは、第5章における、なぜ剰余価値は発生するのかという秘密の解明を受けて、さらに、剰余価値の形成に関するより具体的な諸問題を提示し、解決するための諸篇であると言えよう。

　ところで、労働力の現実の使用について立ち入り分析する第5章を前にして、ある一点を確認しなければならない。それは、今や、「それの現実的消費そのものが労働の対象化であり、それゆえ価値創造である一商品」が問題対象であり、貨幣所有者により購買された「労働力の消費過程は、同時に、商品の生産過程であり剰余価値の生産過程である」(『資本論』②、300ページ)という事情である。すなわち、貨幣所有者により購買された労働力商品の使用価値は、労働力の現実の使用は、新たに一つの商品を造りだすということ

である。先にマルクスは、第1章において、商品が有している二つの側面、使用価値と交換価値を述べた。そして、「商品に表わされる労働の二重性」、すなわち、具体的有用的労働という属性が使用価値を生産し、抽象的人間的労働という属性が商品価値を形成すると規定したのである。したがって、貨幣所有者により購買された労働力商品の使用価値（労働力の現実の使用）も、第一に、新たに何らかの使用価値を生みだす過程として、具体的有用的労働という属性に着目して、捉え直さなければならない。第二に、新たに何らかの交換価値を（剰余価値をも）生みだす過程として、抽象的人間的労働という属性に焦点をあてることにより、再把握されなければならないことになる。そして、前者の観点からの考察が第5章「第1節　労働過程」であり、後者の観点からの考察が同「第2節　価値増殖過程」にあたるのである。

2-2. 第5章第1節「労働過程」について

最初に、『資本論』第1巻、第5章第1節「労働過程」において、マルクスが述べている内容を確認しなければならない。それは、大別すれば、以下のような2点から構成されているであろう。

第一は、次の引用文から始まる、「労働過程は、さしあたり、どのような特定の社会的形態にもかかわりなく考察されなければならない。」という観点からの分析である。

> 労働力の使用は労働そのものである。労働力の買い手は、その売り手を労働させることにより、労働力を消費する。労働力の売り手は、労働することによって、"現実に"自己を発現する労働力、労働者となるが、彼はそれ以前には"潜勢的に"そうであったにすぎない。自分の労働を商品に表わすためには、彼はなによりもまず、その労働を使用価値に、なんらかの種類の欲求の充足に役立つ物に表わさなくてはならない。したがって、資本家が労働者につくらせるものは、ある特殊な使用価値、ある特定の物品である。使用価値または財貨の生産は、資本家のために、資本家の管理（Kontrolle）のもとで行なわれることによっては、その一般的な本性を変えはしない。それゆえ、労働過程は、さしあたり、

どのような特定の社会的形態にもかかわりなく考察されなければならない。(『資本論』②、303〜304ページ、なお、カッコ内原語は藤原による。以下同じ。)

　ここでまず重要な点は、労働過程における、労働・労働の対象・労働の手段のなかで、その労働へのマルクスの注視である。頭脳労働あるいは人間の目的・意志の強調である。「労働過程は、さしあたり、どのような特定の社会的形態にもかかわりなく考察されなければならない。」とは言え、マルクスは労働過程における人間の労働を次のように限定する。「われわれはここでは、労働の最初の動物的、本能的な諸形態を問題としない。労働者が自分自身の労働力の売り手として商品市場に現われるような状態にとっては、人間の労働がその最初の本能的形態をまだ脱していなかった状態は、太古的背景に遠ざけられている。われわれが想定するのは人間にのみ属している形態の労働である。」(『資本論』②、304ページ) そして、「人間にのみ属している形態の労働」とは何かが、次に問題となる。

　労働は、まず第一に、人間と自然とのあいだの一過程、すなわち人間が自然とのその物質代謝を彼自身の行為によって媒介し、規制し、管理する一過程である。人間は自然素材そのものに一つの自然力として相対する。彼は、自然素材を自分自身の生活のために使用しうる形態で取得するために、自分の肉体に属している自然諸力、腕や足、頭や手を運動させる。人間は、この運動によって、自分の外部の自然に働きかけて、それを変化させることにより、同時に自分自身の自然を変化させる。彼は、自分自身の自然のうちに眠っている潜勢諸力を発展させ、その諸力の働きを自分自身の統制に服させる。(中略) クモは織布者の作業に似た作業を行なうし、ミツバチはその蠟の小室の建築によって多くの人間建築師を赤面させる。しかし、もっとも拙劣な建築師でももっとも優れたミツバチより最初から卓越している点は、建築師は小室を蠟で建築する以前に自分の頭のなかでそれを建築しているということである。労働過程の終わりには、そのはじめに労働者の表象のなかにすでに現存してい

た、したがって観念的にすでに現存していた結果が出てくる。彼は自然的なものの形態変化を生じさせるだけではない。同時に、彼は自然的なもののうちに、彼の目的——彼が知っており、彼の行動の仕方を法則として規定し、彼が自分の意志をそれに従属させなければならない彼の目的——を実現する。(『資本論』②、304～305ページ)

　まず、「人間は自然素材そのものに一つの自然力として相対する。彼は、自然素材を自分自身の生活のために使用しうる形態で取得するために、自分の肉体に属している自然諸力、腕や足、頭や手を運動させる。」とは、人間の労働を、人間の動きの点より、物理的に、外面的に記したものである。しかし、「彼は自然的なものの形態変化を生じさせるだけではない。」のであった。「人間にのみ属している形態の労働」の本質を、マルクスは次の２点において論じていることに留意しなければならない。「しかし、もっとも拙劣な建築師でももっとも優れたミツバチより最初から卓越している点は、建築師は小室を蠟で建築する以前に自分の頭のなかでそれを建築しているということである。労働過程の終わりには、そのはじめに労働者の表象のなかにすでに現存していた、したがって観念的にすでに現存していた結果が出てくる。」「同時に、彼は自然的なもののうちに、彼の目的——彼が知っており、彼の行動の仕方を法則として規定し、彼が自分の意志をそれに従属させなければならない彼の目的——を実現する。」
　「人間にのみ属している形態の労働」の本質は、人間のみが目的を、「彼が知っており、彼の行動の仕方を法則として規定し、彼が自分の意志をそれに従属させなければならない彼の目的」を有していること、そのために不可欠となる、やはり人間にのみ可能な頭脳労働を遂行していること（「建築師は小室を蠟で建築する以前に自分の頭のなかでそれを建築しているということ」）にある点を、マルクスは鋭く見抜いていることがわかるのである。
　さて、「労働過程は、さしあたり、どのような特定の社会的形態にもかかわりなく考察されなければならない。」という観点による著述においては、以下、労働の対象とは何か、労働の手段とは何か、そして、労働対象と労働手段と労働との関連が論じられてゆく。そして、最後に次のように結ばれて

第1章　序論、『資本論』の読解方法について

ゆく。

> われわれがその単純で抽象的な諸契機において叙述してきたような労働過程は、諸使用価値を生産するための合目的的活動であり、人間の欲求を満たす自然的なものの取得であり、人間と自然とのあいだにおける物質代謝の一般的な条件であり、人間生活の永遠の自然的条件であり、それゆえこの生活のどの形態からも独立しており、むしろ人間生活のすべての社会形態に等しく共通なものである。それゆえ、われわれは、労働者を他の労働者たちとの関係において叙述する必要がなかった。一方の側に人間とその労働、他方の側に自然とその素材があれば、それで十分であった。小麦を味わってみてもだれがそれを栽培したのかわからないのと同様、この過程を見ても、どのような条件のもとでそれが行なわれるのか、奴隷監督の残忍な鞭のもとでか、資本家の心配げなまなざしのもとでなのか、それともキンキンナトゥスが数ユゲルムの耕作において行なうのか、石で野獣を倒す未開人が行なうのか、はわからない。
> （『資本論』②、314〜315ページ）

ここで、是非とも注目しておかねばならない点は、「それゆえ、われわれは、労働者を他の労働者たちとの関係において叙述する必要がなかった。一方の側に人間とその労働、他方の側に自然とその素材があれば、それで十分であった。」という記述である。つまり、『資本論』第1巻第5章の段階では、ただ一人の労働者が存在している状態が想定されているのであり、そこでは、マルクスは集団労働を考察の対象としていないことになるのである。そして、「労働者を他の労働者たちとの関係において叙述する必要」はあるのではあるが、それは『資本論』において第5章よりさらに先の諸章においてである、ということもわかると言えよう[15]。

さて、第5章第1節「労働過程」において、マルクスが述べている第2の内容は、「さしあたり、どのような特定の社会的形態にもかかわりなく考察されなければならない」労働過程に、資本家が登場した場合の考察である。もちろん、『資本論』第1巻第5章における労働過程であるから、「労働者を

39

他の労働者たちとの関係において叙述する必要がなかった。」のであった。つまり、ただ一人の労働者のみから、資本家は労働力商品を購買し、それ故、資本家のもとで、ただ一人の労働者が労働を行なうという状態に限定した上での、労働過程の分析である。

マルクスが「われわれはわが"将来の"資本家のもとにもどろう。」(『資本論』②、315ページ)という呼びかけから始める、資本家が現われた際の労働過程の考察は、二者に区分することが可能であろう。前者は、資本家が現われた場合の労働過程の一般的本性を述べた部分であり、後者は、「ところで労働過程は、それが資本家による労働力の消費過程として行なわれる場合には、二つの独自な現象を示す。」(『資本論』②、316ページ)として、その二つの独自な現象を論じた部分である。

前者の問題については、マルクスは以下のように述べている。

> したがって、わが資本家は自分の買った商品、労働力の消費にとりかかる。すなわち、彼は労働力の担い手である労働者に、それの労働によって生産諸手段を消費させる。労働過程の一般的本性は、労働者が労働過程を自分自身のためではなく資本家のために行なうということによっては、もちろん変化しはしない。しかし、長靴をつくったり、糸を紡いだりする一定の仕方もまた、資本家の介入によっては、さしあたり、変化しえない。資本家は、さしあたり、市場で見いだすままの労働力を、したがってまた資本家がまだ一人もいなかった時代に発生したままのその労働を、受け入れなくてはならない。労働が資本のもとに従属することによって生じる生産様式そのものの転化は、もっとのちになってからはじめて生じうるのであり、それゆえもっとあとになってはじめて考察さ

---

15) 『資本論』第1巻第5章の段階で、マルクスが、ただ一人の労働者が存在している状態を想定していることは、第14章「絶対的および相対的剰余価値」の冒頭における次のような記述からも、知ることができる。
　「労働過程は、なによりもまず、その歴史的諸形態にかかわりなく、人間と自然とのあいだの過程として、抽象的に考察された（第五章を見よ）。〔中略〕
　労働過程が純粋に個人的な労働過程である限りは、のちには分離されるすべての機能を同じ労働者が結合している。彼は、自分の生活目的のために自然対象を個人的に取得するにあたって、自分自身を管理している。のちには、彼が管理される。」(『資本論』③、871〜872ページ。なお傍線は藤原によるものである。)

れるべきである（『資本論』②、315〜316ページ）。

　ここからは、以下の二点がわかる。まず、資本家が登場しても労働過程の一般的本性は変化せず、さしあたり、唯一の労働者が資本家のもとで労働する場合では、生産の仕方は変化しえない点である。次は、「労働が資本のもとに従属することによって生じる生産様式そのものの転化は、もっとのちになってからはじめて生じうるのであり、それゆえもっとあとになってはじめて考察されるべきである。」と述べるように、マルクスは重要な問題点を提起する一方で、それをより先の諸章で解決することの明示である。
　後者の問題については、マルクスは以下のように論じている。

　　ところで労働過程は、それが資本家による労働力の消費過程として行なわれる場合には、二つの独自な現象を示す。
　　労働者は、自分の労働の所属する資本家の管理（Kontrolle）のもとで労働する。資本家は、労働が秩序正しく進行し、生産諸手段が合目的的に使用され、したがって原料が少しもむだづかいされず、労働用具が大切にされるように、すなわち作業中のそれの使用によって余儀なくされる限りでしか労働用具が傷められないように、見張りをする。
　　さらに第二に、生産物は資本家の所有物であって、直接的生産者である労働者の所有物ではない。資本家は、たとえば労働力の日価値を支払う。したがって、労働力の使用は、他のどの商品――たとえば一日のあいだ賃借りした馬――の使用とも同様に、その一日のあいだ資本家に属している。商品の使用は商品の買い手に所属し、そして、労働力の所有者は、自分の労働を与えることによって、実際には、自分が売った使用価値を与えるだけである。彼が資本家の作業場にはいった瞬間から、彼の労働力の使用価値は、したがってそれの使用すなわち労働は、資本家に所属したのである。資本家は、労働力の購買によって、労働そのものを、生きた酵素として、同じく彼に所属する死んだ生産物形成諸要素に合体させたのである（『資本論』②、316〜317ページ）。

ところで、マルクスは、『資本論』第１巻、第３篇「絶対的剰余価値の生産」における終章である、第９章「剰余価値の率と総量」において、また、次のように振り返えるのである。

　　われわれは、資本家と労働者との関係が生産過程の経過中にこうむった諸変化の詳細には立ち入らないし、したがってまた、資本そのもののさらに進んだ諸規定にも立ち入らない。ただここでは、わずかの要点だけを強調しておこう。
　　生産過程の内部では、資本は、労働にたいする——すなわち自己を発現している労働力または労働者そのものにたいする——指揮権（Kommando）にまで発展した。人格化された資本である資本家は、労働者が自分の仕事を秩序正しく、ふさわしい強度で遂行するように気を配る。
　　資本は、さらに、労働者階級に、この階級自身の狭い範囲の生活諸欲求が命じるよりもより多く労働することを強いる一つの強制関係にまで発展した。そして、他人の勤勉の生産者として、剰余労働の汲出者および労働力の搾取者として、資本は、エネルギー、無節度、および効果の点で、直接的強制労働にもとづく従来のすべての生産体制を凌駕している。
　　資本は、まずもって、歴史的に与えられるままの技術的諸条件をもって労働を自己に従属させる。こうして、資本は、直接には生産様式を変化させない。それゆえ、これまでに考察した形態での、労働日の単なる延長による剰余価値の生産は、生産様式そのもののいかなる変化にもかかわりなく現われた。それは、古風な製パン業の場合にも、近代的綿紡績業の場合に劣らず効果があった。
　　生産過程を労働過程の見地から考察すれば、労働者は資本としての生産諸手段に関係したのではなく、彼の目的に即した生産的活動の単なる手段および材料としての生産諸手段に関係したのである。たとえば、なめし皮業では、労働者は獣皮を彼の単なる労働対象として取り扱う。彼がなめすものは資本家の皮ではない。（『資本論』②、540〜541 ページ）

ここでは、やはり、マルクスは資本家が現われた場合の労働過程について論じているのであり、先の第5章からの引用文（40ページ、41ページ）と同様に、以下の3点がわかる。まずは、「資本は、まずもって、歴史的に与えられるままの技術的諸条件をもって労働を自己に従属させる。こうして、資本は、直接には生産様式を変化させない。」と述べているように、ただ一人の労働者が遂行する労働過程においては、資本家が現われても、さしあたりは生産様式は変化しない点である。次に、「われわれは、資本家と労働者との関係が生産過程の経過中にこうむった諸変化の詳細には立ち入らないし、したがってまた、資本そのもののさらに進んだ諸規定にも立ち入らない。」と述べるように、重要な論点の提起と、その問題解決の先送りである。

　そして、唯一の労働者が行なう労働過程であっても、そこに資本家が登場した場合の独自な現象について、マルクスは次のように述べるのであった。「生産過程の内部では、資本は、労働にたいする――すなわち自己を発現している労働力または労働者そのものにたいする――指揮権（Kommando）にまで発展した。人格化された資本である資本家は、労働者が自分の仕事を秩序正しく、ふさわしい強度で遂行するように気を配る。」

　この、第5章において、マルクスが「ところで労働過程は、それが資本家による労働力の消費過程として行なわれる場合には、二つの独自な現象を示す。」（41ページの引用文より）として、その二つの独自な現象を論じたものの、および、第9章において、新たな変化に言及した部分の、有する意味と意義については、改め次に論じることとする。

　マルクスが、『資本論』第1巻、第5章第1節「労働過程」において述べている内容は、以上のように確認した。ここからは、『資本論』第1巻、第4篇第11章「協業」以降における、協業という集団労働、および、これに立脚する指揮（管理）に関する諸問題を解決するに当たり、第5章第1節「労働過程」が有する、解決に資する点と限界を論じなければならない。

　まずは解決に資する点であるが、以下の2点を挙げることができよう。これは、第11章以下につながる、極めて重要な基本的概念を、第5章第1節

「労働過程」は、2点において提示しているということである。

第一は、「その単純で抽象的な諸契機において叙述してきたような労働過程」において、つまり、「労働過程は、さしあたり、どのような特定の社会的形態にもかかわりなく考察されなければならない。」および、「労働者を他の労働者たちとの関係において叙述する必要がなかった。」という条件のもとで、「人間にのみ属している形態の労働」とは何かを明らかにしたことである。すなわち、人間は「自然的なものの形態変化を生じさせるだけではない」のであった。人間のみが目的を有していること、そして、その実現に不可欠となる頭脳労働を、やはり人間のみが遂行しているのである。さらに、この後者の種類の労働こそが、「人間にのみ属している形態の労働」の本質であることを告げている。

労働過程においては、性質の異なった二つのタイプの労働が存在すること、ならびに、「人間にのみ属している形態の労働」の本質は、人間が独自に目的を設定し、これに必要となる頭脳労働を行なう点にあるとすること、これらの基礎的規定が、集団労働においても該当することは言うまでもない。『資本論』第1巻、第5篇第14章「絶対的および相対的剰余価値」におけるマルクスの以下の記述は、『資本論』第1巻で第3篇と第4篇の総括にあたる第5篇「絶対的および相対的剰余価値の生産」にて次のように述べられること自体が、この労働過程における労働に関する基礎的規定の重要性を知ることができる。同時に、第5章におけるこの規定が第11章以降と関連性をもつことを、また、そこでの変容をもうかがえるのである。

　　労働過程が純粋に個人的な労働過程である限りは、のちには分離されるすべての機能を同じ労働者が結合している。彼は、自分の生活目的のために自然対象を個人的に取得するにあたって、自分自身を管理している。のちには、彼が管理される。個々の人間は、彼自身の頭脳の管理のもとで彼自身の筋肉を働かすことなしには、自然に働きかけることはできない。自然体系〔生来の人体〕では頭と手が一組になっているように、労働過程では、頭の労働と手の労働とが結合されている。のちには、この二つは分離して、敵対的に対立するようになる（『資本論』③、871〜

第1章　序論、『資本論』の読解方法について

872ページ)。

　第二は、資本家が現われた場合の労働過程の考察において、マルクスは、早くも、管理（Kontrolle）あるいは指揮権（Kommando）という概念を提起し、その資本家・資本への移行に言及していることである。まず、第5章第1節では、「ところで労働過程は、それが資本家による労働力の消費過程として行なわれる場合には、二つの独自な現象を示す。」として、以下のように述べていた。

　　労働者は、自分の労働の所属する資本家の管理（Kontrolle）のもとで労働する。資本家は、労働が秩序正しく進行し、生産諸手段が合目的的に使用され、したがって原料が少しもむだづかいされず、労働用具が大切にされるように、すなわち作業中のそれの使用によって余儀なくされる限りでしか労働用具が傷められないように、見張りをする。

　ここからは、次の諸点がわかる。それは、労働者が資本家の管理（Kontrolle）のもとで労働することを、マルクスは、『資本論』のなかで、この第5章第1節において初めて規定していることである。そして、「資本家は、（中略）見張りをする。」という文章において、第5章第1節の段階での、資本家の管理の内容を記述していることがわかるのである。[16] なお、独自な現象の二番目について論じている際の記述は（41ページの引用文参照）、「労働者は、自分の労働の所属する資本家の管理のもとで労働する」ことに対して、その根拠を示していると理解することができるのである。
　他方、第9章においては、「わずかの要点だけを強調しておこう。」として、次のように述べていた。

　　生産過程の内部では、資本は、労働にたいする――すなわち自己を発現している労働力または労働者そのものにたいする――指揮権

---

[16]「管理（Kontrolle）」という用語自体はすでに第5章第1節の冒頭より登場する。36ページの引用文を参照されたい。

（Kommando）にまで発展した。人格化された資本である資本家は、労働者が自分の仕事を秩序正しく、ふさわしい強度で遂行するように気を配る。

　第3篇「絶対的剰余価値の生産」において初めて、資本は、労働にたいする、労働者そのものにたいする指揮権（Kommando）にまで発展したことが、確認できるのである。そして、「人格化された資本である資本家は、労働者が自分の仕事を秩序正しく、ふさわしい強度で遂行するように気を配る。」とは、第3篇の段階における、指揮権の内容を記したものであると理解することができる。なお、この指揮権の内容と、第5章第1節における資本家の管理の内容を示した部分（「資本家は、……見張りをする。」）とは、ほぼ同一のものを意味していると思われる。したがって、管理（Kontrolle）と指揮権（Kommando）とを、マルクスは特段に異なった概念として用いているのではないであろう。

　しかし、『資本論』第1巻、第4篇第11章「協業」以降における、協業という集団労働、および、これに立脚する指揮（管理）に関する諸問題を解決するために、第5章第1節「労働過程」における記述を参照することには、大きな限界があると言わざるをえないのである。また、先に解決に資する点として挙げた、第5章第1節における二つの基本的概念も、実際に協業および指揮（管理）を論じる際には、慎重に取り扱わなければならないのである。これらの点を以下3点に区分しながら論じてゆくこととする。

　第一は、マルクスが、第5章第1節「労働過程」を論述してゆく際に、その性質を決定づけるべき視点の一つが、「それゆえ、われわれは、労働者を他の労働者たちとの関係において叙述する必要がなかった。一方の側に人間とその労働、他方の側に自然とその素材があれば、それで十分であった。」ということである。つまり、第5章第1節では、ただ一人の労働者のみが行なう労働過程が、その考察対象であったことがわかる。これが、協業という集団労働と、それに立脚する指揮（管理）についての諸問題を解決するため

に、第5章第1節における記述より解をもち出すことを困難にしている、決定的な要因なのである。この点に関連して、次のように論じることも可能であろう。

　第5章第1節「労働過程」全体に関わるマルクスの基本的原則は、「それゆえ、労働過程は、さしあたり、どのような特定の社会的形態にもかかわりなく考察されなければならない。」であった。その中で、マルクスは、資本家が登場した際の労働過程の特徴をも論じている。しかしそれは、先に示したように「それゆえ、われわれは、労働者を他の労働者たちとの関係において叙述する必要がなかった。」ことに限定した論述である。したがって、資本家に購買された労働力商品の使用価値（労働力の現実の使用）が呈する労働過程についても、そこには唯一の労働者が存在するという条件での考察であった。そこで、資本家と労働者が存在するなかで、労働者たちが集団労働を行なう場合の労働過程に関しては、第5章第1節とは全く別の諸章において考察しなければならないのである。〔課題1〕

　第二は、「それゆえ、われわれは、労働者を他の労働者たちとの関係において叙述する必要がなかった。」というマルクスの視点が、先に解決に資する点として私が挙げた二つの基本的概念に対しても、大きな影響を与えていることである。その第一点目とは、「人間にのみ属している形態の労働」とは何かを明らかにしたことである。つまり、人間は「自然的なものの形態変化を生じさせるだけではない。」人間のみが目的を有していること、その実現に不可欠となる頭脳労働を、やはり人間のみが遂行しているのである。そして、後者の種類の労働を、「人間にのみ属している形態の労働」の本質であるとした。しかし、これは、「それゆえ、労働過程は、さしあたり、どのような特定の社会的形態にもかかわりなく考察されなければならない。」というマルクスの基本的原則のもとでの、および、第5章第1節では、ただ一人の労働者のみが行なう労働過程を対象とするという条件のもとでの、考察の結果であった。そこで、ただ一人の労働者のみが存在するという条件は変わらないままで、資本家が現われた場合には、やはり、労働者において、手の労働と頭の労働が結合しているのか、という点が問題となる。さらに、資本家のもとに複数の（多数の）労働者が存在し、彼らが集団労働を行なう段

階では、はたして、手の労働と頭の労働の所在はどのようになるのか、という疑問が浮かぶ。〔課題２〕　とりわけ、後者の問題に対しては、これまで論じてきた理由により、第５章第１節では、その答えが示されようがないのである。

　解決に資する点として私が取り上げた二番目のものは、資本家が現われた場合の労働過程の考察において、マルクスは、早くも、管理（Kontrolle）あるいは指揮権（Kommando）という概念を提起し、その資本家への移行に言及していることであった。さて、その管理の内容は、「資本家は、労働が秩序正しく進行し、生産諸手段が合目的的に使用され、したがって原料が少しもむだづかいされず、労働用具が大切にされるように、すなわち作業中のそれの使用によって余儀なくされる限りでしか労働用具が傷められないように、見張りをする。」ということである。指揮権の内容は、「人格化された資本である資本家は、労働者が自分の仕事を秩序正しく、ふさわしい強度で遂行するように気を配る。」であった。このマルクスの表現を見る限り、第５章第１節（第３篇）の段階では、つまり、資本家のもとで、ただ一人の労働者が労働を行なうという状態に限定した労働過程では、未だこの労働者の中に、手の労働と頭の労働が結合して存在していると、判断することができるであろう。ただ一人の労働者の労働過程は、「資本家の心配げなまなざしのもとで」（『資本論』②、315ページ）行なわれるしかないのである。

　では、資本家のもとに、複数の（多数の）労働者が存在し、彼らが集団労働を行なう段階においては、資本家の管理あるいは指揮権は、どのような内容のものとなるのかが、問題となる。つまり、「資本家は、労働が秩序正しく進行し、（中略）見張りをする。」あるいは「人格化された資本である資本家は、労働者が自分の仕事を秩序正しく、ふさわしい強度で遂行するように気を配る。」という内容が、労働者たちの集団労働に際しても変わらないのか、それとも、資本家の管理あるいは指揮権の内容は大きく様相を異にしたものに変貌するのか、ということである。〔課題３〕　この点も、第５章第１節では、答えが示されようがないのである。

　さらに、なぜ「それゆえ、われわれは、労働者を他の労働者たちとの関係において叙述する必要がなかった。」で良いのか、複数の労働者がこの段階

でなぜ存在してはいけないのか、マルクスが、第5章第1節（第3篇）において唯一の労働者が存在するもとで論を進めてゆく理由は、本章第2節. 2-4. で述べることとする。

　第三は、第5章第1節における考察と分析の限界を、マルクス自身が次のように語っていることである（40〜41、42ページの引用文参照）。資本家が現われた場合の労働過程の分析に際しては、マルクスの基本的視点は、「労働過程の一般的本性は、労働者が労働過程を自分自身のためではなく資本家のために行なうということによっては、もちろん変化しはしない。」（第5章第1節）、あるいは、「こうして、資本は、直接には生産様式を変化させない。」（第9章）、というものである。そして、その根拠を、「資本家は、さしあたり、市場で見いだすままの労働力を、したがってまた資本家がまだ一人もいなかった時代に発生したままのその労働を、受け入れなくてはならない。」（第5章第1節）、あるいは、「資本は、まずもって、歴史的に与えられるままの技術的諸条件をもって労働を自己に従属させる。」（第9章）、と表現しているのである。これは、『資本論』の理論展開において、第5章第1節とは、資本および労働力商品が出現したばかりの地点に位置しているからであろう。そもそも、第5章第1節とは、第4章「貨幣の資本への転化」において、マルクスが提起した問題を解決する途上にある著述部分なのであった。

　そこで、マルクスは次のように言明する。「<u>労働が資本のもとに従属することによって生じる生産様式そのものの転化は、もっとのちになってからはじめて生じうるのであり、それゆえもっとあとになってはじめて考察されるべきである。</u>」（第5章第1節）〔マルクスの課題1〕　「<u>われわれは、資本家と労働者との関係が生産過程の経過中にこうむった諸変化の詳細には立ち入らないし、したがってまた、資本そのもののさらに進んだ諸規定にも立ち入らない。</u>」（第9章）〔マルクスの課題2〕（※ 傍線は藤原による）

　このように、マルクスは極めて重要な問題を提起する一方で、第5章第1節あるいは第3篇ではこれらの問題を生じない点が、それ故これらの問題の考察と解決を『資本論』の後章に先送りしていることが、明確に読み取れるのである。このこと自体が、第5章第1節（第3篇）における考察と分析の限界を示しているものと言えよう。

2-3. 第5章第2節「価値増殖過程」について

　第5章第2節「価値増殖過程」に関しては、本書の性質より、ここでマルクスが何を行なおうとしたのかという点を中心に、その内容を確認することを主たる課題としておく。

　すでに2-1にて述べたように、マルクスは、『資本論』第1巻、第4章「貨幣の資本への転化」第2節「一般的定式の諸矛盾」において、なぜ資本は自己を増殖することが可能なのか、いかなるプロセスで剰余価値は発生するのか、という問題を提示した。そして、第4章第3節「労働力の購買と販売」において、上記の難問を解決するために核心となりうる概念として、「労働力というこの独自な商品」を、および、貨幣所有者によって購買された労働力商品の使用価値、つまり、「労働力の現実の使用、すなわちその消費過程においてはじめて現われる」ものを、取り上げるのであった。その上で、上記の問題に対する直截の回答は、第5章以降のいずれかで与えられることになるのである。

　ところで、第4章の段階で初めて登場した概念である、貨幣所有者により購買された労働力商品の使用価値は、労働力の現実的消費そのものが、新たに一つの商品を造りだすことに留意しなければならない。そこで、第1に、貨幣所有者により購買された労働力商品の使用価値（労働力の現実の使用）が、新たに何らかの使用価値を生みだす過程として、具体的有用的労働という属性に着目して、把握されなければならない。第2に、貨幣所有者により購買された労働力商品の使用価値（労働力の現実の使用）が、新たに何らかの交換価値を生みだす過程として、抽象的人間的労働という属性に焦点をあてることにより、把握されなければならないのである。

　『資本論』第1巻第4章において、マルクスは、なぜ剰余価値は発生するのかという問題提起を行ない、さらに、その解決の鍵となる概念として、「労働力というこの独自な商品」、および、貨幣所有者によって購買された労働力商品の使用価値（労働力の現実の使用）を用意した。そして、この概念をもちだすことが、上述した両者に区分した様式による、考察の仕方と『資本論』における次なる理論展開を必要とするのである。

　さて、貨幣所有者により購買された労働力商品の使用価値（労働力の現実

の使用）が、新たに何らかの使用価値を生みだす過程として、具体的有用的労働という属性に着目して、把握されなければならない、というこの観点からのマルクスの考察が、第5章第1節「労働過程」であると考えられる。『資本論』の理論展開の仕方として、「労働過程」に関する著述は不可欠であったのである。しかし、すでに2-2. で検討したように、労働力の現実の使用が新たに何らかの使用価値を生みだすという労働の性質からは、その考察からは、マルクスが第4章第2節において提示した、いかなるプロセスで剰余価値は発生するのかという問題に対する回答は、示されていないことがわかる。（なお、この問題の論証と第5章第1節との関連については、2-4. において論じることとする。）

　先に、第2に、貨幣所有者により購買された労働力商品の使用価値（労働力の現実の使用）が、新たに何らかの交換価値を生みだす過程として、抽象的人間的労働という属性に焦点をあてることにより、把握されねばならない、と述べた。第5章第2節「価値増殖過程」は、この観点を考察の出発点におくものであろう。では、第5章第2節においては、いかなるプロセスで剰余価値は発生するのかという問題への回答は、示されているのであろうか。マルクスは、労働力の現実の使用が新たに何らかの交換価値を生みだす過程へと、考察の対象を絞ることにより、そこで何を発見したのであろうか。

　まず、上記の問題を解決するための前提条件として、マルクスは次のように述べている。

　　　労働力の販売のところでは、労働力の日価値は3シリングであり、この3シリングには6労働時間が体化されており、したがってそれだけの労働分量が労働者の日々の生活諸手段の平均額を生産するために必要であると想定された。（『資本論』②、324～325ページ。なお、「労働力の販売のところでは」とは、第4章第3節「労働力の購買と販売」を意味し、この引用文と同様の内容が、邦訳書294～295ページにて記述されている。）

　そして、剰余価値の発生に関する論証は、以下のように行なわれてゆく。

もっと詳しく見ることにしよう。労働力の日価値は3シリングであった。なぜなら、労働力そのものに半労働日が対象化されているから、すなわち労働力の生産に日々必要な生活諸手段は半労働日を要するからである。しかし、労働力のなかに潜んでいる過去の労働と、労働力が遂行することのできる生きた労働とは、すなわち労働力の日々の維持費と労働力の日々の支出とは、二つのまったく異なる大きさである。前者は労働力の交換価値を規定し、後者は労働力の使用価値を形成する。労働者を24時間のあいだ生かしておくために半労働日が必要だということは、労働者がまる一日労働することを決してさまたげはしない。したがって、労働力の価値と、労働過程における労働力の価値増殖とは、二つの異なる大きさである。この価値の差は、資本家が労働力を買ったときに念頭においていたものであった。(中略) しかし、決定的なものは、価値の源泉であり、しかもそれ自身がもっているよりも多くの価値の源泉であるという、この商品の独特な使用価値であった。これこそは、資本家がこの商品から期待する独特な役立ち方なのである。そして、その場合、彼は商品交換の永遠の諸法則に従って行動する。

　　　　　　　　(中　　略)

　わが資本家には、彼に笑いをもたらすこのことはあらかじめわかっていたのである。それゆえ、労働者は、作業場において、6時間だけでなく、12時間の労働過程のために必要な生産諸手段を見いだす。10ポンドの綿花が6労働時間を吸収して10ポンドの糸に転化したとすれば、20ポンドの綿花は12労働時間を吸収して20ポンドの糸に転化するであろう。われわれはこの延長された労働過程の生産物を考察してみよう。20ポンドの糸には、いまや5労働日が対象化されている。4労働日は消費された綿花および紡錘の量に対象化され、1労働日は紡績過程のあいだに綿花によって吸収されている。ところが、5労働日の金表現は30シリング、言い換えれば1ポンド・スターリング10シリングである。したがってこれが20ポンドの糸の価格である。1ポンドの糸は相変わらず1シリング6ペンスの値である。しかし、この過程に投入され

第1章 序論、『資本論』の読解方法について

た諸商品の価値総額は 27 シリングであった。糸の価値は 30 シリングである。生産物の価値は、その生産のために前貸しされた価値よりも 1/9 だけ増大した。こうして 27 シリングは 30 シリングに転化した。それは 3 シリングの剰余価値を生んだ。手品はついに成功した。貨幣は資本に転化した。(『資本論』②、330～332 ページ。なお、邦訳書とは異なり、マルクスが計算の際に用いている数字の表現は、アラビア数字とした。これは、前掲の引用部分も同じ。)

マルクスは、いかなるプロセスで剰余価値は発生するのか、という問題を、以上のように解決している。本書は、剰余価値を、あるいは、剰余価値発生に関するマルクスの論証を、主題としているものではない。しかし、以上のマルクスの引用文に関しては、『資本論』第1巻第5章とは何であるのかという点より、また、そこでは集団労働と関連しているのかということより、次の2点を指摘しておかなければならない。

第一は、『資本論』の理論展開に関するものである。マルクスが「手品は」と形容した、矛盾に満ち、解決が困難な問題とは、『資本論』第1巻、第4章「貨幣の資本への転化」第2節「一般的定式の諸矛盾」の終わりにおける、マルクスの問いかけであろう（33～34 ページの引用文参照）。この問題が、解決に「ついに成功した」のである。第4章「貨幣の資本への転化」で始めた「手品は」（未解決の問題が）、第5章第2節「価値増殖過程」で「ついに成功した」のである。そこで、「貨幣の資本への転化」が、「貨幣は資本に転化した。」となるのである。すなわち、第2篇・第4章の表題である「貨幣の資本への転化」という課題は、そこでは完結せず、剰余価値の発生を論証しえた第5章第2節のこの地点で終了したことを、マルクスは「貨幣は資本に転化した」として明示している点に留意しなければならない。換言すれば、第4章「貨幣の資本への転化」におけるマルクスの意図は、実は、先の問いかけに表現されるような、なぜ剰余価値は発生するのかという問題を提起することにあったのである。そして、この問題が解決したことにより、真の意味で「貨幣は資本に転化した」、すなわち、「貨幣の資本への転化」という経済学的範疇の移行が完成したのである。第5章第1節「労働過程」の考察が、

第4章から第5章への理論展開においては傍論であるとするならば、その本論がここで完結したとも言えよう。

　第二は、先の引用文における剰余価値発生に関するマルクスの論証に際して、どのような労働力の取引がなされ、資本家のもとでだれが労働を行なっているのか、ということである。先の引用文（51〜52ページ）を概括するならば、次のようになる。

　まず、一人の労働者の労働力商品が日価値3シリングで、資本家に購買された。この3シリングとは、一人の労働者に関する労働力の日々の維持費に相当し、かつ、6労働時間を意味する。なぜなら、労働者の日々の生活諸手段の平均額を生産するためには、6労働時間を要するからである。次に、作業場においては、労働者は一人存在すると同時に、その眼前には、12時間の労働過程のために必要な生産諸手段が存在している。結局、この一人の労働者については、労働時間は12時間に及んだ。そこで、ただ一人の労働力の現実の使用は（この延長された労働過程は）、新たに6シリングの交換価値を生みだした。労働力の日価値は3シリングであったので、残余の3シリングが剰余価値となる。

　以上の概括より、私が何を主張すべきかは明らかであろう。2-2で再三指摘したように、第5章第1節「労働過程」においては、マルクスは、ただ一人の労働者が存在することを想定して、論を進めてきた。そして、マルクスの剰余価値発生についての論証においては、結論である30シリング−27シリング＝3シリングの剰余価値は、一人の労働者が行なった12労働時間のうち、労働力の日価値部分6労働時間を超えた6労働時間から生ずるもの以外のなにものでもない。このように、第2節「価値増殖過程」においても、資本家は、ただ一人の労働者と労働力の取引を行ない、そして、作業場にはただ一人の労働者が存在する点を前提として、マルクスは、この労働者が新たな交換価値を生みだす過程を考察していたのである。価値増殖過程を論じるにあたり、一個のみの労働力、作業場におけるただ一人の労働者の存在という想定は、協業という集団労働と、それに基づく指揮を主題とする本書にとり、大いに留意されねばならないのである。

2-4. 理論上の総括

　本書第1章第2節の最後にあたり、先に取り上げた、『資本論』第1巻、第3篇第5章第1節「労働過程」において、マルクスはただ一人の労働者の存在を想定していたこと、および、同第2節「価値増殖過程」において、一個のみの労働力、作業場におけるただ一人の労働者の存在を前提としていたこと、これらが有する意味についていささか長くなるが論じなければならないであろう。

　最初に、第3篇「絶対的剰余価値の生産」、あるいは、そこでの第6章以降の諸章についても、マルクスは何を前提にしているのかを、確認しておこう。まず、マルクスは、『資本論』第1巻、第4篇「相対的剰余価値の生産」に際して、その序章にあたる第10章「相対的剰余価値の概念」において、「絶対的剰余価値の生産」とは何であったのかを、次のように振り返るのである。

　　したがって、いままで考察した形態における剰余価値の生産にあっては、生産方法は与えられたものと想定されていたのであるが、(中略) 資本が、労働過程をその歴史的に伝来した姿態または現存の姿態のままで支配下におき、ただその継続時間を延長するだけ（以下略）。(『資本論』③、550ページ)

　ここからは、マルクスが「絶対的剰余価値の生産」を論じる際に、その前提となる労働過程を、「生産方法は与えられたものと想定されていた」、および、「資本が、労働過程をその歴史的に伝来した姿態または現存の姿態のままで支配下におき」、と表現していることが明確となる。では、この両者は何を意味するのであろうか。答えを探すことは、もはや困難なことではない。すでに2-2. で検討してきたように、第5章第1節「労働過程」において、マルクスが述べている第2の内容は、労働過程に、資本家が登場した場合の考察である。そして、ここでのマルクスの基本的視点は、資本は、さしあたり、生産様式を変化させない、というものであった。マルクスは次のように述べていた。

労働過程の一般的本性は、労働者が労働過程を自分自身のためではなく資本家のために行なうということによっては、もちろん変化しはしない。しかし、長靴をつくったり、糸を紡いだりする一定の仕方もまた、資本家の介入によっては、さしあたり、変化しえない。資本家は、さしあたり、市場で見いだすままの労働力を、したがってまた資本家がまだ一人もいなかった時代に発生したままのその労働を、受け入れなくてはならない。(『資本論』②、316ページ)

　このように、第10章において、「絶対的剰余価値の生産」に言及する際に、その前提となる労働過程を表わした部分は、上記の第5章第1節からの引用文と同じ内容を意味するのである。そして、この第5章第1節に関しては、全体を通じて、「それゆえ、われわれは、労働者を他の労働者たちとの関係において叙述する必要がなかった。一方の側に人間とその労働、他方の側に自然とその素材があれば、それで十分であった。」という観点を、マルクスは保持しているのであった。すなわち、第5章第1節では、ただ一人の労働者のみが行なう労働過程が、その考察対象であった。同じく、マルクスが第3篇「絶対的剰余価値の生産」を論じる際にも、この点が前提となっていることが明らかになったのである。

　以上に述べた点については、別の説明も可能である。絶対的剰余価値の生産とは、「労働日の単なる延長による剰余価値の生産」(『資本論』②、541ページ)であり、また、マルクスは、「労働日の延長によって生産される剰余価値を、私は絶対的剰余価値と名づける。」(『資本論』③、550ページ)と定義づけている。つまり、絶対的剰余価値の生産に関しては、そのキーワードは労働日であることがわかる。そこで、第8章「労働日」において、マルクスが、労働日の理論的解明を求めた第1節「労働日の諸限界」に注目することにする。ここで、どのような形式で論じられているのかが課題である。

　まず、マルクスは、剰余価値が労働日とどのように関わるのかという問題の所在を、やはり、ただ一人の労働者の存在を前提として、説明していると考えられる。一例を挙げれば、マルクスは次のように述べている。

労働者は、彼の労働力を日々生産するためには、あるいは彼の労働力を販売して受け取った価値を再生産するためには、平均して一日あたり六時間労働しなければならない。(中略)

われわれは、線分 a ── b が必要労働時間の継続または長さ、たとえば六時間を表わすものと仮定しよう。労働が ab を超えて一時間、三時間、あるいは六時間などと延長されるのに応じて、われわれは三つの相異なる線分を得る──(『資本論』②、392 ページ)

次は、経済学理論は労働日をどのように決定しうるのか、という点の吟味である。ここでは、マルクスは、労働力商品の売買の地点に立ち戻り、一人の労働力の買い手、対、一人の労働力の売り手、という見地から考察を試みている。一例を挙げれば、「他方、売られた商品の独特な本性は、買い手がこの商品を消費することへのある制限を含んでいるのであって、労働者が、労働日を一定の標準的な大きさに制限しようとする場合には、彼は売り手としての彼の権利を主張する。」[17]と表現しているのである。

ここまで検討したように、第3篇「絶対的剰余価値の生産」の中心章である第8章「労働日」においても、ただ一人の労働者の存在、および、一個のみの労働力の存在を、前提として議論が行なわれているのである。そこで、第3篇第5章第1節「労働過程」において、マルクスはただ一人の労働者の存在を想定していたこと、同第2節「価値増殖過程」においては、一個のみの労働力、作業場におけるただ一人の労働者の存在を前提としていたこと、そして、第3篇全体を通しても(絶対的剰余価値の生産を論じるに際しても)、一個のみの労働力、作業場におけるただ一人の労働者の存在を前提としていることが、確認できたのである。

では、なぜ、労働者あるいは労働力のこのような状態を想定して、マルクスは議論を進めているのであろうか。これは、本研究にとり重要な、かつ、深く考えなければならない問題なのである。

---

[17] 『資本論』②、399 ページ。なお、労働日の長さの理論的解明という問題については、マルクスは、次のように結論を下すのである。「したがって、ここでは、どちらも等しく商品交換の法則によって確認された権利対権利という一つの二律背反が生じる。同等な権利と権利とのあいだでは強力がことを決する。」(同上、399 ページ。)

労働過程における（第5章第1節段階における）ただ一人の労働者の存在については、マルクスの論述により、理解できるものではある。第5章の当初においては、貨幣所有者（後の資本家）によって労働者より購買された労働力商品の使用価値（労働力の現実の使用）が、新たな商品を対象に、何らかの使用価値を産みだす過程、および、何らかの交換価値を産みだす過程、これらを考察する段階に到っていた。そして、上記の条件での使用価値の生産を、つまり、資本家のもとでの労働者の労働による新たな使用価値の生産を、第5章第1節「労働過程」は考察対象としたのである。

　しかし、「資本家が労働者につくらせるものは、ある特殊な使用価値、ある特定の物品である。」といえども、使用価値の生産のみを考察する限りでは、「使用価値または財貨の生産は、資本家のために、資本家の管理のもとで行なわれることによっては、その一般的な本性を変えはしない。」（『資本論』②、303～304ページ）という回答がでる。では、使用価値の生産の（労働過程の）一般的な本性とは何であるのか。これが、第5章第1節において、マルクスが最初に問いかけているものなのである。そこで、このための研究手法として、「労働過程は、さしあたり、どのような特定の社会的形態にもかかわりなく考察されなければならない。」（『資本論』②、304ページ）となるのである。

　そして、マルクスが、使用価値の生産の（労働過程の）一般的な本性とは何かを求める考察は、次のような結論を得ることになる。

　　われわれがその単純で抽象的な諸契機において叙述してきたような労働過程は、諸使用価値を生産するための合目的的活動であり、人間の欲求を満たす自然的なものの取得であり、人間と自然とのあいだにおける物質代謝の一般的な条件であり、人間生活の永遠の自然的条件であり、それゆえこの生活のどの形態からも独立しており、むしろ人間生活のすべての社会形態に等しく共通なものである。（『資本論』②、314ページ）

　上記の引用文の「その単純で抽象的な諸契機において」とは、「労働過程の単純な諸契機は、合目的的な活動または労働そのもの、労働の対象、およ

第1章　序論、『資本論』の読解方法について

び労働の手段である。」(『資本論』②、305ページ) ということを意味している。使用価値の生産の一般的な本性とは、このような最も簡単な諸規定のレベルに立ち戻りながら、だれが、何のために、どのような特性を有しながら、使用価値を生産しているのかを明らかにすることであろう。上記の引用文は、このことを適切に伝えているものと言えよう、ただ一点を除いては。つまり、未だに、「だれが」が、だれの労働であれば良いのかが、欠けているのである。そこでマルクスは、上記の引用文の直後に次のように述べるのである。「それゆえ、われわれは、労働者を他の労働者たちとの関係において叙述する必要がなかった。一方の側に人間とその労働、他方の側に自然とその素材があれば、それで十分であった。」(『資本論』②、314ページ)

　第5章の当初では、貨幣所有者によって労働者より購買された労働力商品の使用価値（労働力の現実の使用）が、あるいは、資本家のもとでの労働者の労働が、考察対象となるはずであった。しかし、使用価値の生産の（労働過程の）一般的な本性を追求する限り、その主体はこれらである必要は全くなかった。マルクスは、一般的な本性としての使用価値の生産の主体を、人間、さらに、他の労働者たちとの関係を要しない労働者、で十分であると考えていることがわかる。そして、同じ意味での別の表現が、第14章では、「純粋に個人的な労働過程」、あるいは、「自然対象を個人的に取得する」労働者、となるのである（44ページの引用文参照）。

　以上のように、マルクスの叙述を再構成することにより、第5章第1節「労働過程」に関しては、そこでの主体として、なぜただ一人の労働者が存在するだけで良いのかが明らかになった。しかし、第5章第2節「価値増殖過程」において、および、第3篇全体においても（絶対的剰余価値の生産を論じる場合）、なぜ、一個のみの労働力、作業場におけるただ一人の労働者の存在を前提としているのか、この点をマルクスは明らかにしていない。

　そこで、考えられうる理由として、とりあえず、次の二つが挙げられよう。まず、第5章第2節に関してであるが、同節は、マルクスの理論展開上、第1節と対になっている著述部分である。その第1節においては、ただ一人の労働者を主体として位置づけているのであるから、第2節に際しても同じ条件で、当然叙述を進めるべきであるというものである。次に、マルク

59

スが行なってきたことを省みるのであれば、これらの諸論において、彼の著述意図を実現するためには、一個のみの労働力、および、作業場におけるただ一人の労働者の存在で十分である、ということが考えられる。第5章第2節の目的は、なぜ剰余価値は発生するのかを解明することであった。そして、これを論証するにあたり、出発点としては、一個のみの労働力、作業場におけるただ一人の労働者の存在で、十分に可能であると考えたのであろう。また、絶対的剰余価値の生産を論じる場合には、絶対的剰余価値とは何かを、いかなる過程で絶対的剰余価値が生じるのかを、説明するためには、やはり、一個のみの労働力の存在、作業場におけるただ一人の労働者の存在で十分であると考えたのであろう。

ところで、今や、このような、資本家一人および労働者一人から成る資本主義的生産過程という枠組みについて、どのような性質のものか、なぜ必要なのかを、『資本論』の理論展開のなかから、理論的に、明らかにしなければならないであろう[18]。もちろん、資本家一人および労働者一人から成る資本主義的生産過程は、古典的資本主義のもとでは現実にありえないものであろう。では、理論上の枠組みとしては、『資本論』の理論展開において、どの地点まで許容されているのであろうか。マルクスは、第3篇の最終章である第9章「剰余価値の率と総量」において、以下のように論じている。

　　剰余価値の生産にかんするこれまでの考察から明らかなように、貨幣または価値のどんな任意の額でも資本に転化できるわけではなく、この

---

[18] ここで、今まで論じてきた「ただ一人の労働者の存在」を整理しながら、「資本家一人および労働者一人から成る資本主義的生産過程」とは何かを確認しておこう。「ただ一人の労働者の存在」は、『資本論』第1巻において、次の3通りで現われていた。
  1. 第5章第1節「労働過程」にて、使用価値の生産の（労働過程の）一般的な本性を、マルクスが考察するに際しての、ただ一人の労働者の存在である。
  2. 同じく第5章第1節にて、上記と同じ条件で、資本家が登場した場合の、やはり、ただ一人の労働者の存在である。
  3. 第5章第2節「価値増殖過程」において、および、第3篇全体において（絶対的剰余価値の生産を論じる場合）、マルクスが想定していた、一個のみの労働力、作業場におけるただ一人の労働者の存在、である。
私が命名した、「資本家一人および労働者一人から成る資本主義的生産過程」とは、このうち、2および3を包括する概念である。それ故、この概念は、内容として、資本家一人および労働者一人から成る労働過程、ならびに、資本家一人および労働者一人から成る価値増殖過程、この両者を備えることになるのである。

転化のためには、むしろ、一定の最小限の貨幣または交換価値が、個々の貨幣所有者または商品所有者の手にあることが前提とされる。可変資本の最小限は、剰余価値を手に入れるために年中毎日消耗される個々の一労働力の費用価格である。この労働者が自分自身の生産諸手段をもっており、しかも彼が労働者として生活することで満足するとすれば、彼にとっては、自分の生活諸手段を再生産するのに必要な労働時間、たとえば毎日八時間で十分であろう。したがってまた彼は、八労働時間分の生産諸手段を必要とするにすぎないであろう。これに反して、この八時間のほかにたとえば四時間の剰余労働をこの労働者に行なわせる資本家は、追加的生産諸手段を調達するための追加的貨幣額を必要とする。とはいえ、われわれの仮定のもとでは、この資本家は、日々取得される剰余価値で労働者と同じ暮らしをするためだけでも、すなわち彼の必要な諸欲求を満たしうるためだけでも、すでに二人の労働者を充用しなければならないであろう。この場合には、彼の生産の目的は単なる生活維持であって、富の増加ではないであろうが、しかし資本主義的生産のもとではこのあとのほうのことこそが想定されているのである。彼が普通の労働者のわずか二倍だけよい暮らしをし、しかも生産される剰余価値の半分を資本に再転化するためには、彼は、労働者数と同時に、前貸資本の最小限を八倍にふやさなければならないであろう。(『資本論』②、536～537ページ)

ここからは、資本が資本であるためには一定量の剰余価値が必要である、そのためには一人の資本家のもとに複数の労働者が存在することが不可欠である、それは少なくとも8人になるであろう、とマルクスは主張していることがわかる。同時に、第3篇の最後の部分において、上述のように論じることにより、資本家一人および労働者一人から成る資本主義的生産過程という理論上の枠組みは、ここで終わりを迎えたことを意味するのである。

では、最後に、『資本論』第1巻第3篇において、第9章のこの地点まで、資本家一人および労働者一人から成る資本主義的生産過程という理論上の枠組みが保持された理由を考えなければならない。マルクスは、第9章におい

て、理論的に、一人の資本家のもとに複数の労働者が存在することが資本の必須条件であるとしている。ではなぜ、それ以前の第3篇において、一個のみの労働力の存在、作業場におけるただ一人の労働者の存在に、第5章第1節では、労働過程に際してのただ一人の労働者の存在に、マルクスはこだわるのであろうか。換言すれば、資本主義的生産過程あるいは労働過程の一般的本性において、なぜ、二人以上の労働者が存在することを前提として議論を進めないのか、ということである。また、そこでの叙述に際して、複数の労働者が存在しても許されるのか、それとも、許されないのか、という問題でもある。

まず、すでに述べたように、第5章第1節「労働過程」において、マルクスは資本家が登場した場合の労働過程を考察していた。そこでのマルクスの基本的視点は、資本は、さしあたり、生産様式を変化させない、というものであった。第9章においても、労働過程を総括する形で、「資本は、まずもって、歴史的に与えられるままの技術的諸条件をもって労働を自己に従属させる。こうして、資本は、直接には生産様式を変化させない。」(『資本論』②、541ページ) とも述べている。また、資本は生産様式を変化させないという状態は、第5章第1節に限定されるものではなかった。先に取り上げた第4篇第10章からの引用文 (55ページ) においては、マルクスは絶対的剰余価値の生産について言及しているのであり、そこでは、「生産方法は与えられたものと想定されていた」、あるいは、「資本が、労働過程をその歴史的に伝来した姿態または現存の姿態のままで支配下にお」く、のである。したがって、マルクスは、資本は生産様式を変化させないという基本的視点を、絶対的剰余価値の生産においても (第3篇全体を通じても)、保有していたと考えられる。

次に、マルクスは、この生産様式の変化を何と関連づけながら論じているのであろうか。生産力である。生産様式の変化が、労働の生産力を増大させるために必要不可欠であるとする点は、以下の第10章からの引用で十分に明らかになろう。

そして、彼の労働諸手段もしくは彼の労働方法、またはこれら両方にお

いて、同時にある変化が起こらなければ、労働の生産力は二倍になりえない。それゆえ、彼の労働の生産諸条件に、すなわち彼の生産方法に、それゆえ労働過程そのものに、ある革命が起こらなければならない。（『資本論』③、549ページ）

さて、次に、資本家が登場した場合の労働過程に立ち戻ることとする。ここでは、マルクスの想定と異なり、複数の労働者が存在することを仮定しておく。もちろん、違いは、労働者が一人か複数かのみであり、資本家が生産様式を変化させない点は同じである。では、資本家が登場した場合の労働過程に、ただ複数の労働者が存在するだけで、何が生じてしまう可能性が大きいのであろうか。端的に言えば、生産様式の変化なしの労働の生産力の増大なのである。例えば、労働者一人が三人に変化した場合、生産力は１から３への変化にとどまらないということである。この点を、マルクスは、第４篇第11章「協業」における、いわゆる単純協業についての論述で明確に示している。

「生産方法そのものについて言うと、たとえば初期におけるマニュファクチュアは、同じ資本によって同時に就業させられる労働者の数がより多いこと以外には、同職組合的な手工業的工業と区別されるものはほとんどない。同職組合の親方の仕事場が拡張されているだけである。」（『資本論』③、561ページ）という状態にもかかわらず、そこで結合労働日の独特な生産力の増大が出現するということである。マルクスは、生産方法そのものが変化しない状態で、ただ、「多くの人々が一緒になって、同じことまたは同種のことを同時に行なう」（『資本論』③、569ページ）ことにより発生する労働の生産力の増大を、具体的な例をいくつか取り上げて、詳細に説明しているのである（『資本論』③、567～573ページ）。

第５章第１節段階での、資本家が登場した場合の労働過程に、複数の労働者が存在することになれば、労働の生産力が正比例以上に増大する可能性が確認された。しかし、先に述べたように、『資本論』第１巻では、第５章第１節のみならず第３篇全体においても、労働者はただ一人だけであり、資本は生産様式を変化させないとしていた。これは生産力が不変であることを意味

している。ここに矛盾が生じてしまうのである。

さらに問題なのは次の点である。第5章第1節段階での、資本家が登場した場合の労働過程に、複数の労働者が存在することになれば、何らかの、生産様式の変化なしの生産力の増大が生じる。それは、労働者数増加以上の生産力の増大であった。これを第5章第2節「価値増殖過程」に置き換えて考えてみなければならない。第5章第2節では、マルクスは、ただ一人の労働者を取り上げて、彼の労働力の日価値3シリング（6労働時間）に対し、彼を12労働時間働かせることにより、3シリングの剰余価値を導き出した。しかし、仮に、8人労働者が存在し、同じ条件で働かせるとするならば、労働過程における生産力の増大により、総剰余価値は24シリングを大きく超過する可能性が高い。問題は、第5章の段階で、つまり、そもそも、なぜ剰余価値は発生するのかを究明する理論上の位置で、この24シリングを超過する剰余価値を、はたして説明できるのかということである。第5章第2節で用意された概念は、労働力の価値、労働過程における労働力の価値増殖、この価値の量的差であり、また、必要労働と剰余労働（正確には両者はその定義を同第7章において付与されたものであるが）であった。これらでは、24シリングを超過する剰余価値の内実を明らかにすることは困難であろう。それは、絶対的剰余価値の生産を論じるに際しても該当することであろう。

以上のように論じた二つの問題点の故に、第3篇においては、複数の労働者の存在を前提にして議論を進めることは許されないのである。これは同時に、第3篇において第9章まで保持されていた、資本家一人および労働者一人から成る資本主義的生産過程という枠組みが、どのようなものであるかも明らかにしよう。すなわち、第5章の中心的課題は、第2篇第4章から続く、なぜどのようなプロセスで剰余価値は発生するのかを解明することであった。そして、第3篇の続く諸章における課題は、絶対的剰余価値とは何かを、労働日との関連で絶対的剰余価値が生じることを、説明することであった。この両者を、この両者のみを、純粋な形で論じなければならない。そのために用意された理論上の仮構が、資本家一人および労働者一人から成る資本主義的生産過程という枠組みなのである。

ここまでの議論をふまえ、本書第1章第2節で主に取り上げた、『資本論』

第1章　序論、『資本論』の読解方法について

第1巻、第5章第1節「労働過程」とは何であったのかを、『資本論』の理論展開におけるその理論上の位置づけを、再論しなければならないであろう。

　すでに論じたように、第5章第2節「価値増殖過程」における課題は、なぜ、どのようなプロセスで剰余価値は発生するのかという点での基本的な解明であった。そして、マルクスは、これのみを純粋な形で論証することを意図したのである。そのためには、理論上の仮構としての、資本家一人および労働者一人から成る価値増殖過程という枠組みが必要となる。さらに、その前提は、労働過程において生産力は不変のままであり、また、理論上の仮構としての、資本家一人および労働者一人から成る労働過程という枠組みの存在なのである。

　他方、マルクスは、第5章第1節「労働過程」において、まず、使用価値の生産の（労働過程の）一般的な本性とは何かを考察し、その結果が、「それゆえ、われわれは、労働者を他の労働者たちとの関係において叙述する必要がなかった。」であった。その上で、資本家が登場した場合の労働過程について、マルクスは分析を行なうのである。この際の基本的視点は、資本は、さしあたり、生産様式を変化させない、というものであった。

　実際に、マルクスが第5章第1節で行なった考察の結果は、先に述べた、第5章第2節の目的（剰余価値の発生のみを純粋な形で論証すること）が要求する、出発点としての前提、つまり、労働過程において生産力は不変のままであり、資本家一人および労働者一人から成る労働過程の存在、と実に整合的であることがわかる。

　そこで、ここからは、第5章第1節において、何を述べなければならないのかを論ずることとしよう。なぜ、第4章に続き、第5章第1節「労働過程」が独自の節として設定されなければならないのかは、すでに2-1. 等において述べた。ここでは、第5章第1節は、どのような内容のものでなければならないのかが、課題なのである。

　仮に、この第5章の段階で、労働過程のみを論ずるのであれば、複数の労働者が存在する状態で、資本家が生産様式を変化させる労働過程を、著述可能であったのかもしれない。しかし、『資本論』の理論構成より、これを制

65

約する次の2点を確認しておかなければならない。第一に、第5章における労働過程と価値増殖過程とは、あくまで対となっている概念であった。それは、第4章第3節において、マルクスが、貨幣所有者（後の資本家）によって購買された労働力商品の使用価値（労働力の現実の使用）に着目し、この労働力の現実の使用は、新たな商品を対象に、何らかの使用価値を生産することと、何らかの交換価値を生産することを、同時に行なうからである。第二に、第5章の主たる目的は、あくまで、第4章で提起された、なぜ、どのようなプロセスで剰余価値は発生するのかという点での基本的な解明であった。それ故、第5章における重点は、当然のこととして、第2節に置かれることになるのである。

換言すれば、『資本論』第1巻において、第4章に続く第5章においては、第1節「労働過程」と第2節「価値増殖過程」と両者が設定されなければならず、前者については、もっぱら使用価値の生産が、後者については、もっぱら交換価値・剰余価値の生産が、論じられねばならなかった。同時に、第4章から第5章への理論展開の面から考えるのであれば、あくまで、第2節が主導する論理構成になるのである。そして、これが、第5章第1節において、そこで不可欠なものとして何を述べなければならないのかを、決定することになるのである。

マルクスが第5章第2節で行なった、なぜ剰余価値は発生するのかという点での基本的な論証では、実は、これのみを純粋な形で論証することを意図していた。そのためには、実際に、第5章第2節では、理論上の仮構としての、資本家一人および労働者一人から成る価値増殖過程という枠組みにおいて論証を行なっていた。しかし、その前提として、労働過程において生産力は不変のままであり、理論上の仮構としての、資本家一人および労働者一人から成る労働過程が必要であり、これらは第5章第2節においては述べられていない。そこで、第4章第2節および第3節における問題提起と労働力への着目以降のどこかで、剰余価値発生に関する論証の以前のどこかで、労働過程において生産力は不変のままであり、資本家一人および労働者一人から成る労働過程という枠組みを、述べることが必要となるのである。

すなわち、『資本論』の理論展開における理論上の位置づけとしては、第5

章第1節とは、なぜ、どのようなプロセスで剰余価値は発生するのかという基本的な論証に関して、その出発点としての前提を明示する一節なのである。もとより、第5章第1節では、使用価値の生産の（労働過程の）一般的な本性とは何かを探った結果が、ただ一人の労働者の存在であり、また、労働過程に資本家を登場させた際には、さしあたり生産様式を変化させないということであったが、それ以上の、労働過程に関するより深い分析をもマルクスは行なっている。例えば、手の労働と頭の労働であり、資本家の管理である。しかし、第4章から第5章にかけての、なぜ、どのようなプロセスで剰余価値は発生するのかという基本的な課題を解決するための理論展開において、第5章第1節は、労働過程において生産力は不変のままであり、理論上の仮構としての、資本家一人および労働者一人から成る労働過程という枠組みを、必ず提示しなければならなかったのである。

逆に言うのであれば、第5章第1節では、ここまでは述べなければならないということも意味する。労働過程の一般的な本性に関する考察のみでは、結果として、「純粋に個人的な労働過程」にとどまるのである。なぜ、資本家が登場した場合の労働過程を、マルクスは第5章第1節で論じているのかは、もはや明白であろう。これにより、初めて、資本家一人および労働者一人から成る労働過程という枠組みが成立するのである。そして、ここでは、資本家は、さしあたり、生産様式を変化させない、となるのである。第4章から第5章への理論展開が、これらを必要としていることが確認できよう。

付言すれば、第5章第1節では、マルクスは、主として、使用価値の生産の一般的な本性に関する考察を行なっているのであるが、それは、使用価値および具体的有用的労働に初めて言及した第1章「商品」において取り上げうるのかもしれない。とりわけ、第1章第2節「商品に表わされる労働の二重性」においては、「すべての労働は、他面では、特殊な、目的を規定された形態での人間的労働力の支出であり、具体的有用的労働というこの属性において、それは使用価値を生産する。」（『資本論』①、79ページ）という記述で結んでおり、それに続いて、使用価値の生産の一般的な本性を叙述できるのかもしれない。しかし、仮に、第1章で、この考察を行なうとするならば、結論である「それゆえ、われわれは、労働者を他の労働者たちとの関係

において叙述する必要がなかった。」は、第2章「交換過程」あるいは第1章第3節「価値形態または交換価値」と論理的に結びつかないのである。その上、この第1章では、労働過程に資本家を登場させることは、全く不可能なのである（第4章「貨幣の資本への転化」のはるか以前に位置している）。つまり、やはり、第4章から第5章への理論展開が、労働過程として論述する内容を規定しており、そのために、使用価値の生産の（労働過程の）一般的な本性を探ること、および、労働過程に資本家を登場させた場合の考察は、第5章第1節以外にはありえないことになるのである。

2-4. を総括するのであれば、『資本論』第1巻、第5章第1節、同第2節、そして、第3篇全体（第9章を除く）においては、それらのどこにおいても、労働者はただ一人存在することが想定されていた。また、理論的に労働者一人でなければならず、資本家一人および労働者一人から成る資本主義的生産過程とは、必要不可欠な理論上の仮構であることもわかった。つまり、これらの著述部分には、集団労働の入る余地はないのであり、また、理論的に許されないのであった。そして、第5章第1節とは、実は、第5章第2節に対し、問題解決のための理論上の前提・出発点であり、マルクスの意図として、あくまで第4章から第5章への理論展開において、なぜ剰余価値は発生するのかという基本的な論証を行なう中での一節であると、捉えなければならないのである。

したがって、以上の理由により、第4篇第11章以降における、協業という集団労働、および、これに立脚する指揮に関する問題の解を、第5章第1節「労働過程」および第3篇に求めることは、この理論的性質より鑑みても、不可能なのである。むしろ、協業という集団労働、および、これに立脚する指揮を考察するにあたっては、第5章第1節（第3篇）は、同節では理論上解決できないが、より後に解決すべき重要な課題を、すなわち、2-2. で示した〔課題1〜3〕と〔マルクスの課題1・2〕を、提起している著述部分と見なすことが適切であろう。

3. 『資本論』第1巻第4篇「相対的剰余価値の生産」とは何か、第11章「協業」以下はどのように論ずるべきか

　最初に、『資本論』第1巻、第4篇「相対的剰余価値の生産」とは何を目的としたものであるのか、そして、そこで第11章「協業」以下は、どのような位置づけを与えられているのか、この両者を確認しておかねばならない。これらに関しては、マルクスは、第4篇第10章「相対的剰余価値の概念」において、明確に論じている。そこで、第4篇第10章を検討することにより、回答が得られることになるのである。

　マルクスは、相対的剰余価値を次のように定義している。「労働日の延長によって生産される剰余価値を、私は絶対的剰余価値と名づける。これにたいして、剰余価値が、必要労働時間の短縮およびそれに対応する労働日の両構成部分の大きさの割合における変化から生じる場合、これを、私は相対的剰余価値と名づける。」（『資本論』③、550ページ）そして、相対的剰余価値が発生する過程と、相対的剰余価値が出現するための条件を、マルクスは以下のように論じている。

　　必要労働時間が1/10だけ、すなわち10時間から9時間に減少し、それゆえ剰余労働が2時間から3時間に延長されるためには、労働力の価値は、現実に1/10だけ低下しなければならない。
　　しかし、このように労働力の価値が1/10だけ低下するということは、それはそれで以前に10時間で生産されたのと同じ分量の生活諸手段が、いまでは9時間で生産されるということを条件とする。とはいえ、このことは、労働の生産力が増大しなければ不可能である。たとえば、ある靴屋は、与えられた諸手段を使い、12時間からなる1労働日で1足の長靴をつくることができるとしよう。彼が同じ時間で2足の長靴をつくろうとするなら、彼の労働の生産力は2倍にならなければならず、そして、彼の労働諸手段もしくは彼の労働方法、またはこれら両方において、同時にある変化が起こらなければ、労働の生産力は2倍になりえない。それゆえ、彼の労働の生産諸条件に、すなわち彼の生産方法

に、それゆえ労働過程そのものに、ある革命が起こらなければならない。ここで労働の生産力の増大と言うのは、一般に、ある商品を生産するために社会的に必要な労働時間が短縮され、したがって、より少ない分量の労働がより大きな分量の使用価値を生産する力を獲得する導因となるような、労働過程でのある変化のことである。(中略) 労働の生産力を増大させ、労働の生産力の増大によって労働力の価値を低下させ、こうしてこの価値の再生産に必要な労働日部分を短縮するためには、資本は、労働過程の技術的および社会的諸条件を、したがって生産方法そのものを変革しなければならない。(『資本論』3、548〜550ページ。なお、邦訳書における漢数字表現は、アラビア数字に改めた。)

上記の引用文において、マルクスが相対的剰余価値と関連して強調しているものは明らかであろう。それは、第一に、上記の引用文の中で6回にわたり言及している、「労働の生産力の増大」である。そして、第二は、「労働の生産力の増大」の基底として不可欠な、マルクスが繰り返し述べる次のような条件である。「それゆえ、彼の労働の生産諸条件に、すなわち彼の生産方法に、それゆえ労働過程そのものに、ある革命が起こらなければならない。」「ここで労働の生産力の増大と言うのは、…労働過程でのある変化のことである。」「資本は、労働過程の技術的および社会的諸条件を、したがって生産方法そのものを変革しなければならない。」

マルクスは、「商品が安くなったことにより労働力の価値が低下する」(『資本論』3、551ページ)と簡潔に表現する相対的剰余価値に関して、その実現のためには、つまり、生産力の増大が労働力の価値に影響するには、生活必需品における、ならびに、それらを生産するための生産諸手段を提供する生産諸部門における、生産力増大に限定する。その上で、次の検討課題に移行するのである。

すなわち、マルクスは、「個々の資本家が労働の生産力を増大させてたとえばシャツを安くする場合、彼の頭には、労働力の価値を引き下げこうして必要労働時間を"その分だけ"引き下げるという目的が、必ずしも浮かんでいるわけではない。」(『資本論』3、552ページ)と述べているが、では、個々

の資本家は直接的に何を目的として労働の生産力の増大をはかるのか、という課題である。

　いま仮に、生産方法の変化により、ある資本家が労働の生産力を大幅に増大させたとする。そして、この資本家のもとでの生産物一個について検討すると、この商品には、社会的平均的諸条件のもとで生産される同種の物品の大群よりも少ない労働時間しかかからないことになる。つまり、この商品の個別的価値は、いまや、その社会的価値よりも低いのである。但し、一商品の現実の価値は、その個別的価値ではなく、その社会的価値（その生産に社会的に必要な労働時間）である。そこで、当該の資本家が彼の商品を社会的価値で売るのであれば、彼は個別的価値よりも高く商品を売るのであり、その差額をマルクスは特別剰余価値と規定している。マルクスは、この特別剰余価値の実現こそが、個々の資本家にとり、労働の生産力を増大させる動機であると断定するのである。しかし、当該資本家の競争者たちにこの新しい生産方法が普及し、それにより、この特別剰余価値は消滅すると同時に、商品の社会的価値そのものも、より安く生産された個別的価値の水準にまで低下する。そして、この商品が生活必需品の範囲に属しているのであれば、労働力の価値の低下に通じると、マルクスは述べるのである。（以上、詳細は、『資本論』③、552～556ページ参照。）

　最後にマルクスは、『資本論』第1巻第10章を以下のような文章で結んでいるのである。

> 　労働の生産力の発展は、資本主義的生産の内部では、労働日のうち労働者が自分自身のために労働しなければならない部分を短縮し、まさにそのことによって、労働日のうち労働者が資本家のためにただで労働することのできる他の部分を延長することを、目的としている。このような結果が、諸商品を安くしないでもどの程度達成されうるかは、相対的剰余価値の特殊な生産諸方法において示されるであろう。いまやわれわれは、その生産諸方法の考察に移ることにする。（『資本論』③、560ページ）

　ここまで『資本論』第1巻、第4篇第10章を検討してきたことにより、

第4篇「相対的剰余価値の生産」とは何を目的とするものであるのかは明白であろう。それは、相対的剰余価値と関連して、個々の資本家が特別剰余価値実現を目的としていることを基礎とする、生産方法と労働過程そのものの変革、および、労働の生産力の増大、この両者を考察することなのである。さらに、そのための考察方法として、マルクスは相対的剰余価値の特殊な生産諸方法に焦点をあてていることが、上記の引用文より理解できるであろう。その特殊な生産諸方法とは、順番に、「第11章　協業」、「第12章　分業とマニュファクチュア」、「第13章　機械設備と大工業」なのである。もとより、これらの相対的剰余価値の特殊な生産諸方法の順序は、労働の生産力の増大という観点より、基礎的なもの（抽象的なもの）から、より具体的なものへの展開に他ならないであろう。第4篇における第11章「協業」以下の位置づけは、このように理解しうるのである。

　さて、ここからは、第11章「協業」以下はどのように論ずるべきか、という点を熟慮していかなければならない。先の第4篇第10章に対する検討により、第4篇第11章以下では労働過程がマルクスの考察対象であることが明らかになった。他方マルクスは、第3篇第5章第1節において「労働過程」を取り上げていた。この第5章第1節「労働過程」が、いかなるものであるのかは、すでに本研究第1章第2節にて詳論してきた。そこでまず、第5章における労働過程と第11章以下における労働過程を比較することにより、上記の課題を論述してゆこう。
　第5章第1節「労働過程」では、マルクスは、労働過程において労働者がただ一人存在することを想定しており、それは資本家が現われた場合でも同様であった。そして、第5章第1節とは、第4章から第5章への理論展開において、なぜ剰余価値は発生するのかという基本的な論証を行なう中での一節なのであり、第5章第2節に対する、問題解決のための理論上の前提・出発点と位置づけられるのであった。したがって、協業という集団労働、および、これに立脚する指揮に関する問題の解を、第5章第1節「労働過程」に求めることは不可能なのである。
　マルクスは、第4篇第10章において再び労働過程を問題とするが、それ

は、「それゆえ労働過程そのものに、ある革命が起こらなければならない。」「労働過程でのある変化」「資本は、労働過程の技術的および社会的諸条件を、したがって生産方法そのものを変革しなければならない。」というものである。すなわち、相対的剰余価値の生産という課題において、労働の生産力を増大させるために、第5章第1節段階での労働過程（資本は生産様式を変化させえない）を変革しなければならない、ということであろう。そして、マルクスは、第4篇において第11章以降では、相対的剰余価値の特殊な生産諸方法に焦点をあてて、考察を進めてゆく。労働の生産力を増大させるための、労働過程の変革として、最初に集団労働に着目し、その最も基本的な概念である協業を第11章で論じているのである。

　以上の論述より、第5章第1節における労働過程と第4篇における労働過程とでは、二つの観点から比較することが可能であろう。まずは、労働過程においてどのような労働者が存在するのか、という観点である。第5章第1節においては、労働者がただ一人存在するのみであった。これに対し、第4篇第10章において労働過程の変革を取り上げたマルクスは、なによりも最初に、第11章において、複数の労働者による集団労働に着目するのであった。次は、『資本論』における、どのような理論展開の中での労働過程に関する記述か、という観点からの比較である。第5章第1節「労働過程」は、第4章「貨幣の資本への転化」において提起された、なぜ剰余価値は発生するのかという基礎的問題について、その理論的解明に至る中での一節である。これに対し、第4篇第11章以降における労働過程（労働過程の変革）は、相対的剰余価値はどのようにして生産されるのかという理論上の課題において、労働の生産力の増大に直接的関連を有する考察対象なのである。さらに、両者は、それぞれの理論展開における役割も異なるのである。第5章第1節は、なぜ剰余価値は発生するのかという基礎的問題に関し、その問題解決のための本論ではもちろんない。本論である第5章第2節に対し、理論上の前提・出発点として用意されたものであった。他方、第4篇第11章以降における労働過程（労働過程の変革）は、ここでの相対的剰余価値はどのようにして生産されるのかという課題において、中心をなす論点なのである。

　したがって、第5章第1節ならびに第4篇第11章以降において、マルク

スは労働過程を問題としているが、両者は全く次元を異にしたものであることがわかるのである。そこで、第11章において、協業という集団労働、および、これに立脚する指揮に関して生じるであろう諸問題については、その問題解決のために参照すべき『資本論』の著述は第4篇第11章以降でなければならないのである[19]。同時に、マルクスが、第4篇において意図した論証目的と、ここで再び労働過程を取り上げる意義を考慮しなければならないであろう。

しかし、以上述べたことは、以後、本研究において、第5章第1節を等閑視して、議論を進めることを意味するものではない。第11章をめぐり生じた諸問題の解を第5章第1節に求めることは誤りであるが、第11章を論ずるにあたり、第5章第1節と第11章との関連性を、第3篇と第4篇との関連性を、以下の二つの独自な形で考察してゆかなければならないのである。

マルクスは、第5章第1節（第3篇）において、そこでは理論上解決できないが、より後に解決すべき重要な諸課題を提起していると考えられる。第一に、これらの提起された諸課題と、第11章あるいは第4篇との関連性が問題となるのである。第5章第1節(第3篇)において提起された諸課題とは、本研究2-2. で示した〔課題1～3〕および〔マルクスの課題1・2〕を意味するが（本書47～49ページ）、再び明示しておこう。

〔課題　1〕

マルクスは、第5章第1節において、「それゆえ、われわれは、労働者を他の労働者たちとの関係において叙述する必要がなかった。一方の側に人間

---

[19] 筆者は、協業という集団労働、および、これに立脚する指揮に関する問題の解を、第5章第1節「労働過程」に求めることは不可能なのである、と述べた。また、第11章において生じるであろう諸問題については、その問題解決のために参照すべき『資本論』の著述は第4篇第11章以降でなければならない、とも述べた。しかし、これは、第11章において初めて明確になった論点については、資本論の理論展開の点で、および、第11章と第5章で論じられている内容の相違から考えて、その解を第5章に求めるべきではないということである。
　したがって、第11章から第5章へと進む研究方法をすべて否定しているものではない。このような研究方法を採る好論文としては、中川誠士「労務管理——新たな展開と経営労務論の方法——」（田代義範編著『現代日本企業の経営学』ミネルヴァ書房　2004年、所収）がある。中川教授は、同稿で「管理の存在の根拠を突き止める」ことを目的として挙げられており（同上、113～114ページ）、それ故に、『資本論』第1巻をさかのぼる方法が必要となったのであろう。

とその労働、他方の側に自然とその素材があれば、それで十分であった。」(『資本論』②、314ページ)と述べている。では、いかなる箇所で、「労働者を他の労働者たちとの関係において叙述する必要が」あるのかが、課題となる。さらに、資本家と労働者が存在する中で（労働過程に資本家が現われたケースで）、労働者たちが集団労働を行なう場合の労働過程に関しては、第5章第1節とは全く別のより先の諸章において考察しなければならないのである。

〔課題 2〕

第5章第1節においてマルクスは、「人間にのみ属している形態の労働」として、人間のみが目的を有していること、その実現に不可欠となる頭脳労働を人間のみが遂行していることを挙げていた。そして、この頭の労働は、手の労働と結合して、労働過程に存在するただ一人の労働者に付与されていたのである。では、資本家のもとに多数の労働者が存在し、彼らが集団労働を行なう段階では、はたして、手の労働と頭の労働の所在はどのようになるのか、という疑問が浮かぶ。これが〔課題 2〕である。

〔課題 3〕

マルクスは、資本家が現われた場合の労働過程の考察において（第5章第1節）、および、第9章のむすびにおいて、早くも管理（Kontrolle）あるいは指揮権（Kommando）という概念を提起し、その資本家への移行に言及している。また、資本家の管理の内容と資本の指揮権の内容についても述べていた。では、資本家のもとに、多数の労働者が存在し、彼らが集団労働を行なう段階においては、資本家の管理あるいは指揮権は、どのような内容のものとなるのかが、問題となる。第3篇段階における資本家の管理あるいは指揮権の内容と、大きく様相を異にしたものに変貌するのか、という課題である。

〔マルクスの課題 1〕

マルクスは、第5章第1節に際し、資本家が現われた場合の労働過程の考察において、次のように課題を提起している。「労働が資本のもとに従属することによって生じる生産様式そのものの転化は、もっとのちになってからはじめて生じうるのであり、それゆえもっとあとになってはじめて考察され

るべきである。」(『資本論』②、316ページ)

〔マルクスの課題 2〕

マルクスは、第3篇第9章のむすびにおいて、次のように課題を提起している。「われわれは、資本家と労働者との関係が生産過程の経過中にこうむった諸変化の詳細には立ち入らないし、したがってまた、資本そのもののさらに進んだ諸規定にも立ち入らない。ただここでは、わずかの要点だけを強調しておこう。」(『資本論』②、540ページ)

上述した、第5章第1節（第3篇）において提起された〔課題1～3〕および〔マルクスの課題1・2〕と、第11章あるいは第4篇との関連性が問われなければならないのである。結論を先取りするのであれば、課題1および課題3については、マルクスは、第11章「協業」において論じはじめており、第11章「協業」、ならびに、これと密接に関連する第12章「分業とマニュファクチュア」こそが、主たる考察の場であると考えられるのである。そして、上述の諸課題のすべてに回答を与えているものが第4篇なのであり、これが、実は第4篇のもう一つの目的なのである。

上述の諸課題に対して、マルクスは第4篇においてどのように詳論しているのであろうか。上述の諸課題相互の関係はどのようになっているのであろうか。これらの問題を、本書第3章以降において解明してゆく必要があると言えよう。

次に、第5章第1節と第11章との、第3篇と第4篇との関連性に関する第二の論点を考察するにあたり、まず、角谷登志雄教授の著作より一文を引用することとする。

> みられるように、マルクスは、資本主義的生産様式における企業の「監督労働」ないし「指導労働」いいかえれば管理機能が、二重性格を持つことを明確に示している。すなわち、その一つの面は、すべての生産様式に共通するところの、結合された社会的労働の本性から生ずる一般的機能であり、他の面は、生産手段の所有者と労働力の所有者との階

級的対立から生ずる特殊的機能——資本主義的生産様式のもとにおいては、資本による労働力の搾取と労働者の抑圧の機能を表現する——という側面である。いうまでもなく、このような資本主義的管理の二重性は、労働の二重性、その具体的展開過程としての資本主義的生産過程の二重性——労働過程と価値形成過程ないし価値増殖過程——、に基礎づけられる。したがって、資本主義的管理は、労働過程的側面と価値増殖過程的側面とのそれぞれの側面に規定されるわけであり、いま、前者を管理の一般的規定、後者を歴史的規定と呼ぶならば、資本主義的管理は、これら両規定の統一のうえに把握されなければならないのである[20]。

「いうまでもなく、このような資本主義的管理の二重性は、労働の二重性、その具体的展開過程としての資本主義的生産過程の二重性——労働過程と価値形成過程ないし価値増殖過程——、に基礎づけられる。したがって、資本主義的管理は、労働過程的側面と価値増殖過程的側面とのそれぞれの側面に規定されるわけであり、」とする角谷教授の理解は、決して誤ったものではない。しかし、資本主義的管理の二重性とは、『資本論』第1巻第4篇第11章の段階での概念である。これに対し、労働の二重性とは同第1篇第1章段階での概念であり、資本主義的生産過程の二重性とは同第3篇第5章段階での概念である。そこで、第4篇第11章レベルの概念と第3篇第5章レベルの概念との間における、何らかの論理的な関係が考慮されなくてよいのか、という疑問が生じるのである。

より重要なことは、以下の点である。角谷教授は、資本主義的管理あるいは企業の「指導労働」を問題として取り上げておられるが、そもそも、資本家の管理および資本の指揮権とは第5章第1節で、あるいは、第3篇で初めて登場した概念である（本書41～43、44～46ページ参照）。そして、マルクスは、この資本の指揮権について、次のように述べていた。

　　　生産過程の内部では、資本は、労働にたいする——すなわち自己を発

---

20) 角谷登志雄『経営経済学の基礎』ミネルヴァ書房、1968年、50～51ページ。

現している労働力または労働者そのものにたいする——指揮権にまで発展した。人格化された資本である資本家は、労働者が自分の仕事を秩序正しく、ふさわしい強度で遂行するように気を配る。
　資本は、さらに、労働者階級に、この階級自身の狭い範囲の生活諸欲求が命じるよりもより多く労働することを強いる一つの強制関係にまで発展した。(『資本論』②、540ページ)

　『資本論』第1巻第3篇第9章むすびにおける、このマルクスの著述より、すでに第3篇で、資本は異なった二つの機能を遂行していることがわかるのである。つまり、労働過程における資本の指揮権、および、価値増殖過程における資本の指揮権が及ぼす強制関係である。では、この第3篇における資本の異なった二つの機能と、第11章における「資本主義的管理の二重性」との関係を、どのように把握すべきなのであろうか。「資本主義的管理の二重性」を考察するに際しては、こちらの問題設定の方が、資本主義的生産過程の二重性に立ち戻り考察する方法よりも、より多くの成果を得られると考えうるのである。
　また、マルクスは第11章以降において指揮権あるいは指揮という用語を多々記している。では、第3篇レベルでの指揮権と第11章以降における指揮権あるいは指揮との関係を、どのように捉えたらよいのであろうか。
　さらに、先に述べたように、第5章第1節は「労働過程」をテーマにしており、第4篇では再び労働過程（労働過程の変革）が問題となっていた。マルクスは、この変革された労働過程を、第11章以降において、注意深くも、社会的労働過程あるいは共同の労働過程と表現している。では、一見類似している労働過程と社会的労働過程とは、どのような関係にあるのだろうか。
　すなわち、第5章第1節と第11章において、第3篇と第4篇において、同じ経済用語が、あるいは、類似した経済用語が使用されており、類似した論述が行なわれている。ここでは第2の論点として、その両者の関連性が、本書においては考察されなければならないのである。
　そして、これらを解く鍵が、本書第1章第1節で論じた、マルクスの経済

第 1 章　序論、『資本論』の読解方法について

学の方法であり、『資本論』の論理構成なのである。そこで、まず、『〔経済学批判への〕序説』における「3　経済学の方法」から、最重要箇所を簡単に振り返ることとする。

　　そこでこんどはそこからふたたびあともどりの旅を始めて、最後にはふたたび人口に到達するであろう。といっても、こんどは、一つの全体についての混沌とした表象としての人口にではなく、多くの規定と関係とをふくむ一つの豊かな総体としての人口に到達するであろう。〔中略〕
　　具体的なものが具体的であるのは、それが多くの規定の総括だからであり、したがって多様なものの統一だからである。それゆえ、具体的なものは、それが現実の出発点であり、したがってまた直観や表象の出発点であるにもかかわらず、思考では統括の過程として、結果として現われ、出発点としては現われないのである。第一の道では、充実した表象が蒸発させられて抽象的な規定にされた。第二の道では、抽象的な諸規定が、思考の道を通って、具体的なものの再生産になってゆく[21]。

次に、『資本論』第 1 巻における「あと書き〔第 2 版への〕」から、やはり最重要箇所を簡単に振り返ることとする。

　　　もちろん、叙述の仕方は、形式としては、研究の仕方と区別されなければならない。研究は、素材を詳細にわがものとし、素材のさまざまな発展諸形態を分析し、それらの発展諸形態の内的紐帯をさぐり出さなければならない。この仕事を仕上げてのちに、はじめて、現実の運動をそれにふさわしく叙述することができる。(『資本論』①、27 ページ)

以上のマルクスの二つの著述より、同じ用語が、類似した論述が、『資本論』の全く別の箇所で現われた場合、どのように理解すべきか、また、今後何を行なう必要があるのかが、わかるであろう。ここでは、一例として、第

---

[21] カール・マルクス著、杉本俊朗訳『経済学批判』大月書店　1966 年改訳発行、所収、293 〜 294 ページ。

3篇における指揮権と、第11章以降における指揮権あるいは指揮を用いながら論じてみよう。

まず、マルクスは、「3　経済学の方法」として、「第二の道では、抽象的な諸規定が、思考の道を通って、具体的なものの再生産になってゆく。」と述べている。「あと書き〔第2版への〕」からは、研究対象である素材は、「さまざまな発展諸形態」を示すものであることがわかる。そこで、第3篇における指揮権とは、抽象的な諸規定なのであり、発展前の素材と位置づけられるのである。それに対し、第11章以降における指揮権あるいは指揮とは、具体的なものの再生産なのであり、発展諸形態となるのである。

つまり、同じ用語が、類似した論述が、『資本論』の全く別の箇所で現われた場合には、両者は、それが意味するものを、そこに含まれる内容を異にしたものと理解しなければならないのである。

次に、今後、両者の間で、特に具体的なものの再生産・発展諸形態に至った概念に際しては、何を行なうべきであろうか。「3　経済学の方法」では、マルクスは次のように述べている。「多くの規定と関係とをふくむ一つの豊かな総体としての人口に到達するであろう。」ここでの人口とは、具体的なものの再生産を意味しよう。また、次のようにも言う。「具体的なものが具体的であるのは、それが多くの規定の総括だからであり、したがって多様なものの統一だからである。」『資本論』に際しては、より後に登場した概念が、一例としては第11章以降における指揮権あるいは指揮が、具体的なものの再生産である。したがって、そこでは、内包している「多くの規定と関係」を探り出さなければならないのであり、また、「多くの規定の総括」として、「多様なものの統一」として把握しなければならないと言えよう。さらに、マルクスは、「あと書き〔第2版への〕」では、次のように言明していた。「研究は、素材を詳細にわがものとし、素材のさまざまな発展諸形態を分析し、それらの発展諸形態の内的紐帯をさぐり出さなければならない。」ここでは、素材を第3篇における指揮権と、発展諸形態を第11章以降における指揮権あるいは指揮と捉えた上で、第3篇における指揮権と第11章以降における指揮権あるいは指揮との間の関係を、上述したマルクスの「研究の仕方」に従って、把握してゆく所存である。

第1章 序論、『資本論』の読解方法について

4. 本書前半部における問題の所在

　前節（第1章3.）において、第11章「協業」以下はどのように論ずるべきか、というテーマで三つの論点に区分しながら論述してきた（72～80ページ）。実は、これは、今後の本書前半部における、研究の方法論を述べたものでもある。ここからは、以後、本書前半部において解明すべき主たる課題を、3点に整理して記してゆく。

　従来の「資本主義的管理の二重性」に関する研究において、『資本論』第1巻第11章を取り上げる際には、もっぱら管理に関する該当部分にのみ焦点があてられる傾向にあった。しかし、『資本論』第1巻第11章とは「協業」を体系的に論じた独立の一章なのであり、第11章と強い関連性を有する第12章「分業とマニュファクチュア」も含め、協業論として再構築することが第一の課題である。具体的には、マルクスが用意した協業および分業に関する各種の概念を整理し、その上で、これらの諸概念の関連性を明らかにしてゆく。これは、同時に、協業という集団労働の観点から、どのように資本主義的経営が成立したのかを、マニュファクチュア段階の原点に立ち戻り、明確にするものでもある。

　ここからの第二・第三の課題が、『資本論』における指揮（管理）および「資本主義的管理の二重性」の問題を対象としたものである。まず、第二の課題は、『資本論』第1巻第11章段階における資本家の指揮が、なぜ成立したのかを、理論的に明らかにすることである。これは、「資本主義的管理の二重性」の根拠を明確にするものでもある。また、前節で述べた、第3篇における指揮権と第11章以降における指揮権あるいは指揮との関係等も判明するのである。

　第三は、『資本論』における資本家による指揮（管理）の実質を探ることである。『資本論』の理論展開をふまえ、『資本論』が第1巻第11章以下用意しているところの、資本家による指揮（管理）の具体的内容を明らかにしなければならないのである。

第2章　『資本論』第1巻第11章・第12章の検討の前に

　第1章第4節において述べたところの、『資本論』第1巻第11章ならびに第12章に関する本書前半部において解明すべき主たる課題を検討する前に、次の2点を取り上げなければならないであろう。

　第一に、本書第1章3〜4ページですでに紹介した、『資本論』第1巻第11章における資本主義的経営における「資本主義的管理の二重性」規定（『資本論』③、575〜577ページ）とは別に、マルクスは『資本論』第3巻第23章「利子と企業者利得」においても「資本主義的管理の二重性論」を言及している。この第3巻第23章における「資本主義的管理の二重性」規定の理論上の位置づけを確定しなければならない。あるいは、マルクスは第3巻第23章において「資本主義的管理の二重性論」を持ちだすことにより何を主張しているのであろうか。その上で、本書において、この第3巻第23章における「資本主義的管理の二重性」規定の取り扱い方を定めなければならない。これらの課題を検討することが最初の論点である。

　第二に、本書前半部の主たる考察対象である『資本論』第1巻第11章および第12章は、同第5章との関係を含めて、従来の個別資本理論の系譜の中で、どのように論じられてきたのであろうか。『資本論』の読解について定評のある先学の諸説を取り上げて、この点を検討してゆこう。

1. 『資本論』第3巻第23章「利子と企業者利得」における「資本主義的管理の二重性」規定について

　『資本論』第3巻第23章における「資本主義的管理の二重性」規定とは次のようなものである。まず全文を引用することとする。

監督および指揮という労働は、直接的生産過程が社会的に結合された一過程の姿態をとり、自立的生産者たちの個々ばらばらの労働としては現われないところでは、どこでも必然的に生じてくる。しかし、この労働は、二重の性質をもっている。
　一方では、多数の個人が協業するすべての労働においては、過程の連関と統一とは、必然的に、オーケストラの指揮者の場合のように、一つの司令的な意志において、また部分労働にではなく作業場の総活動に関係する諸機能において、現われる。これは、どの結合された生産様式においても遂行されなければならない生産的労働である。
　他方では――商業的部門をまったく度外視すれば――この監督労働は、直接生産者としての労働者と生産諸手段の所有者との対立を基礎とするすべての生産様式において、必然的に発生する。この対立が大きければ大きいほど、この監督労働の演じる役割はそれだけ大きい。それゆえそれは、奴隷制度においてその最高限に達する。しかし、それは、資本主義的生産様式においてもまた欠くことはできない。というのは、この場合には、生産過程は同時に、資本家による労働力の消費過程であるからである。それは、専制国家において、政府の行なう監督および全面的干渉の労働が、二つのもの、すなわち、あらゆる共同体の本性に由来する共同事務の遂行、ならびに、政府と人民大衆との対立に起因する独特な諸機能を含んでいるのとまったく同じである。(『資本論』⑩、649～650ページ)

　さて、『資本論』第3巻第23章「利子と企業者利得」における上述の「資本主義的管理の二重性」規定の意義を知るためには、迂遠なようでも、マルクスが第23章「利子と企業者利得」全体で何を論じているのかを検証しなければならないであろう。そこで、第23章「利子と企業者利得」を最初から振り返ることとする。
　第23章「利子と企業者利得」の内容は大きく二つに区分することが可能であろう。それは、本文と本文との間に線が引かれ、これに続き「さて、われわれはもっと詳しく企業者利得に立ち入ろう。」[1)]という一文を境界とす

る前後である。先のマルクスの「資本主義的管理の二重性」規定は、後半部分を暫く進んだ位置に記載されているのであるが、まず第23章の前半部分ではどのような点が論じられているのであろうか。

『資本論』第3巻第5篇「利子と企業者利得とへの利潤の分裂。利子生み資本」の三つ目の章である第23章「利子と企業者利得」は、次のようなマルクスの問題提起より実質的な議論が展開されるものである。

　　そこで生じてくる疑問はこうである。利潤の、純利潤と利子とへのこの純粋に量的な分割が、質的な分割に転化するということに、どうしてなるのか？
　　（中　略）
　　この疑問に答えるためには、われわれは、もうしばらく利子形成の現実的出発点にとどまらなければならない。すなわち、貨幣資本家と生産的資本家とは、法的に異なる人格としてだけでなく、再生産過程においてまったく異なる役割を演じる人格として、またはそれらの手中では同じ資本が現実に二重のまったく異なる運動をする人格として、現実に相対し合っているという想定から出発しなければならない。一方は資本を貸すだけであり、他方はこれを生産的に使用する。（『資本論』⑩、630〜631ページ）

すなわち、第23章の前半部分は、「利潤の一部分を利子に転化し、一般に利子というカテゴリーをつくりだすのは、資本家たちの貨幣資本家たちと産業資本家たちとへの分化だけである」（『資本論』⑩、627ページ）という事実にもかかわらず、なぜこの「質的な分割に転化」が成立するのか、どのような過程を経て「質的な分割」が展開してゆくのかを論じたものなのである。そこで、この疑問を解くために、マルクスはまず次のような点に着目する。

　　借入資本をもって仕事をする生産的資本家にとっては、総利潤は二つ

---

1)『資本論』⑩、646ページ。すなわち、同邦訳書においては、前半部分を626〜646ページ、後半部分を646〜662ページと区分するものである。

の部分に——彼が貸し手に支払わなければならない利子と、利子を超える超過分で彼自身にたいする利潤の分け前をなすものとに——分かれる。(中略)すでに見たように、資本の本来の独特な生産物は剰余価値であり、より立ち入って規定すれば利潤である。しかし、借入資本で仕事をする資本家にとっては、資本のこの独特な生産物は利潤ではなく、利潤マイナス利子、すなわち、利潤のうち利子の支払い後に彼のもとに残る部分である。したがって、利潤のうちのこの部分は、資本が機能する限り、彼にとって必然的にこの資本の生産物として現われるのである。そして、このことが彼にとっては現実なのである。というのは、彼はただ機能資本としての資本だけを代表しているからである。(『資本論』⑩、631～632ページ)

ここでは、すべて借入資本をもって仕事をする生産的資本家には、彼が入手することになる利潤マイナス利子部分は、どのようなものとして現われるのかをマルクスは問題にしているのである。それは、資本が機能する限りでの利潤、資本非所有者である機能資本家が自ら資本を機能させることを条件とした利潤として現われると、マルクスは主張しているのである。なお、「資本が機能する限り」とは、「資本が利潤をもたらすように産業または商業に投下される限り、またそれを用いてその使用者がそれぞれの事業部門ごとに所定の諸操作を行なう限り」(『資本論』⑩、632ページ)ということである。そこで、次のような新しいカテゴリーが登場することになる。

　したがって、彼が総利潤のうちから貸し手に支払わなければならない利子に対立して、利潤のうち彼に帰属するなお残る部分は、必然的に、産業利潤または商業利潤の形態をとる。またはこの両者を含むドイツ的表現でこれを示せば、企業者利得という姿態をとる。(『資本論』⑩、632ページ)

そして、資本の非所有者である機能資本家にとって、利潤のうち彼に帰属するなお残る部分は企業者利得であるという意識が生ずるに到り、マルクス

は、「しかし、どの場合にも、総利潤の量的分割はここで質的分割に転化するのであり、」（『資本論』⑩、632ページ）と断定するのである。その根拠は以下のように示すものであろう。

> したがって、彼にたいして利子は、資本所有の単なる果実として、すなわち資本が「仕事をする」ことなく、作動しない限りで、資本の再生産過程を捨象した資本自体の単なる果実として、現われる。これにたいして、彼にとって企業者利得は、彼が資本を用いて行なう諸機能の独占的果実として、資本の運動および過程進行──彼にとって、いまや、無活動、生産過程への貨幣資本家の不参加とは対立する、彼自身の活動として現われる過程進行──の果実として、現われる。（『資本論』⑩、633ページ）

今や、「総利潤の二つの部分のあいだのこの質的な分離、すなわち、利子は、資本自体の果実、生産過程を度外視した資本所有の果実であり、企業者利得は、過程進行中の、生産過程で作用しつつある資本の果実であり、それゆえ資本の使用者が再生産過程で演じる能動的役割の果実であるという、この質的分離」（『資本論』⑩、633ページ）が成立したのである。換言すれば、総利潤の単に量的な分割が質的な分割に転化することとは、「総利潤の両部分の、あたかもそれらが二つの本質的に異なる源泉から生じたかのようなこの相互の骨化と自立化」（『資本論』⑩、634ページ）をもたらすことなのである。

しかし、「質的な分割に転化する」ということは、企業者利得という姿態に由来するこれまでの議論にとどまるものではない。「質的な分割に転化する」ことはさらなる進展を呈するのである。それは第1に、利子と企業者利得との対立であり、第2に、企業者利得の利子との対立に起因する監督賃銀という観念の登場である。

まず、利子と企業者利得との対立とは何か。マルクスはその核心を次のように論じている。

> この利子と企業者利得という二つの形態は、それらの対立においてのみ

実存する。したがって、それらは、双方とも剰余価値と関連しているのではなく──それらは、異なるカテゴリー、分類項目、または名称のもとに固定化された、剰余価値の諸部分にすぎない──、それらは互いに関連し合っているのである。利潤の一方の部分が利子に転化するので、それゆえ他方の部分が企業者利得として現われるのである。(『資本論』⑩、640～641 ページ)

そして、この利子と企業者利得との対立は、一方で、利子からの企業者利得との対立として、他方では、企業者利得からの利子との対立として考察しなければならない。前者の要点についてマルクスは次のように論じている。

けれども他方では、利子の形態では、賃労働にたいするこの対立は消滅している。というのは、利子生み資本は、利子生み資本としては、賃労働と対立するのではなく、機能資本と対立するからである。貸付資本家は、貸付資本家としては、再生産過程で現実に機能している資本家と直接に対立するが、しかし、ほかならぬ資本主義的生産の基礎上では生産諸手段を収奪されている賃労働者とは直接には対立しない。利子生み資本は、機能としての資本に対立する所有としての資本である。しかし、資本は、それが機能しない限り、労働者たちを搾取するものではなく、労働と対立することにはならないのである。(『資本論』⑩、642 ページ)

利子と企業者利得との対立とは、双方とも剰余価値と無関連のまま現われる、相互に直接関連しあうという姿の中での対立であった。そこで、利子からの企業者利得との対立を示した上記の引用文の最重要点は、「貸付資本家は、……現実に機能している資本家と直接に対立するが、……生産諸手段を収奪されている賃労働者とは直接には対立しない。」ということになるのである。

次に、企業者利得からの利子との対立に関する要点をマルクスは以下のように論じている。

第 2 章 『資本論』第 1 巻第 11 章・第 12 章の検討の前に

　　他方では、企業者利得は賃労働と対立するものではなく、利子とのみ
　対立する。
　　　　　　（中　略）
機能資本家は、企業者利得にたいする自己の要求、すなわち企業者利得
そのものを、自己の資本所有から導き出すのではなく、資本が無為な所
有として実存するにすぎない場合の規定性とは対立する、資本の機能か
ら導き出す。（中略）企業者利得は、再生産過程における資本の機能か
ら、すなわち、機能資本家が産業資本と商業資本とのこれらの機能を媒
介する諸操作、活動の結果として発生する。しかし、機能資本の代表者
であるということは、利子生み資本の代表のような無任聖職〔閑職〕で
はない。資本主義的生産の基盤の上では、資本家は生産過程ならびに流
通過程を指揮する。生産的労働の搾取は、資本家がみずから行なうにせ
よ、自己の名前で他人に行なわせるにせよ、骨折りを必要とする。した
がって、彼の企業者利得は、彼にとっては、利子に対立して、資本所有
とはかかわりのないものとして、むしろ非所有者としての、**労働者とし
ての**、彼の諸機能の結果として、現われる。(『資本論』⑩、642～643 ペー
ジ)

　ここでも、企業者利得はなぜ剰余価値と無関連なものとして現われるの
か、その上で、なぜ利子と直接対立するのかという視点から、この引用文を
読み解くことができよう。すなわち、機能資本家は指揮を行ない、生産的労
働の搾取には骨折りを必要とする。これらの活動は、機能資本家にとって
は、賃労働者の行なう労働と本質的な差異はないものと映る。そこで、機能
資本家と賃労働者は生産過程において何らかの活動を行なうという点で共通
し、それ故、「企業者利得は賃労働と対立するものではなく、」となるのであ
る。これに対し、利子生み資本とは、「資本が無為な所有として実存するに
すぎない」ものであり、「無任聖職〔閑職〕」である。したがって、何らかの
骨折りを必要とするか否かという点で、企業者利得と利子は直接に対立する
ことになるのである。
　さて、今や、この企業者利得からの利子との対立により、「質的な分割に

転化する」ということは最終段階に到達したことがわかるであろう。「したがって、彼の企業者利得は、……むしろ非所有者としての、労働者としての、彼の諸機能の結果として、現われる」、という事態に到ったのである。企業者利得は企業者利得のままではいられないのである。監督賃銀という観念の成立である。この監督賃銀に関しては、マルクスは次のように論じてゆく。

　　それゆえ、彼の頭の中では、必然的に次のような観念、すなわち、彼の企業者利得は——賃労働にたいしてなんらかの対立をなすもの、また他人の不払労働にすぎないもの、であるどころか——むしろそれ自身、労賃であり、監督賃銀、"労働の監督にたいする賃銀"であり、普通の賃労働者の賃銀より高い賃銀である——なぜなら、（一）彼の労働が複雑労働であるからであり、（二）彼は自分自身に労賃を支払うからである——という観念が展開される。（『資本論』⑩、643～644ページ）

　第23章「利子と企業者利得」における前半部分の課題は、「質的な分割に転化するということに、どうしてなるのか？」ということであった。そして、当初の量的な意味での純利潤は、今や機能資本家は自らを労働者と認識しているのであり、彼にとっては監督賃銀へと転化することで、第23章の前半部分は実質的に終了しているのである。
　では、「さて、われわれはもっと詳しく企業者利得に立ち入ろう。」として始める、第23章の後半部分では、マルクスは何を論点としているのであろうか。上記の一文から、本節冒頭で取り上げた「資本主義的管理の二重性」規定の間で述べられている部分を読み解くことにより、それは理解できるであろう。

　　剰余価値の他の部分——企業者利得——は、必然的に、それが資本としての資本から生じるのではなく、資本の独特な社会的規定性（中略）から切り離された生産過程から生じるという形で現われる。しかし、資本から切り離されれば、生産過程は労働過程一般である。それゆえ、産業

第 2 章　『資本論』第 1 巻第 11 章・第 12 章の検討の前に

　資本家は、資本所有者とは区別されたものとして、機能資本〔家〕としては現われず、資本とはかかわりもない職務遂行者として、労働過程一般の単純な担い手として、労働者として、それも賃労働者として現われる。(『資本論』⑩、646〜647 ページ)

　他方では、利子のこの形態は、利潤の他の部分にたいして、企業者利得という、さらに監督賃銀という質的形態を与える。資本家が資本家として果たすべき特殊な諸機能、そしてまさに労働者たちとの区別において、労働者たちとの対立において資本家に帰属する特殊な諸機能は、単なる労働諸機能として表わされる。彼が剰余価値を創造するのは、彼が資本家として労働するからではなく、彼の資本家としての属性はさておき、彼もまた労働するからである。したがって、この剰余価値部分は、もはや決して剰余価値ではなく、その反対物であり、遂行された労働にたいする等価物である。資本の疎外された性格、労働にたいする資本の対立は、現実の搾取過程のかなた、すなわち利子生み資本のうちに移されるのであるから、この搾取過程そのものは、機能資本家が労働者とは違った労働を遂行するにすぎない単なる労働過程として現われる。そのため、搾取する労働と搾取される労働とは、いずれも労働としては同一のものである。搾取する労働も、搾取される労働と同じように労働である。(『資本論』⑩、648 ページ)

やや長いこの二つの引用文は、すでに示した、第 23 章前半部分の終盤における「質的な分割に転化」の最終形態、つまり、資本の非所有者である機能資本家が自らを労働者と認識し、企業者利得を監督賃銀であると思い込むことに関し、マルクスがある意図をもって再び取り上げて、詳論しているものであることが理解できよう。さらに、マルクスは監督賃銀という観念が成立しうる今一つの根拠を、次のように論述するのである。

　企業者利得は労働の監督賃銀であるという観念——これは、利子にたいする企業者利得の対立から生まれる——は、さらに次の点に、すなわ

ち、実際に、利潤の一部分が労賃として分離されうるし、現実に分離されているという点、またはむしろ逆に、労賃の一部分は、資本主義的生産様式の基盤の上では、利潤の不可欠な構成部分として現われるという点にもよりどころを見いだす。この部分は、すでに A・スミスが正しくみつけ出したように、管理人の給料——すなわち、拡張などによって、管理人に特殊な労賃が支払えるほど十分に分業が行なわれるまでになっている事業諸部門における管理人の給料——において、純粋に、すなわち、一方で利潤（利子と企業者利得との総和としての）から、他方で利潤のうち利子の控除後にいわゆる企業者利得として残る部分から、自立し、まったく分離されて、現われる。（『資本論』⑩、649 ページ）

　第23章の後半部分において、以後マルクスが何を論じようとしているのかは明らかであろう。1.「産業資本家は、……機能資本〔家〕としては現われず、……それも賃労働者として現われる」（同上、647ページ）。2.「他方では、利子のこの形態は、利潤の他の部分にたいして、企業者利得という、さらに監督賃銀という質的形態を与える」（同上、648ページ）。これらの2点をどのように考えてゆくべきか、ということであろう。
　そこで、これらの課題を解明するために、マルクスは、現に機能資本家が行なっている労働、つまり、監督および指揮という労働の内容を再考しようと試みたのである。これこそが、本節冒頭にて掲示した「資本主義的管理の二重性」の規定に他ならないのである。
　では、この「資本主義的管理の二重性」規定から導き出されるもの、マルクスが論及しようとしているものは何であろうか。以下の2点である。
　第一に、上述した1・2の現象の根拠としてマルクスは、企業者利得からの利子との対立、および、管理人の給料を挙げていた。そして、そのさらなる根拠を追究しようとするのである。すなわち、機能資本家の監督および指揮という労働には、二重の性質のうちの一方を、「一方では、……これは、どの結合された生産様式においても遂行されなければならない生産的労働」（84 ページの引用文参照）を、現実に内包しているからである、という点が導き出されるのである。「監督および指揮の労働は、……資本主義的体制にお

いてもまた、すべての結合された社会的労働が特殊な労働として個々人に課する生産的諸機能と直接かつ不可分にからみ合っている」(『資本論』⑩、654〜655ページ) 事態が、もう一つの根拠になるのである。

　第二に、その上でマルクスは、機能資本家が行なう監督および指揮はあくまで二重性を有するものであり、両者は全く異なった役割を特徴とするものである点を指摘しているのである。さらに、機能資本家の監督および指揮という労働の二重性について諸論者が見逃していることへの批判を、再三にわたり論述してゆくのである。例えば、次の通りである。

　　指揮および監督という労働は、それが、あらゆる結合された社会的労働の本性から生じる特殊な機能からではなく、生産諸手段の所有者と単なる労働力の所有者との対立から生じる限りでは——奴隷制度においてのように労働力が労働者自身と一緒に買われるのであろうと、労働者自身が自分の労働力を売り、それゆえ生産過程が同時に資本による労働者の労働の消費過程として現われるのであろうと——、直接生産者の隷属から生じるこの機能は、実にしばしば、この関係自体の正当化の根拠とされており、そして搾取、すなわち他人の不払労働の取得は、同様にしばしば、資本所有者に当然支払われる労賃として描かれてきている[2]。

　最後に、『資本論』第3巻第23章における「基本主義的管理の二重性」規定の、本書における取り扱い方を検討しなければならないであろう。
　第23章では、資本家の貨幣資本家と産業資本家への分化が出発点であっ

---

[2]『資本論』⑩、653ページ。また、同様の論述は、前掲邦訳書、651ページ、654〜655ページ、656〜657ページにおいても見られる。
　なお、先に挙げた課題1・2自体の存続の展望であるが、マルクスは明らかに否定的な認識を示す。まず、マルクスは、なんらかの権原のもとで資本を占有することは決してない単なる管理人が増大することに、多数の産業的および商業的管理人階級の形成に注目する。そして、この単なる管理人が、機能資本家そのものに帰属するあらゆる現実的諸機能を果たすのであるから、残るのはただ機能者だけとなり、資本家は余計な人物として生産過程から消えうせる、と言う。他方、もはや生産過程において何ら機能していない機能資本家のもとには、依然として、利潤マイナス利子が、あるいは、利潤マイナス利子マイナス管理賃金(単なる管理人の)が残される。このような事態のもとでは、課題1・2については、課題自体が存在するための口実が全く失われると指摘するのである。(前掲邦訳書、655〜660ページ参照)

た。後者が資本の非所有者である機能資本家として生産過程等で指揮をし、所定の諸操作を行なう場合に、どのような現象とカテゴリーが生じるかを問題としていた。やがて、これらの機能資本家は単なる管理人に代替されるとするものであった。

ところで、第1章第4節で述べたように、本書における「資本主義的管理の二重性」に関する課題は次のようなものであった。まず、資本家の指揮がなぜ成立したのかを理論的に明らかにすることである。これは「資本主義的管理の二重性」の根拠を明確にするものでもある。次は、『資本論』における資本家による指揮（管理）の実質を探ることである。『資本論』の理論展開をふまえ、資本家による指揮（管理）の具体的内容を明らかにしなければならない。

資本家の指揮がなぜ成立したのか、および、資本家による管理の実質を探ること、という場合の資本家は、基礎的な次元での資本家なのであり、これを想定して議論を進めなければならないのである。第3巻第23章における資本家（機能者）とは、機能資本家さらには単なる管理人なのであり、上記の課題を解決するためには具体的な次元に進み過ぎているのである。したがって、基本的に本書において「資本主義的管理の二重性」を問題にする場合には、第1巻第11章での規定に依拠するものであり、第11章以降を考察対象とすることとする。

しかし、以後この第3巻第23章における規定を等閑視するものではない。第23章での「資本主義的管理の二重性」規定の内容を見るならば、これは第1巻第11章における規定と大きな隔たりはないものである。但し、第3巻レベルでの論述であるから、第1巻レベルの論述には登場しえない部分もある。それは、「他方では——商業的部門をまったく度外視すれば——この監督労働は、直接生産者としての労働者と生産諸手段の所有者との対立を基礎とするすべての生産様式において、必然的に発生する。」における、「商業的部門をまったく度外視すれば」という箇所である(84ページの引用文参照)。そして、なぜ商業的部門をマルクスはここで除外するのか、「資本主義的管理の二重性」における二つの監督労働は商業的部門において成立するのか、という疑問が残る。これは、他の論点と関連させながら、本書第9〜第10

章において論じることとする。

 さらにまた、今後、資本家の指揮および指揮権という用語が有する意味について検討してゆくことになる。その際には、第1巻第11章における「資本主義的管理の二重性」規定および第11章以降での論述とともに、第3巻第23章における「資本主義的管理の二重性」規定および第23章での論述も、考察しなければならないのである。

2. 従来の学説を振り返って

 従来の個別資本理論においては、「資本主義的管理の二重性」規定のみならず、当の第1巻第11章および第12章について、どのように論じてきたのであろうか。さらに、第5章と第11章・第12章との関係をどのように捉えてきたのであろうか。これらの点について二人の論者を取り上げて、それぞれ検討することとする。

2-1. 角谷登志雄教授の所説

 角谷登志雄教授は、主著『経営経済学の基礎』(ミネルヴァ書房 1968年)において「第2章 資本主義企業における労働と管理の理論的考察」にて、以下のように管理の問題を論点とされている。

> いうまでもなく、「労務管理の対象」規定の究明においては、それを規制する二つの概念——すなわち、「労務」概念と「管理」概念——を分析し明らかにする必要があるが、本章においては、まず後者について、その基礎概念の検討をとりあげるわけである。
> 　近代的社会の経済的運動法則の暴露を試みた『資本論』において、マルクスは、「管理」の問題については、とくに1章ないし1節を設けて直接に説明しなかったけれども、その科学的分析の随所において、それについての基本的な・豊富な規定を与えている。そこで、資本主義企業における管理の基本的性格をそれらの諸規定にしたがって考察することとし、(以下略)。(角谷、前掲書、48～49ページ)

さて、『資本論』に即して管理の基礎概念の検討を行った同書第2章「1. 資本主義的管理の基本的性格」では、まず「1．1　その二重性について」において、本章第1節で取り上げた『資本論』第3巻第23章における「資本主義的管理の二重性」規定（84ページの引用文参照）を掲げられている。その上で教授は次のように主張される。

> いうまでもなく、このような資本主義的管理の二重性は、労働の二重性、その具体的展開過程としての資本主義的生産過程の二重性——労働過程と価値形成過程ないし価値増殖過程——、に基礎づけられる。したがって、資本主義的管理は、労働過程的側面と価値増殖過程的側面とのそれぞれの側面に規定されるわけであり、いま、前者を管理の一般的規定、後者を歴史的規定と呼ぶならば、資本主義的管理は、これら両規定の統一のうえに把握されなければならないのである。（角谷、前掲書、50～51ページ）

　そこで、同書第2章「1．2　管理の一般的規定」において、労働過程的側面に規定された資本主義的管理が検討されることになる。同節は内容として二つに区分されるであろう。
　第1は、『資本論』第1巻第5章第1節「労働過程」に基づく、人間と自然とのあいだの一過程としての単純な労働過程——純粋に個人的な過程——段階における管理である。有用的生産物を取得するための人間の労働において、目的の自覚（意図）と頭脳の活動が強調されている。すなわち、「自然質料の取得・変換のための人間に属する自然力の発揮が"人間の労働"であるためには、かれの肉体的・精神的諸力の全体が、一つの意識・意志・意図によって、一元的に統一され調整されることが必要であ」（角谷、前掲書、55ページ）り、この種の意識・意志・意図こそが管理の原型であるという主張である。その上で教授は次のように述べてゆく。

> 　以上の考察は、管理の原理的性格を単純な労働過程における労働と関連づけて検討したものであり、いわば管理機能の本源的規定というべき

ものであった。しかしながら、資本主義的生産は、多数の賃労働者が同一の資本家の指揮のもとで・同一の場所で・労働するという協業＝共同的労働の形式をつうじて、現実化した。そこで、つぎに、多数の労働者による労働過程、すなわち、展開された労働過程・結合的労働過程ないし社会的労働過程における労働とその管理とについて、さらに検討することが必要となる。(角谷、前掲書、55ページ)

第2に、では角谷教授は、「管理の一般的規定」として、多数の労働者による労働過程つまり社会的労働過程における管理の特質をどのように把握されているのであろうか。教授は、『資本論』第1巻第5篇「絶対的および相対的剰余価値の生産」第14章「絶対的および相対的剰余価値」に着目されて、次のように論述するのである。

> だが、さしあたり、本章において重要なのは、いわゆる「手の労働〔Handarbeit〕」と「頭の労働〔Kopfarbeit〕」との分化およびその自立化である。
> 　さきにみたように、労働過程が純粋に個人的な過程であるかぎりでは、同一の労働者は「手の労働」と「頭の労働」とを合一しており、その合目的的労働はいわゆる"自己による自己の統制"として表現された。ところが、結合的労働過程においては、従来の同一人格者における「二つ」の労働・機能が別個の人格者と人格者とのあいだの対応的機能として、外在化する。すなわち、多数の個別的労働者が共同的に労働するところの結合的労働過程においては、それらの個別的労働は、あらかじめ設定された共通の目的によって統一され、調整されなければならない。このため、それら個別的諸労働にたいする一元的な指揮・監督・媒介などの機能＝管理機能が、必然的に、共同的労働体の目的の直接的執行機能＝作業機能から分離し、自立化するのである。マルクスはいう。──
> 　「およそ、大きな規模でおこなわれる直接的に社会的または共同的な労働は、多かれ少なかれ、ある指揮〔Direktion〕を必要とするのであって、この指揮により、個別的諸活動の調和が媒介され、その自立的諸器

官の運動とは区別されるところの全生産体の運動から生ずる一般的諸機
能〔allegemeine Funktionen〕が遂行される。」(角谷、前掲書、57〜58ペー
ジ)

　なお、同書第2章「1．3　管理の歴史的規定」では、価値増殖過程的側面
に規定された資本主義的管理が検討されている。その内容を端的に述べるの
であれば、第1巻第11章での、および、第3巻第23章での「資本主義的管
理の二重性」規定に基づくものであり、「要するに、資本主義的管理は、社
会的労働過程における労働力の搾取の機能を遂行するものであり、かつ搾取
者＝資本家と被搾取者＝賃労働者とのあいだの不可避的な敵対
〔unvermeidliche Antagonismus〕において、被搾取者の団結・闘争の抑圧
機能を果すものといえよう。」(角谷、前掲書、62ページ)とするものである。
　ここからは、同書第2章「1．2　管理の一般的規定」を対象に角谷教授の
主張と分析方法を検証してみよう。ここまで紹介したように、単純な労働過
程における管理の本源的規定を正確に捉えており、また、単純な労働過程と
社会的労働過程とを段階として区分している点も正しい。そして、社会的労
働過程における労働とその管理に注目していることも妥当である。しかし、
社会的労働過程における労働とその管理に関する教授の分析手法と主張に
は、以下のような二つの不可解な点が存在するのである。
　第一は、社会的労働過程における労働とその管理を検討するに際し、教授
はなぜ『資本論』第1巻第5篇第14章に依拠しながら論述しているのか、
という点である。換言すれば、マルクスが社会的労働過程における労働と指
揮について詳論しているのは、第1巻第4篇第11章〜第13章なのであり、
どうしてこの第4篇を等閑視するのか、という疑問である。
　すでに前章にて論じたように、『資本論』第1巻第4篇第10章を検討する
ことにより、第4篇「相対的剰余価値の生産」とは何を目的とするものであ
るのかが明白となった。それは、相対的剰余価値と関連して、個々の資本家
が特別剰余価値実現を目的としている点を基礎とする、生産方法と労働過程
そのものの変革、および、労働の生産力の増大、この両者を考察することな
のである。そして、マルクスは第4篇第10章を次のように結ぶのであった。

第 2 章 『資本論』第 1 巻第 11 章・第 12 章の検討の前に

「このような結果が、諸商品を安くしないでどの程度達成されうるかは、相対的剰余価値の特殊な生産諸方法において示されるであろう。いまやわれわれは、その生産諸方法の考察に移ることにする。」(『資本論』③、560ページ) つまり、生産方法の変革および労働の生産力の増大が行なわれる場こそ社会的労働過程なのであり、相対的剰余価値の生産と関連づけるならば、社会的労働過程を対象に「その生産諸方法の考察に移ること」が不可欠なのである。

さらにまた、マルクスは、第 1 巻第 5 章レベルでの純粋に個人的な労働過程に対し、論理的に明確に異なる、協業のもとでの多数の人々による労働過程について特別な用語を付与していた。社会的労働過程、共同の労働過程、社会的生産過程（やや意味は広くなるが）、という用語がそれであり、これらの用語が頻繁に登場してくることが、この第 4 篇第 11 章〜第 13 章の特徴なのである[3]。

第 4 篇第 11 章〜第 13 章こそ、マルクスが社会的労働過程における労働とその管理について論及している著述諸章である点は明白であろう。確かに、第 4 篇第 11 章以降でマルクスは指揮・監督について多くを語っていないように思われ、該当する箇所は「資本主義的管理の二重性」規定とその周辺のみであるように見える。しかし、社会的労働過程における労働については実に多くのことを語っているのである。後章で詳論することになるが、それを基礎としながら、「資本主義的管理の二重性」の根拠を探ること、および、資本家の行なう指揮・監督の内容を規定することが可能となるのである。

第二に、教授が社会的労働過程における労働とその管理として主張される内容にも疑問がある。教授がそこで問題として取り上げたものは、いわゆる

3）マルクスが使用しているこれらの用語を、登場した章と前掲邦訳書における頁と共に、以下紹介する。
社会的労働過程（第 11 章. 575 〜 577 ページ、第 12 章. 602 ページ、第 13 章. 667 ページ）、共同の労働過程（第 11 章. 578 ページ）、社会的過程（第 11 章. 583 ページ）、労働過程のこの社会的形態（第 11 章. 583 ページ）、労働過程のこの社会的組織（第 12 章. 600 ページ）、社会的生産過程（第 12 章. 618、633 ページ、第 13 章. 730、836、837 ページ）、社会的労働体（第 12 章、628 ページ）、労働過程の協業的性格（第 13 章. 668 ページ）、社会的に組織された生産過程（第 13 章. 842 ページ）、大きな社会的規模での結合された労働過程（第 13 章. 864 ページ）、労働過程の社会的結合（第 13 章. 868 ページ）、労働過程そのものの協業的性格（第 14 章. 872 ページ）、労働の技術的諸過程および社会的諸編成（第 14 章. 873 ページ）。

「手の労働」と「頭の労働」との分化およびその自立化、であった。これは次のような論点につながるのである。

  この同一人格者における「手の労働」と「頭の労働」とが別個の人格者のあいだにおける作業労働・管理労働として外在化・自立化するときは、同時に、両者の対応関係は人格的分離を媒介とする時間的・空間的分離をまねく。それによって、両者は、必然的に、矛盾における契機として位置づけられることになる。すなわち、労働が真に人間の労働として値するものであるためには、それがつねに目的を志向し、目的によって規制される労働でなければならない。（角谷、前掲書、58 ページ）

 そして、「以上述べたように、指揮・監督などの管理機能は、もともと人間固有の活動を表わす機能であり、しかも他人の活動に関連させるときにのみ、そのほんらいの意義をあらわにするものである。」（角谷、前掲書、59 ページ）という場面に際しての矛盾である、という主張であろう。このような資本制経済に限定しない形での集団労働において、作業と管理を「手の労働」と「頭の労働」との分化およびその自立化と理解し、矛盾と捉える主張は、もちろん成り立ちうるものではある。
 しかし、問題は、このような主張を『資本論』に即して成立させることが可能かということである。教授の言われるように、『資本論』では確かに第5篇第14章において、マルクスは頭の労働と手の労働との分離を論じている。しかし、これについてマルクスは、「『生産的労働のこの規定は、単純な労働過程の立場から生じるのであって、資本主義的生産過程にとっては決して十分なものではない』。このことが、ここで、さらに展開されなければならない。」（『資本論』③、871 ページ）と明言した上で、当の議論を開始するのである。すなわち、「彼は、自分の生活目的のために自然対象を個人的に取得するにあたって、自分自身を管理している。のちには、彼が管理される。」（『資本論』③、871〜872 ページ）とは、あるいは、「自然体系〔生来の人体〕では頭と手が一組になっているように、労働過程では、頭の労働と手の労働とが結合されている。のちには、この二つは分離して、敵対的に対立するようになる。」（『資本論』③、871〜872 ページ）とは、明らかに資本主義的生産

過程における議論であり、社会的労働過程における生産方法の変革の結果をマルクスは強調しているのである。

そもそも、第5篇第14章とは、第3篇と関連づけながら、第4篇での著述をマルクスが振り返ったものである。そして、資本家の主導による社会的労働過程における生産方法の変革を詳論している第12章において、この頭の労働と手の労働との分離に関して次のように論じているのである。

> 自立的な農民または手工業者がたとえ小規模にでも展開する知識、洞察、および意志は、いまではもはや、作業場全体にとって必要とされているにすぎない。生産上の精神的諸能力は、多くの面で消滅するからこそ、一つの面でその規模を拡大する。部分労働者たちが失うものは、彼らに対立して資本に集中される。(中略) この分離過程は、資本家が個々の労働者に対立して社会的労働体の統一と意志を代表する単純協業において始まる。この分離過程は、労働者を不具化して部分労働者にするマニュファクチュアにおいて発展する。この分離過程は、科学を自立的な生産能力として労働から分離して資本に奉仕させる大工業において完成する。(『資本論』③、627〜628ページ)

マルクスが、資本主義的生産過程における頭の労働と手の労働との分離を論じていることは明白であろう。決して、どのような結合的生産様式においても現れる、「手の労働」と「頭の労働」との分化およびその自立化を、これらの矛盾を論じてはいないのである。

さらに教授は、資本制経済に限らずどのような集団労働に際しての、「手の労働」と「頭の労働」との分化およびその自立化、これらの矛盾という主張を補完するために、第1巻第11章における「資本主義的管理の二重性」規定を引用されているようである（97〜98ページの引用文参照）。しかし、詳しくは後章に譲るが、「およそ、大きな規模でおこなわれる直接的に社会的または共同的な労働」とは協業一般を意味し、そこで内包している計画性機能を具体化したものが「ある指揮〔Direktion〕」となるのである。そして、このマルクスの協業一般カテゴリーでは、誰が指揮者で、誰が協業者（働き

手たち）かは決して規定されていないのである。したがって、マルクスの説く資本主義的生産過程における頭の労働と手の労働との分離と、教授が引用された「資本主義的管理の二重性」規定のうち指揮の一般的諸機能を論じた部分とは、次元を全く異にしたものであると言わざるをえない。両者を直接的に関連させることは不可能なのである。マルクスの協業一般カテゴリーとそこでの指揮〔Direktion〕に関して、この次元において指揮者と協業者に分化すること自体に「矛盾における契機」を見出す教授にとっては、指揮の一般的機能を論じたマルクスの引用文は（それを取り上げることは）矛盾するものではないのであろうが。

総じて言えば、角谷教授は、社会的労働過程における労働とその管理という極めて重要な点に着目したものの、マルクスが社会的労働過程について詳論している『資本論』第1巻第4篇をなぜか等閑視され、それ故に、社会的労働過程における労働とその管理とを具体的に論じるに際して、大変無理のある立論を行われたのである。[4] 社会的労働過程における労働とその管理という論点については、教授とは異なる分析手法と内容で論述してゆかねばならないのである。

2-2. 浅野敞教授の所説

浅野敞教授は、主著『個別資本理論の研究』（ミネルヴァ書房 1974年）において、その「第2編　個別資本理論の方法論 ――『経営者』範疇――」の目的と研究方法を次のように説かれている。

> 「第2篇」の課題は、個別資本理論の具体化にとって不可欠な「経営者」範疇を方法論的に再検討することにある。方法論上の問題を「経営者」範疇の規定と関連させて考察したのは、方法論を理論的な範疇規定と切り離して論ずることによって抽象論に陥ることを避けるためであった。また、「経営者」範疇は最も具体的な企業の担い手に関する範疇であるが故に、この範疇規定には最も単純な抽象的範疇から複雑な具体的

---

[4] 角谷登志雄著『経営経済学の基礎』については、すでに本書76～78ページにても論じている。こちらも参照して頂きたい。

範疇に至る理論的内容と方法論上の問題が内包されているからである。
（浅野、前掲書、1～2ページ）

　そこで、まず、『資本論』と関連した教授の研究上の特質から検討してみよう。第一は、教授が『資本論』を読解してゆく確かな方法を示されている点である。教授は、いわゆる「所有と経営の分離」に関する『資本論』における理論上の位置づけについて、次のように述べられている。

　　しかし、北川教授のように、所有と経営の分離を単なる「観念」として把握し、さらにこの「観念」が「事実をゆがめ」、階級対立を「抹殺する」と把握されていることには疑問がある。　　（中　略）
　　「観念」が「事実をゆがめ」て把握するのではなく、本質が現象形態において歪曲されてあらわれるという「客観的事実」が現象形態に捉われた「ゆがんだ観念」の発生する客観的根拠であるとするのが「唯物論」的認識論である。そしてこれが北川教授の『経営学批判』で指摘されている点である。そのいみで、「所有と経営の分離」を単にブルジョア的「観念」にすぎないものとして把握するか、資本の簡単な本質規定から種々の媒介項を経て生じる客観的な「現象形態」として把握するかが、また、その現象が所有と経営の「単なる複雑化」にすぎないのか、複雑な媒介項を経て本質を隠蔽する現象形態であるのかが、マルクスの理論に依拠して経営経済学的研究をする以上、根本的な問題なのである。
（浅野、前掲書、135～136ページ）

　以上の教授の主張は全く正当なものであり、『資本論』の論理展開に即した考察方法なのである。その上で第二に、浅野教授は、『資本論』におけるカテゴリーの慎重な取り扱いを求め、類似したカテゴリーでも第1巻におけるそれと第3巻におけるそれとは明確に区別しなければならないとされるのである。この点に関して、教授は上林貞治郎・井上清『工業の経済理論』（ミネルヴァ書房　昭和32年）を取り上げて、その問題点を次のように述べている。

第2に、「Ⅰ」において、「資本家と指揮監督者（経営者）」の関係について、『資本論』「第1巻」に依拠して論じておられる。しかし、「第1巻」で規定されている「指揮監督者」の範疇（それは生産過程における機能のみに関するものである）を、そのまま、いわゆる「経営者」と同義的なものとすることができるか否かが問題である。ことに、上林教授が、北川教授の規定には『資本論』「第3巻」、さらに「独占資本」と関連させた考察が欠けていると批判されておられる以上、指揮監督者に関する「第3巻」のマルクスの規定が参照されなければならないであろう。（浅野、前掲書、139〜140ページ）

　ここでの浅野教授の主張は、上林氏のいう「指揮監督者」とは『資本論』第1巻段階で規定されているものであり、上林氏のいう「経営者」とは同第3巻段階で規定されているものであり、相互に関連性は有するものの、『資本論』の理論展開から鑑みて異なった範疇として明確に区分しなければならない、ということである[5]。
　さて、『資本論』第1巻第5章ならびに同第11章以下に関する教授の論述は、主著第2編「第5章　資本の機能の二重性」において行なわれている。これは、同第2編の課題である、「経営者」範疇と個別資本理論の方法を新たに確立するために、一つの段階として設定されたものである。
　では、これまで検討してきたように、『資本論』全体への展望と精確な読解とを兼ね備えられている浅野教授の、『資本論』第1巻第5章、ならびに、本書において今後詳論することになる同第11・12章以下に関する学問上の

---

[5] なお、後者の「経営者」に関しては、方法論的な再検討により「経営者」範疇を再確立することが、同書「第2篇」の課題であった。教授によれば「経営者」とは次のようなものとなる。
　簡単で本質的な規定性における資本（『資本論』第1巻）は、同第3巻において利子範疇の成立に伴って、「所有としての資本」と「機能としての資本」という質的に相異なる、対立する二つの資本範疇に分裂する。そして、後者の「機能としての資本」の人格化した範疇としての、単に資本を充用するだけの「機能資本家」こそ「経営者」であるという。結論として教授は次のように述べられている。「こうして、『経営者』範疇は、『機能としての資本』の人格化としての機能資本家、したがって、労働者支配の特殊機能と労働過程の一般的指揮機能との二重の機能の担い手という本質と、その現象形態、『労働過程一般の単純な担当者』、『賃労働者』という人格との二重性において規定されなければならないのである。」（浅野、前掲書、218ページ）

新たな貢献は何であろうか。

　それは、第一に、『資本論』第1巻第5章における「労働過程」とはどのようなものかを、個別資本理論研究者として初めて正確に把握されたことである。それ故、第二に、簡単な労働過程と社会的労働過程とをなぜ区別しなければならないのか。この点を詳細かつ明確に論じた、初めての個別資本理論研究者なのである。従来の個別資本理論における第11章で生じた問題の解を第5章に求める研究方法について、および、「社会的労働過程」範疇を抹殺してきた従来の学説について、以下のように根本的な批判を行う中で、教授は上記の2点を明確にされたのである。

　第一の論点について、詳細な論証過程は省略するが、教授は、第1巻第11章における「資本主義的管理の二重性」規定を取り上げ、同第5章から引用し、中西寅雄『経営経済学』（日本評論社　昭和6年）を批判する形で、以下のような結論を導いたのである。

　　　すなわち、ここでマルクスは、「労働過程」を「人間」（Mensch）と「自然」（Natur）との関係として規定しているのであって、通俗的にいわれる「人と物」とは異なる規定性において捉えられているのである。けだし、いわゆる「人と物」の関係というのは「人格（Person）と物象（Sach）」の関係の通俗的に歪められた表現なのであって、その意味では、生産関係に関連した経済的、社会的規定性に他ならないからである。

　　　それ故、マルクスが「労働過程は、資本家が購買した諸物（Dingen）の間の、彼に属する諸物の間の、一過程である」としている規定において、この「諸物」とは、「人間と自然」という規定において、この「人間」は、生産的労働を行なう労働力の使用価値の側面、自然的側面から規定され、同じく、労働手段と労働対象も自然的側面から規定されることによって、労働力と生産手段の関係は、使用価値間の関係、自然的な「諸物間の関係」として規定されているのである。

　　　したがって、先に指摘した中西教授の規定にある「労働者間の関係」あるいは「監督者と労働者の関係」を、労働過程における「諸物間の関係」とすることはできないのである。むしろ、それとは逆に、マルクス

は、「労働過程」の規定性においては、「労働者と労働者の関係」（ましてや「監督者と労働者との関係」については勿論）は、考察の範囲外にあるとしているのである。（浅野、前掲書、201ページ）

　その上で、第二の論点である、簡単な労働過程と社会的労働過程との区分、社会的労働過程とは何か、という点については、第3篇第23章における「資本主義的管理の二重性」規定を取り上げつつ、その周辺の著述を引用しながら、以下のように結論づけられているのである。

　　すなわち、マルクスは、ここで、「直接的に社会的な、または共同的労働」における労働者の間の関係を「社会的労働過程」と規定しているのであって、この規定性における労働過程は、簡単な労働過程、すなわち「人間と自然の間の関係」したがって「諸物（Dingen）の間の関係」という規定性における労働過程と区別されなければならない。後者の簡単な労働過程が『資本論』「第1巻」、「第3篇」で分析されているのに対して、前者の「社会的労働過程」については「第4篇」における、協業、分業、大工業、との関連で分析されているのである。（浅野、前掲書、202ページ）

　　通俗的マルクス経済学の理論とは異なり、マルクスは、労働過程を「簡単な労働過程」と「社会的労働過程」とに区別して規定している。「簡単な労働過程」においては、人間と自然の関係が規定され、したがって、そこでは人間は単なる自然的存在において規定されている。これに反し、「社会的労働過程」においては、経済的諸人格の間の関係（賃労働者間の関係、および賃労働者と監督者の間の関係）したがって、諸人格の社会的関係が規定されているのである。（浅野、前掲書、239ページ）

　マルクスは、資本の機能、資本による労働者の指揮監督の機能を、「一般的機能」と「支配機能」との「二重の機能」として、しかも相異なる「二つの社会的機能」の統一として規定しているのである。けだし、そ

うでなければ、この「二つの機能」が「直接的」にであれ「不可分」にであれ「混和（汞和）(verquicken)」しているという規定は成り立たないからである。(浅野、前掲書、203ページ)

　労働過程とは何か、労働過程と社会的労働過程との区分、社会的労働過程とは何か、これらを考察してゆくための方法論として、以上の教授の論述は、全く正しいものであり、教示豊かなものである。しかし、社会的労働過程と『資本論』第1巻第4篇に関するさらなる立ち入った考察は、教授の主著においては行なわれていない。これは、同書第2編の課題が「経営者」範疇の新たな確立であり、浅野教授御自身が経営財務論の研究者であったためでもあり、やむをえないことである。社会的労働過程における労働と管理に関して新たな理論を提示すること、さらには、『資本論』第1巻第4篇を詳細に検討し、経営の理論として再構築することは、他の誰かが試行しなければならないのである。

第3章 『資本論』第1巻 第11章・第12章における協業および分業

　従来の個別資本理論では、『資本論』第1巻第11章を取り上げる際には、「資本主義的管理の二重性」に関する研究において、もっぱら管理についての該当部分にのみ焦点が当てられる傾向にあった。しかし、『資本論』第1巻第11章とは「協業」を体系的に論じた独立の一章なのであり、第11章と強い関連性を有する第12章「分業とマニュファクチュア」も含め、協業論として再構築することが本書第3章および第4章の課題である。以降、具体的に明らかにしてゆくことは次の3点である。

　第一は、マルクスが第1巻第11章・第12章で用意した協業および分業という経済学的カテゴリーとは何かを、平易にかつ明確に示すことである。同時にそれは、マルクスが経済学の体系において雇用をどのように規定しているのかを明らかにすることも可能となる。これが本書第3章の課題である。

　第二は、協業と分業に関する各種の概念を整理し、そのうえで、これらの諸概念の関連性を解明してゆくことである。

　第三に、第二の課題を通じて、協業という集団労働の観点から、どのように資本主義的経営は成立したのかを、マニュファクチュア段階の原点に立ち戻り明確にする。これは、資本主義的経営とは、その生成時より、どのような性質を有していたのかを示すことでもある。本書第4章では、この第二・第三の課題を解決してゆくものである[1]。

---

　1) 本書第3章・第4章に類する既稿として（より平易に述べ、より簡略化して論じている）、藤原直樹「雇用と集団労働の基礎理論▶協業、分業、資本主義的経営の生成へ」、石井まこと・兵頭淳史・鬼丸朋子編著『現代労働問題分析――労働社会の未来を拓くために』法律文化社　2010年4月　所収、が存在している。

1. 分業とは何か

　最初に分業（Division of labour）について述べよう。周知のように、分業とは、アダム・スミス（1723-90）により、その主著『国富論』（1776年初版公刊）において体系的に論じられている考え方である。マニュファクチュア（工場制手工業）を舞台に分業に注目したスミスは、**職場内分業**というべきもの、および、**社会的分業**と称しうるものを、詳しく論じている。そこで、この二つのカテゴリーの内容と意味について、『国富論』に従いながら以下確認することとする。

　従来は、問屋制家内工業として、職場では職人一人でもの作りを行なっていた。それ故、この一人の職人が最初から最後までの全工程を担っていた。ところがマニュファクチュアの仕事場においては、例えばピン作りに際して、まず、その全工程を18に分割した。そして、基本的には、細分化された一つ一つの工程の作業が、すべて別々の人手によって行なわれるのである。全工程を多数の部分作業に分割すること、および、基本的に一人の作業者には一つの部分作業のみ担わせること、この2点を必要条件として職場内分業は成立している。以上の2点からなる職場内分業で注目すべきは、働き方の変化のみによる、その生産力増大効果である。実際に、計10人で1日に4万8千本以上のピンを製造していたという。スミスは、彼ら一人一人が別々に独立して働く場合、一人が1日1本のピンを完成させうるか疑問視している。したがって、4800倍以上の生産力増大が生じたのである[2]。

　次は社会的分業である。人類の当初の働き方は、自らの生活に必要なものすべてを自分自身で入手するという様式であった。やがて、例えば、狩猟や牧畜を営む種族の中で、ある特定の人物が弓矢作りに秀でているとしよう。そこで、弓矢作りが彼の主な生業となり、彼は武器造りという職業を有することになる。社会的分業とは、ある社会の内部において、個々人に特有の職業が付与される労働の分化を意味するのである。ある職業を営む個人のもとには、自らの消費部分を超える多量の余剰部分が存在する。そこで、この余

[2) アダム・スミス著、大河内一男監訳『国富論 I』中央公論社　1978年、10～19ページ。

剰部分で、他人の労働の生産物のうち彼が生活のために必要とする部分と交換することが不可欠となる。すなわち、社会的分業とは、このような交換すべき財つまり商品の生産と表裏一体の状態をなしているのである。そして、社会的分業の存否を決定づけるものは市場の大きさであるとスミスは断言するのである[3]。

なお、アダム・スミスが論じるこれら二つの分業概念を、マルクスは『資本論』第1巻第11章・第12章等で、そして、マニュファクチュアに主として協業という概念を見出す観点から、どのように扱っているのか、という点については後述する。

2. 協業とは何か——協業一般の規定

さて、本論の中心である協業（Kooperation）は、マルクスにより、『資本論』第1巻第11章「協業」および第12章「分業とマニュファクチュア」において詳細かつ体系的に論じられている。協業については、マルクスはメインカテゴリーである**協業一般**をまず規定している。次に、協業一般に内包されるサブカテゴリーとして、具体的な三つの協業の形態を設定しているのである。最初に、協業一般とは何か、『資本論』を引用しながら検討してみよう。マルクスは協業一般に関して、次のような定義を下している。

　　同じ生産過程において、あるいは、異なっているが連関している生産諸過程において、肩をならべ一緒になって計画的に労働する多くの人々の労働の形態が、協業と呼ばれる。
　　……ここで問題なのは、協業による個別的生産力の増大だけではなくて、それ自体として集団力であるべき生産力の創造である。（『資本論』③、567ページ）

以上の定義より、協業一般を成立するための要件は、①同じ生産過程にお

---
3)『国富論 Ⅰ』、20〜38ページ。

いて、②多くの人々が一緒に労働を遂行すること、③計画的に労働は行われる、という3点であることがわかる。また、協業とは生産力の創造と関連した概念であることも明らかとなった。では、協業一般に関する3番目の成立要件である「計画的に労働する」とは、具体的に何を意味しているのであろうか。マルクスは、協業における計画性機能について、「労働者は、他の労働者たちとの計画的協力のなかで、彼の個人的諸制限を脱して、彼の類的能力を発展させる。」(『資本論』③、573ページ)と強調した後に、次のように論じている。

　　比較的大規模の直接に社会的または共同的な労働は、すべて多かれ少なかれ一つの指揮を必要とするのであるが、この指揮は、個別的諸活動の調和をもたらし、生産体総体の運動——その自立した諸器官の運動とは違う——から生じる一般的諸機能を遂行する。バイオリン独奏者は自分自身を指揮するが、オーケストラは指揮者を必要とする。指揮、監督、および調整というこの機能は、〔以下略〕(『資本論』③、575〜576ページ)

「比較的大規模の直接に社会的または共同的な労働」とは協業一般を意味し、そこでは「すべて多かれ少なかれ一つの指揮を必要とする」のである。また、バイオリン独奏者に対して、協業一般である「オーケストラは指揮者を必要とする」のである。すなわち、「計画的に労働する」なかで、計画することのみを専ら特定の個人に委ねるのであれば、その個人が指揮者となるのである。そして、彼が行なう「個別的諸活動の調和をもたら」すための、計画に限定された特殊な労働を指揮と呼ぶのである。

以上で協業一般とは何かが明確となったが、その成立要件は先に述べた3点のみである。第三の要件は指揮または指揮者の存在と換言しえたのである。さらに、次の点に留意しなければならない。第二の要件と関連して、具体的にどのような人々が一緒に働いているのか（例えば賃労働者か否か）。また、彼らはどのような形態の労働を遂行しているのであろうか。第三の要件と関連して、具体的にどのような人物が指揮者となるのか。これらの論点は

第 3 章 『資本論』第 1 巻 第 11 章・第 12 章における協業および分業

大変重要な事柄である。しかし、この協業一般の次元では未だ課題とはならないのである。

3. 単純協業とは何か

次に、単純協業、資本主義的協業、分業にもとづく協業を取り上げてみよう。この三つの協業の形態が、メインカテゴリーである協業一般のもとでのサブカテゴリーであると、筆者は考えているのである。

まずは、**単純協業**とは何か、明確にしておこう。マルクスは単純協業について繰り返し次のように語っている。「多くの人々が一緒になって、同じことまたは同種のことを同時に行なうけれども、」(『資本論』③、569 ページ)「協業者たちは同一のことまたは同種のことを行なうのであるが、」(『資本論』③、569～570 ページ)「われわれは、互いに補い合う多くの人々が、同じことまたは同種のことをするということを強調したが、それは、共同労働のこのもっとも単純な形態が、」。(『資本論』③、570 ページ。なお傍線は藤原によるものである。)

以上より明らかなように、単純協業とは、協業において、一緒に働く多くの人々が（協業者が）皆同じことまたは同種のことを同時に行なうことなのである。協業一般との関連性を考えるのであれば、単純協業は協業一般の第 2 の成立要件と関連し、協業者たちがどのような形態の労働を遂行しているのかを規定したものである。協業者たちがどのような人々か、指揮者は具体的に誰かは、ここでは問われていないのである。なお、この種の単純協業においても、マルクスは生産力の増大を多くの頁を費やして論じていることに留意しなければならない。(『資本論』③、565～573 ページ参照)

4. 資本主義的協業とは何か

では、マルクスが「これら二つのことによって、この協業が、資本主義的協業から区別される。」(『資本論』③、581 ページ) と言う**資本主義的協業**とは何を意味するのであろうか。マルクスは資本主義的協業の定義を明確には述

べていない。しかし、資本主義的協業の特質について、次のように明言している。「これにたいし〔協業の〕資本主義的形態は、最初から、自分の労働力を資本に売る自由な賃労働者を前提している。(中略)これら〔農民経営および独立手工業経営〕と向かい合って、資本主義的協業が協業の一つの特殊な歴史的形態として現われるのではなく、協業そのものが、資本主義的生産過程に固有な、かつこの過程を独特なものとして区別する歴史的形態として現われる。」(『資本論』③、582ページ)

他方、しばしば、マルクスは次のような集団労働の形態を論じている。

> より多数の労働者が、同時に、同じ場所で(同じ作業場でと言ってもよい)、同じ種類の商品を生産するために、同じ資本家の指揮のもとで働くということが、歴史的にも概念的にも資本主義的生産の出発点をなしている。(『資本論』③、561ページ)

> 一般に労働者たちは、一緒にいなくては直接に協力することはできないのであり、それゆえ、彼らが一定の場所に結集していることが彼らの協業の条件であるとすれば、同じ資本、同じ資本家が賃労働者たちを同時に使用することがなければ、すなわち彼らの労働力を同時に買うことがなければ、賃労働者たちは協業することができない。(『資本論』③、574ページ)

この二つの引用文で示している集団労働の内容は、先に本章第2節で論じた協業一般の三つの成立要件にあてはまるものである。つまり、①同じ生産過程においては、ここでは、「同時に、同じ場所で(同じ作業場でと言ってもよい)」と表現されている。②多くの人々が一緒に労働を行なうこと、については、ここでは「より多数の労働者が」働くのであり、働き手として賃労働者を特定している。③指揮または指揮者の存在は、ここでは「同じ資本家の指揮のもとで」であり、指揮者を資本家に特定しているのである。

マルクスは、この二つの引用文で、ある種の協業の形態を説明していることがわかる。さらに両者は、資本主義的協業の特質に関するマルクスの言明

「〔協業の〕資本主義的形態は、最初から、自分の労働力を資本に売る自由な賃労働者を前提している。」と合致しているのである。したがって、資本主義的協業とは、上の二つの引用文で示されている協業の形態であると考えうるのである。すなわち、資本主義的協業とは、第一に、協業において一緒に労働する多くの人々（協業者）を賃労働者と特定すること、第二に、協業における指揮または指揮者の存在を資本の指揮あるいは資本家と特定すること、これらを規定する概念なのである。よって、協業者たちがどのような形態の労働を遂行するのかは、ここでは問われていないのである。

この資本主義的協業に関しては、以下の3点を是非とも注意すべきであろう。第一に、マルクスは資本主義的協業の特質に関する先の引用文（114ページ）で、「資本主義的協業が……歴史的形態として現われるのではなく、協業そのものが、……歴史的形態として現われる。」と述べていた。つまり、「資本主義的協業」と「協業そのもの」とは概念として明確に別のものである点に留意しなければならないのである。そして、マルクスの言う「協業そのもの」とは、協業一般の定義に直接的に由来する、生産力の増大と結びついた具体的な作業形態としての協業を意味するのであろう。換言すれば、具体的な作業形態を問題にしているのは、単純協業および後に説明する分業にもとづく協業であるのに対し、資本主義的協業は協業者と指揮者を特定している概念であって、前者と後者は質的に異なるサブカテゴリーであるということである。

第二に、資本主義的協業を協業において協業者と指揮者を特定する概念と把握するのであれば、先にマルクスが資本主義的協業の特質について言明した「これらと向かい合って、資本主義的協業が協業の一つの特殊な歴史的形態として現われるのではなく、……」とは具体的に何を意味するのかが問題となる。また、マルクスは実際に特殊な歴史的形態として現われる協業について、次のように論及している。「協業は――その単純な姿態そのものが、いっそう発展した諸形態とならぶ特殊な形態として現われはするが――資本主義的生産様式の基本形態である。」（『資本論』③、584ページ）協業の一つの特殊な歴史的形態として現われるのではない資本主義的協業は、協業の特殊な形態として現われる「その単純な姿態そのもの」・「いっそう発展した諸形

態」とどのように関連しているのであろうか。次章で、それぞれ詳しく論じることとする。

　第三に、資本主義的協業という概念を提示することにより、マルクスは『資本論』という経済理論の体系において雇用をどのように規定しているのか、という論点が展開されることである。これを踏まえて、資本主義的協業という概念は、協業者と指揮者を特定することにより、人間と人間との関係を、ここでは賃労働者と資本家との関係を規定することに通じるのである。次節で論じてゆく。

　なお、マルクスは『資本論』において資本主義的協業の定義を明確に述べていない、と先に言及した。しかし、念のために『資本論』に関する草稿を検討するのであれば、「資本主義的協業の条件」という形で資本主義的協業の定義が実質的に与えられていることが解る。『経済学批判（1861-1863年草稿）』における「第3章資本一般　3相対的剰余価値　b分業」内の以下のような著述である。

　　したがって、たとえば綿糸の生産が自立した独立の事業部門として（だからたとえばもはや農業の副業としてではなく）存在することが前提されるならば、分業にとっての第二の——分業に先行しかつ分業以前に存在する——前提は、この部門のなかで、多数の労働者が資本の指揮のもとに一つの作業場（アトリエ）に結合されていることである。この結合〔Vereinigung〕、つまり資本主義的協業の条件である資本の指揮のもとへの労働者の集聚〔Agglomeration〕は、二つの理由から生じる。[4]

　先に、資本主義的協業とは協業者たちを賃労働者と特定すること・指揮者の存在を資本家と特定すること、つまり、資本主義的協業を協業において協業者と指揮者を特定する概念と私は推論したのであるが、すでに、マルクスにとり『資本論』段階においては資本主義的協業の定義は自明のものであったのであろう。

─────────
[4] 資本論草稿集翻訳委員会訳『マルクス　資本論草稿集④』大月書店　1978年、430ページ。

5. 資本主義的協業と雇用の規定

マルクスは資本制経済における雇用を次の3段階のように考えている。

まずは、抽象的なレベルでの資本家による賃労働者の雇用、つまり労働力の購買である。これは、『資本論』第1巻第5章「労働過程と価値増殖過程」段階における労働力の購買を意味し、その理論上の位置づけ等の諸論点はすでに本書第1章　第2節において論じてきた。

次に、114ページの引用文から明らかなように、同じ資本、同じ資本家が、賃労働者たちの労働力を多数同時に買うこと、そして多くの賃労働者たちを同時に使用すること、である。さらに、この点をより詳しく説明しているものが次の引用文である。同文により、資本主義的協業という概念に係る具体的な労働力の取り引きの仕方が、資本主義的経営における賃労働者と資本家との関係を明確にしていることもわかるであろう。

　　労働者は、自分の労働力の売り手として資本家と取り引きする限りは、自分の労働力の所有者であり、彼は自分が所有するもの、すなわち自分の個人的な個々の労働力を販売しうるにすぎない。この関係は、資本家が、1個の労働力ではなく100個の労働力を買うことによっても、または、1人の労働者とではなく100人の相互に独立した労働者と契約を結ぶことによっても、決して変えられない。資本家は、100人の労働者を、協業をさせなくても使用することができる。それゆえ資本家は、100個の自立した労働力の価値を支払うが、100個という結合労働力に支払うわけではない。独立の人間としては、労働者たちは個々別々の人間であり、それら個々別々の人間は、同じ資本と関係を結ぶのであるが、お互いどうしで関係を結ぶのではない。彼らの協業は労働過程ではじめて始まるが、労働過程では、彼らはすでに自分自身のものであることをやめてしまっている。(『資本論』3、579～580ページ)

以上のマルクスの引用文からは、雇用という観点より、資本主義的協業の仕組みについてのより詳しい規定を行なうことも可能であろう。労働者は、

資本家と取り引きする限りは、自分の個人的な個々の労働力を販売しうるにすぎない。労働力の取り引きをめぐるこの関係、つまり、資本家は労働者の個人的な個々の労働力商品を購入することにより、同時に100個の労働力を購入することが可能になる。この事態こそが、資本主義的協業において資本家が指揮を担うことの根拠となるのである[5]。そして、労働力の取り引きに際しての個別的取り引きの集積ということが、つまり、資本家は「100個という結合労働力に支払うわけではない」ということが、資本主義的協業において、資本家の指揮は直接に協業者である賃労働者に向かうことになるのである（指揮者と協業者との中間的媒介者の否定）。そこでまた、労働力の取り引きに際しての個別的取り引きが、資本主義的経営における次のような人間と人間との関係を生じさせるのである。「労働者たちは個々別々の人間であり、それら個々別々の人間は、同じ資本と関係を結ぶのであるが、お互いどうしで関係を結ぶのではない。」

6. 分業にもとづく協業とは何か

次は**分業にもとづく協業**である。マルクスは分業にもとづく協業について、次のような定義を与えているようである。

　　分業にもとづく協業は、マニュファクチュアにおいて、その典型的な姿態をつくり出す。それが、資本主義的生産過程の特徴的形態として支配的なのは、おおよそ16世紀中葉から18世紀最後の三分の一期にいた

---

[5] 資本家は労働力商品を購買した（その交換価値を賃労働者に支払った）。それ故、労働力商品の使用価値（労働力の使用）は、他のどの商品の使用とも同様に、資本家に属する。そこで、労働過程においては、労働者は資本家の管理・指揮権のもとで労働することになる。

　以上のようにマルクスは、労働過程において資本家が労働者を管理しうる根拠を、すでに第1巻第5章第1節「労働過程」において明言していた（『資本論』[2]、316〜317ページ参照）。

　但し、第5章レベルでは、労働過程には未だ一人の労働者のみ存在する状態での立論であった。そこで、筆者は、第11章段階での集団労働に関する資本主義的協業という概念において、資本家が多数の労働者に対し指揮を担うことの根拠として、上述の第5章と同じ論理を採用しているのである。

る本来的マニュファクチュア時代のあいだである。(『資本論』③、585ページ)

分業にもとづく協業すなわちマニュファクチュアは、その発端では、自然発生的な形成物である。(『資本論』③、632ページ)

これらのマルクスの言及は、分業にもとづく協業とは何かを必ずしも判然と示すものではない。そこで、本来的マニュファクチュア時代に何が生じたのかを確認しなければならない。この点について、マルクスは「それゆえ、マニュファクチュアは、一方で、一つの生産過程のなかに分業を導入するか、または分業をいっそう発展させる」(『資本論』③、588～589ページ)と言明するのである。この分業とは、マルクスが、一つの作業場内部での分業、マニュファクチュア内部の分業、マニュファクチュア的分業、と形容するものである。そして、マニュファクチュア的分業の生成と内容に関するマルクスの説明を見る限り(『資本論』③、585～606ページ参照)、それは先にスミスが示した職場内分業とほぼ同一のものであることがわかる[6]。

すなわち、分業にもとづく協業とは、単純協業における、一緒に働く多くの人々が皆同じことまたは同種のことを同時に行なうという労働の形態に代えて、協業において、一緒に働く多くの人々の間にマニュファクチュア的分業(=職場内分業)という新たな労働の形態を導入したことなのである。付

---

[6] マルクスは「マニュファクチュアの二重の起源」として、次のように言及する。
　このようにマニュファクチュアの発生の仕方、手工業からのマニュファクチュアの生成は、二面的である。一方で、マニュファクチュアは、種類を異にする自立的な諸手工業の結合から出発するのであって、これらの手工業は、自立性を奪われ、一面化され、同一商品の生産過程における相互補足的な部分作業をなすにすぎないところにまで到達する。他方で、マニュファクチュアは、同じ種類の手工業者たちの協業から出発するのであって、同じ個別的手工業をさまざまな特殊的作業に分解し、これらの作業を分立化させ、自立化させ、それぞれの作業が一人の特殊的労働者の専門的職能になるところまでもっていく。(『資本論』③、588ページ)
　さて、「他方で、」以下の論述とその具体例の説明は、スミスが示すピン製造の実例と全く同様のものである。これに対し、「一方で、……」という実例をスミスは著述してはいない。しかし、このようなケースであっても、結果として、全工程は多数の部分作業に分類され、各職人には一つの部分作業のみが付与されるという職場内分業に関する基本要件は、そのまま該当するものと思われる。実際、マルクスは、マニュファクチュアとそこでの分業について、次のような結論を下しているのである。「しかし、その特殊な出発点がどれであろうと、マニュファクチュアの最終の姿態は同じもの——人間をその諸器官とする一つの生産機構である。」(同上、589ページ)

言すれば、第一に、分業にもとづく協業とは、協業者たちがどのような形態の労働を遂行しているのかを規定した概念である。第二に、マルクスは必ずしも一方的に賛美するものではないが、この種の分業の導入による、分業にもとづく協業における生産力の急増にも留意しなければならない。

　最後は**管理**である。先に、協業一般の成立要件として、③計画的に労働は行なわれる、ということに触れた。これは協業において指揮または指揮者が存在する、ということでもあった（112〜113ページ参照）。この協業一般における指揮およびその機能を、現代の経営学者たちは「管理」と呼ぶのである。また、指揮は協業一般のみならず、サブカテゴリーである三つの協業においても存在している。それ故、これら三つの協業においても、それぞれ管理が存在することになるのである。なお、「管理」の問題、ならびに「資本主義的管理の二重性」に関する諸課題については、本書第5章以下で詳論することとする。

第4章　『資本論』第1巻第11章・第12章、協業論としての再構築

1.『資本論』第1巻第11章・第12章における問題点

　『資本論』第1巻第11章・第12章に関しては、二つの問題点が存在するものと考えられる。

　第一の問題点は管理と係わるものである。通常、第1巻第11章において、指揮あるいは資本家の指揮をマルクスが論じている箇所は、「それと同様に、労働にたいする資本の指揮は、はじめは労働者が自分のためにではなく、資本家のために、それゆえ資本家のもとで労働することの形式的結果として現われたにすぎなかった。」(『資本論』③、575ページ) より始まり、「封建時代に戦争および裁判における司令が土地所有に固有なつきものであったように、産業における司令は、資本に固有なつきものになる。」(同上、578ページ) で終了していると考えられているようである。

　そこで、第11章においてマルクスが管理について言及する部分が少なすぎるという第一の問題点が生じてくるのである。例えば、以下の論述を参照されたい。

　　スミスは、分業による協業が、新たに管理という仕事を必要とするようになり、この仕事がなかなか大変だということは、論じていません。しかし、カール・マルクスは、『資本論』のなかで、この管理の問題にふれ、「ヴァイオリンの独奏者は自分自身を指揮するが、オーケストラは指揮者を必要とする」と書いています。

　　もっともマルクスは、「管理」の問題を、比較的簡単なことだと考えていたようです。それも基本的には労働者の抵抗をおさえつけることで

あり、資本主義的協業における無駄と考えていました。スミスやマルクスのころの管理の問題は、まだまだ簡単だったのかもしれません。現代にあっては、分業による協業が社会的に意味をもつかいなかは、管理の質しだいによってきまるといえるでしょう[1]。

　土屋守章教授は、第11章・第12章において管理への言及が少ないという見地に立たれた上で、「マルクスは、『管理』の問題を、比較的簡単なことだと考えていたようです。」、「スミスやマルクスのころの管理の問題は、まだまだ簡単だったのかもしれません。」と主張されているのであろう。あるいはまた、管理の問題や「資本主義的管理の二重性」に関する諸課題の回答を、直截に『資本論』より導き出そうと志向する論者は、第1巻第11章における少なすぎるマルクスの管理への言及に満足しえず、第3巻第23章における「資本主義的管理の二重性」規定とその周辺に目を向けるものとも考えられる。

　この第一の問題点自体の当否については本書第6章以下で詳しく論じることとする。なぜなら、指揮あるいは管理とは協業というカテゴリーの一要素であった。それ故、本章で第1巻第11章・第12章を協業論として再構築することが基本であり、管理概念に関しては次の第5章で、「資本主義的管理の二重性」の根拠と、資本家の指揮が成立する独自の意味を深く検討することを経て、初めて議論しうると考えているからである。

　さて、前章で取り上げた、協業および分業に関するカテゴリーは相互にどのように関連しているのであろうか。管理概念は第5章以降で詳論するため、残る六つのカテゴリーの相互関連性が問題となる。特に、マルクスは『資本論』第1巻第11章・第12章では協業を中心に論を進めていた。つまり、マルクスが協業一般というメインカテゴリーのもとで導入した、三つのサブカテゴリーの相互の関連性が、とりわけ問題となるのである。残念ながら、これらの関連性をマルクスは『資本論』において体系的に明示しているわけではない。これが『資本論』第1巻第11章・第12章に関する2番目の

---

1) 土屋守章『現代企業入門』日本経済新聞社　1979年、25ページ。

第 4 章　『資本論』第 1 巻第 11 章・第 12 章、協業論としての再構築

問題点である。そこで以降本章では、マルクスの言説を参照しながら、上述の諸カテゴリー間の関連性を解明してゆこう。

2. 単純協業と資本主義的協業との関連性

標題に掲げた、単純協業と資本主義的協業（協業の資本主義的形態）との関連性を考察するにあたり、まず次のような二つの事情を検討しなければならない。

第一は、単純協業そのものはすでに古代より存在していることである。マルクスは、これらの単純協業を古代の巨大な工事を例に挙げて説明しており、また、人類文化の初期に狩猟民族において、インド的共同体の農業においても存在したと言う。しかし、これらの単純協業は資本主義的協業から区別されると、マルクスが明言している点に留意しなければならない（『資本論』③、580～582 ページ）。そもそも、ここでの単純協業は、古代の巨大な工事等のように、明らかに非交換財の生産において行なわれていたのである。『資本論』とは第 1 巻第 1 章「商品」から説き始める経済学の体系である以上、非交換財の生産、および、そこでの単純協業は、深く考察すべきテーマではないのである。

第二は、社会的分業に関する問題である。前章で述べたように社会的分業とは、個々人がある特定の職業を有する、社会内部での労働の分化であった。そこでは、特定の職業をもつ個人は、多量の交換すべき財（商品）を生産しているのであり、市場を必要とするのであった。したがって、社会的分業そのものも、市場がある限り、古代より存在することになるのである。そして、以上の 2 点から導き出される課題は、<u>では、商品として交換されるべき財（交換財）の生産において、協業（単純協業）はいかなる形で生じてきたのか</u>、ということである。この課題を解くことで、標題の関連性が解明されうると考えられるのである。

非交換財の生産に際しての単純協業を対象外とすること、ならびに、社会的分業（職人一人での交換財の生産）を考察の出発点におくこと、これらの考察方法と、「では、商品として交換されるべき財（交換財）の生産において、

123

協業（単純協業）はいかなる形で生じてきたのか」という問題設定は、決して恣意的なものではなく、『資本論』の論理展開に即したものである。これに関しては以下のマルクスの著述を参照されたい。

> 第四篇で明らかにされたように、労働の社会的生産力の発展は大規模な協業を前提とし、そしてこの前提のもとでのみ、労働の分割および結合が組織され、生産諸手段が大量的集積によって節約され、素材的にはもはや共同でしか充用しえない労働諸手段、たとえば機械体系などが生み出され、膨大な自然力が生産に役立たせられ、生産過程は科学の技術学的応用に転化させられうる。商品生産の基礎上では——ここでは、生産諸手段は私人の所有であり、それゆえ手労働者は、孤立して自立的に商品を生産するか、さもなければ、自己経営のための資力がないので自分の労働力を商品として売るのであるが——、右の前提は、ただ個別的資本の増大によってのみ、または、社会的な生産諸手段および生活諸手段が資本家たちの私的所有に転化される程度に応じてのみ、実現される。商品生産という地盤は、資本主義的な形態でのみ、大規模な生産を担うことができる。（『資本論』④、1074 ページ）

上述の引用文からは次の諸点が明らかになっている。まず第一に、「労働の社会的生産力の発展は大規模な協業を前提とし、そしてこの前提のもとでのみ、……」とあるように、協業というカテゴリーの重要性が理解できよう。第二に、協業を論じる際には、「商品生産の基礎上では」あるいは「商品生産という地盤は」とマルクスが強調しているように、商品生産に限定して考察してゆけばよいのである。第三に、「商品の生産の基礎上では——ここでは、生産諸手段は私人の所有であり、それゆえ手労働者は、孤立して自立的に商品を生産するか」とは、出発点として社会的分業（職人一人での交換財の生産）が用意されていることを意味するのである。最後に、マルクスは「商品生産という地盤は、資本主義的な形態でのみ、大規模な生産を担うことができる。」と述べている。「商品生産という地盤」・社会的分業を出発点とし、「大規模な生産」つまり協業が成立するまで、そこにどのような諸カテゴリー

第 4 章 『資本論』第 1 巻第 11 章・第 12 章、協業論としての再構築

の発展と「それらの発展諸形態の内的紐帯」(『資本論』①、27 ページ) が存在するのかを探り出さなければならない。あるいは、マルクスの言う「資本主義的な形態でのみ、大規模な生産を担うことができる。」とはどのようなことかを、協業と分業に関する基本概念を用いながら詳細かつ精確に考察しなければならないであろう。これらの筆者の意図が、「では、商品として交換されるべき財（交換財）の生産において、協業（単純協業）はいかなる形で生じてきたのか」という課題設定に繋がるのである。

さて、上記の課題は資本制経済以前の段階で達成しえたのであろうか。まず、古代において、その可否を検討しよう。分業にもとづく協業のみならず単純協業においても、つまり、一人で交換財を生産するという様式に比べて、協業という新たな生産様式のもとでは生産力が大幅に増大することになる。しかし、古代においては、この生産力の増大に応じた市場を見出すことができないのである。その点に関しマルクスは次のように述べている。「というのは、鍛冶屋や大工などの市場は不変のままであって、せいぜい、村の大きさの相違に応じて、鍛冶屋や陶工が一人でなく二人か三人いるといったぐらいのものだからである。」(『資本論』③、622 ページ)

他方、中世においてはどのような事情が存在したのであろうか。この点について、マルクスは次のように論じている。

> 同職組合の諸規則は、個々の同職組合親方が使用してもよい職人の数をきわめて強く制限することによって、親方が資本家に転化することを計画的にさまたげた。同じように、親方は、彼自身が親方をしている専門の手工業においてしか職人を使用することができなかった。同職組合は、それに対立していた唯一の自由な資本形態である商人資本のあらゆる侵害を油断なく防いだ。商人は、どんな商品をも買うことができたが、商品としての労働〔力〕だけは買うことができなかった。(『資本論』③、623 ページ)

以上から、同職組合規制によって、専門の手工業の親方のもとでは、職人の集積が不可能となることがわかる。それ故、専門の手工業の作業場におい

125

ては協業が成立しえないのである。また、同職組合規制により、手工業の外にいる商人が、手工業の作業場にいる職人を労働力として購入することは不可能であることもわかる。それ故、手工業の外部において、商人主導のもとで賃労働者たちの協業が発生することもないのである。総じて言えば、中世においては同職組合規制によって、第一に協業を行なう働き手が不在であり、そのため第二に、協業における指揮を担う人物とその根拠も不在であった、と断定しうるのである。資本制経済以前の段階では、交換財の生産は基本的に一人の人間により独立して行なわれてきたのである。

やがて、自らが有する商品としての労働力を売る点で自由な賃労働者の出現、および、交換財の生産における協業に必要となる資本（元手、以前に比べ必要大なる資金）の蓄積、といった事態が生じてくる。この資本の本源的（原始的）蓄積と言われる両者が、交換財の生産における協業を成立させるための基礎であると考えねばならないのである。

そして、マルクスは、商品として交換されるべき財の生産において協業（単純協業）はいかなる形で生じてきたのか、および、単純協業と資本主義的協業との関連性、について以下のように論じてゆくのである。

「いまや、個別資本のこの最小限の大きさは、分散しかつ相互に独立する多くの個別的労働過程を一つの結合された社会的労働過程に転化させるための、物質的条件として現われる。」（『資本論』③、575ページ）「分散しかつ相互に独立する多くの個別的労働過程」とは交換財を一人で生産する状態を意味し、これを、「一つの結合された社会的労働過程に」、すなわち協業という集団労働に転化させるということである。そして、前者を後者に転化させる主体は資本であるという主張である。しかし、資本を「個別資本のこの最小限の大きさは」と捉える限り、それは転化のための物質的条件にとどまるという問題が残る。つまり、資本のどのような側面が、あるいは、具体的にどのような事態が、この転化の要因であるのかが次なる問題となるのである。

「マニュファクチュア内部の分業にとっては、同時に使用される労働者の一定数がその物質的前提をなすのと同じように、社会内部の分業にとっては、人口の大きさとその密度——この密度は、この場合、同じ作業場における密集に取って代わる——とが物質的前提をなす。」（『資本論』③、613ページ）

第4章 『資本論』第1巻第11章・第12章、協業論としての再構築

このマルクスの言説はマニュファクチュア内部の分業を対象としたものであるが、単純協業と分業にもとづく協業との関連性を考慮するのであれば（次節参照）、単純協業あるいは交換財の生産における協業一般にも該当するのである。したがって、交換財の生産における協業にとっては（そこでの単純協業という労働の形態にとっては）、同時に使用される労働者の一定数が、同じ作業場における密集が、その物質的前提をなす、ということになるのである。つまり、交換財を一人で生産することから協業という集団労働へと転化されるための必要条件が、同時に使用される労働者の一定数、あるいは、同じ作業場における密集であると理解できるであろう。

「それゆえ、一方では、資本主義的生産様式が、労働過程を社会的過程へと転化させる歴史的必然性として現われるとすれば、他方では、労働過程のこの社会的形態は、……」。（『資本論』③、583ページ）ここからは、資本主義的生産様式が、交換財を一人で生産することを協業という集団労働へと転化させるのであり、それは歴史的必然性として現われる、ということがわかる。では、ここでの資本主義的生産様式とは何のことであろうか。転化の必要条件が、同時に使用される労働者の一定数、同じ作業場における密集であることと、併せて考えなければならないであろう。その回答は次のマルクスの引用文より明確となろう。

「同じ資本の指揮のもとにおける比較的多い労働者総数は、協業一般の場合と同じように、マニュファクチュアの自然発生的な出発点をなす。」（『資本論』③、624ページ）前章で述べたように、「同じ資本の指揮のもとにおける比較的多い労働者総数」とは資本主義的協業の内容を示すものであった。したがって、資本主義的協業が協業一般の自然発生的な出発点をなす、と理解しうるのである。すなわち、最初は自然発生的ではあるが、協業の資本主義的形態により、商品交換をされるべき財の生産において協業一般が成立するのであり、そこでの当初の集団労働の形態として単純協業が生じたのである。

これらの関係をより詳しく論じてみよう。資本家は自らの労働力を売るしかない賃労働者の量的存在を利用して、資本主義的協業という、いわば一つの社会的な制度を形成した。資本主義的協業とは、賃労働者を協業者とし、

資本家を指揮者と特定することであり、同時に、賃労働者と資本家との関係を規定することであった（115～118ページ参照）。つまり、資本主義的協業は、人間と人間との新たな関係を確立するという意味で、一つの社会的な制度であると措定したのである。そして、資本家は、この資本主義的協業という制度を不可欠の手段として、交換財の生産において工場制手工業を展開したのである。そこで、工場制手工業の内部では、制度である資本主義的協業とは別に、協業者たちによる何らかの具体的な労働の形態が生じることになる。その労働の形態として、まず最初に単純協業が現われたのである。したがってまた、初期のマニュファクチュアにおいては、資本主義的協業と単純協業が二重の形で存在することになった点に留意しなければならない。

3. 単純協業と分業にもとづく協業との関連性

標題の関連性は、前者から後者への展開と資本主義的協業との関連性として考察することが可能である。最初に、127ページのマルクスの引用文（『資本論』③、624ページ）を再見されたい。ここでのマニュファクチュアとは、マニュファクチュア的分業のことであり、協業一般と区分されているのであるから、分業にもとづく協業のことであろう。そして、「同じ資本の指揮のもとにおける比較的多い労働者総数」つまり資本主義的協業が、分業にもとづく協業の（マニュファクチュア的分業の）自然発生的な出発点をなす、と理解することができるのである。次に、以下のマルクスの論述を参照されたい。

> 協業そのものも、個別的な独立労働者たちや小親方たちの生産過程に対立する、資本主義的生産過程の独特な形態として現われる。それは、現実的労働過程が資本に包摂されることによってこうむる最初の変化である。この変化は、自然発生的に生じる。この変化の前提、すなわち同じ労働過程において比較的多数の賃労働者が同時に就業することは、資本主義的生産の出発点をなす。この出発点は、資本そのものの定在と一致する。（『資本論』③、582～583ページ）

第 4 章　『資本論』第 1 巻第 11 章・第 12 章、協業論としての再構築

　上記の引用文の前半からは、協業そのものが変化する点をマルクスが主張していることがわかる。それは、単純協業から、「資本主義的生産過程の独特な形態として現われる」協業、「最初の変化」として生じる協業へ、つまり分業にもとづく協業への変化であろう。そして、引用文の後半における、「同じ労働過程において比較的多数の賃労働者が同時に就業すること」および「資本そのものの定在と一致する」とは、資本主義的協業の内容を規定したものに他ならないのである。したがって、資本主義的協業が資本主義的生産の出発点をなすのであり、さらに、資本主義的協業が単純協業から分業にもとづく協業への変化の前提となる、と理解しうるのである。

　以上の検討より、交換財の生産において、単純協業から分業にもとづく協業へと発展させるものが、あるいは、独立手工業経営から分業にもとづく協業へと展開させるものが、資本主義的協業であると結論づけられるのである。したがって、後期の本来的マニュファクチュアにおいては、資本主義的協業と分業にもとづく協業が二重の形で存在することになるのである。そして、マルクスは、マニュファクチュア的分業・分業にもとづく協業が資本主義的生産様式（資本主義的協業）の独自の産物であることを、次のように再三にわたり強調するのである。

　　　一社会全体のなかでの分業は、商品交換によって媒介されていてもいなくても、きわめてさまざまな経済的社会構成体に存在するのであるが、マニュファクチュア的分業は、資本主義的生産様式のまったく独自な創造物である。（『資本論』③、624 ページ）

　　マニュファクチュア的分業は、社会的生産過程の独自的・資本主義的な形態としては——そしてそれは、既存の基礎の上では資本主義的形態でのそれとして以外に発展しえなかったが——（『資本論』③、633～634 ページ）

　　資本主義的協業が協業の一つの特殊な歴史的形態として現われるのではなく、協業そのものが、資本主義的生産過程に固有な、かつこの過程を

独特なものとして区別する歴史的形態として現われる。(『資本論』③、582ページ)

4. 資本主義的協業を再論する

　本章の議論において、つまり、集団労働に関する諸カテゴリーの相互の関連性を考察するにあたり、中心となるカテゴリーは資本主義的協業であった。そこで、資本主義的協業に論点を絞り、資本主義的協業はどのようにして形成されるのか、そして、資本主義的協業は（資本主義的協業における指揮者である資本家は）以後何を行なったのか、という形で整理しておこう。以下、これらの課題を発生時系列的に、あるいは『資本論』の理論展開に即して解明してゆく。

　議論の出発点は、商品労働力をめぐる資本家と賃労働者との取り引きの仕方からである。すなわち、『資本論』第1巻第11章からの二つの引用文を、第一に本書117ページの引用文（『資本論』③、579〜580ページ）を、第二に本書114ページの引用文（『資本論』③、574ページ）を、出発点である素材として議論を進めてゆく。

1) 賃労働者は、資本家に対し自分の個人的な個々の労働力を販売しうるにすぎない。(資本家は、賃労働者の個人的な個々の労働力商品を購買する。)
2) 資本家は、複数の・多数の労働力を購買しうる。但し、個々別々の取り引きとして。
3) この多数の労働力を、同じ場所で、いっしょに使用させようと資本家は考えた。
4) 資本家はこれを実行する。但し、次の2点に留意しなければならない。
　　第一は、資本家が多数の労働力を同じ場所で・いっしょに使用させたが故に、ここで初めて、資本主義的協業が成立したのではないことである。資本主義的協業とは、賃労働者を協業者とし、資本家を指揮者と特定することであり、同時に、賃労働者と資本家との関係を規定する一つ

第4章 『資本論』第1巻第11章・第12章、協業論としての再構築

の社会的な制度であった。この制度としての資本主義的協業は既に 3) の段階で潜在的に形成しえたものと理解すべきであろう。段階 4) においては、資本家が多数の労働力を同じ場所で・いっしょに使用したことで、資本主義的協業が顕在化したのである。

　第二は、資本主義的協業が顕在化すると同時に、別の問題が生じることである。つまり、協業という集団労働において、誰が指揮者で誰が協業者であるのかは確定しているのであるから、そこでの具体的な作業形態が問題となるのである。その意味で、この段階で初めて登場したカテゴリーは、交換財の生産における単純協業なのである。

5) ここからは、資本主義的協業は、あるいは、資本主義的協業における指揮者である資本家は、協業において以後何を行ったのかを論じなければならない。[2]

　社会的労働過程における事の発端は、やがて、労働者と他の労働者たちとの関係、彼らの労働の連関が、資本家にとって可変的なものである点に気づいたことである。

6) これは資本家により実行可能なものである。その根拠をマルクスは以下のように論述する。

　さらに、賃労働者たちの協業は、資本が彼らを同時に使用することの単なる結果である。賃労働者たちの諸機能の連関と生産体総体としての彼らの統一とは、彼らのそとに、彼らを集め結びつけている資本のなかに、ある。それゆえ、彼らの労働の連関は、観念的には資本家の計画として、実際的には資本家の権威として、彼らの行為を自己の目的に従わせる他人の意志の力として、彼らに対立する。(『資本論』③、576 ページ)

7) 以上を資本家は実施する。つまり、社会的労働過程において、労働者

---

[2] 上記の課題は、協業において実際に行使される資本家の指揮の問題であり、さらには、資本主義的協業における指揮権と具体的な作業形態である単純協業における指揮を同時に資本家が担うに到った段階における、その資本家による指揮の内容として把握することも可能である。しかし、資本家の指揮あるいは管理に焦点を当てた立論は、次章以降で詳細に行なうこととする。

と他の労働者たちとの関係、ならびに、彼らの労働の連関について、何らかの変化を資本家は遂行するのである。これは、さしあたりはマニュファクチュア的分業の導入である。そこで、資本主義的協業が、具体的な作業形態としての単純協業を分業にもとづく協業へと変化させることになるのである。そして、マニュファクチュア的分業を導入した後の社会的労働過程を詳論している著述こそ、『資本論』第1巻第12章「分業とマニュファクチュア」に他ならないのである。

8）続いての社会的労働過程における変化は、部分作業（部分工程）における手作業に替わり、専用機械を導入することである。あるいは、順々に行っていた様々な部分作業が、すべて一台の作業機によって行われることである。後者のケースでは、工場内には、多数の同種の作業機が同時に作動するという単純協業が再現するのである。もちろん、これらの社会的労働過程の変化を詳論した著述が、『資本論』第1巻第13章「機械設備と大工業」なのである。

なお、社会的労働過程の変化と結果を、第1巻第5章と比較しながら総括している著述部分が、第1巻第5篇第14章「絶対的および相対的剰余価値」なのである。

5.「協業の二重性」の導出、資本主義的経営の形成へ

ここでは、本章の結びとして以下の3点を検討してゆこう。すでに前節までに見たように、交換財の生産において、資本主義的協業によって協業一般が成立し、単純協業が生じた。また、交換財の生産において、単純協業から分業にもとづく協業へと発展させるものが資本主義的協業であった。

では、なぜ資本主義的協業がこのような媒介機能をはたすのか、という疑問が残る。これが本節における最初の課題である。その答えは、資本主義的協業自体の仕組みにおいて存在しているのである。資本主義的協業において、資本家は指揮者であるとともに、その主導者であった。そして、資本家とは運動体としての資本（元手である貨幣資本とは別の意味での）の体現者に

他ならない。マルクスは、この運動体としての資本の目的を次のように述べるのである。「第一に、資本主義的生産過程を推進する動機とそれを規定する目的とは、できるだけ大きな資本の自己増殖、すなわちできるだけ大きな剰余価値の生産、したがって資本家による労働力のできるだけ大きな搾取である。」(『資本論』③、576 ページ) つまり、資本主義的協業における指揮者であり主導者であった資本家は、「できるだけ大きな資本の自己増殖」、および、「できるだけ大きな剰余価値の生産」を目的としているからなのである。

さらに、資本主義的協業が有するこの媒介機能について、剰余価値に係わりより厳密に回答を確定するのであれば、次のように論じることもできる。交換財の生産において、従来の独立手工業経営からマニュファクチュアにおける単純協業を展開することにより、労働の生産力は拡大した。そして、単純協業から分業にもとづく協業に発展させることにより、労働の生産力は著しく増大したのである。この労働の生産力増大と資本主義的協業との関連性が問題となるのである。端的に述べれば、資本主義的協業における指揮者であり主導者であった資本家は、他の資本との競争の中で、自らの経営において生産力を増大させることにより、特別剰余価値の獲得をも目的としている故である。(第1巻第10章 (『資本論』③、552〜556 ページ) 参照)

次に、資本主義的経営の形成の仕方について整理しておこう。マルクスの説く「これらと向かい合って、資本主義的協業が協業の一つの特殊な歴史的形態として現われるのではなく、……」(『資本論』③、582 ページ) という点に関しては、これまでの考察により、その意味するところは明らかであろう。本書では、資本主義的協業を一つの社会的な制度であるとみなしているのであり、それは結果的に媒介機能をはたしてきたのである。つまり、資本主義的協業が制度であるとすれば、当然のことながら、資本主義的協業そのものは (それのみでは) 目に見える存在ではないのである。

商品 (交換財) の生産については、工場制手工業において初めて単純協業が行なわれた。しかし、資本主義的協業によって導入されたが故に、資本主義的協業が媒介機能をはたしたために、その工場の内部では単純協業と資本主義的協業がぴたりと重なるのである。そこで、工場制手工業という資本主義的経営の場において、はじめて資本主義的協業は目に見えるものとなる。

それは、同じ労働様式が、一面では単純協業として、他面では資本主義的協業として現われるのである。多くの集団労働の中で資本主義的経営に特有なこの経済現象を、筆者は「協業の二重性」と名付けることとする。そして、この資本主義的協業が、単純協業における協業者皆同じ労働を職場内分業（マニュファクチュア的分業）に変化させるのである。それ故、ここでも（後期の本来的マニュファクチュアにおいても）、一面では分業にもとづく協業として、他面では資本主義的協業として、「協業の二重性」が生ずるのである。

　最後に、『資本論』において「貨幣の資本への転化」という形で初めて登場した資本というカテゴリーは、この第1巻第11章・第12章においてはどのようにその内容を規定されているのであろうか。すでに、マルクスの経済学の方法あるいは『資本論』の論理構成を扱った本書第1章第1節で論じたように、同じ用語が、類似した論述が『資本論』の全く別の箇所で現われた場合には、両者は、それが意味するものを、そこに含まれている内容を異にしたものと理解しなければならないからである。つまり、マルクスの経済学の体系においては、より後に登場するカテゴリーは、より具体的なものを示すカテゴリーなのであり、さらにマルクスは具体的なカテゴリーを「具体的なものが具体的であるのは、それが多くの規定の総括だからであり、したがって多様なものの統一だからである。」3) と認識しているのである。

　そこで、マルクスが資本を初めて論じた『資本論』第1巻第4章ならびに第5章における資本というカテゴリーの規定と対比しながら、第1巻第4篇第11章・第12章における資本の内容をカテゴリーとして確定しておかねばならないであろう。

　まず、マルクスは第1巻第4章「貨幣の資本への転化」において、資本について次のような規定を付与している。

　　それゆえ、最初に前貸しされた価値は、流通のなかで自己を維持するだけでなく、流通のなかでその価値の大きさを変え、ある剰余価値をつけ加える。すなわち自己を増殖する。そして、この運動が、それ〔最初に

---

3) カール・マルクス著、杉本俊郎訳『経済学批判』大月書店　1966年改訳発行、294ページ。

第 4 章　『資本論』第 1 巻第 11 章・第 12 章、協業論としての再構築

前貸しされた価値〕を資本に転化させるのである（『資本論』②、256 ページ）。

そして、続く第 1 巻第 5 章第 2 節「価値増殖過程」において、なぜ剰余価値は発生するのかを論証しながら、次のように述べている。

　しかし、この過程に投入された諸商品の価値総額は 27 シリングであった。糸の価値は 30 シリングである。生産物の価値は、その生産のために前貸しされた価値よりも 1/9 だけ増大した。こうして 27 シリングは 30 シリングに転化した。それは 3 シリングの剰余価値を生んだ。手品はついに成功した。貨幣は資本に転化した。（『資本論』②、332 ページ）

　資本家は、新たな一生産物の素材形成者として、または労働過程の諸要因として、役立つ諸商品に貨幣を転化することによって、すなわち諸商品の死んだ対象性に生きた労働力を合体することによって、価値を、対象化された過去の死んだ労働を、資本に、自己を増殖する価値に、恋にもだえる身のように「働き」始める、命を吹き込まれた怪物に、転化させる。（『資本論』②、333 ページ）

すなわち、第 1 巻第 4 章および第 5 章においては、資本とは、ある剰余価値をつけ加えることにより自己を増殖する運動へと転化した貨幣または価値と、最も簡単には「自己を増殖する価値」とやや抽象的に規定しうるのである。
　これに対し、第 4 篇においては、まず第 10 章「相対的剰余価値の概念」で、資本について次のように言及する。

　労働の生産力を増大させ、労働の生産力の増大によって労働力の価値を低下させ、こうしてこの価値の再生産に必要な労働日部分を短縮するためには、資本は、労働過程の技術的および社会的諸条件を、したがって生産方法そのものを変革しなければならない（『資本論』③、550 ページ）

つまり、第4篇の序論にあたる第10章にて、資本とは、相対的剰余価値の獲得を、直截には特別剰余価値の獲得を目的とするものであり、そこでは労働の生産力増大を必要とし、そのためには労働過程の技術的および社会的諸条件を変革してゆくものと、内容が規定されていることがわかる。これは第4篇全体を通じる枠組みとしての資本の規定であろう。
　そして、これを基礎として、第11章以下では、資本はさらに明解なものに転じているのである。すなわち、資本は、多数の労働力を同時に購買し、協業者である多くの賃労働者を現実に指揮しうるという仕組みを得たが故に（社会的労働過程における何らかの変化を遂行した結果）、労働の社会的生産力の増大と関連して、できるだけ大きな剰余価値の獲得が可能になると、ここに到り初めて規定できるのである。
　換言すれば次のようにもなる。資本というカテゴリーに不可分な概念は剰余価値である。『資本論』第1巻第4章および第5章は、剰余価値とは何か、あるいは、剰余価値はなぜ生じるかを論じたものである。他方、資本ができるだけ大きな剰余価値を獲得するためには、どのような条件が必要なのかを具体的に論じている著述が、『資本論』第1巻第4篇および第11章・第12章であると理解できよう。

第 5 章 『資本論』における二つの資本家の
　　　　　指揮とその移行

はじめに、馬場克三教授の著作からのやや長い引用文を以下に掲げておく。

　他方では、同一の目的に向って多数の労働力が結合されねばならぬ場合には、各人の労働をこの目的に向って効果的に組織しなければならない。「およそ、規模のより大きな直接に社会的または共同的な労働は、個別的活動の調和を媒介するところの、そして全生産体の——その自主的な諸器官とは別ものたる——運動から生じる一般的諸機能を果たすところの、ある指揮を多かれ少なかれ必要とする」。ヴァイオリンの独奏者は自ら指揮するが、オーケストラは指揮者を必要とする。かくして、社会的労働過程そのものの本性から、労働行程の「指揮、監督、媒介」という機能が必然となり、またその故にこの機能の独立化が不可避となってくる（「資本論」第1巻第11章）。
　だが、労働行程そのものの性質から、執行労働と管理労働とが分化せざるを得ないとしても、そのことはいまだ管理労働が特定の人格に排他的に固定せねばならない理由を構成するものではない。もちろん、資本制生産以前の条件のもとでは、労働行程は原則としては孤立的または分散的であったのであり、その限りでこのような機能分化は資本制的協業の成立を俟って初めて現われる事項であろう。しかし原始的社会において現われ、古代、中世または近代的植民地において散在的にみられた単純なる協業においても、管理労働が執行労働から分離せねばならぬのは当然のことであり、この場合、管理労働が何処に帰属するかは、その協業が「生産諸条件の共有」に基づくか、あるいは「直接的な支配および

隷属関係」に基づくかによって異ってきたらざるを得なかったのである。ということは、反面からいえば、指揮機能の所属は労働行程そのものの本性からは必ずしも決定されないで、歴史的な条件によって決定されることを示しているのである[1]。

「だが、労働行程そのものの性質から、執行労働と管理労働とが分化せざるを得ないとしても、そのことはいまだ管理労働が特定の人格に排他的に固定せねばならない理由を構成するものではない」、および、「指揮機能の所属は労働行程そのものの本性からは必ずしも決定されないで、歴史的な条件によって決定されることを示しているのである」、という点を中心とするこの碩学の主張からは、新たに次の2点が課題として生じるであろう。

　a. 資本主義的経営に際しての社会的労働過程において資本家が指揮者と固定される理由は何か。これは「資本主義的管理の二重性」の根拠を問うことでもある[2]。

　b. 資本主義的経営において、実際に資本家が指揮者となる状態の根源的な意味は何か。

本章より、『資本論』における指揮（管理）の問題を対象に深く論じてゆくものであるが、一見平易に思われる上記の二つの課題を解くことがこれからの目的である。但し、『資本論』に依拠して指揮の問題を解明するにあたり

---

1) 馬場克三『個別資本と経営技術』有斐閣　1957年、240〜241ページ。なお、浪江厳教授も次のような指摘をされていたが、これは基本的には以上の馬場克三教授の指摘と同一のものと解せよう。
　　ところで「指揮」の「二重性」の統一的把握の理論的問題は二つある。第一に、社会的労働過程の指揮機能の資本化への帰属、第二に、それに伴う機能内容の「二重性」の統一である。［中略］
　　第一について。社会的労働過程の本性から生ずる指揮機能については、それが資本家の機能に帰属すべき必然性は、それ自体のうちにはない。したがって、「二重性」が資本の指揮として現実的に統一されるためには、社会的労働過程から生じる指揮機能が資本家に帰属することが必要であり、それがいかにして行われるかが明らかにされねばならない。
　　この点はふつう看過されがちであるが重要なことである。(浪江厳「労働に対する資本の指揮について」大阪産業大学論集・社会科学編　第37号 (1973年) 所収、10ページ）
2)「資本主義的管理の二重性」の内容については、『資本論』第1巻第4篇第11章「協業」における当該部分を参照されたい（『資本論』③、575〜578ページ。あるいは後掲の本書147〜149ページの引用文）。

詳細に検討せざるをえない諸問題がある。それは、マルクスによる『資本論』における資本家の指揮概念の独特な展開なのであり、この点を検討することが本章第2節での課題である。そして、まず本章第1節では先に挙げた課題aを取り扱うこととする。

1.「資本主義的管理の二重性」の根拠について

　資本主義的経営に際しての社会的労働過程において資本家が指揮者と固定される理由を求めること、および、「資本主義的管理の二重性」の根拠を問うことは、既述の本書を振り返れば困難なことではない。核心は第4章で論じた「協業の二重性」という概念である。筆者が導いた「協業の二重性」とは次のようなものであった。(本書133～134ページより)

　　　商品（交換財）の生産については、工場制手工業において初めて単純協業が行われた。しかし、資本主義的協業によって導入されたが故に、資本主義的協業が媒介機能をはたしたために、その工場の内部では単純協業と資本主義的協業がぴたりと重なるのである。そこで、工場制手工業という資本主義的経営の場において、はじめて資本主義的協業は目に見えるものとなる。それは、同じ労働様式が、一面では単純協業として、他面では資本主義的協業として現われるのである。多くの集団労働の中で資本主義的経営に特有なこの経済現象を、筆者は「協業の二重性」と名付けることとする。そして、この資本主義的協業が、単純協業における協業者皆同じ労働を職場内分業（マニュファクチュア的分業）に変化させるのである。それ故、ここでも（後期の本来的マニュファクチュアにおいても）、一面では分業にもとづく協業として、他面では資本主義的協業として、「協業の二重性」が生ずるのである。

　すなわち、マニュファクチュアにおいて、当初は資本主義的協業と単純協業がぴたりと重なり、やがて資本主義的協業と分業にもとづく協業がぴたりと重なりあうことになる。そして、指揮とはあくまで協業一般を構成する一

要件であった。したがって、二つの協業がぴたりと重なるという「協業の二重性」が存在するのであれば、協業の構成要件である指揮も（資本主義的協業における資本家の指揮ならびに単純協業における指揮も）ぴたりと重なることになるのである（「指揮の二重性」）。これが「資本主義的管理の二重性」が存在する有力な根拠なのである。そして本章では、先に課題bにおいて記した「資本主義的経営において、実際に資本家が指揮者となる状態」を、この「協業の二重性」に基づき二つの指揮を同時に一人の資本家が執り行なうこととひとまず解しているのである。

「協業の二重性」については次のように論じることも可能であった。（本書127～128ページより）

> すなわち、最初は自然発生的ではあるが、協業の資本主義的形態により、商品交換をされるべき財の生産において協業一般が成立するのであり、そこでの当初の集団労働の形態として単純協業が生じたのである。
> 　これらの関係をより詳しく論じてみよう。資本家は自らの労働力を売るしかない賃労働者の量的存在を利用して、資本主義的協業という、いわば一つの社会的な制度を形成した。資本主義的協業とは、賃労働者を協業者とし、資本家を指揮者と特定することであり、同時に、賃労働者と資本家との関係を規定することであった。つまり、資本主義的協業は、人間と人間との新たな関係を確立するという意味で、一つの社会的な制度であると指定したのである。そして、資本家は、この資本主義的協業という制度を不可欠の手段として、交換財の生産において工場制手工業を展開したのである。そこで、工場制手工業の内部では、制度である資本主義的協業とは別に、協業者たちによる何らかの具体的な労働の形態が生じることになる。その労働の形態として、まず最初に単純協業が現われたのである。したがってまた、初期のマニュファクチュアにおいては、資本主義的協業と単純協業が二重の形で存在することになった点に留意しなければならない。

資本家を指揮者と特定する、一つの社会的な制度である資本主義的協業に

より、交換財の生産についてはマニュファクチュアにおいて初めて集団労働が展開されたのである。そして、マニュファクチュアで集団労働が生じた時点で、協業者と指揮者による具体的な労働の形態が問題になるのである。このようにして、当初マニュファクチュアに生じた単純協業は、あくまで資本家を指揮者と特定する資本主義的協業という制度により導入されたものである故に、この単純協業における指揮も資本家が担うことになる、と考えることは十分に可能であろう。

しかし、ここで一度立ち止まり、マニュファクチュアという資本主義的経営が形成された当初より、単純協業における指揮者は資本家であることが必然であったのか考察しておかねばならないであろう。当初、資本家以外（資本家およびその代理人以外）の誰かが単純協業における指揮者となる可能性はなかったのか、という論点である。

資本主義的協業において指揮者と特定された資本家の目的はできるだけ大きな剰余価値の生産であった。剰余価値とは『資本論』第1巻第3篇段階での剰余価値、つまり絶対的剰余価値の生産を意味するとすれば、資本家の目的は協業のもとで多数の賃労働者よりできるだけ長い総労働時間を引き出すことである。しかし、多数の賃労働者を長時間労働させることとは抽象的なものとしてのみ理解することはできない。何らかの使用価値を形成する具体的な集団労働が必要となるのであり、そこで、資本家の本来の目的に付随する形で単純協業における社会的労働過程の指揮をも資本家が担ったということであろうか。

あるいは、当初は単純協業における指揮者は資本家である必然性はなかったものの、資本家が単純協業における指揮者であるが故の固有の利益が生ずることとなったがために、ここでも指揮者であり続けたのであろうか。

以上を、本章冒頭にて取り上げた課題aを修正したものとして、本章第3節において詳しく検討しなければならないであろう。

2.『資本論』「管理の二重性」規定におけるマルクスのもう一つの主張

本節では、マルクスが『資本論』において論じている資本家の指揮・管理

概念の独特な展開を検討することとする。すでに、マルクスの経済学の方法あるいは『資本論』の論理構成を扱った本書第 1 章で論じたように、同じ用語が、類似した論述が『資本論』の全く別の箇所で現われた場合には、両者は、それが意味するものを、そこに含まれている内容を異にしたものと理解しなければならないのであった。そして、マルクスの経済学の体系においては、より後に登場するカテゴリーは、より具体的なものを示すカテゴリーなのであり、さらにマルクスは具体的なカテゴリーを「具体的なものが具体的であるのは、それが多くの規定の総括だからであり、したがって多様なものの統一だからである。」[3] と認識しているのである。また、マルクスは自らの研究の仕方について次のように述べていた。

> 研究は、素材を詳細にわがものとし、素材のさまざまな発展諸形態を分析し、それらの発展諸形態の内的紐帯をさぐり出さなければならない。この仕事を仕上げてのちに、はじめて、現実の運動をそれにふさわしく叙述することができる。(『資本論』①、27 ページ)

「素材」である労働ならびに資本が、どのように「発展諸形態」へと転化したのかは、すでに本書で論述したものである。これらと同様に、『資本論』においては「素材」である指揮も「発展諸形態」への転化が必然的に生ずるのである。

そして、結論から述べれば、マルクスは「発展諸形態」としての指揮概念を導くことにより、次の 2 点を主張していると考えられるのである。

1) 商品労働力を巡る資本家と労働者との取り引きに由来する<u>資本家の労働者への指揮権</u>と、資本主義的経営において<u>実際に資本家が指揮を行なう事態</u>との明確な区分である。
2) 資本主義的経営において実際に資本家が指揮者となる状態で行なわれる指揮そのものの特質を、従来すでに存在していた協業における指揮と比較しながら明確にすること。

---

3) カール・マルクス著、杉本俊郎訳『経済学批判』大月書店　1966 年改訳発行、294 ページ。

第5章　『資本論』における二つの資本家の指揮とその移行

　上述の点は、これまで全く論じられることなく今日に到っていると考えられるため、以下詳論することとする。
　マルクスが『資本論』において労働者に対する資本家の指揮・管理に初めて言及したのは、第1巻第3篇第5章第1節「労働過程」においてであり、次のような記述である。

　　労働者は、自分の労働の所属する資本家の管理（Kontrolle）のもとで労働する。資本家は、労働が秩序正しく進行し、生産諸手段が合目的的に使用され、したがって原料が少しもむだづかいされず、労働用具が大切にされるように、すなわち作業中のそれの使用によって余儀なくされる限りでしか労働用具が傷められないように、見張りをする。
　　　　　（中　略）
　資本家は、たとえば労働力の日価値を支払う。したがって、労働力の使用は、他のどの商品――たとえば一日のあいだ賃借りした馬――の使用とも同様に、その一日のあいだ資本家に属している。商品の使用は商品の買い手に所属し、そして、労働力の所有者は、自分の労働を与えることによって、実際には、自分が売った使用価値を与えるだけである。彼が資本家の作業場にはいった瞬間から、彼の労働力の使用価値は、したがってそれの使用すなわち労働は、資本家に所属したのである。（『資本論』②、316～317ページ。なお、原語表記と傍線は藤原によるものである。以下同じ）

　前半の引用文では、管理という用語を紹介し、この段階での資本家による労働者の管理の内容を述べていることがわかる。後半の引用文は、労働過程において労働者が資本家の管理のもとで労働することの根拠を論じていると解釈できるであろう。すなわち、資本家は労働力商品を購買した（労働力の日価値を労働者に支払った）。それ故、労働力商品の使用価値（労働力の使用）は、他のどの商品の使用とも同様に資本家に属する。そして、労働力の使用とは、労働過程において労働者が資本家の管理のもとで労働することを意味するのである。

次にマルクスが『資本論』において、指揮権（Kommando）に初めて言及したものが、第1巻第3篇最終章である第9章「剰余価値の率と総量」章末における次のような記述である。

> 生産過程の内部では、資本は、労働にたいする——すなわち自己を発現している労働力または労働者そのものにたいする——<u>指揮権（Kommando）</u>にまで発展した。人格化された資本である資本家は、労働者が自分の仕事を秩序正しく、ふさわしい強度で遂行するように気を配る。
>
> 資本は、さらに、労働者階級に、この階級自身の狭い範囲の生活諸欲求が命じるよりもより多く労働することを強いる一つの強制関係にまで発展した。（『資本論』②、540ページ）

この引用文においては、マルクスが指揮権（Kommando）という概念を用意し、この段階における資本の指揮権の内容を示した以外に、次のような意義をもつであろう。先の第5章における管理とは労働過程における概念であった。この引用文の第一段落の指揮権も内容から判断して労働過程における概念であろう。しかし、指揮権が第二段落における「一つの強制関係」をも意味するのであれば、指揮権は価値増殖過程にも及ぶ概念であると理解できよう。

さて、『資本論』第1巻第3篇における管理と指揮権について言及してきたが、『資本論』第1巻第3篇の特有の事情を、同第3篇と同第4篇との違いを再び論じなければならないであろう[4]。それは、端的に言えば次のようなことである。

> しかし、他方では、この見解は、社会的生産過程と、単純な労働過程——異常な孤立状態にある人間もまた、いっさいの社会的援助を受けずに行なわなければならないような——との混同および同一視にもとづ

---

[4] 詳しくは、（本書）第1章第2節および第3節参照。

く。労働過程が人間と自然とのあいだの単なる一過程にすぎない限り、労働過程の単純な諸要素は、労働過程のすべての社会的発展形態に共通であり続ける。(『資本論』⑬、1546 ページ)

　上記の引用文に見られるように、『資本論』第 1 巻第 3 篇における労働過程とは「単純な労働過程」であり、「人間と自然とのあいだの単なる一過程にすぎない」のであった。そして、引用文から把握しうるように、その労働過程にはただ一人の労働者が存在するのみであった。マルクスはこのような労働過程を基礎として、第 5 章第 2 節以降の第 3 篇では価値増殖過程・絶対的剰余価値の生産を著述してゆくのである。したがって、第 3 篇に関しては第 9 章の一部を除いては生産過程において複数の労働者は存在していないのであり、それ故集団労働も全く論じられていないのである。これに対し、マルクスが「社会的生産過程」と称する著述部分は『資本論』第 1 巻第 4 篇以下を意味するのであり、多数の労働者による集団労働をマルクスが本格的に検討するのは第 11 章「協業」以降においてである。

　それでは、多数の労働者による集団労働の場面において、マルクスはどのような指揮概念を用意しているのであろうか。マルクスは第 4 篇第 11 章「協業」を以下のような一文から説きはじめる。

　　すでに述べたように、資本主義的生産が実際にはじめて開始されるのは、同じ個別資本が比較的多数の労働者を同時に就業させ、したがって労働過程がその範囲を拡大し、より大きい量的規模で生産物を供給するようになった場合である。より多数の労働者が、同時に、同じ場所で(同じ作業場でと言ってもよい)、同じ種類の商品を生産するために、同じ資本家の指揮 (Kommando) のもとで働くということが、歴史的にも概念的にも資本主義的生産の出発点をなしている。(『資本論』③、561 ページ)

　すでに本書第 3 章で論じたように、上記の引用文は資本主義的協業の内容を示すものであった。そこでの資本家の指揮に、先の第 3 篇第 9 章の事例と

同様にKommandoという用語を使用している点に留意しなければならない。資本主義的協業の内容規定は第12章「分業とマニュファクチュア」にも存在している。次のような一文であった。

　　同じ資本家の指揮（Kommando）のもとにおける比較的多い労働者総数は、協業一般の場合と同じように、マニュファクチュアの自然発生的な出発点をなす。（『資本論』③、624ページ）

やはり、資本主義的協業における資本家の指揮にはKommandoという用語を付与していることが確認できる。さらに、多数の労働力商品の購買の方式から由来する、資本主義的協業の形成の仕方について、マルクスは第11章で以下のように規定していた。

　　一般に労働者たちは、一緒にいなくては直接に協力することはできないのであり、それゆえ、彼らが一定の場所に結集していることが彼らの協業の条件であるとすれば、同じ資本、同じ資本家が賃労働者たちを同時に使用することがなければ、すなわち彼らの労働力を同時に買うことがなければ、賃労働者たちは協業することができない。（『資本論』③、574ページ）

　　労働者は、自分の労働力の売り手として資本家と取り引きする限りは、自分の労働力の所有者であり、彼は自分が所有するもの、すなわち自分の個人的な個々の労働力を販売しうるにすぎない。この関係は、資本家が、1個の労働力ではなく100個の労働力を買うことによっても、または、1人の労働者とではなく100人の相互に独立した労働者と契約を結ぶことによっても、決して変えられない。資本家は、100人の労働者を、協業をさせなくても使用することができる。それゆえ資本家は、100個の自立した労働力の価値を支払うが、100個という結合労働力に支払うわけではない。独立の人間としては、労働者たちは個々別々の人間であり、それら個々別々の人間は、同じ資本と関係を結ぶのである

第5章 『資本論』における二つの資本家の指揮とその移行

が、お互いどうしで関係を結ぶのではない。彼らの協業は労働過程ではじめて始まるが、労働過程では、彼らはすでに自分自身のものであることをやめてしまっている。労働過程にはいるとともに、彼らは資本に合体される。(『資本論』③、579〜580ページ)

　これまでの立論を振り返ってみよう。商品労働力を巡る資本家と労働者との取り引きに由来する(「商品の使用は商品の買い手に所属し」という点より生ずる)資本家の労働者に対する権利としての指揮が存在した。それは多数の賃労働者を雇用する段階では、資本主義的協業における資本家の指揮へと発展したのである。そこでは、賃労働者の労働力を資本家が購買する点に由来する資本家の権利としての指揮を、マルクスは Kommando という用語で指し示しているのである。そして、本書では以後これらの事態を「資本家の指揮権(Kommando)」と表記することとする。

　本書にとりより重要なことは、『資本論』においては「資本家の指揮権(Kommando)」は「資本家の指揮権(Kommando)」ではいられないこと、つまり、「資本家の指揮権(Kommando)」は他の指揮概念に発展する点である。これに関する第11章の当該箇所を、つまり、一般にマルクスが指揮および「資本主義的管理の二重性」について論じているとされている箇所を、極めて重要な部分故に、やや長くなるが原語とともに以下引用しておく。

　　それと同様に、労働にたいする資本の指揮(Kommando)は、はじめは労働者が自分のためにではなく、資本家のために、それゆえ資本家のもとで労働することの形式的結果として現われたにすぎなかった。〔しかし〕多数の賃労働者の協業とともに、資本の指揮(Kommando)は、労働過程そのものを遂行するための必要事項に、現実的生産条件に、発展する。生産場面における資本家の命令(Befehl)は、いまや、戦場における将軍の命令(Befehl)と同じように不可欠なものになる。

　　比較的大規模の直接に社会的または共同的な労働は、すべて多かれ少なかれ一つの指揮(Direktion)を必要とするのであるが、この指揮は、個別的諸活動の調和をもたらし、生産体総体の運動——その自立した諸

器官の運動とは違う——から生じる一般的諸機能を遂行する。バイオリン独奏者は自分自身を指揮する（dirigiert）が、オーケストラは指揮者（Musikdirektor）を必要とする。指揮、監督、および調整（Leitung, Überwachung und Vermittlung）というこの機能は、資本に従属する労働が協業的なものになるやいなや、資本の機能となる。この指揮機能（die Funktion der Leitung）は、資本の独特な機能として、独特な特性をもつようになる。

　第一に、資本主義的生産過程を推進する動機とそれを規定する目的とは、できるだけ大きな資本の自己増殖、すなわちできるだけ大きな剰余価値の生産、したがって資本家による労働力のできるだけ大きな搾取である。同時に就業している労働者の総数が増えるとともに、彼らの抵抗が増大し、それとともに、この抵抗を抑えつけるための資本の圧力が必然的に増大する。資本家の指揮（Leitung）は、社会的労働過程の本性から発生し、この過程につきものの一つの特殊な機能であるだけではなく、同時に、社会的労働過程の搾取の機能であり、それゆえ搾取者とその搾取原料〔労働者〕とのあいだの不可避的敵対によって条件づけられている。同様に、他人の所有物として賃労働者に対立する生産諸手段の範囲が増大するとともに、生産諸手段の適切な使用を管理（Kontrolle）する必要も増大する。さらに、賃労働者たちの協業は、資本が彼らを同時に使用することの単なる結果である。賃労働者たちの諸機能の連関と生産体総体としての彼らの統一とは、彼らのそとに、彼らを集め結びつけている資本のなかに、ある。それゆえ、彼らの労働の連関は、観念的には資本家の計画として、実際的には資本家の権威として、彼らの行為を自己の目的に従わせる他人の意志の力として、彼らに対立する。

　それゆえ、資本家の指揮（Leitung）は、内容から見れば二面的である——それは、指揮される（leitenden）生産過程そのものが、一面では生産物の生産のための社会的労働過程であり、他面では資本の価値増殖過程であるという二面性をそなえているためである——とすれば、形式から見れば専制的である。協業がいっそう大規模に発展するにつれて、この専制は、それ独自な諸形態を発展させる。資本家は、彼の資本が本来

第5章　『資本論』における二つの資本家の指揮とその移行

の資本主義的生産をはじめて開始するための最小限の大きさに達したときに、さしあたり、手の労働から解放されるのであるが、いまや彼は、個々の労働者および労働者群そのものを直接にかつ間断なく監督（Beaufsichtigung）する機能を、ふたたび特殊な種類の賃労働者に譲り渡す。軍隊と同様に、同じ資本の指揮（Kommando）のもとでともに働く労働者大衆は、労働過程のあいだに資本の名において指揮する（kommandieren）産業将校（支配人、マネージャー：Dirigenten、managers）および産業下士官（職長、"監督"）を必要とする。監督（Oberaufsicht）の労働が、彼ら専有の機能に固定される。独立農民または自立的手工業者たちの生産様式を奴隷制にもとづく植民地的大農場経営と比較するとき、経済学者は、この監督（Oberaufsicht）の労働を"生産の空費"に数える。それに反して、資本主義的生産様式を考察するにあたっては、経済学者は、共同の労働過程の本性から生じる限りでの指揮（Leitung）の機能を、この過程の資本主義的な、それゆえ敵対的な性格によって条件づけられる限りでの指揮の機能と、同一視する。資本家は、彼が産業上の指揮者（Leiter）であるがゆえに資本家であるのではなく、彼が資本家であるがゆえに産業上の指揮官（Befehlhaber）になるのである。封建時代に戦争および裁判における司令（Oberbefehl）が土地所有に固有なつきものであったように、産業における司令（Oberbefehl）は、資本に固有なつきものになる。（『資本論』③、575〜578ページ）

　まず、上述の引用文より明確なことは、マルクスが、賃労働者の労働力を購買する点に由来する資本家の権利としての指揮と協業一般における指揮・指揮者とをはっきりと区分していることである。前者は Kommando であるのに対し、後者は Direktion、Musikdirektor なのである。これらを一括して「指揮」と和訳してしまった点より、すでに議論の混乱が始まっていると言えよう。
　次に、本節にとり肝要な点、つまり、「資本家の指揮権（Kommando）」は他の指揮概念に発展することを詳しく論じておこう。上述の引用文で最初にマルクスは、はじめは、労働にたいする資本の指揮（Kommando）は形式的

結果として現われたにすぎなかった、と言う。しかし、「多数の賃労働者の協業とともに、資本の指揮（Kommando）は、労働過程そのものを遂行するための必要事項に、現実的生産条件に、発展する」のである。どのようなことをマルクスは主張しているのであろうか、検討してみよう。

　ここでの資本の指揮（Kommando）とは、すでに第1巻第11章に踏みこんでいる故に、資本主義的協業における「資本家の指揮権（Kommando）」のことである。しかし、事態は「多数の賃労働者の協業とともに」、あるいは、「資本に従属する労働が協業的なものになるやいなや」（147～149ページの引用文第1パラグラフならびに第2パラグラフ参照）、という次元に推移している。これらは、協業者である賃労働者が作業形態としての協業を、つまり協業一般の定義にて示された集団労働[5]を実際に開始すること、あるいは、この第11章レベルでは単純協業を実際に開始すること、と理解しうるであろう。とするならば、協業一般（単純協業）における社会的労働過程には、資本主義的協業における「資本家の指揮権（Kommando）」とは意味を異にした実際に行なわれる指揮が必要となる。「労働過程そのものを遂行するための必要事項に、現実的生産条件に、発展する」とは、実際に協業一般（単純協業）にて執り行なわれる資本家の指揮を示したものに他ならないのである。では、Kommandoより発展した実際に行なわれる資本家の指揮を、「労働過程そのものを遂行するための必要事項に、現実的生産条件に、発展する」状態をマルクスは何と表現しているのであろうか。もはや明白な事柄ではあるが、先の引用文より当該箇所のいくつかを以下で紹介しておこう。

　　この指揮機能（die Funktion der Leitung）は、資本の独特な機能として、独特な特性をもつようになる。

　　資本家の指揮（Leitung）は、社会的労働過程の本性から発生し、……。

---

[5]「同じ生産過程において、あるいは、異なっているが連関している生産諸過程において、肩をならべ一緒になって計画的に労働する多くの人々の労働の形態が、協業と呼ばれる。」（『資本論』③、567ページ）

第5章 『資本論』における二つの資本家の指揮とその移行

それゆえ、資本家の指揮（Leitung）は、内容から見れば二面的である——それは、指揮される（leitenden）生産過程そのものが、一面では生産物の生産のための社会的労働過程であり、他面では資本の価値増殖過程であるという二面性をそなえているためである——とすれば、形式から見れば専制的である。

本節147～149ページのやや長い引用文では、当初は、「多数の賃労働者の協業とともに、資本の指揮（Kommando）は、労働過程そのものを遂行するための必要事項に、現実的生産条件に、発展する。」と記されていた。しかし、147～149ページの引用文では、上記に紹介したように、それ以降ほとんどの箇所でマルクスは資本（資本家）の指揮にLeitungという用語を付与しているのである[6]。つまり、Kommandoより発展し、協業一般において実際に行使される資本家の指揮を、マルクスはLeitungと称しているのである。KommandoとLeitungを明確に使い分けていることが確認できよう。

そして、上記の三つめの紹介文より、Leitungである資本家の指揮に関しては、その指揮される対象として、一面では社会的労働過程を、他面では価値増殖過程を、マルクスは想定している点も明らかになったのである。但し、この指揮される対象の二面性は、指揮概念がLeitungに転じたこの時点で初めて生じたものではないであろう。この問題については後に再論することとするが、すでに、第1巻第3篇第9章における指揮権（Kommando）が労働過程のみならず価値増殖過程にも及ぶ概念と判断しうることは、先に述べた通りである（144ページ参照）。

6）本節147～149ページのやや長い引用文では、後半の次の箇所においてのみ、マルクスは再びKommandoという用語を使用している。「軍隊と同様に、同じ資本の指揮（Kommando）のもとでともに働く労働者大衆は、労働過程のあいだに資本の名において指揮する（kommandieren）産業将校（支配人、マネージャー）および産業下士官（職長、"監督"）を必要とする。」（『資本論』③、578ページ）

しかし、ここではマルクスは「軍隊と同様に」と明言しており、上述の一文の内容から判断する限り、Kommando・kommandierenを軍事用語としての意味でマルクスは採用したものと考えられる。したがって、日本語訳において「指揮」や「指揮する」は一般的過ぎるのであり、軍事用語としての訳、例えば「司令」や「司令する」が正しいものと思われる。（先のやや長い引用文に関しては、他の箇所でマルクスはBefehl、Oberbefehlという用語を使い、前掲訳書では命令あるいは司令と翻訳しているのではあるが）

しかし、『資本論』第1巻における指揮概念KommandoとLeitungに対するマルクスの使い分けは、より前半の部分ではKommandoを、第11章以降のより後半の部分でLeitungを用いているものと、やや形式的に解釈できるかもしれない。この点の当否はいかがであろうか。

第12章「分業とマニュファクチュア」のはじめの部分で、資本家の指揮についてマルクスは次のように述べている。

> マニュファクチュアは二重の仕方で発生する。
> 一つには、さまざまな種類の自立的手工業の労働者たちが、同じ資本家の指揮（Kommando）のもとで一つの作業場に結合され、一つの生産物がこれら労働者の手を通って最終的に完成されることになる。〔中略〕織物マニュファクチュアその他多くのマニュファクチュアも、同じように、さまざまな手工業を同一資本の指揮（Kommando）のもとで結合することから生じた。（『資本論』③、585～586ページ）

また、マルクスは同第12章の他の部分で次のようにも述べている。

> 本来的マニュファクチュアは、以前の自立的労働者を資本の指揮（Kommando）と規律に従わせるのみでなく、なおそのうえに、労働者たちそのもののあいだの等級的編制をつくり出す。（『資本論』③、625～626ページ）

以上に見られるように、第12章より引用した資本家・資本の指揮にはすべてKommandoが用いられているのである。その意味するところは、上記の引用文が、何れもマニュファクチュアつまり資本主義的生産の出発点に位置するものであり、そこでの資本家の指揮であるからに他ならない。換言すれば、マニュファクチュア・資本主義的生産の出発点に位置するという論理展開に際して、そこでの資本家の指揮にはKommandoをマルクスは付与しているという理解は、すでに挙げた145・146ページの二つの引用文、および、先のやや長い引用文の冒頭の一文（147ページ参照）に、すべて共通し

て該当することなのである。

　また、マルクスは、第1巻第16章「剰余価値率を表す種々の定式」において、指揮権に関して次のように語っている。

　　　資本家は、労働力の価値、あるいはその価値から背離した労働力の価格を支払って、それと引き換えに生きた労働力そのものの処分権（Verfügung）を受け取る。〔中　略〕
　　　したがって、資本は、A・スミスが言うように、労働にたいする指揮権（Kommando）であるだけではない。それは、本質的に不払労働にたいする指揮権（Kommando）である。すべての剰余価値は、それがのちに利潤、利子、地代などのどのような特殊な姿態に結晶化しようとも、その実体からすれば、不払労働時間の体化物である。資本の自己増殖についての秘密は、解いてみれば、資本が他人の一定分量の不払労働にたいし処分権（Verfügung）をもつということである。（『資本論』③、912〜913ページ）

　この引用文におけるマルクスの主張は次のように理解できよう。資本家は、労働力の価値と引き換えに生きた労働力そのものの処分権を受け取る。労働力という商品の特性上、この処分権は労働に対する指揮権という形をとらざるを得ない。そして、この指揮権は本質的に不払労働に対する指揮権であると捉える点が肝心である。

　但し、ここでの指揮権とは、すでに何度か論じたように（一例として本書147ページ参照）、第3篇段階を起源とし、労働力商品を巡る資本家と労働者との取り引きに由来する資本家の労働者に対する権利としての指揮を意味する。したがって、マルクスは従来の用例と同様に、この第16章に際してもKommandoという用語を採用しているのである。

　総じて、第1巻の後半であるが故にマルクスはLeitungを使用しているわけではない。マニュファクチュア・資本主義的生産の出発点として、協業者である労働者たちが存在し、そこで資本家の指揮も必要とされるという事情でのKommandoなのである。同時に、出発点に位置する資本家の指揮は、

未だ、賃労働者の労働力を資本家が購買する点に由来する資本家の権利としての指揮を意味する。そこで Kommando が採用されているのである。それに対し、協業（はじめは単純協業）において、社会的労働過程ならびに価値増殖過程を対象に実際に行なわれる資本家の指揮が Leitung であった。そして、指揮概念 Kommando から Leitung への展開は、マニュファクチュア・資本主義的生産の出発点として協業者たちが同じ場所に集結することから、協業者である賃労働者たちが作業形態としての協業を、つまり協業一般の定義にて示された集団労働を現実に開始することへと、次元が移行することと軌を一にしているのである。すなわち、『資本論』における論理展開がこのような地点に達していればそこでの指揮概念は Leitung なのであり、これに達していない限り指揮概念は Kommando にとどまるのである。先の第12章および第16章の引用文中の指揮・指揮権は後者に該当するのである。

さて、先の第1巻第11章以降における指揮概念の使い分けという問題に立ち戻るならば、それでは、『資本論』第3巻第23章における、もう一つの「資本主義的管理の二重性」規定およびその周辺においては、指揮等についてどのような用語を採用しているのであろうか。

　　監督（Oberaufsicht）および指揮（Leitung）という労働は、直接的生産過程が社会的に結合された一過程の姿態をとり、自立的生産者たちの個々ばらばらの労働としては現われないところでは、どこでも必然的に生じてくる。しかし、この労働は、二重の性質をもっている。
　　一方では、多数の個人が協業するすべての労働においては、過程の連関と統一とは、必然的に、オーケストラの指揮者（Direktor）の場合のように、一つの司令的な意志（kommandierenden Willen）において、また部分労働にではなく作業場の総活動に関係する諸機能において、現われる。これは、どの結合された生産様式においても遂行されなければならない生産的労働である。
　　他方では——商業的部門をまったく度外視すれば——この監督労働（Arbeit der Oberaufsicht）は、直接生産者としての労働者と生産諸手段の所有者との対立を基礎とするすべての生産様式において、必然的に発

生する。この対立が大きければ大きいほど、この監督労働（Arbeit der Oberaufsicht）の演じる役割はそれだけ大きい。それゆえそれは、奴隷制度においてその最高限に達する。しかし、それは、資本主義的生産様式においてもまた欠くことはできない。というのは、この場合には、生産過程は同時に、資本家による労働力の消費過程であるからである。それは、専制国家において、政府の行なう監督および全面的干渉の労働（Arbeit der Oberaufsicht）が、二つのもの、すなわち、あらゆる共同体の本性に由来する共同事務の遂行、ならびに、政府と人民大衆との対立に起因する独特な諸機能を含んでいるのとまったく同じである。（『資本論』⑩、649～650ページ）

　上記の引用文からは、まず、資本主義的経営とは無関係の協業一般あるいは一般的協業における指揮者にはDirektorという用語が使用されていることがわかる。これは第1巻第11章の「資本主義的管理の二重性」規定における用例と同様である（本章147～148ページ参照）。
　次に、マルクスが再び指揮・監督を論じ始める第3巻第23章の上記の引用文とそれ以降では、Kommandoに類する用語の使用は、「一つの司令的な意志（kommandierenden Willen）において」のみである。しかも、これは軍事用語であり、まさに「司令的な」という意味なのである。
　この第3巻第23章の「資本主義的管理の二重性」規定でマルクスが指揮・監督を論じる際には、主として監督（Oberaufsicht）という言葉を用いていることがわかる。この原語Oberaufsichtは第1巻第11章からの引用文中の2用例と同様である（本章149ページ参照）。
　さて、上記の引用文で資本家の指揮を明記しているのは、最初の「監督（Oberaufsicht）および指揮（Leitung）という労働は」にてのみであるものの、第1巻第11章と同じくLeitungが使用されている点を留意しなければならない（本章147～149ページ参照）。そして、上の引用文より後の第23章においては、マルクスはしばしば資本（資本家）の指揮に言及する。以下のようである。

指揮（Leitung）および監督（Oberaufsicht）という労働は、それが、あらゆる結合された社会的労働の本性から生じる特殊な機能からではなく、……。（『資本論』⑩、653ページ）

　監督（Oberaufsicht）および指揮（Leitung）の労働は、対立的性格から、すなわち労働にたいする資本の支配から発生し、……。（『資本論』⑩、654ページ）

　資本主義的生産そのものは、指揮（Oberleitung）の労働が資本所有からまったく分離されて、街頭でいつでも手にはいるまでにした。（『資本論』⑩、655～656ページ）

　すなわち、第3巻第23章の「資本主義的管理の二重性」規定および以降の第23章では、資本家（ここでは機能資本家）の指揮はLeitungであることを確認しえたのである。そして、なぜ、『資本論』第3巻第23章の後半部分で資本家の指揮を論じる際にマルクスはKommandoではなくLeitungを使用したのかは、以下の事情による。
　第23章の後半部分においては、明らかにマルクスは次の点を論じようとしていた。1.「産業資本家は、……機能資本〔家〕としては現われず、……それも賃労働者として現われる」。（『資本論』⑩、647ページ）2.「他方では、利子のこの形態は、利潤の他の部分にたいして、企業者利得という、さらに監督賃銀という質的形態を与える」。（『資本論』⑩、648ページ）これらの2点をどのように考えてゆくべきか、ということである。そこで、これらの課題

7）詳しくは、（本書第2章90～94ページ）、を参照されたい。
　なお、「資本主義的管理の二重性」規定以前において、一箇所のみでKommandoが採用されている。それは第23章後半の冒頭での次のような文脈においてである。「資本主義的生産様式において資本の独特な社会的規定性の契機——他人の労働にたいする司令権（Kommando）であるという属性をもつ資本所有——が固定され、それゆえ利子が、この関連のなかで資本の生み出す剰余価値の部分として現われるのであるから、剰余価値の他の部分——企業者利得——は、……。」（『資本論』⑩、646ページ）
　ここでの司令権（Kommando）の内容は、先に取り上げた第1巻第16章における指揮権（Kommando）の意味するものと同様である。第3巻第23章でマルクスが指揮概念Leitungを使用している目的・意味と対照的に理解しうるであろう。

第 5 章　『資本論』における二つの資本家の指揮とその移行

を解明するために、マルクスは、現に機能資本家（産業資本家）が行なっている労働、つまり、指揮および監督という労働の実際の内容を再考しようと試みたのである。これこそが、先に引用した「資本主義的管理の二重性」規定および以降の第23章における著述内容が有する意義なのである[7]。実際に機能資本家が行なっている指揮という労働に焦点をあてる必要性があったのであり、それ故第1巻第11章と同様にLeitungを使用しなければならないのであった。本書では、これまで論じてきたような意味でのLeitungを、以後「実際に行使される資本家の指揮（Leitung）」と称することとする。

以上が、本節冒頭で述べた、マルクスが『資本論』において論じている資本家の指揮・管理概念の独特な展開を検討すること、の全容である。いささか複雑な立論であったがために、ここで整理しておこう。

『資本論』において資本家の管理・指揮という概念は、ただ一人の労働者のみが存在している労働過程を基礎とする第1巻第3篇第5章ならびに同第9章ですでに論じられている。この際の資本家の労働者に対する指揮の根拠は、労働力商品の資本家による購買により生ずるものである。マルクスは、この資本家の労働者に対する権利としての指揮にKommandoという用語を使用しているのである。

多数の賃労働者による集団労働の本格的な分析は第4篇第11章「協業」から開始される。そこでは、資本主義的協業という、協業において指揮者を資本家と協業者を賃労働者と特定するという概念をマルクスは用意している。第3篇における資本家の指揮は、資本主義的協業における資本家の指揮へと発展したのである。但し、第一に、この資本主義的協業が「歴史的にも概念的にも資本主義的生産の出発点をなしている」（『資本論』③、561ページ）と位置づけられている点で、第二に、資本主義的協業の形成の仕方を多数の労働力商品の購買の方式から論じているために[8]、そこでの指揮はKommandoのままなのである。このKommandoとは賃労働者の労働力を資本家が購買する点に由来する資本家の権利としての指揮であるが、同時に、未だ顕在化していない資本家の指揮とも言えよう。なお、マルクスは、この

---

[8] 146～147ページの引用文参照。より詳しくは、本書第4章130～132ページを参照されたい。

「資本家の指揮権（Kommando）」の段階で、その指揮される対象として労働過程（社会的労働過程）のみならず価値増殖過程をも想定しているのである。

　協業が協業者たちによる集団労働として実際に開始されるとともに、つまり、何らかの作業形態としての協業が（最初は単純協業、のちには分業にもとづく協業が）工場内で現実化するとともに、資本家の指揮も実際に行使されるものとなり、初めて顕在化する。この状態での資本家の指揮概念を、「資本家の指揮権（Kommando）」とは異なる次元として、Kommandoの転化形態として、マルクスはLeitungと称するのである。そして、マルクスは、Leitungである資本家の指揮に関しては、その指揮される対象を一面では社会的労働過程と他面では価値増殖過程と明示しているのである。

　『資本論』第1巻第11章に到り、マルクスによる資本の指揮の概念は、「資本家の指揮権（Kommando）」から「実際に行使される資本家の指揮（Leitung）」へと転化した。この事態を受け、我々は以下どのような点を検討しなければならないのであろうか。また、本章の最初に、2点の課題の一つとして、「b. 資本主義的経営において、実際に資本家が指揮者となる状態の根源的な意味は何か。」と掲げていた。もちろん、「資本主義的経営において、実際に資本家が指揮者となる状態」とは「実際に行使される資本家の指揮（Leitung）」をも意味し、この課題bを視野に入れながら、次の2点を今後考えていかねばならないであろう。

　第一に、マルクスはLeitungという指揮概念を持ちだすことで、以下何を行なおうとしているのか、ということである。KommandoからLeitungに転化することにより資本家の指揮が顕在化すること、あるいは、実際の協業という集団労働において資本家の指揮が真に賃労働者に向けられている事態に際して、初めて考慮しなければならない次の事情がある。つまり、資本制経済とは離れた場所で、あるいは、それを超えた次元ですでに協業は行なわれており、それ故指揮も存在していたという事実である。マルクスは次のように述べていた。

　　比較的大規模の直接に社会的または共同的な労働は、すべて多かれ少

なかれ一つの指揮（Direktion）を必要とするのであるが、この指揮は、個別的諸活動の調和をもたらし、生産体総体の運動——その自立した諸器官の運動とは違う——から生じる一般的諸機能を遂行する。バイオリン独奏者は自分自身を指揮する（dirigiert）が、オーケストラは指揮者（Musikdirektor）を必要とする。(『資本論』③、575〜576ページ)

　資本制経済とは無縁なものとして、オーケストラという協業一般あるいは一般的協業が存在し、同時に指揮者（Direktor）を必要とするのである。また、マルクスはすでに存在していた協業の例として、「古代のアジア人、エジプト人、エトルリア人などの巨大な工事」(『資本論』③、580ページ)、ならびに、「労働過程における協業は、人類文化の初期に、狩猟民族において、またはたとえばインド的共同体の農業において、支配的であるが」(『資本論』③、581ページ)、と取り上げている。そこで、これらすでに存在している協業における指揮と比較しながら、「実際に行使される資本家の指揮（Leitung）」の特性を解明しようとマルクスは試みるのである。
　そして、該当する第1巻第11章からの引用文（147〜149ページ）および第3巻第23章からの引用文（154〜155ページ）より容易に理解できるように、すでに存在している指揮と比べ、マルクスが「実際に行使される資本家の指揮（Leitung）」の特性として直截的に論じているのは、「資本主義的管理の二重性」とそれを理解しえない経済学者への非難である。しかし、筆者は、「実際に行使される資本家の指揮（Leitung）」の特性と独自性についてマルクスが論じているものは、「資本主義的管理の二重性」にとどまらず、より重要な点に及んでいるものと考えている。しかし、それは本章当初の課題「b. 資本主義的経営において、実際に資本家が指揮者となる状態の根源的な意味は何か。」と関わり、さらには、「実際に行使される資本家の指揮（Leitung）」の実質、ここでの資本家の指揮の具体的内容を詳論しなければ解明されえないものである。したがって、この問題は、課題bとともに、章を改めて論じ、次章以降で扱うものとする。
　今後検討してゆかねばならない第二の点は、指揮概念KommandoからLeitungへの転化の根拠は何か、ということである。一見、当然のことのよ

うにも思われるこの課題に関しては、本章第1節で行なった「協業の二重性」から「指揮の二重性」への立論と、同第2節で検討した、マルクスの『資本論』における資本家の指揮概念の独特な展開とを、比較し、関連性を探りながら、考慮してゆく必要がある。

すでに本書第3章および第4章で詳論したように、筆者が『資本論』第1巻第11章・第12章を対象にまず試みたのは次のようなことであった。協業と分業に関する各種の概念を整理し、そのうえで、これらの諸概念の関連性を解明してゆくこと。同時に、この課題を通じて資本主義的経営の形成のされ方を確定すること、であった。そして、これらの結論が「協業の二重性」である。本章第1節では、この「協業の二重性」をさらに展開し、「指揮の二重性」を、つまり、資本主義的協業における資本家の指揮と単純協業（のちに分業にもとづく協業）における指揮との二重性を導いたのである。しかし、以上の立論については、資本家の指揮に関するさらなる論理の展開は望めないであろう。「指揮の二重性」の内部における関係性、あるいは、資本家の指揮の具体的内容等が不明のままであると言えよう。

他方、本章第2節で論じた、マルクスの『資本論』における指揮概念の独特な展開とは、筆者が『資本論』における資本家の指揮について直截に論じたものである。そして、ここでの要点は、資本家の指揮概念 Kommando と Leitung との明確な区分、および、第1巻第11章以下で・第3巻第23章でマルクスが問題視しているものは Leitung であること、なのである。

さて、ここで先の「指揮の二重性」を再び取り上げるのであれば、資本主義的協業における資本家の指揮と単純協業における指揮との二重性に関し、新たな理解が得られるであろう。本章第2節で論じた、『資本論』における指揮概念の独特な展開を参照するのであれば、実は「指揮の二重性」に関する資本主義的協業における資本家の指揮とは、明らかに「資本家の指揮権（Kommando）」を意味し、そして、指揮概念 Kommando は他の指揮概念へと発展するものであった。つまり、第1巻第11章以下に即して資本家の指揮を考察すべき現在の論点は、「指揮の二重性」に関して重要視すべきものは、単純協業における指揮なのである。さらに、「指揮の二重性」における単純協業での指揮については、それを同一の資本家が担う事態こそ、「実際

第5章　『資本論』における二つの資本家の指揮とその移行

に行使される資本家の指揮（Leitung）」であると言えよう。したがって、先の「指揮概念 Kommando から Leitung への転化の根拠は何か」という課題は、本章第1節で掲げた、「マニュファクチュアという資本主義的経営が形成された当初より、単純協業における指揮者は資本家であることが必然であったのか。当初、資本家以外（資本家およびその代理人以外）の誰かが単純協業における指揮者となる可能性はなかったのか。」という論点と実質的に同一であることを意味するのである。

その上で、「指揮概念 Kommando から Leitung への転化の根拠は何か」という問題提起について、さらに次のように論じることが可能であろう。指揮概念 Leitung とは、資本家が「一面では生産物の生産のための社会的労働過程」（『資本論』③、577ページ）を対象に行なう指揮と、同じく資本家が「他面では資本の価値増殖過程」（同上）を対象に行なう指揮とを、実際に同時に遂行していることであった。後者は資本の本来の目的であるが故に当然のことであるが、Leitung に関して、資本家が「一面では生産物の生産のための社会的労働過程」を対象に実際に行使する指揮の根拠が探られなければならないのである。

以上の議論、すなわち、「指揮概念 Kommando から Leitung への転化の根拠は何か」を当初の課題 a と関連させながら進めた議論は、別の形で課題とすることも可能である。本書第4章で論じた協業の二重性論と、本節にて述べた『資本論』において論じている資本家の指揮・管理概念の独特な展開を、接合させうる形での議論である。『資本論』第1巻第11章・第12章における協業と分業に関するマルクスの著述より、協業一般というメインカテゴリーのもとで、資本主義的協業ならびに単純協業というサブカテゴリーが存在している。この両サブカテゴリーがピタリと重なる（あるいは同時に併存しうる）仕組みを筆者は「協業の二重性」と命名したのである。そして、この「協業の二重性」こそが現実の資本主義的経営を（当初はマニュファクチュアを）成立させた原動力であった。ではこの三つの協業においては当然のことながらそれぞれ指揮が存在するが、これらは何と称すべきものであろうか。まず、資本主義的協業における資本家の指揮は、すでに何度も言及したように Kommando である。また、単純協業における指揮は指揮者が特定さ

161

れていないが故に、これはDirektionであろう。最後に、現実の資本主義的経営（当初はマニュファクチュア）が成立したわけで、そこには現実の資本家の指揮が登場することになる。これはすでに何度も言及したようにLeitungなのである。つまり、ここでの課題は、「指揮概念KommandoからLeitungへの転化の根拠は何か」という問いは、「なぜLeitungはDirektionを吸収併合する形で成立したのか」という問いに転ずることになる。その根拠が探られなければならないのである。

　資本家の指揮の問題を、本章の当初では課題aという形で呈示した（138ページ参照）。この課題aは、「協業の二重性」から「指揮の二重性」を導いた第1節では、上述の論点として修正された（141ページ参照）。これらの問題点の流れについては、『資本論』における資本家の指揮概念の独特な展開という議論に応じて、「指揮概念KommandoからLeitungへの転化の根拠は何か」という形で論じることになる。但し、そこでは、当初の課題aで社会的労働過程を問題として挙げたことにもより、Leitungに関して、資本家が「一面では生産物の生産のための社会的労働過程」を対象として実際に行使する指揮の根拠が論じられねばならない。この点が続く本章第3節の課題である。

3. 指揮概念KommandoからLeitungへの転化の根拠について

　『資本論』第1巻第11章「協業」においては、その出発点に位置する資本家の指揮はKommandoであった。但し、「協業」を体系的に論じるこの第11章においては、資本主義的協業における「資本家の指揮権（Kommando）」という形を取ることになる。しかし、このKommandoに関しては次の事態を迎えることになる。

　　　それと同様に、労働にたいする資本の指揮（Kommando）は、はじめは労働者が自分のためにではなく、資本家のために、それゆえ資本家のもとで労働することの形式的結果として現われたにすぎなかった。〔しかし〕多数の賃労働者の協業とともに、資本の指揮（Kommando）は、

労働過程そのものを遂行するための必要事項に、現実的生産条件に、発展する。生産場面における資本家の命令（Befehl）は、いまや、戦場における将軍の命令（Befehl）と同じように不可欠なものとなる。(『資本論』③、575ページ)

　上の「多数の賃労働者の協業とともに」、あるいは、「資本に従属する労働が協業的なものになるやいなや」(『資本論』③、576ページ)とは、協業者である賃労働者たちが、作業形態としての協業（例えば単純協業）を実際に開始すること、または、協業一般の定義（注5参照）の意味での集団労働を実際に開始すること、と理解できるのである。
　その結果、マルクスがオーケストラを例にして説くような指揮・指揮者が、上記の協業には必要となる(本章158～159ページの引用文参照)。それは、Kommandoとは次元を異にする、現存する指揮者、実際に遂行される指揮を意味するのである。もっともそこでマルクスは、資本とは無関係の協業一般あるいは一般的協業の例としてオーケストラを取り上げ、指揮（Direktion）・指揮者（Musikdirektor）という用語を使用しているが。
　そして、実際に開始された作業形態としての協業において、現存する指揮者が資本家であり、資本家により指揮が実際に遂行される事態こそがLeitungなのである。本節では、この資本家の新たな指揮概念Leitungが成立する根拠を問題としているのである。とりわけ協業に際しての、社会的労働過程を対象にした「実際に行使される資本家の指揮（Leitung）」が成立するか否か（いつ成立するのか）が検討されるべきであろう。それは以下の理由による。
　第一に、上記の引用文から明らかなように、マルクスは指揮（Kommando）の発展形態として、労働過程（生産場面）に関する指揮の様相をまず最初に言及しているのである。指揮概念KommandoからLeitungへの転化については、社会的労働過程に関するLeitungの成立を解明することが重要であろう。
　第二に、マルクスは協業と労働過程に注視し、「彼ら（注．労働者たち――筆者）の協業は労働過程ではじめて始まるが、労働過程では、彼らはすでに

自分自身のものであることをやめてしまっている。労働過程にはいるとともに、彼らは資本に合体される。」(『資本論』③、579～580ページ)と述べている。この主張自体は全く正しいものの、「労働過程では、彼らはすでに自分自身のものであることをやめてしまっている」とは、第1巻第3篇段階での労働力商品を巡る労働者と資本家との取り引きにより導き出せるものである。ここでは、資本家により「労働過程にはいるとともに、彼らは資本に合体される」ことについて、つまり、すでに現実のものと化している社会的労働過程における資本の指揮(Leitung)が成立する、より積極的な理由が求められるであろう。

第三に、マルクスは、実際に指揮される対象に関し、「資本家の指揮(Leitung)は、内容から見れば二面的である——それは、指揮される(leitenden)生産過程そのものが、一面では生産物の生産のための社会的労働過程であり、他面では資本の価値増殖過程であるという二面性をそなえているためである——」(『資本論』③、577ページ)と述べている。しかし、資本の当初の目的ではない「生産物の生産のための社会的労働過程」をも資本家はなぜ指揮しなければならないのか、この点を明確にしなければならないのである。

このように、協業(はじめは単純協業)における社会的労働過程に際して、当初より存在する指揮者は理論上だれであるべきか、実際に行なわれる指揮(Leitung)は理論上だれによるものなのか、が問題にされざるをえないのである。そして結論から言えば、以下の二つの論理により、協業(はじめは単純協業)における社会的労働過程に際して、その当初からの指揮者はやはり資本家と設定せざるをえないのである。

第一にそれは、資本主義的協業に到る資本家の労働力商品の購買の仕方より、つまり、第1巻第11章レベルでの多数の賃労働者を資本家が雇用する仕組みから、解明できるであろう。まず、資本主義的協業に関する本章146ページ第二の引用文を参照されたい。協業が成立する最も直接的な条件は労働者たちが一定の場所に結集していることであるが、この条件は同じ資本家が賃労働者たちの労働力を同時に買うことまで溯ることができるのである。

では、同じ資本家が多数の労働力商品を購買し、資本主義的協業が形成さ

第5章　『資本論』における二つの資本家の指揮とその移行

れる仕組みはどのようなものであったのか、本章146～147ページの引用文を参照されたい。一方で、労働者は、資本家と取り引きする限りは、自分の個人的な個々の労働力を販売しうるにすぎない。他方で、労働力の取り引きを巡るこの関係により、資本家は労働者の個人的な個々の労働力商品を購入することにより、同時に100個の労働力を購入することが可能になる。この事態こそが、資本主義的協業において資本家が指揮（Kommando）を担うことの根拠となる。そして、労働力の取り引きに際しての個別的取り引きの集積ということが、つまり、資本家は「100個という結合労働力に支払うわけではない」ということが、資本主義的協業において、資本家の指揮は直接に協業者である労働者に向かうことになる。この点はまた、資本主義的協業において存在する者は指揮者である資本家および協業者である労働者のみであり、指揮者と協業者との中間的媒介者の否定を意味するのである。

　以上を前提にさらに考察を進めてゆけば、なによりも、資本家は「100人の相互に独立した労働者」を対象に、独立の人間である労働者個人と「個人的な個々の労働力を」取り引きしたのであった。したがって、「独立の人間としては、労働者たちは個々別々の人間であり、それら個々別々の人間は、同じ資本と関係を結ぶのであるが、お互いどうしで関係を結ぶのではない。」ということになる。つまり、資本主義的協業において労働者たちはお互いには全く無関係であり、彼ら全員と関係を結んでいるのはただ一人、資本家のみであることを意味する。

　この事情こそが、現実の協業における社会的労働過程に際して誰が指揮者となるかを決定づけていると言えよう。すなわち、資本主義的生産の出発点である資本主義的協業の段階で、労働者たちはお互いに無関係である（「100個という結合労働力に支払うわけではない」）以上、現実の協業における社会的労働過程に際して、労働者が「個別的諸活動の調和をもたらし」たり、「生産体総体の運動――その自立した諸器官の運動とは違う――から生じる一般的諸機能を遂行する」（『資本論』③、576ページ）ことは理論上不可能なのである。資本主義的協業において残りはただ一人、資本家のみである。資本主義的協業において、労働者全員と個々に関係を結んでいるのは資本家のみであるという事実が、現実の協業における社会的労働過程に際して資本家が実

際に指揮者となり、Leitung が成立することを基底しているのである。

　第二に、では資本主義的協業以外の登場人物に、現実の協業における社会的労働過程を対象とする指揮が委ねられる可能性はないのであろうか。この点を解明するためには、協業と商品生産に関する以下の歴史的事情を検討してみよう。

　まず、協業（単純協業）はすでにマニュファクチュア以前に存在していた。但し、次のような性質のものであった。

　　単純な協業の効果が途方もなく大きいものであることは、古代のアジア人、エジプト人、エトルリア人などの巨大な工事に示されている。
　（中　略）
　　労働過程における協業は、人類文化の初期に、狩猟民族において、またはたとえばインド的共同体の農業において、支配的であるが、この協業は、一方では、生産諸条件の共同所有にもとづいており、他方では、一匹一匹のミツバチがその巣から切り離されていないのと同じように、各個人が部族または共同体の臍帯（せいたい）から切り離されていないことにもとづいている。これら二つのことによって、この協業が、資本主義的協業から区別される。（『資本論』③、580〜581ページ）

　上記の引用文でマルクスが紹介している協業は明らかに商品の生産を対象とした協業ではない。他方、最初の資本主義的経営であるマニュファクチュアでは商品の生産を対象として協業は行なわれていたのである。つまり、両者の協業は、全く性質を異にしたものであり、全く別の場所で実施されたものであり、したがって、両者の間に歴史的関連性を見出すことはできないのである。

　次に、マニュファクチュアにおける協業により生産される商品に関しては、同一の使用価値を有するものが同職組合親方の手工業においても生産されていた可能性はある。この同職組合親方の手工業における生産の特質をマルクスは以下のように述べている。

第5章 『資本論』における二つの資本家の指揮とその移行

　同職組合の諸規則は、個々の同職組合親方が使用してもよい職人の数をきわめて強く制限することによって、親方が資本家に転化することを計画的にさまたげた。同じように、親方は、彼自身が親方をしている専門の手工業においてしか職人を使用することができなかった。(中略) 外的な諸事情が一歩進んだ分業を呼び起こすと、既存の同職組合はもろもろの亜種に分裂するか、または、新たな同職組合が古いものとならんで設けられるかしたが、さまざまな手工業が一つの作業場に集められることはなかった。(『資本論』③、623～624ページ)

　以上の引用文より、同職組合親方の手工業では職人の数がきわめて強く制限されることにより、多数の働き手から成る協業自体が成立しなかった点がわかる。確かに同職組合親方はもの造りに従事していたが、多数の働き手に対する指揮者であったことは一度たりともないのである。
　結論として、以上の二つの歴史的事情をふまえて述べるのであれば、商品の生産を対象とする協業は、資本主義的協業を媒介としてマニュファクチュアにおいて初めて成立したのである。そこでの諸概念の関連性等はすでに第4章で詳論したのであるが、さしあたりは「協業の二重性」を論じた前章からの引用文 (139、140ページ) を参照されたい[9]。同時にまた、先の二つの歴史的事情をふまえるならば、商品の生産を対象とする現実の協業における社会的労働過程に際しての実際の指揮者は、資本主義的協業が成立する以前には、前例として存在しえないのである。したがって、資本主義的協業以外の登場人物がここでの指揮者となる可能性はないのである。ここでの指揮者となれる者は、商品の生産を対象とする協業を初めて成立させた者、あるい

---

9) この協業一般あるいはマニュファクチュア的分業と資本主義的協業 (資本主義的生産様式) との関連性について、マルクスはしばしば次のように述べていた。
　「一方では、資本主義的生産様式が、労働過程を社会的過程へと転化させる歴史的必然性として現われるとすれば、」(『資本論』③、583ページ)。「マニュファクチュア的分業は、社会的生産過程の独自的・資本主義的な形態としては――そしてそれは、既存の基礎の上では資本主義的形態でのそれとして以外に発展しえなかったが――」(同上、633～634ページ)。「労働の社会的生産力は……、労働者の労働そのものが資本のものとなる以前には労働者によっては展開されないのであるから、この労働の社会的生産力は、資本が生まれながらにしてもっている生産力として、資本の内在的な生産力として、現われる。」(同上、580ページ)

は、資本主義的協業を主導した者なのである。換言すれば、自然発生的かもしれないが、資本家によって指揮（Leitung）は担われ、それ以外の可能性は存在しないのである。

　本節では、指揮概念 Kommando から Leitung への転化の根拠について論じてきた。これは、協業（はじめは単純協業）における社会的労働過程に際して、当初より存在する指揮者は理論上だれであるべきか、実際に行なわれる指揮（Leitung）は理論上だれによるものか、という形で問題とした。そして、二つの理由により、現実の協業における社会的労働過程に関する、当初より存在する指揮者は資本家に他ならないと結論づけたのである。さらに、現実の協業における社会的労働過程について、実際に行なわれる指揮は当初から資本家によるものであると規定することにより、資本家の指揮（Leitung）は、以下マルクスが述べるような最初の展開を示すことになるのである。また本章で、協業における社会的労働過程に注視し、そこでの資本家の指揮（Leitung）の根拠を論じてきたのは、『資本論』における資本家による指揮（Leitung）の実質を探ることを目的とする次章以降において、社会的労働過程を対象とする資本家の指揮（Leitung）が大きな意味と問題性を有するからなのである。

　　さらに、賃労働者たちの協業は、資本が彼らを同時に使用することの単なる結果である。賃労働者たちの諸機能の連関と生産体総体としての彼らの統一とは、彼らのそとに、彼らを集め結びつけている資本のなかに、ある。それゆえ、彼らの労働の連関は、観念的には資本家の計画として、実際的には資本家の権威として、彼らの行為を自己の目的に従わせる他人の意志の力として、彼らに対立する。（『資本論』③、576ページ）

第6章 『資本論』における資本家の指揮(Leitung)の実質について──マルクスの視野にある資本家の指揮の具体的内容を考察する──

1. 問題の所在

本書第5章の冒頭において、筆者は次のような二つの課題を掲げておいた。

a. 資本主義的経営に際しての社会的労働過程において資本家が指揮者と固定される理由は何か。これは「資本主義的管理の二重性」の根拠を問うことでもある。

b. 資本主義的経営において、実際に資本家が指揮者となる状態の根源的な意味は何か。

このうち課題aは本書第5章において詳細に解明しておいた。本章の課題は課題bを解き明かすことである。どういうことか、より詳しく論じておこう。

これもすでに前章で（第5章第2節で）論じたことであるが、『資本論』第1巻第11章「協業」においては、資本主義的生産の出発点とマルクスが位置づける資本主義的協業に際しての資本家の指揮にはKommandoという用語を使用していた。これは第11章以前と同様である。しかし、一般にマルクスが「資本主義的管理の二重性」を論じている著述部分と考えられている第11章の中頃に到り（『資本論』③、575〜578ページ、参照）、指揮と和訳された原語は変化してくる。これは協業自体が、「多数の賃労働者の協業とともに」、あるいは、「資本に従属する労働が協業的なものになるやいなや」（『資本論』③、575〜576ページ）という次元に推移している点に基づくものである。今や、協業者である賃労働者が作業形態としての協業を実際に開始

すること、または、この第11章レベルでは単純協業を実際に開始することに、『資本論』の論理展開は進行したのである。

　そこでマルクスは、第一に、すでに存在している一般的協業における（資本主義的生産とは無関係の協業という集団労働における）指揮を Direktion と命名し、一例としてオーケストラを取り上げて、そこでは必ず指揮者（Musikdirektor）を要するという。

　その上で、第二に、協業者である賃労働者が作業形態としての協業を実際に開始すること、この第11章レベルでは単純協業を実際に開始することに、『資本論』の論理展開は進行したのであるから、資本主義的協業概念における「資本家の指揮権（Kommando）」とは意味を異にした、資本家により実際に行なわれる指揮が必要となる。これをマルクスは Leitung と命名しているのである。また、マルクスは「多数の賃労働者の協業とともに、資本の指揮（Kommando）は、労働過程そのものを遂行するための必要事項に、現実的生産条件に、発展する。」（『資本論』③、575 ページ。但し、原語は藤原が付したものである。以下同じ。）と述べているが、このような意味での、「資本家の指揮権（Kommando）」から発展した新しい資本家の指揮を Leitung と概念化しているのである。

　以上の『資本論』における資本家の指揮概念の展開を整理すれば、最初に登場した資本家の指揮・指揮権（Kommando）とは、商品労働力を巡る資本家と労働者との取り引きに由来する資本家の労働者への指揮権を意味する。そして、「資本家の指揮権（Kommando）」から発展した資本家の指揮（Leitung）とは、資本主義的経営において実際に資本家が指揮を行なう事態を意味するのである。前者が未だ顕在化していない資本家の指揮であるのに対し、後者は作業形態としての協業において初めて顕在化した資本家の指揮である、とも断じられるのである。

　『資本論』においては第11章にて「資本家の指揮権（Kommando）」は以上の意味のような「実際に行使される資本家の指揮（Leitung）」に発展したのであるから、マルクスは『資本論』において資本家の指揮（Leitung）の具体的内容を果たしてどのように用意しているのであろうか。それが本章の課題なのである。

そして、さらに論を進めてみよう。マルクスはLeitungという指揮概念を持ちだすことで、そもそも第11章以下で何を行なおうとしているのであろうか。KommandoからLeitungに転化することにより資本家の指揮が顕在化すること、あるいは、実際の協業という集団労働において資本家の指揮が賃労働者に向けられている事態に際して、初めて考慮されなければならない次の事情がある。つまり、資本制経済とは離れた場所で、あるいは、それを超えた次元ですでに協業は行なわれており、それ故指揮も存在していたという事実である。マルクスは次のように述べていた。

> 比較的大規模の直接に社会的または共同的な労働は、すべて多かれ少なかれ一つの指揮（Direktion）を必要とするのであるが、この指揮は、個別的諸活動の調和をもたらし、生産体総体の運動──その自立した諸器官の運動とは違う──から生じる一般的諸機能を遂行する。バイオリン独奏者は自分自身を指揮する（dirigiert）が、オーケストラは指揮者（Musikdirektor）を必要とする。(『資本論』③、575～576ページ)

資本制経済とは無縁なものとして、オーケストラという協業一般（一般的協業）が存在し、同時に指揮者（Direktor）を必要とするのである。また、マルクスはすでに存在していた協業の例として、「古代のアジア人、エジプト人、エトルリア人などの巨大な工事」、ならびに、「労働過程における協業は、人類文化の初期に、狩猟民族において、またはたとえばインド的共同体の農業において、支配的であるが」（『資本論』③、580～581ページ）、と取り上げている。

そこで、資本主義的経営において実際に資本家が指揮者となる状態で行なわれる指揮（Leitung）そのものの特質を、従来すでに存在していた協業における指揮と比較しながら明確にすること、これこそがマルクスの当面の課題であったのである。

すでに存在していた協業における指揮と比べ、マルクスが『資本論』第1巻第11章ならびに第3巻第23章において「実際に行使される資本家の指揮（Leitung）」の特性として直截的に論じているのは、「資本主義的管理の二重

性」とそれを理解しえない経済学者への非難である。しかし、筆者は、「実際に行使される資本家の指揮（Leitung）」の特性と独自性についてマルクスが論じているものは、「資本主義的管理の二重性」にとどまらないと考えている。この点を明確にするために、第3巻第23章のいわゆる「資本主義的管理の二重性」規定からの次の論述を参照されたい。

　監督（Oberaufsicht）および指揮（Leitung）という労働は、直接的生産過程が社会的に結合された一過程の姿態をとり、自立的生産者たちの個々ばらばらの労働としては現われないところでは、どこでも必然的に生じてくる。しかし、この労働は、二重の性質をもっている。
　〔中　略〕
　他方では——商業的部門をまったく度外視すれば——この監督労働（Arbeit der Oberaufsicht）は、直接生産者としての労働者と生産諸手段の所有者との対立を基礎とするすべての生産様式において、必然的に発生する。この対立が大きければ大きいほど、この監督労働（Arbeit der Oberaufsicht）の演じる役割はそれだけ大きい。それゆえそれは、奴隷制度においてその最高限に達する。しかし、それは、資本主義的生産様式においてもまた欠くことはできない。というのは、この場合には、生産過程は同時に、資本家による労働力の消費過程であるからである。それは、専制国家において、政府の行なう監督（Oberaufsicht）および全面的干渉の労働が、二つのもの、すなわち、あらゆる共同体の本性に由来する共同事務の遂行、ならびに、政府と人民大衆との対立に起因する独特な諸機能を含んでいるのとまったく同じである。（『資本論』⑩、649～650ページ）

　ここでは間違いなく「資本主義的管理の二重性」についてマルクスは論じているのであるが、「資本主義的管理の二重性」が資本家の指揮（Leitung）の真の特性と独自性であるのかは疑わしいのである。なぜなら、「監督および指揮という労働は、……どこでも必然的に生じてくる。しかし、この労働は、二重の性質をもっている。」、あるいは、「この監督労働の演じる役割は

それだけ大きい。それゆえそれは、奴隷制度においてその最高限に達する。しかし、それは、資本主義的生産様式においてもまた欠くことはできない。」と述べているように、指揮に係わる「管理の二重性」、および、「直接生産者としての労働者と生産諸手段の所有者との対立」に由来する指揮という労働は、資本主義的生産様式以外においても、例えば奴隷制度において、すでに存在していたのである。

「実際に行使される資本家の指揮（Leitung）」の特性と独自性についてマルクスが真に論じているものは、「資本主義的管理の二重性」を基礎としながらも、より重要な点に及んでいると考えられる。これこそが、「実際に行使される資本家の指揮（Leitung）」の実質、ここでの資本家の指揮の具体的な内容を解明することなのである。

すなわち、すでに存在している協業における指揮の具体的内容に比べ、Leitungである資本家の指揮の具体的内容は大きく異なっているのである。Leitungである資本家の指揮は、その具体的内容として、これまで全く存在しなかった独特な点を有することになると解明することで、「実際に行使される資本家の指揮（Leitung）」の真の特性と独自性を論じることになるのである。そして、以上を論証することにより、最初に掲げた課題 b「資本主義的経営において、実際に資本家が指揮者となる状態の根源的な意味は何か。」の回答を見出すことができるのである。

本書第4章第1節「『資本論』第1巻第11章・第12章における問題点」において、第1の問題点として、しばしば述べられている「第11章・第12章においてマルクスが管理（指揮、資本家の指揮）について言及する部分が少なすぎる」という主張を紹介した（本書第4章第1節121〜122ページ参照）。本章は、この第1の問題点に対する筆者の回答でもある。やや結論を急ぐのであれば、『資本論』においてマルクスは資本家の指揮とその具体的内容に関して存外に多くの点を論じているのである。

2. 資本家の指揮（Leitung）の実質を考察する場合の、分類のための視点

以下では、一般にマルクスが「資本主義的管理の二重性」について論述し

ていると理解されている三つの文章を取り上げる。

　それに反して、資本主義的生産様式を考察するにあたっては、経済学者は、共同の労働過程の本性から生じる限りでの指揮（Leitung）の機能を、この過程の資本主義的な、それゆえ敵対的な性格によって条件づけられる限りでの指揮の機能と、同一視する。（『資本論』③、578 ページ）

なお、この「共同の労働過程の本性から生じる限りでの指揮（Leitung）の機能」を以後「指揮の一般的機能」と、「この過程の資本主義的な、それゆえ敵対的な性格によって条件づけられる限りでの指揮の機能」を以後「資本主義的生産様式に特有な指揮の機能」と称することとする。

　指揮（Leitung）および監督（Oberaufsicht）という労働は、それが、あらゆる結合された社会的労働の本性から生じる特殊な機能からではなく、生産諸手段の所有者と単なる労働力の所有者との対立から生じる限りでは〔中略〕、直接生産者の隷属から生じるこの機能は、実にしばしば、この関係自体の正当化の根拠とされており、そして搾取、すなわち他人の不払労働の取得は、同様にしばしば、資本所有者に当然支払われる労賃として描かれてきている。（『資本論』⑩、653 ページ）

　それゆえ、資本家の指揮（Leitung）は、内容から見れば二面的である——それは、指揮される（leitenden）生産過程そのものが、一面では生産物の生産のための社会的労働過程であり、他面では資本の価値増殖過程であるという二面性をそなえているためである——とすれば、形式から見れば専制的である。（『資本論』③、577 ページ）

これらの三つの文章では「資本主義的管理の二重性」についてマルクスが同様のことを述べているとみられている。しかし、厳密に考えれば、前二者は資本家の指揮の機能について、それが二重の機能を有する点を論じているのであり、後者は資本家の指揮の対象について、それが二面的であることを

論じているのである。

　そこで、本章では、資本家の指揮の性質（資本家の指揮の機能）と、資本家により指揮される対象（「指揮される生産過程そのもの」）とを、それぞれ明確に限定した上で、これらを組み合わせることにより、資本家の指揮（Leitung）の実質が導きだせるものと考えている。

　すなわち、この二つの観点（二重の機能と対象の二面性）からは、形式的には4種類の資本家の指揮のタイプが導きだせることとなる。しかし、「指揮の一般的機能」が「資本の価値増殖過程」を対象とすることは現実にはありえないであろう。また、マルクスはいみじくも次のように表現している。

　　音楽の指揮者（Musikdirektor）は、オーケストラの楽器の所有者である必要はまったくないし、また彼が他の楽士たちの「賃銀」になにかかかわり合うということも、指揮者（Dirigent）としての彼の機能には属さない。（『資本論』⑩、656ページ）

　指揮に関する用語のマルクスの使い分けでは、Direktorとは「指揮の一般的機能」のみを専ら行なう人物を意味していた。そして、彼は、ここでは音楽の指揮者（Musikdirektor）は、「オーケストラの楽器の所有者である必要はまったくないし、また彼が他の楽士たちの『賃銀』になにかかかわり合うということも」ないとマルクスは断言しているのである。つまり、マルクスの論理展開においては、「指揮の一般的機能」が「資本の価値増殖過程」を対象とすることは生じえないのである。そこで、資本家の指揮（Leitung）の実質としては、次の三つのタイプが存在することになる。

a.「指揮の一般的機能」が、協業における「社会的労働過程」を対象として実施するもの。
b.「資本主義的生産様式に特有な指揮の機能」が、協業に際して「資本の価値増殖過程」を対象として実行するもの。
c. 注意すべきは、「資本主義的生産様式に特有な指揮の機能」が、協業に際して「社会的労働過程」を対象として行なうものである。

　次節以降では、資本家の指揮（Leitung）の実質として分類した上記の三つ

のタイプに関して、それぞれマルクスは『資本論』においてどのような内容のものとして論じているのか、詳細に検討してみよう。なお、この資本家の指揮（Leitung）の具体的内容の検討に関しては、マニュファクチュアにおけるケース（『資本論』第1巻第11章・第12章を主たる対象としたもの）は以下の本章で試みる。また、機械制大工業におけるケース（同第13章「機械設備と大工業」を主たる対象としたもの）は本書第7章および補章で試みることとする。

3. 資本家の指揮（Leitung）、タイプaを考察する

a.「指揮の一般的機能」が、協業における「社会的労働過程」を対象として実施するもの、を検討するために、まず『資本論』第3巻第23章からのやや長い引用文を示しておこう。

> 資本家の労働が、単に資本主義的生産過程としての生産過程から生じるのでない限り、したがって資本とともにおのずから消滅する〔のでない〕限り、またそれが他人の労働を搾取するという機能に限られるものでない限り、したがって社会的労働としての労働の形態から——一つの共同の結果に達するための多数の者の結合と協業とから——生じる限り、この労働は資本とはかかわりがないのであり、それは、社会的労働としての労働の形態が資本主義的外皮を打ち破ってしまうやいなや、この形態そのものが資本とかかわりがなくなるのとまったく同様である。
> （『資本論』⑩、656ページ）

ここからは次の諸点が理解できるであろう。第一に、先の174ページ第一の引用文より導いた資本家の指揮（Leitung）に関する「指揮の一般的機能」とはいかなるものかを、より詳しく知ることができる。つまり、「資本家の労働」のうち、すなわち資本家の指揮のうち、「……限り」とする四つの限定条件を経た上での「この労働」が、これに該当するのである。

第二に、マルクスは、「資本家の労働が、単に資本主義的生産過程として

の生産過程から生じるのでない限り」、と対照的に「社会的労働としての労働の形態から――一つの共同の結果に達するための多数の者の結合と協業とから――生じる限り」、と述べているが、これらは指揮の対象として解釈しうるであろう。したがって、資本家の指揮（Leitung）に関して、「指揮の一般的機能」が協業における「社会的労働過程」を対象として実施するもの、をマルクスは十分に認識していたと考えられるのである。

では、「指揮の一般的機能」が協業における「社会的労働過程」を対象として実施するもの、の具体的内容をマルクスは『資本論』でどのように規定しているのか。これが本節の課題である。結論から先に述べるのであれば、上記の課題に関してはマルクスはさほど多くのことを語っていないのである。

まず参照すべきは、171ページの引用文に示されているDirektionである指揮に関する記述である。マルクスは次のように述べていた。「この指揮は、個別的諸活動の調和をもたらし、生産体総体の運動――その自立した諸器官の運動とは違う――から生じる一般的諸機能を遂行する。」指揮（Direktion）の内容が「個別的諸活動の調和をもたらし」というものである点はわかるが、「生産体総体の運動から生じる一般的諸機能」として遂行される具体的な内容は何であろうか。マルクスは、この171ページの引用文に続けて次のように論じていた。

> 指揮（Leitung）、監督（Überwachung）、および調整（Vermittlung）というこの機能は、資本に従属する労働が協業的なものになるやいなや、資本の機能となる。この指揮機能は、資本の独特な機能として、独特な特性をもつようになる。（『資本論』③、576ページ）

オーケストラの指揮者（Musikdirektor）が具体的に遂行するものが「指揮（Leitung）、監督（Überwachung）、および調整（Vermittlung）」という労働であると、文章は直接につながっている。しかし、Direktionとしての指揮が一般的諸機能として遂行する具体的な内容が「指揮（Leitung）、監督（Überwachung）、および調整（Vermittlung）」であるとも理解できよう。以

上より、Direktion である指揮の具体的内容としてマルクスがここで記しているものは、「個別的諸活動の調和をもたら」すこと、ならびに、「指揮（Leitung）、監督（Überwachung）、および調整（Vermittlung）」であることがわかるのである。
　同じく Direktion である指揮について、第 3 巻第 23 章からの次の論述を示しておく。

　　　一方では、多数の個人が協業するすべての労働においては、過程の連関と統一とは、必然的に、オーケストラの指揮者（Direktor）の場合のように、一つの司令的な意志において、また部分労働にではなく作業場の総活動に関係する諸機能において、現われる。これは、どの結合された生産様式においても遂行されなければならない生産的労働である。（『資本論』⑩、650 ページ）

　ここからは、オーケストラの指揮者に代表される指揮（Direktion）の具体的内容について、「一つの司令的な意志において、また部分労働にではなく作業場の総活動に関係する諸機能において」、「過程の連関と統一と」を遂行することと、マルクスが捉えていることがわかる。
　「指揮の一般的機能」が協業における「社会的労働過程」を対象として実施するもの、この具体的な内容を探るためには、第 1 巻第 3 篇第 5 章第 1 節ならびに同第 9 章における以下の記述も参考になろう。

　　　労働者は、自分の労働の所属する資本家の管理（Kontrolle）のもとで労働する。資本家は、労働が秩序正しく進行し、生産諸手段が合目的的に使用され、したがって原料が少しもむだづかいされず、労働用具が大切にされるように、すなわち作業中のそれの使用によって余儀なくされる限りでしか労働用具が傷められないように、見張りをする。（『資本論』②、316 ページ）

　　　生産過程の内部では、資本は、労働にたいする――すなわち自己を発

現している労働力または労働者そのものにたいする——指揮権（Kommando）にまで発展した。人格化された資本である資本家は、労働者が自分の仕事を秩序正しく、ふさわしい強度で遂行するように気を配る。(『資本論』②、540ページ)

　ここでの論述より、第３篇レベルでの労働過程に資本家が登場した際の、あるいは「生産過程を労働過程の見地から考察すれば」(『資本論』②、541ページ)というケースでの、資本家の管理および指揮権の内容としてマルクスはどのようなものを想定していたかを知ることができる。但し、両引用文に関しては、資本家の指揮の対象が労働過程である点は明確なものの、第３篇レベルである故に資本家一人・賃労働者一人という理論的仮構の世界での記述であること、よって社会的労働過程が対象ではありえない点で、また、そこでの資本家の指揮とはKommandoである点で、限定的に捉えるべきであろう。

　『資本論』とは、資本をテーマとし、商品から始まりより具体的な経済学的範疇へと発展してゆく経済学理論の体系であった。資本家の指揮とはいえ、「指揮の一般的機能」が協業における「社会的労働過程」を対象として実施するもの、という現象は、上記の意味を有する『資本論』にとっては、むしろ人間の活動一般に属するものなのであろう。

4. 資本家の指揮（Leitung）、タイプｂを考察する

　b.「資本主義的生産様式に特有な指揮の機能」が、協業に際して「資本の価値増殖過程」を対象として実行するもの、の具体的内容は、『資本論』の論理展開において明瞭なものである。また、資本家の指揮（Leitung）の内容としてマルクスが直截に主張しているものが、このタイプｂであると考えられる。マルクスは『資本論』第１巻第11章のいわゆる「資本主義的管理の二重性」規定において、先に取り上げた177ページの引用文に続いて次のように論述している。

第一に、資本主義的生産過程を推進する動機とそれを規定する目的とは、できるだけ大きな資本の自己増殖、すなわちできるだけ大きな剰余価値の生産、したがって資本家による労働力のできるだけ大きな搾取である。同時に就業している労働者の総数が増えるとともに、彼らの抵抗が増大し、それとともに、この抵抗を抑えつけるための資本の圧力が必然的に増大する。資本家の指揮（Leitung）は、社会的労働過程の本性から発生し、この過程につきものの一つの特殊な機能であるだけではなく、同時に、社会的労働過程の搾取の機能であり、それゆえ搾取者とその搾取原料〔労働者〕とのあいだの不可避的敵対によって条件づけられている。同様に、他人の所有物として賃労働者に対立する生産諸手段の範囲が増大するとともに、生産諸手段の適切な使用を管理（Kontrolle）する必要も増大する。（『資本論』③、576ページ）

　以上の引用文からは、b.「資本主義的生産様式に特有な指揮の機能」が協業に際して「資本の価値増殖過程」を対象として実行するもの、に関する具体的内容として次の3点を導くことが可能である。
　第一は、「できるだけ大きな剰余価値の生産」自体を達成するための資本家の指揮である。マルクスが「すなわちできるだけ大きな剰余価値の生産、したがって資本家による労働力のできるだけ大きな搾取である。」と述べているのは、第1巻第4篇「相対的剰余価値の生産」第11章「協業」においてである。ここでは、相対的剰余価値の生産は未だ論証されてゆく途上にある。それ故、「できるだけ大きな剰余価値の生産」、「資本家による労働力のできるだけ大きな搾取」とは第3篇「絶対的剰余価値の生産」で規定されたものを意味するのである。他方、第3篇段階では一人の資本家のもとにただ一人の労働者が存在するという仮定で論が進められてきたのに対し、この第4篇第11章「協業」で初めて一人の資本家のもとに多数の労働者が同じ作業場に結集するという段階に到達した、という理論構成上の違いに留意しなければならない。したがって、「できるだけ大きな剰余価値の生産」自体を達成するための資本家の指揮とは、資本家が多数の労働者を対象にできるだけ長い労働時間を課するよう指揮を行使すること、を意味するのである。

第二に、「同時に就業している労働者の総数が増えるとともに、彼らの抵抗が増大し、それとともに、この抵抗を抑えつけるための資本の圧力が必然的に増大する。」という点を取り上げて検討しなければならない。先に確認した資本家の指揮の具体的内容、つまり、資本家が多数の労働者を対象にできるだけ長い労働時間を課するよう指揮を行使すること、に起因し、同時に就業している労働者総数の増大と相俟って、当然のことながら労働者たちの抵抗は増大する。そこで、ここでの資本家の指揮について第2の具体的内容として、「この抵抗を抑えつけるための資本の圧力が必然的に増大する。」という点が生じてくるのである。また、この資本家の指揮は、当然のことながら、「それゆえ搾取者とその搾取原料〔労働者〕とのあいだの不可避的敵対によって条件づけられている。」という性質を有しているのである。

　第三に、「同様に、他人の所有物として賃労働者に対立する生産諸手段の範囲が増大するとともに、生産諸手段の適切な使用を管理する必要も増大する。」という箇所を取り上げて考えてみよう。まず、「同様に、……増大するとともに」とは何と同様なのかが疑問となる。これは、原語文章上の構成より、「同時に就業している労働者の総数が増えるとともに、」という事態と「同様に、」であることがわかる。一見したところ、マルクスは生産諸手段のみを問題としているようでありながら、その出発点は労働者の働き方であることに留意しなければならない。

　次に、「他人の所有物として賃労働者に対立する生産諸手段」とは何を意味するのか、確認しておかねばならない。この点に関しては、すでにマルクスは次のように論じていた。

> 　生産過程を価値増殖過程の見地から考察するやいなや、事情は別になる。生産諸手段はただちに他人の労働の吸収のための手段に転化した。もはや労働者が生産諸手段を使うのではなくて、生産諸手段が労働者を使用する。生産諸手段は、労働者によって彼の生産的活動の素材的諸要素として消費されるのではなく、生産諸手段が労働者を、生産諸手段自身の生活過程の酵素として消費するのであって、ここに資本の生活過程と言うのは、自己自身を増殖する価値としての資本の運動にほかならな

い。(『資本論』②、541ページ)

「他人の所有物として賃労働者に対立する生産諸手段」とは、「生産過程を価値増殖過程の見地から考察する」場合の生産諸手段の特質なのである。資本の価値増殖過程の目的は、労働者の行なう労働そのものから彼の労働力の価値を超過した剰余価値を引き出すことである。より具体的な資本家の目的は、この剰余価値を内包したある商品の一定量を作りだすことである。その際に必要なものは、ある一定量の生産諸手段と必要労働時間を超える労働者の実際の労働時間であった。そして、価値増殖過程における両者の関係を（その関係の逆転を）、マルクスは「生産諸手段はただちに他人の労働の吸収のための手段に転化した。」と述べているのである。それ故に、生産諸手段は明白に資本家のものであるが、労働力は資本家に売ったとしても労働者自体は資本家のものではないという事情も相俟って、生産諸手段と労働者たちは対立的状態となるのである。

以上の状況より、「生産諸手段の適切な使用を管理する必要も増大する。」とは、資本家の指揮として具体的にどのような内容のものであろうか。「もはや労働者が生産諸手段を使うのではなくて、生産諸手段が労働者を使用する」という事態、および、生産諸手段と労働者たちとの対立的状態より生じるものは、また、先の180ページの引用文の原文に付された注記を参照するのであれば（『資本論』③、577ページ）、労働者による生産諸手段、特に原材料の浪費である。したがって、「生産諸手段の適切な使用を管理する必要も増大する。」とは、労働者による生産諸手段、特に原材料の浪費を防ぐべく資本家の指揮を必要とする、ということになるのである。この点が、資本家の指揮（Leitung）タイプbに関する第三の具体的内容である。

さて、『資本論』第3巻第23章「利子と企業者利得」では、資本家の指揮に関しては、直接生産者としての労働者と生産諸手段の所有者との対立がしばしば強調されている（一例として172ページの引用文参照）。その後、マルクスは次のように論じている。

　　監督（Oberaufsicht）および指揮（Leitung）の労働は、対立的性格から、

すなわち労働にたいする資本の支配から発生し、それゆえ階級対立を基礎とするすべての生産様式——資本主義的生産様式も含めて——に共通する限りでは、資本主義的体制においてもまた、すべての結合された社会的労働が特殊な労働として個々人に課する生産的諸機能と直接かつ不可分にからみ合っている。(『資本論』⑩、654〜655ページ)

　この引用文からは、資本家の指揮（Leitung）の機能に関して、いわゆる「指揮の一般的機能」と「資本主義的生産様式に特有な指揮の機能」が、「直接かつ不可分にからみ合っている。」とマルクスが主張していることがわかる。しかし、本章では、この「資本主義的管理の二重性」を基礎としつつ、より発展した形態である資本家の指揮（Leitung）の実質を解明しようと試みている。したがって、これまで論じてきた、資本家の指揮タイプa：「指揮の一般的機能」が協業における「社会的労働過程」を対象として実施するもの、またその具体的内容と、資本家の指揮タイプb：「資本主義的生産様式に特有な指揮の機能」が協業に際して「資本の価値増殖過程」を対象として実行するもの、またその具体的内容は、やはり「直接かつ不可分にからみ合っている」と断定せざるをえないのである。同様に、次に論及してゆく資本家の指揮タイプcを加えて考えるのであれば、以上の三者は、やはり「直接かつ不可分にからみ合っている」と断定せざるをえないのである。

5. 資本家の指揮（Leitung）、タイプcを考察する。その内容と展開

　資本家の指揮（Leitung）タイプc、すなわち、「資本主義的生産様式に特有な指揮の機能」が協業に際して「社会的労働過程」を対象として行なうもの、を検討するにあたり、これまで主として引用してきた『資本論』第１巻第11章および第12章が属する第４篇「相対的剰余価値の生産」とは何を目的とする著述部分であったのか確認しておこう。第４篇の目的は、相対的剰余価値と関連して、個々の資本家が特別剰余価値実現を目的としていることを基礎とする、生産方法と労働過程そのものの変革、および、労働の生産力の増大、この両者を考察することなのである。また、そのための考察方法とし

て、マルクスは相対的剰余価値の特殊な生産諸方法に焦点をあてていた。この特殊な生産諸方法とは、順番に、「第11章　協業」、「第12章　分業とマニュファクチュア」、「第13章　機械設備と大工業」なのである[1]。

　さて、前節までで検討したように、資本家の指揮（Leitung）の実質としてタイプaおよびタイプbに関しては、その具体的内容において、生産方法と労働過程そのものの変革、および、労働の生産力の増大を対象とするものではなかった。やや結論を急ぐことになるが、生産方法と労働過程そのものの変革、および、労働の生産力の増大を、資本家の指揮（Leitung）の実質において具体的な対象とするものこそが、資本家の指揮タイプc（「資本主義的生産様式に特有な指揮の機能」が、協業に際して「社会的労働過程」を対象として行なうもの）に他ならないのである。

　したがって、『資本論』の論理展開に即して資本家の指揮（Leitung）の実質を考察するのであれば、本書においてはこの資本家の指揮タイプcを最も詳しく論じなければならない。また、資本家の指揮（Leitung）の具体的な内容として、マルクスが実は最も重視していたものこそ、この資本家の指揮タイプcであろう。そして、資本家の指揮タイプcが、その後の資本主義的経営および資本主義的生産様式に及ぼした影響力の大きさをも認識しなければならない。以上の理由により、筆者は、資本家の指揮タイプcを『資本論』における資本家の指揮（Leitung）の核心であると考えており、そして、本書における最も重要な概念として以降論述してゆく。なお、資本家の指揮（Leitung）が「社会的労働過程」を対象に成立する根拠と経緯については、すでに本書第5章において詳論しており、改めて論じるものではない。

1）タイプcのテーマを確認する

　マルクスは、資本家の指揮（Leitung）タイプbについて、直截にその具体的内容を論述しているのに対し、この資本家の指揮（Leitung）タイプcに関しては、そのテーマを必ずしも明言しているものではない。そこで、「資本主義的生産様式に特有な指揮の機能」が協業に際して「社会的労働過程」

1）以上の点について詳細は、本書第1章第3節を参照されたい。

を対象として行なうもの、この点がはたしてマルクスの視野に存在しているのかを最初に確認しなければならないであろう。

> さらに、賃労働者たちの協業は、資本が彼らを同時に使用することの単なる結果である。賃労働者たちの諸機能の連関と生産体総体としての彼らの統一とは、彼らのそとに、彼らを集め結びつけている資本のなかに、ある。それゆえ、彼らの労働の連関は、観念的には資本家の計画として、実際的には資本家の権威として、彼らの行為を自己の目的に従わせる他人の意志の力として、彼らに対立する。(『資本論』③、576ページ)

上記の引用文における、「賃労働者たちの諸機能の連関と生産体総体としての彼らの統一」、あるいは、「彼らの労働の連関」とは、協業における社会的労働過程の中心的な事柄であろう。そして、これらを遂行することが、「賃労働者の外に、資本の中に置かれている」(liegen außer ihnen, im Kapital,) とマルクスは述べているのである。では、資本の中にあり、そこでの資本家の行動をマルクスはどのように表現しているのであろうか。それは、「資本家の計画として」、および、「他人の意志の力として」というものである。これらは資本家の指揮に他ならず、しかも、「彼らの行為を自己の目的に従わせる」、あるいは、「彼らに対立する」ことをもたらす資本家の行動である故に、「資本主義的生産様式に特有な指揮の機能」であると断定することができるのである。

そこで、以上の分析より、上記の引用文全体を再構成するならば、次のようになる。賃労働者たちの協業が実際に開始された当初より、資本家の指揮は必然であった。この資本家の指揮については、協業における社会的労働過程を対象に、資本家の指揮とりわけ「資本主義的生産様式に特有な指揮の機能」が遂行されていた。それゆえ、このような特有な指揮の形態により、社会的労働過程それ自体が賃労働者たちと対立することになる。

資本家の指揮 (Leitung) タイプcのテーマを確認するという意味では、次の引用文も参照されたい。

> 未開人が戦争のあらゆる技術を個人的策略として行なうように、自立

的な農民または手工業者がたとえ小規模にでも展開する知識、洞察、および意志は、いまではもはや、作業場全体にとって必要とされているにすぎない。生産上の精神的諸能力は、多くの面で消滅するからこそ、一つの面でその規模を拡大する。部分労働者たちが失うものは、彼らに対立して資本に集中される。部分労働者たちにたいして、物質的生産過程の精神的諸能力を、他人の所有物、そして彼らを支配する力として対立させることは、マニュファクチュア的分業の一産物である。この分離過程は、資本家が個々の労働者に対立して社会的労働体の統一と意志を代表する単純協業において始まる。この分離過程は、労働者を不具化して部分労働者にするマニュファクチュアにおいて発展する。この分離過程は、科学を自立的な生産能力として労働から分離して資本に奉仕させる大工業において完成する。(『資本論』③、627〜628ページ)

　上述の引用文における「生産上の精神的諸能力」とは労働過程における指揮の機能を意味すると判断しうるが、『資本論』に際しては「自立的な農民または手工業者」は集団労働は行なっていないのであり、それ故他者に対する指揮も存在しえない。そこで、上述の引用文に関する課題は、商品生産を目的とする協業においては、「生産上の精神的諸能力」つまり社会的労働過程を対象とする指揮の機能はいかなる様相を示しているのか、ということである。

　その上で、タイプcのテーマを確認するためには、「この分離過程は、資本家が個々の労働者に対立して社会的労働体の統一と意志を代表する単純協業において始まる。」とするマルクスの論述に是非とも留意しなければならない。「資本家が……統一と意志を代表する」とは資本家の指揮以外のものではありえない。そして、「個々の労働者に対立して」というわけで、その指揮は「資本主義的生産様式に特有な指揮の機能」を意味するのである。また、資本家の指揮の対象は「社会的労働体」つまり社会的労働過程であると解することができるのである。以上の理解より先のマルクスの論述を再構成するのであれば、次のようになる。すでに単純協業の段階で、資本家の指揮のうち、「資本主義的生産様式に特有な指揮の機能」が協業に際して「社会

的労働過程」を対象として行なうものは成立していた。そして、この種の独特の資本家の指揮が、賃労働者たちから物質的生産過程の精神的諸能力を分離するプロセスを、単純協業の段階より開始させるのである。

　本項での検討により、資本家の指揮タイプ c、すなわち、「資本主義的生産様式に特有な指揮の機能」が協業に際して「社会的労働過程」を対象として行なうものは、やはりマルクスの視野の中に確かに存在していることを示した。そこで、次項以降では、この資本家の指揮タイプ c が資本主義的経営において具体的に何をもたらすのかを、『資本論』に依拠しながら詳細に論じることとしよう。

2）資本家の指揮タイプ c は社会的労働過程に対して最初に何をもちこむのか

　マルクスは、『資本論』第 1 巻第 11 章「協業」において、資本家の指揮に関する新たな概念 Leitung を提示した。そして、この「実際に行使される資本家の指揮（Leitung）」の具体的内容を考えるのであれば、しかも、タイプ c：「資本主義的生産様式に特有な指揮の機能」が協業に際して「社会的労働過程」を対象として行なうもの、その内容を考えるのであれば、次のように展開してゆく。今はまだ協業の最初の形態である単純協業を行なっている資本家が自らの経営において具体的に実施する第一歩は、社会的労働過程に対するマニュファクチュア的分業（分業にもとづく協業）の導入である。第 11 章「協業」に続く第 12 章は「分業とマニュファクチュア」を論じている故に、無理のない推論であろう。その第 12 章ではマルクスは次のように論じている。

　　　分業にもとづく協業すなわちマニュファクチュアは、その発端では、自然発生的な形成物である。マニュファクチュアがいくらか堅実かつ広範に定在するようになるや、それは資本主義的生産様式の意識的、計画的、かつ組織的な形態（bewußten, planmäßigen und systematischen Form）となる。（『資本論』③、632 ページ）

　まず、「分業にもとづく協業すなわちマニュファクチュアは、その発端で

は、自然発生的な形成物である。」という段階では資本家の指揮（Leitung）が実現しているものではないであろう。そもそも、分業にもとづく協業あるいは協業一般がその発端で自然発生的に形成される場合、マルクスが問題としているのは、その形成の経緯であり要因であった。本書第4章および第5章で詳しく論じた点を再び取り上げることになるが、以下の二つの引用文を参照されたい。

<u>同じ資本の指揮（Kommando）のもとにおける比較的多い労働者総数</u>は、協業一般の場合と同じように、マニュファクチュアの自然発生的な出発点をなす。（『資本論』③、624ページ）

協業そのものも、個別的な独立労働者たちや小親方たちの生産過程に対立する、資本主義的生産過程の独特な形態として現われる。それは、現実的労働過程が資本に包摂されることによってこうむる最初の変化である。この変化は、自然発生的に生じる。この変化の前提、<u>すなわち同じ労働過程において比較的多数の賃労働者が同時に就業すること</u>は、資本主義的生産の出発点をなす。<u>この出発点は、資本そのものの定在と一致する</u>。（『資本論』③、582〜583ページ。なお、以上の傍線は藤原によるもの）

上記の二つの引用文からは、協業の一概念である資本主義的協業（その内容は端的に言えば上記の傍線部分を意味する。念のため）が、「マニュファクチュアの自然発生的な出発点をなす」のであり、「自然発生的に生じる」ための「変化の前提」であることがわかる。そして、資本主義的協業に際しての資本の指揮とはKommandoなのである。今は、「実際に行使される資本家の指揮（Leitung）」の実質を課題としているのであり、この点と、発端でマニュファクチュアが自然発生的に生じる地点（資本主義的協業、「資本家の指揮権

---

2) 資本主義的協業とは、協業において指揮者を資本家に、協業者たちを賃労働者に特定することを意味していた。そして、その根拠、とりわけ「資本家の指揮権（Kommando）」がここで生じる根拠は、資本家が一賃労働者より一つの労働力商品を購買すること、および、この個別取り引きを多数の賃労働者と同時に行ないうることであった。

（Kommando）」）とは、論理的なレベルを明らかに異にしている点に留意しなければならない[2]。

さて、「実際に行使される資本家の指揮（Leitung）」の具体的内容を考えるにあたり、187ページの引用文で注目すべき箇所は、「マニュファクチュアがいくらか堅実かつ広範に定在するようになるや、それは資本主義的生産様式の意識的、計画的、かつ組織的な形態となる。」という記述である。マニュファクチュア（マニュファクチュア的分業）を対象に「意識的、計画的、かつ組織的な形態」にするということは、Leitungである資本家の指揮（「資本主義的生産様式に特有な指揮の機能」）が施行された結果に他ならない。また端的に言えば、マニュファクチュアについて意識し・計画し・組織づけるということは、社会的労働過程に対する資本家の指揮そのものである。そして、これが分業にもとづく協業すなわちマニュファクチュアを資本主義的生産様式の独自な形態にする、ということになる。

資本家の指揮タイプｃの実質を解明するためには、まず、マニュファクチュアが「資本主義的生産様式の意識的、計画的、かつ組織的な形態となる」事態に注目すればよいことが判明した。では、これは具体的に何を意味するのか、何を展開させるのかを、さらに探ってゆかねばならないのである。

　マルクスは発端でのマニュファクチュアの発生の仕方について、次のようにも述べていた。
　一つには、さまざまな種類の自立的手工業の労働者たちが、同じ資本家の指揮（Kommando）のもとで一つの作業場に結合され、一つの生産物がこれら労働者の手を通って最終的に完成されることになる。たとえば客馬車は、車大工、馬具匠、木工細工師、金具師、真鍮細工師、ろくろ師、レース飾り屋、ガラス屋、ペンキ屋、ワニス塗師、メッキ屋などのような、多数の独立した手工業者たちの労働の総生産物であった。客馬車マニュファクチュアは、これらさまざまな手工業者をすべて一つの仕事場に結合し、そこで彼らは同時に助け合いながら労働する。〔中略〕織物マニュファクチュアその他多くのマニュファクチュアも、同じように、さまざまな手工業を同一資本の指揮（Kommando）のもとで結合することから生じた。（『資本論』③、585〜586ページ）
　これらの説明は、マニュファクチュアの発生の仕方（起源）を課題としている点で、協業者である賃労働者の出自については詳しい。しかし、論理展開の段階としては、マニュファクチュアの出発点に際しての資本主義的協業について述べているものに他ならない。そして、資本主義的協業についての記述であり、マニュファクチュアの発端での事情ということで、資本家の指揮はKommandoにとどまるのである。

3)「意識的、計画的、かつ組織的な」マニュファクチュア的分業(分業にもとづく協業)がもたらすもの

「資本主義的生産様式の意識的、計画的、かつ組織的な形態となる」マニュファクチュア(分業にもとづく協業)とは何を意味し、何を展開させるのかという点に関しては、第12章の最終節である「第5節　マニュファクチュアの資本主義的性格」において、マルクスは以下のように明確に論じている。

> マニュファクチュア的分業は、手工業的活動の分解、労働諸用具の専門化、部分労働者たちの形成、一つの全体機構のなかにおける彼らの群分けと結合とによって、社会的生産諸過程の質的編制および量的比例性、すなわち社会的労働の一定の組織をつくり出し、それによって同時に労働の新しい社会的生産力を発展させる。(『資本論』③、633ページ)

上記の引用文における、「手工業的活動の分解、労働諸用具の専門化、部分労働者たちの形成、一つの全体機構のなかにおける彼らの群分けと結合」とは、マニュファクチュア的分業の導入に伴う生産様式の変化を意味しよう。また、「社会的生産諸過程の質的編制および量的比例性、すなわち社会的労働の一定の組織をつくり出し」とは、マニュファクチュア的分業により社会的労働過程に関する組織を新たにつくり出すことを意味するのである。そして、前者の生産様式の変化が、後者の社会的労働過程に関する組織を新たなものにすることをもたらすのである。この両者が、「それによって同時に労働の新しい社会的生産力を発展させる」ことを導くのである。

換言すれば、マニュファクチュア的分業が、前述の生産様式の変化および社会的労働過程に関する組織を新たにつくり出すことを確立する状態こそ、マニュファクチュア(分業にもとづく協業)が「資本主義的生産様式の意識的、計画的、かつ組織的な形態となる」事態を意味するのである。そして、マニュファクチュア的分業が、あるいは、このようなマニュファクチュア(分業にもとづく協業)が、「同時に労働の新しい社会的生産力を発展させる」という事象を展開させるのである。

ここでは、以降、マニュファクチュア的分業による生産様式の変化、なら

びに、社会的労働過程に関する組織を新たにつくり出すことについて、より詳細な内容を『資本論』に即しながら示しておこう。

まず前者については、「手工業的活動の分解」とは、第12章第1節「マニュファクチュアの二重の起源」の主たる内容を端的に要約したものである。同じく、「労働諸用具の専門化、部分労働者たちの形成」とは、第12章第2節「部分労働者とその道具」の全容を端的に要約したものである。そして、「一つの全体機構のなかにおける彼らの群分けと結合」とは、同第3節における次のような状態を意味しよう。「同じ部分機能を行なう労働者たちの個々の群、小集団は、同質な諸要素から成り立っており、全体機構の一つの特殊な器官を形成する。とはいえ、さまざまなマニュファクチュアでは、この群そのものが一つの編制された労働体であり、他方、全体機構は、これらの生産上の要素的有機体の反復または倍加によって形成される。」(『資本論』③、603ページ) この点について以下マルクスは、ガラス壜のマニュファクチュアを一例として説明を続けてゆく。(『資本論』③、603～605ページ参照)

次に、後者の社会的労働過程に関する組織を新たにつくり出すことについては、マルクスが「社会的生産諸過程の質的編制および量的比例性、すなわち社会的労働の一定の組織をつくり出し、」と論述する以上、「社会的生産諸過程の質的編制および量的比例性」が、この新たな組織の中心点なのである。そこで、この「社会的生産諸過程の質的編制および量的比例性」とは具体的に何を意味するのかを探らなければならない。

マルクスが社会的労働過程に関する組織について主に論じているのは、第12章第3節「マニュファクチュアの二つの基本形態――異種的マニュファクチュアと有機的マニュファクチュア」においてである。そこでは、縫針マニュファクチュアにおける針金を例にとり次のように述べている。

> さまざまな段階的諸過程が、時間的継起から、空間的並存に転化されている。それゆえ、同じ時間内により多くの完成商品が供給される。その同時性は、確かに総過程の一般的な協業的形態から生じるのであるが、しかし、マニュファクチュアは、協業の諸条件をあるがままのものとして受け入れるだけでなく、部分的には手工業的活動を分解することに

よってはじめて、それらの諸条件を創造する。他面、マニュファクチュアは、同じ労働者を同じ細目に縛りつけることによってのみ、労働過程のこの社会的組織をつくりあげる。(『資本論』③、599〜600ページ)

　資本主義的生産様式としての協業が成立した以降、その具体的な作業形態である協業として最初に現れたのは単純協業であった。この単純協業における組織上の特徴は、「さまざまな段階的諸過程が、時間的継起」してゆくことである。資本家は、自らの経営において単純協業を出発点とし、資本家の指揮タイプｃを施行することにより、第一歩として社会的労働過程の中にマニュファクチュア的分業を導入したのである。その結果、「さまざまな段階的諸過程が、時間的継起から、空間的並存に転化されている」という組織が生じたのである。つまり、上記の引用文でマルクスの言う「労働過程のこの社会的組織」とは、生産の同時性をもたらす、「さまざまな段階的諸過程が、時間的継起から、空間的並存に転化されている」状態を意味するのである[3]。そして、「労働過程のこの社会的組織」を基礎として、さらに「マニュファクチュア的分業は、社会的労働過程の質的編制とともに、その量的な規則および比例性をも発展させる。」(『資本論』③、602ページ) という事態に展開してゆく。これらの具体的内容を認識するためには次の引用文を参照されたい。

　　しかし、異なる諸作業が必要とする時間の長さは互いに等しくなく、それゆえ、等しい時間内に等しくない分量の部分生産物が供給される。したがって、もし同じ労働者が毎日同じ作業だけを絶えず行なうとすれば、いろいろな作業にたいし、それぞれ異なる比例数の労働者が使用さ

---

[3]「その同時性」つまり生産の同時性とは、『資本論』におけるマルクスの引用文に従えば、「個人なら別々にしなければならないさまざまな労働過程をすべて同時に遂行すること」(『資本論』③、600ページ) である。また、「労働過程のこの社会的組織」の特色として、生産の同時性がもたらす次の事態も挙げうるであろう。
　労働相互の、それゆえ労働者相互のこの直接的依存は、各個人にたいし自分の機能に必要な時間だけを費やすよう強制するのであり、そのため、独立の手工業の場合とは、または単純な協業の場合とさえも、まったく異なる労働の連続性、画一性、規則性、秩序、とりわけ労働の強度までもが、生み出される。このことは明らかである。(同上、600〜601ページ)

れなければならない。たとえば、ある活字マニュファクチュアで、鋳字工は1時間に2000個の活字を鋳造し、分切工は4000個を分切し、磨き工は8000個を磨くとすれば、このマニュファクチュアでは、一人の磨き工にたいし、四人の鋳字工と二人の分切工が使用されなければならない。ここでは、多数の人たちが同時に就業し同種のことを行なうという、もっとも単純な形態における協業の原理が復活する——ただし、いまや一つの有機的関係を表現するものとして。したがって、マニュファクチュア的分業は、ただ社会的総労働者の質的に異なる諸器官を単純化しかつ多様化するだけでなく、これらの諸器官の量的な規模を決める——すなわちそれぞれの特殊機能を果たす相対的な労働者数または諸労働者群の相対的な大きさを決める——数学的に一定した比率をもつくり出す。(『資本論』③、601〜602ページ)

　まず、上述の引用文より、「社会的労働過程の質的編制」とは、マニュファクチュア的分業が「社会的総労働者の質的に異なる諸器官を単純化しかつ多様化する」ことを意味するのである。そして、「その量的な規則および比例性をも発展させる」とは、上記した点以外の引用文全体をその内容とするものである。要点としては、「これらの諸器官の量的な規模を決める——すなわちそれぞれの特殊機能を果たす相対的な労働者数または諸労働者群の相対的な大きさを決める——数学的に一定した比率をもつくり出す」、ということが挙げられる。または、「マニュファクチュアにおいては、比例数または比率性の鉄則が一定の労働者群を一定の諸機能をもとに包摂する」[4] ことであるとも理解しうるのである。

---

4)『資本論』③、617ページ。
　なお、社会的労働過程に関する新たな組織の特性としては、「社会的労働過程の質的編制」と関連する以下のような事象も指摘しうるであろう。「したがってマニュファクチュアは、諸労働力の等級制を発展させ、それに労賃の等級が対応する。」「マニュファクチュアはそれがとらえるどの手工業においても、手工業経営がきびしく排除したいわゆる不熟練労働者の一階層を生み出す。」「等級制的区分とならんで、労働者が熟練労働者と不熟練労働者とに単純に区分される。」(同上、609〜610ページ)

4) タイプ c の論理展開における「労働の新しい社会的生産力」の発展の性質を考える

　本節における論旨の展開を、つまり、資本家の指揮（Leitung）タイプ c の具体的内容の展開を、ここで振り返ってみよう。第一に、そもそもマルクスは、「資本主義的生産様式に特有な指揮の機能」が協業に際して「社会的労働過程」を対象とすること、このような視点を有していたのかを確認した。第二に、出発点として自らの経営で単純協業を行なっている資本家が、社会的労働過程を対象とする指揮の第一歩として施行したものは、マニュファクチュア的分業であった。この際、「資本主義的生産様式の意識的、計画的、かつ組織的な形態となる」分業にもとづく協業すなわちマニュファクチュアを問題として捉えなければならないのである。第三に、その意味でマニュファクチュア的分業は何をもたらすかの検討であった。まず生じたのは、マニュファクチュア的分業による生産様式の変化である。次は、社会的労働過程に関する組織を新たにつくり出すことである。そして、この両者により、「同時に労働の新しい社会的生産力を発展させる」という事態に到ったのである。

　すなわち、資本家の指揮タイプ c の具体的内容の展開は、「同時に労働の新しい社会的生産力を発展させる」という地点に現在達しているのである。では、このような論理展開における「同時に労働の新しい社会的生産力を発展させる」という、その性質はいかなるものであり、さらに何を出現させるのであろうか。この課題に対する回答は、『資本論』からの以下の引用文において明確に示されているであろう。190 ページの引用文に続いてマルクスは次のように論述する。

> マニュファクチュア的分業は、社会的生産過程の独自的・資本主義的な形態としては――そしてそれは、既存の基礎〔フランス語版では「与えられた歴史的基礎」〕の上では資本主義的形態でのそれとして以外に発展しえなかったが――相対的剰余価値を生み出すための、または資本――社会的富とか「諸国民の富」とか呼ばれているもの――の自己増殖を労働者の犠牲において高めるための、一つの特殊な方法でしかない。

マニュファクチュア的分業は、労働の社会的生産力を、労働者のためにではなく資本家のために、しかも個別的労働者を不具にすることによって発展させる。マニュファクチュア的分業は、労働にたいする資本の支配の新しい諸条件を生み出す。それゆえマニュファクチュア的分業は、一方では、社会の経済的形成過程における歴史的進歩および必然的発展契機として現われるとすれば、他方では、文明化され洗練された搾取の一手段として現われる。(『資本論』③、633〜634ページ)

まず、上述の引用文における、「マニュファクチュア的分業は、社会的生産過程の独自的・資本主義的な形態としては――そしてそれは、既存の基礎の上では資本主義的形態でのそれとして以外に発展しえなかったが――」とは、資本家の指揮により社会的労働過程にマニュファクチュア的分業が導入されたが故に、資本主義的形態でのマニュファクチュア的分業が形成されたと解することができよう。または、「社会的生産過程の独自的・資本主義的な形態として」のマニュファクチュア的分業とは、「資本主義的生産様式の意識的、計画的、かつ組織的な形態となる」マニュファクチュアを、つまり、生産様式の変化、ならびに、社会的労働過程に関する組織を新たにつくり出すこと、これらを出現させるマニュファクチュア的分業を意味しよう。したがって、上述の引用文からは、最初に、資本家の指揮タイプcのテーマを、および、タイプcの具体的内容とその展開に関する本節でのこれまでの分析を、再確認することができるのである。

その上でマルクスは、この種のマニュファクチュア的分業は、「相対的剰余価値を生み出すための、または資本――社会的富とか『諸国民の富』とか呼ばれているもの――の自己増殖を労働者の犠牲において高めるための、一つの特殊な方法でしかない。」と断言する。資本家の指揮タイプcは相対的剰余価値を生み出すことにまで到達したのである。

さらに、より正確にタイプcの展開を論じるのであれば、以下のようになろう。前項で達した、マニュファクチュア的分業に起因する「同時に労働の新しい社会的生産力を発展させる」という事態の性質は、「マニュファクチュア的分業は、労働の社会的生産力を、労働者のためにではなく資本家のため

に、しかも個別的労働者を不具にすることによって発展させる。」というものである。それ故にマニュファクチュア的分業は、「他方では、文明化され洗練された搾取の一手段として現われる。」と、マルクスは明言するのである。この「文明化され洗練された搾取の一手段」の意味するものは、やはり、特別剰余価値実現を経た上での相対的剰余価値の実現であろう。

5）資本が社会的労働過程に着目する意味を再認識する

これまでの本節における立論を確認するために、次の引用文を参照されたい。

> それゆえ、一方では、資本主義的生産様式が、労働過程を社会的過程へと転化させる歴史的必然性として現われるとすれば、他方では、労働過程のこの社会的形態は、資本が労働過程の生産力を増大させ、それによってこの過程をより有利に利用するために使う一方法として現われる。(『資本論』③、583ページ)

引用文前半の「一方では、……」とは、資本主義的協業が個別労働過程を社会的労働過程へと転化させたという点を意味し、それ故、協業論の検討課題であり、いかにして資本主義的経営が形成されたのかという問題である。本書では第3章と第4章ですでに検討しており、ここで取り扱うものではない。問題とすべきは引用文後半における「他方では、……」という箇所である。

この後半部分からは、第一に、資本、労働過程のこの社会的形態、労働過程の生産力の増大、この過程をより有利に利用する、という諸概念の連鎖を確認することができる。これは、資本家の指揮（Leitung）タイプcが設定されうることを、あるいは、タイプcがマルクスの視野に存在していたことを、再確認することになるのである。

第二に、本項の題目である「資本が社会的労働過程に着目する意味を再認識する」ということに、引用文後半部分は資するのである。資本がなぜ社会的労働過程に着目するのかという点を、直截的に考えれば、社会的労働過程

それ自体はタイプcの目的ではないが、社会的労働過程について「それによってこの過程をより有利に利用する」という確固とした目的を資本家が有しているからである。

しかし、「労働過程のこの社会的形態は、……この過程をより有利に利用するために使う・一・方・法・と・し・て・現われる。」とマルクスが論ずる意味にも留意しなければならないであろう。方法とは、一般的に、ある目的を達成するための計画的な手順と操作、と解せよう。ここでの目的とは何か明確であるものの、そのための計画的な手順と操作の確立が資本家の新たな課題となったのである。本節で検討したタイプcの具体的内容と展開を振り返るのであれば、出発点である単純協業から目的である相対的剰余価値の実現まで、多くの様々な段階とプロセスを要した。つまり、「この過程をより有利に利用するため」の計画的な手順と操作の確立は、決して容易に達成されるものではなく、そのために新たな課題として、常に資本家は社会的労働過程に着目しなければならず、社会的労働過程の変化を常に意識し・計画しなければならないのである。以上のように、資本が社会的労働過程に着目する意味としては、二つの面が存在しているのである。

6) 結びとしての新解釈

本節を結ぶにあたり、第1巻第13章「機械設備と大工業」からの一文を紹介しておこう。

> こうして労働者自身の再生産に必要な費用がいちじるしく減らされるだけでなく、同時に、工場全体への、すなわち資本家への、労働者のどうしようもない従属が、完成される。いつものように、この場合にも、社会的生産過程の発展による生産性の増大と、社会的生産過程の資本主義的利用による生産性の増大とを、区別しなければならない。(『資本論』③、730ページ)

資本家の指揮（Leitung）の具体的内容について詳細に検討した本章では、上記の引用文を新たに解釈することが可能である。つまり、「社会的生産過

程の発展による生産性の増大」とは、資本家の指揮（Leitung）タイプaを、あるいは、この場合資本家の指揮である必然性はないが故に一般的協業における指揮（Direktion）を意味するのである。また、「社会的生産過程の資本主義的利用による生産性の増大」とは、明らかに資本家の指揮（Leitung）タイプcを意味するのである。

そして、この引用文の両者を「区別しなければならない」理由も明白であろう。二つの「生産性の増大」を出現させることとなった指揮について、それが上述したように全くタイプの異なるものだからである。換言すれば、指揮に関しては、その対象は「社会的生産過程」つまり社会的労働過程と共通しているものの、指揮の機能という点で全く異なり、前者には「指揮の一般的機能」が、後者には「資本主義的生産様式に特有な指揮の機能」が存在するからである。

6. 資本家が協業における指揮者になるということ

本章は、課題b. 資本主義的経営において、実際に資本家が指揮者となる状態の根源的な意味は何か、という点を解明することを目的としていると冒頭で述べた。本節は結節として、この課題に対する回答を明示しなければならないであろう。

実際に資本家が指揮者となる状態に関しては、「協業の二重性」を不可欠の条件として成立した資本主義的経営において初めて顕在化する資本家の指揮を、マルクスは『資本論』第1巻第11章「協業」より問題とし、Leitungと命名している。マルクスはLeitungという指揮概念を持ちだすことで、第1巻第11章以下において何を行なおうとしているのか。それは、すでに存在している指揮、例えばオーケストラに見られる一般的な協業における指揮（Direktion）と比較して、「実際に行使される資本家の指揮（Leitung）」の特質を明確にすること、つまり、資本家の指揮（Leitung）の真の特性と独自性を探ることであろう。

第11章においてLeitungとともに、直截的にマルクスが論じているのは、いわゆる「資本主義的管理の二重性」であるかのように見える。しかし、す

でに本章第1節で論じたように、「資本主義的管理の二重性」が資本家の指揮（Leitung）の真の特性と独自性であるかは疑わしいのである。マルクスが資本家の指揮（Leitung）の真の特性と独自性を求めるために意図していたものは、「資本主義的管理の二重性」を基礎としつつも、資本家の指揮（Leitung）の具体的内容を示すことであったと考えられるのである。あるいは、『資本論』により、「資本主義的管理の二重性」を視点とすることで、資本家の指揮（Leitung）の具体的内容を認識することが可能となる。その具体的内容が、従来の指揮の具体的内容と大きく異なり、全く新しい独特なものを呈するようになる。この点に資本家の指揮（Leitung）の真の特性と独自性があると筆者は考えている。すなわち、資本家の指揮（Leitung）の真の特性と独自性であるLeitungの具体的内容を出現させた点にこそ、「b．資本主義的経営において、実際に資本家が指揮者となる状態の根源的な意味」が存在するのである。

　結論から述べるのであれば、これまで本章第2節から第5節において分析してきた、資本家の指揮（Leitung）タイプa〜タイプcを、一人の資本家が同時に実現することこそが、課題bの根源的な意味をなすのであろう。しかし、以下ではこの点をより明確に示すために、資本家の指揮（Leitung）の分類・それぞれのタイプの具体的内容を再び取り上げ、それが資本家の指揮（Leitung）の真の特性と独自性であるのかを検証し、課題bのいう根源的な意味を考えてゆきたい。

　第1は、資本家の指揮（Leitung）タイプa、「指揮の一般的機能」が協業における「社会的労働過程」を対象として実施するもの、についてである。確かに『資本論』より、この種の指揮が資本家の指揮の内に含まれているとマルクスが想定していた点を知りうる。また、資本家により現実に施行されてもいるであろう。しかし、「指揮の一般的機能」が協業において「社会的労働過程」を対象として実施するもの、の主体が資本家である必然性は全くないのであり、また資本家が初めて導入したものでもない。『資本論』では、この種の指揮の例としてオーケストラにおける指揮者（Direktor）を度々取り上げており、そこでの指揮をDirektionと命名していたのである。したがって、タイプaに資本家の指揮（Leitung）に関する真の特性と独自性が存

在するのではない。タイプaに類する資本家の指揮の具体的内容についてマルクスは多くを論じていなかったのも、また当然なのである。

　第2は、資本家の指揮（Leitung）タイプb、「資本主義的生産様式に特有な指揮の機能」が協業に際して「資本の価値増殖過程」を対象として実行するもの、についてである。大方の理解では、このタイプbとタイプaを一人の資本家が協業における指揮として実行することが、いわゆる「資本主義的管理の二重性」の実質なのであろう。「資本主義的管理の二重性」が資本家の指揮（Leitung）に係わる特質であることは間違いない。なお、『資本論』第1巻第11章および第3巻第23章に由来するいわゆる「資本主義的管理の二重性」規定とは、これまでの私の論究より正しくは以下の用語へと変化されるべきであろう。言うまでもなく「資本主義的管理の二重性」とは「資本家の指揮の二重性」を意味する。そして、上記の当該『資本論』各章では資本家の指揮はKommandoからLeitungへと展開していた。したがって、「実際に行使されうる資本家の指揮（Leitung）の二重性」としなければならない。その二重性とは資本家の指揮機能に関するものである。結局、「Leitungにおける指揮機能の二重性」と表記しなければならない。

　そこで、再び172ページの引用文を参照されたい。ここからタイプbに類する指揮の具体的内容を把握するのであれば、第一に、できるだけ大きな剰余労働の取得を達成するための指揮であり、第二に、直接生産者と生産諸手段の所有者との対立への対処、つまり、直接生産者の抵抗の抑圧である。この引用文におけるマルクスの主旨は、以上のような内容の指揮が「資本主義的生産様式においてもまた欠くことはできない」ということであり、および、Leitungである指揮は「二重の性質をもっている」ということである。しかし、同時にこれらは資本主義的生産様式に限定された事象でないことも、引用文よりわかるのである。したがって、「資本主義的管理の二重性」を資本家の指揮（Leitung）の真の特性と独自性とみなすことは困難なのである。

　タイプbに関しては、資本主義的生産様式においては剰余労働の取得の仕方に、それ以前の方法と異なる独自性を認識しなければならないであろう。つまり、剰余労働を取得するための独自の資本家の指揮が出現するので

ある。剰余労働の取得の仕方の独自性とは、浅野教授が言及されるような次の事態を意味する。

　　したがって、資本主義的生産様式の特徴は、剰余労働（社会的実体）が「剰余労働」として搾取されるところにあるのではなく、「剰余価値」として対象化された形態で搾取されるところにあるのである。それは、商品の「価値」が抽象的人間労働の対象化された形態として本質的に規定されるのとまったく同様である[5]。

　すなわち、資本制経済以前における「剰余労働（社会的実体）が『剰余労働』として搾取される」ための指揮と、「剰余労働（社会的実体）が」「『剰余価値』として対象化された形態で搾取される」ための資本家の指揮とでは、指揮の様式が大きく異なるのである。タイプ b に関しては、この点に資本家の指揮（Leitung）の真の特性と独自性が存在すると言えよう。そして、資本主義的生産様式における剰余労働の取得について、マルクスは次のように論述するのである。また、マルクスのこの言及こそが、タイプ b に係わる、資本家を指揮者とする根源的な意味なのでもある。

　　資本は、さらに、労働者階級に、この階級自身の狭い範囲の生活諸欲求が命じるよりもより多く労働することを強いる一つの強制関係にまで発展した。そして、他人の勤勉の生産者として、剰余労働の汲出者および労働力の搾取者として、資本は、エネルギー、無節度、および効果の点で、直接的強制労働にもとづく従来のすべての生産体制を凌駕している。（『資本論』②、540～541ページ）

　第3は、資本家の指揮（Leitung）タイプ c、「資本主義的生産様式に特有な指揮の機能」が協業に際して「社会的労働過程」を対象として行なうもの、についてである。このタイプ c は、タイプ a およびタイプ b とは対照的に、

5）浅野敏『個別資本理論の研究』ミネルヴァ書房　1974年、185～186ページ。

明らかに資本主義的生産様式により初めて生成され、資本家の指揮（Leitung）が独自に出現させたものである。これは以下の事情からも明白となる。

　前節で、このタイプｃの具体的内容を『資本論』に即して考察した際には、資本主義的経営における最初の作業形態である協業つまり単純協業を出発点とした。そして、社会的労働過程において単純協業の代わりに生じた初めの第一歩はマニュファクチュア的分業であった。そして、マルクスはこのマニュファクチュア的分業について、例えば次のような記述を度々行なっている。

　　一社会全体のなかでの分業は、商品交換によって媒介されていてもいなくても、きわめてさまざまな経済的社会構成体に存在するのであるが、マニュファクチュア的分業は、資本主義的生産様式のまったく独自な創造物である。（『資本論』③、624ページ）

　タイプｃの最初の展開はマニュファクチュア的分業の導入である。これが「資本主義的生産様式のまったく独自の創造物である」以上、資本家の指揮タイプｃも資本主義的経営のまったく独自な創造物なのである。そして、資本家の指揮（Leitung）の真の特性と独自性は、資本家の指揮としてこのタイプｃを資本家が着想したこと、および、第５節で論及したようなタイプｃに関する具体的内容を展開させたことなのである。同時に、課題ｂのいう資本家が指揮者になることの根源的な意味は、この点に存在するのである。

　最後に、タイプｃに関して、課題ｂのいう根源的な意味を別の形で考察しておこう。課題ｂに際しての「資本主義的経営において、実際に資本家が指揮者となる状態」とは、すでに、マニュファクチュアにおける単純協業において資本家が実際に指揮者となる点で成立していたのである。では、マニュファクチュアにおける単純協業において決定的な何が出現していたのかを、再び『資本論』に即して考えることとする。

　まず、当初の資本制経済の様相についてマルクスは次のように述べる。

資本は、まずもって、歴史的に与えられるままの技術的諸条件をもって労働を自己に従属させる。こうして、資本は、直接には生産様式を変化させない。(『資本論』②、541 ページ)

　次に、初期のマニュファクチュアの生産方法について、マルクスは以下のように言う。

　生産方法そのものについて言うと、たとえば初期におけるマニュファクチュアは、同じ資本によって同時に就業させられる労働者の数がより多いこと以外には、同職組合的な手工業的工業と区別されるものはほとんどない。同職組合の親方の仕事場が拡張されているだけである。(『資本論』③、561 ページ)

　また、単純協業について次のように述べる。

　単純協業は、個々人の労働様式を一般に変化させないが、マニュファクチュアは、それを徹底的に革命し、個別的労働力の根底を襲う。(『資本論』③、626 ページ)

　すなわち、マニュファクチュアが成立し、単純協業が開始されても、資本は生産方法および労働様式を変化させない点がわかるのである。では、このような単純協業になぜ注目しなければならないのか、再び 185〜186 ページの引用文を参照されたい。
　ここでマルクスの言う、「たとえ小規模にでも展開する知識、洞察、および意志」とは、あるいは、「生産上の精神的諸能力」、「物質的生産過程の精神的諸能力」とは、労働過程（社会的労働過程）に対する指揮を意味するであろう。そして、この点に関して、「部分労働者たちが失うものは、彼らに対立して資本に集中される。」とマルクスは述べる。労働者に対立するという性質を有する、労働過程（社会的労働過程）を対象とする資本家の指揮、という概念が出現したのである。この概念が顕在化することに関して、「この

分離過程は、……単純協業において始まる。」とマルクスは明言するのである。「資本家が個々の労働者に対立して社会的労働体の統一と意志を代表する」という、「資本主義的生産様式に特有な指揮の機能」が協業に際して「社会的労働過程」を対象として行なうものが、マニュファクチュアの単純協業において初めて実現したのである。生産方法および労働様式を変化させない単純協業に注目しなければならない理由は、まさにこの点に、つまり、資本家の指揮（Leitung）タイプcが初めて単純協業において実際に成立した点に存在するのである。

　その上で、185～186ページの引用文からは、資本家の指揮（Leitung）タイプcは展開してゆくものであり、同時に、独自の生産様式を出現させるものであることを読み取れよう。前者に関しては、「この分離過程は、……マニュファクチュアにおいて発展する」、ならびに、「この分離過程は、……大工業において完成する」、とマルクスは述べるのである。後者の具体的内容は、「労働者を不具化して部分労働者にする」、ならびに、「科学を自立的な生産能力として労働から分離して資本に奉仕させる」、ことなのである。

第 7 章　『資本論』第 1 巻第 13 章「機械設備と大工業」における資本家の指揮（Leitung）を解明する——特にタイプ c を中心として——

　第 6 章　『資本論』における資本家の指揮（Leitung）の実質について——マルクスの視野にある資本家の指揮の具体的内容を考察する——では、主として『資本論』第 1 巻第 4 篇第 11 章・第 12 章を中心に取り上げて、すなわちマニュファクチュアをその活動の場として、資本家の指揮（Leitung）を考察してきた。それは、第一に資本家の指揮（Leitung）を考察する場合の、分類のための視点を示したことである。そして、第二にタイプ a・タイプ b・タイプ c として分類された資本家の指揮に関して、それぞれの具体的内容をやはり第 1 巻第 11 章・第 12 章に依拠しながら明示したことである。

　本章の目的は、では『資本論』第 1 巻第 4 篇第 13 章「機械設備と大工業」においては、つまり機械制大工業の経営では資本家の指揮（Leitung）はいかなる変容を呈示しているのかを、同章を中心に『資本論』に依拠しつつ解明することである。ここでは本書第 6 章と同様に資本家の指揮タイプ c（「資本主義的生産様式に特有な指揮の機能」が、協業に際して「社会的労働過程」を対象として行うもの）の具体的内容を中心点として論じてゆくことになる。さて、主題として『資本論』第 1 巻第 13 章を探索する前に、次の 2 点に触れておかねばならない。

　第一は、なぜ資本家の指揮の具体的内容を今考察しなければならないのか、という点の確認である。これについては、まず『経済学批判への序説』における「経済学の方法」として、いわゆる「第一の道」・「第二の道」と関連した次の言説に着目しなければならない。

　　具体的なものが具体的であるのは、それが多くの規定の総括だからであり、したがって多様なものの統一だからである。〔中略〕第二の道では、

抽象的な諸規定が、思考の道を通って、具体的なものの再生産になってゆく[1]。

　資本家の指揮は『資本論』第1巻第11章において Kommando から Leitung へと転化した。あるいは Direktion との対比で Leitung が現れた。つまり、指揮・資本家の指揮に関しては Leitung がより具体的なものであり、それ故 Leitung について「多くの規定の総括」と「多様なものの統一」が探られなければならない。これは Leitung の具体的な内容を考察することであろう。それは同時に、資本家の指揮に関する新概念 Leitung を「具体的なものの再生産」として把握することを意味するのである。
　また、マルクスは『資本論』第1巻「あと書き〔第2版への〕」において次のように述べていた。

　　もちろん、叙述の仕方は、形式としては、研究の仕方と区別されなければならない。研究は、素材を詳細にわがものとし、素材のさまざまな発展諸形態を分析し、それらの発展諸形態の内的紐帯(ちゅうたい)をさぐり出さなければならない。(『資本論』①、27ページ)

　資本家の指揮に関する「素材」として新たに Leitung が生じた。そこで、「素材を詳細にわがものとし」た後に、素材としての Leitung の「さまざまな発展諸形態を分析し、それらの発展諸形態の内的紐帯をさぐり出さなければならない」のである。これらも Leitung の具体的な内容を解明する点を意味しよう。
　以上より、この第一の疑問点に対しては次のように結論づけられよう。マルクスの「経済学の方法」ならびに「研究の仕方」に従うのであれば、『資本論』で資本家の指揮に関する新たな概念 Leitung が生じた地点において、その具体的な内容を解明することが当然のこととして課題となるのである。同時に、この課題を着実に遂行することにより、『資本論』の読解という面

---

　1) カール・マルクス著、杉本俊朗訳『経済学批判』大月書店　1966年改訳発行、294ページ。

で新たな路の確立に批判経営学は貢献しうるのである。

　第二に、第1巻第13章に対する予備的考察として第12章「分業とマニュファクチュア」第5節からの以下の一文を取り上げておこう。

> 　未開人が戦争のあらゆる技術を個人的策略として行なうように、自立的な農民または手工業者がたとえ小規模にでも展開する知識、洞察、および意志は、いまではもはや、作業場全体にとって必要とされているにすぎない。生産上の精神的諸能力は、多くの面で消滅するからこそ、一つの面でその規模を拡大する。部分労働者たちが失うものは、彼らに対立して資本に集中される。部分労働者たちにたいして、物質的生産過程の精神的諸能力を、他人の所有物、そして彼らを支配する力として対立させることは、マニュファクチュア的分業の一産物である。この分離過程は、資本家が個々の労働者に対立して社会的労働体の統一と意志を代表する単純協業において始まる。この分離過程は、労働者を不具化して部分労働者にするマニュファクチュアにおいて発展する。この分離過程は、科学を自立的な生産能力として労働から分離して資本に奉仕させる大工業において完成する。（『資本論』③、627～628ページ）

　以上のマルクスの論述は、いわゆる精神的労働と肉体的労働が、あるいは、頭の労働と手の労働が分離し、その分離過程は大工業において完成する、というものである。しかし、とりわけ、「この分離過程は、科学を自立的な生産能力として労働から分離して資本に奉仕させる大工業において完成する。」とは、具体的に何を意味するのであろうか。ここでは、本章より解決されるべき一課題として位置づけておこう。

　では、以降『資本論』第1巻第13章において、マルクスが資本家の指揮ならびにその機能について具体的に論じていると考えられる節と箇所を取り上げて、綿密に読み解いてゆくこととする。

1.「第1節　機械設備の発展」について

　第1巻第13章の序説にあたるこの第1節は次のようなマルクスの問い掛けから始まる。

　　したがって、まず研究しなければならないことは、なにによって労働手段は道具から機械に転化されるのか、または、なにによって機械は手工業用具と区別されるのか、である。(『資本論』③、643ページ)

　マルクスは第13章の最初の問い掛けに対して、次のような回答を用意している。

　　すべての発展した機械設備は、三つの本質的に異なる部分、すなわち、原動機、伝動機構、最後に道具機または作業機から、成り立っている。〔中略〕機構のこの両部分は、道具機に運動を伝えるためにだけあるのであり、それによって道具機は労働対象をとらえ、目的に応じてそれを変化させる。機械設備のこの部分、すなわち道具機こそが、18世紀産業革命の出発点をなすものである。道具機は、手工業経営またはマニュファクチュア経営が機械経営に移行するたびごとに、いまなお毎日あらためて出発点となっている。(『資本論』③、646～647ページ)

　　産業革命の出発点となる機械は、一個の道具を扱う労働者を、一つの機構と取り替えるのであるが、この機構は、多数の同一または同種の道具で同時に作業し、単一の原動力——その形態がどうであろうと——によって動かされる。ここでわれわれは、機械を、といってもようやく機械制生産の単純な要素としての機械を、もつのである。(『資本論』③、651ページ)

　次に、マルクスは「ところで、多数の同種の機械の協業と機械体系との二種のものが区別されなければならない。」(『資本論』③、655ページ)と主張す

る。すなわち、第1節における第二の課題は、「多数の同種の機械の協業」とは何かを、および、「機械体系」・「本来的機械体系」とは何かを明らかにすることである。

　前者に関しては、「一製品全体が、同じ作業機によってつくられる。一人の手工業者が彼の道具で、たとえば織布業者が彼の織機で、行なっていた種々の作業、または手工業者たちがさまざまな道具で、自立してであろうと一つのマニュファクチュアの分肢としてであろうと、順々に行なっていたさまざまな作業が、すべて同じ作業機によって行なわれる。」(『資本論』③、655ページ）というものが、その定義であろう。そして、「多数の同種の機械の協業」については、その説明が『資本論』③、655〜657ページにおいて記載されている。

　他方、後者の「機械体系」に関しては、「本来的機械体系が個々の自立した機械に代わってはじめて現われるのは、労働対象が連関する一系列の相異なる段階過程を通過する場合であるが、それらの各段階過程は、種類を異にするが相互に補足し合う道具機の一つの連鎖によって遂行される。」(『資本論』③、657ページ）というものが、その定義であろう。そして、「機械体系」・「本来的機械体系」については、以下同邦訳書661ページまで詳細な説明が行なわれているのである。

　最後に、第1節における第三の内容は、ではこれらの機械自体がどのようにして製作されてきたのかという点である。この課題については『資本論』③、661〜668ページ（第1節末）において詳しい説明が与えられている。

　ところで、この第13章第1節においては、マニュファクチュアから機械体系・機械設備への移行について、ならびに、両者の関連性と相違点について、注目すべき論述をマルクスは行なっている。やや長くなるが、当該の論述2点を以下紹介しておこう。

　　マニュファクチュアそのものは、機械体系がはじめて採用される諸部門では、一般に生産過程の分割の、それゆえまたその組織の、自然発生的な基礎を機械体系に提供する。しかし、すぐに、本質的区別で現われる。マニュファクチュアでは、労働者たちは、個別的に、または群別

で、それぞれの特殊な部分過程を自分の手工業道具で行なわなければならない。労働者はその過程に適合させられるが、しかしあらかじめその過程もまた労働者に適応させられている。この主観的な分割原理は、機械制生産にとってはなくなる。この場合には、総過程は客観的に、それ自体として考察され、それを構成する諸局面に分割され、そして、それぞれの部分過程を遂行し相異なる部分過程を結合する問題は、力学、化学などの技術的応用によって解決される。この場合、もちろんその理論的構想は、やはり、大規模な積み重ねられた実際的経験によって仕上げられなければならない。それぞれの部分機械は、すぐ次の部分機械にその原料を提供し、そして、それらはみな同時に作業するから、生産物は、絶えずその形成過程のさまざまな段階にあるとともに、ある生産局面から他の生産局面へ移行しつつあるのである。マニュファクチュアでは、部分労働者の直接的協業が、特殊な労働者群のあいだの一定の比例数をつくり出すように、編制された機械体系では、部分機械相互の絶え間ない連動が、それらの数、大きさ、速度のあいだの一定の比率をつくり出す。結合された作業機、いまやさまざまな種類の個々の作業機およびその群からなる編制された一体系は、その総過程が連続的であればあるほど、すなわちその原料がその最初の局面から最後の局面まで移行するのに中断が少なければ少ないほど、したがって人間の手の代わりに機構そのものが、原料を一つの生産局面から次の生産局面へ押し進めていけばいくほど、それだけますます完全となる。マニュファクチュアでは、特殊的諸過程の分立化が分業そのものによって与えられた原理であるとすれば、それとは反対に、発達した工場では特殊的諸過程の連続性が支配する。(『資本論』 ③、657～658 ページ)

　労働手段は、機械設備として、人間力に置き換えるに自然諸力をもってし、経験的熟練に置き換えるに自然科学の意識的応用をもってすることを必須にする、一つの物質的実存様式をとるようになる。マニュファクチュアでは、社会的労働過程の編制は、純粋に主観的であり、部分労働者の結合である。機械体系では、大工業は、一つのまったく客観的な

生産有機体をもっているのであって、労働者は、それを既成の物質的生産条件として見いだすのである。単純協業においては、また分業によって特殊化された協業においてさえ、社会化された労働者による個別的な労働者の駆逐は、依然として、多かれ少なかれ偶然的に現われる。機械設備は、のちに述べるようないくつかの例外はあるが、直接的に社会化された、または共同的な、労働によってのみ機能する。したがって、いまや、労働過程の協業的性格が、労働手段そのものの本性によって厳命された技術的必然となる。(『資本論』③、667～668ページ)

以上の引用文より、マニュファクチュアと機械制生産の本質的相違点としてマルクスは次の２点を認識していることがわかる。

第一は、マニュファクチュアには「主観的な分割原理」が採用されているのに対し、機械制生産では「総過程は客観的に、それ自体として考察され、それを構成する諸局面に分割され」ている点である。そして、この生産過程の分割の主観性と客観性の違いは、「マニュファクチュアでは、社会的労働過程の編制は、純粋に主観的であり、部分労働者の結合である。機械体系では、大工業は、一つのまったく客観的な生産有機体をもっているのであって、労働者は、それを既成の物質的生産条件として見いだすのである。」と、相異なる部分過程を結合する問題、つまり社会的労働過程の編制にも当てはまることがわかるのである。

第二は、このように総過程が客観的に、それを構成する諸局面・部分過程に分割され、「一つのまったく客観的な生産有機体」を有している機械体系の特有の機能を連続性として把握した点である。マルクスは、「マニュファクチュアでは、特殊的諸過程の分立化が分業そのものによって与えられた原理であるとすれば、それとは反対に、発達した工場では特殊的諸過程の連続性が支配する。」と結論づけていたのである[2]。

マニュファクチュアと機械制生産・機械体系の決定的な違いとして以上の

---

2) マニュファクチュアにおける特殊的諸過程の分立化、これに対する、発達した工場における特殊的諸過程の連続性、というマルクスの特質の把握については、第12章に際してマニュファクチュア的分業に対するマルクスによる特質の把え方と関連して、次のように論じておかなければならない。

本書第6章第5節において、マニュファクチュアにおける資本家の指揮（Leitung）タイプcを考察するに際し、マニュファクチュア的分業の導入により社会的労働過程に関する組織を新たにつくり出すことを論じてきた。まず、マルクスは社会的労働過程に関する新たな組織の基礎的な様相を、縫針マニュファクチュアにおける針金を例にとり次のように述べていた。

　さまざまな段階的諸過程が、時間的継起から、空間的並存に転化されている。それゆえ、同じ時間内により多くの完成商品が供給される。その同時性は、確かに総過程の一般的な協業的形態から生じるのであるが、しかし、マニュファクチュアは、協業の諸条件をあるがままのものとして受け入れるだけでなく、部分的には手工業的活動を分解することによってはじめて、それらの諸条件を創造する。他面、マニュファクチュアは、同じ労働者を同じ細目に縛りつけることによってのみ、労働過程のこの社会的組織をつくりあげる。（『資本論』③、599～600ページ）

　すなわち、上記の引用文でマルクスの言う「労働過程のこの社会的組織」とは、基礎的な説明として、生産の同時性をもたらす、「さまざまな段階的諸過程が、時間的継起から、空間的並存に転化されている」状態を意味するのである。なお、マルクスは「その同時性」つまり生産の同時性を、「個人なら別々にしなければならないさまざまな労働過程をすべて同時に遂行すること」（同上、600ページ）と設定している。そして、「労働過程のこの社会的組織」の特色として、生産の同時性がもたらす次の事態もマルクスは論じていたのである。

　労働相互の、それゆえ労働者相互のこの直接的依存は、各個人にたいし自分の機能に必要な時間だけを費やすよう強制するのであり、そのため、独立の手工業の場合とは、または単純な協業の場合とさえも、まったく異なる労働の連続性、画一性、規則性、秩序、とりわけ労働の強度までもが、生み出される。このことは明らかである。（同上、600～601ページ）

　すなわち、マニュファクチュア的分業は、「労働過程のこの社会的組織」において、生産の同時性のみならず労働の連続性等をももたらす、という一応の結論が見られるのである。以上が前章において論じた内容である。
　そこで、本章で取り上げた、マニュファクチュアにおける特殊的諸過程の分立化、これに対する、発達した工場における特殊的諸過程の連続性という特質把握の規定（『資本論』第1巻第13章）と、前章におけるマニュファクチュア的分業による生産の同時性・労働の連続性という把え方（同第12章）とは、一見矛盾する論理展開のように思われる。しかし、第1巻第12章における上記引用文のパラグラフの注にて、マルクスはまた次のように論じている点に留意しなければならない。

　　とはいえ、マニュファクチュア的経営は、多くの部門では不完全にしかこのような成果を達成しない。なぜなら、マニュファクチュア的経営は、生産過程の一般的な化学的および物理学的諸条件を確実には管理できないからである。（同上、601ページ）

　つまり、マニュファクチュア的分業を導入したマニュファクチュア的経営においても、生産の同時性および労働の連続性を不完全にしか達成していないのである。これに対し、第13章における機械体系・発達した工場では、本書209～211ページの引用文に見られるように、生産の同時性と総過程の連続性が完全な状態となっている。この完全な連続性という機械体系・発達した工場の様相を判断基準とすることにより、マニュファクチュア的経営における不完全な生産の同時性と不完全な労働の連続性

マルクスの分析は強い説得力を有するものである。そして、以上の2点の要因としてマルクスは次のように論じるのである。「この場合には、総過程は客観的に、それ自体として考察され、それを構成する諸局面に分割され、そして、それぞれの部分過程を遂行し相異なる部分過程を結合する問題は、力学、化学などの技術的応用によって解決される。この場合、もちろんその理論的構想は、やはり、大規模な積み重ねられた実際的経験によって仕上げられなければならない。」「労働手段は、機械設備として、人間力に置き換えるに自然諸力をもってし、経験的熟練に置き換えるに自然科学の意識的応用をもってすることを必須にする、一つの物質的実存様式をとるようになる。」

　しかし、「力学、化学などの技術的応用」、「その理論的構想」、あるいは、「自然科学の意識的応用」とは、具体的に何を意味するのかという疑問が残る。そこで、以上紹介した、マニュファクチュアから機械体系・機械設備への移行、ならびに、両者の関連性と相違点についての二つの引用文は、今後第1巻第13章における資本家の指揮（Leitung）の具体的内容を、とりわけタイプcとしての具体的内容を考察するための有力かつ重要な素材であるとここでは設定しておこう[3]。

2.「第4節　工場」について

　『資本論』第1巻第13章において、資本家の指揮（Leitung）の内容について、特にタイプcについて本格的な議論をマルクスが始めていると考えられるのが、この第4節「工場」である。そこで、以降第4節の内容と論点を逐次精査してみよう。

　　を、「マニュファクチュアでは、特殊的諸過程の分立化が分業そのものによって与えられた原理である」とマルクスはみなしている、と理解しうるのである。
3）なお、上記の第13章第1節における二つの引用文と同様の論述は、第13章第8節においても登場している。以下に紹介しておこう。
　　生産過程をその構成諸局面に分解し、与えられた諸問題を力学、化学など、要するに自然科学の応用によって解決するという機械経営の原理が、いたるところで決定的となる。それゆえ、機械設備は、ときにはこの部分過程をめざし、ときにはあの部分過程をめざして、マニュファクチュアに侵入する。それによって、古い分業に由来するマニュファクチュアの編制の固い結晶は解体し、絶え間ない変化に席をあける。（『資本論』③、797ページ）

マルクスは第4節を次のような一文から開始する。

　　われわれは、本章の冒頭で、工場のからだ、機械体系の編制を考察した。次いで、機械が、婦人労働および児童労働をわがものにすることによって、どれほど資本の人間的搾取材料を増やすか、また機械が、労働日の無際限な延長によって、どれほど労働者の全生活時間を奪ってしまうか、そして、途方もなく増大する生産物をますます短時間で供給することを可能にする機械の進歩が、結局は、各瞬間ごとに、より多くの労働を流動させるための、または労働力を絶えずますます集約的に搾取するための、系統的手段として、どのように役立つか、を見た。(『資本論』③、724ページ)

　上記の引用文からは次の2点を論ずることができる。まず第1に、マルクスの言う「われわれは、本章の冒頭で、工場のからだ、機械体系の編制を考察した。」とは第13章第1節「機械設備の発展」を意味する。そして、本章ではこの第1節に関しては、マニュファクチュアから機械体系・機械設備への移行、両者の関連性と相違点についてマルクスが論じた二つの箇所（209～211ページの引用文）を最重要視しているのである。

　第2に、上記の引用文の「次いで、…を見た。」からは以下のように論じることが可能となる。まず、「次いで、機械が、婦人労働および児童労働をわがものにすることによって、どれほど資本の人間的搾取材料を増やすか、」とは、第13章第3節「労働者におよぼす機械経営の直接的影響」における「a　資本による補助的労働力の取得。婦人労働および児童労働」の要点を意味している。「また機械が、労働日の無際限な延長によって、どれほど労働者の全生活時間を奪ってしまうか、」とは、同第3節「b　労働日の延長」の要点を意味する。「そして、途方もなく増大する生産物をますます短時間で供給することを可能にする機械の進歩が、結局は、各瞬間ごとに、より多くの労働を流動させるための、または労働力を絶えずますます集約的に搾取するための、系統的手段として、どのように役立つか、」とは、同第3節「c　労働の強化」の要点を意味している。しかし、本書における資本

家の指揮（Leitung）の具体的内容という論点に即して論ずるのであれば、当該の著述部分を精読する限り、これらの第3節a・b・cとは、「第13章　機械設備と大工業」における、資本家の指揮（Leitung）／タイプb（「資本主義的生産様式に特有な指揮の機能」が、協業に際して「資本の価値増殖過程」を対象として実行するもの）の具体的内容として理解すべきものであろう。

　そこで、この第13章「第4節　工場」の課題は何であろうか。マルクスは次のように言う。

　　いまや、工場全体、しかもそのもっとも完成された姿態における工場全体に、目を転じよう。（『資本論』③、724～725ページ）

　では、その視点・観点は何であろうか。「自動化工場」に関するアンドルー・ユア博士の二つの記述[4]を紹介した後に、マルクスは以下のように断言するのである。

　　これらの二つの表現は、決して同じではない。第一の表現では、結合された総労働者または社会的労働体が支配的な主体として現われ、機械的自動装置は客体として現われている。第二の表現では、自動装置そのものが主体であって、労働者はただ意識のある諸器官として自動装置の意識のない諸器官に付属させられているだけで、後者とともに中心的動力に従属させられている。第一の表現は、大規模な機械設備のありとあらゆる充用にあてはまり、第二の表現は、それの資本主義的充用を、それゆえ近代的工場制度を特徴づけている。それゆえユアはまた、運動の出発点となる中心機械をただ自動装置（アウトマート）としてのみならず、専制君主（アウトクラート）として叙述することを好むのである。

4）「一つの中心力（原動力）によって間断なく作動させられる一つの生産的機械体系を、熟練と勤勉とをもって担当する、成年・未成年のさまざまな等級の労働者の協業」
「一つの同じ対象を生産するために絶えず協調して働く無数の機械的器官および自己意識のある器官――その結果、これらすべての器官が自己制御的な一つの動力に従属する――から構成されている一つの巨大な自動装置」（『資本論』③、725ページ）

「これらの大きな作業場では、仁愛な蒸気の権力が自分のまわりに無数の家来を集めている」。(『資本論』③、725 ページ)

　以上の引用文は、マルクスが「もっとも完成された姿態における工場全体」(「自動化工場」) をどのような視点・観点より分析してゆくのかを知るために、極めて重要であろう。
　マルクスが第一の表現として論を進めた「結合された総労働者または社会的労働体が支配的な主体として現われ、機械的自動装置は客体として現われている。」とは、大規模な機械設備が出現した際の社会的労働過程に関する一方での様相を示したものである。また、その際の協業の指揮は「結合された総労働者または社会的労働体」の代表者によって取り行なわれるのであろう。そして、マルクスは「第一の表現は、大規模な機械設備のありとあらゆる充用にあてはまり」と断定するのである。すなわち、マルクスが第一の表現として論を進めたものは、本書の理論展開に拠れば、大規模な機械設備が出現した際の資本家の指揮 (Leitung) ／タイプ a (「指揮の一般的機能」が、協業における「社会的労働過程」を対象として実施するもの)、あるいは、大規模な機械設備が出現した際の指揮一般 (Direktion) を意味しよう。
　これに対して、マルクスが第二の表現として論を進めた「自動装置そのものが主体であって、労働者はただ意識のある諸器官として自動装置の意識のない諸器官に付属させられているだけで、後者とともに中心的動力に従属させられている。」とは、大規模な機械設備が出現した際の社会的労働過程に関する他方での様相を示したものである。そして、この種の社会的労働過程の様相をもたらしたものを、マルクスは「それの資本主義的充用を、それゆえ近代的工場制度を特徴づけている。」と断言するのである。ここでの「資本主義的充用」とは資本家の指揮、とりわけ「資本主義的生産様式に特有な指揮の機能」を意味するものであろう。「資本主義的充用」つまり「資本主義的生産様式に特有な指揮の機能」が協業に際しての「社会的労働過程」を対象として行なうものが、第13章でも再び登場したのである。すなわち、マルクスが第二の表現として論を進めたものは、本書の理論展開に拠れば、大規模な機械設備が出現した際の資本家の指揮 (Leitung) ／タイプ c を意味

するのである。

　マルクスは第13章「機械設備と大工業」においても資本家の指揮（Leitung）タイプcに類する視点・観点を有していることが、以上より確認できるのである。その上でまた、大規模な機械設備が出現した際の資本家の指揮（Leitung）タイプcの結果を端的に示したものが、「これらの二つの表現は、決して同じではない。……第二の表現では、自動装置そのものが主体であって、労働者はただ意識のある諸器官として自動装置の意識のない諸器官に付属させられているだけで、後者とともに中心的動力に従属させられている。」という記述であると理解しうる。この直接的原因である大規模な機械設備の資本主義的充用という記述と併せて、因果である両者についてマルクスは「それゆえ近代的工場制度を特徴づけている。」と断じていると考えられるのである。

　第13章第3節において、「第13章　機械設備と大工業」における資本家の指揮（Leitung）タイプbの具体的内容を論じてきたのに対し、同第4節よりマルクスはもう一つの中心的論点として、「もっとも完成された姿態における工場全体」・「自動化工場」を対象に資本家の指揮（Leitung）タイプcに類する視点・観点より考察し、詳論することを試みていること、およびその重要性が理解できるのである。

　以上では、第13章第4節「工場」における、その対象とその視点・観点について検討してきたが、以下この第4節では「もっとも完成された姿態における工場全体」・「自動化工場」に際し、新しい作業組織についての（『資本論』③、726〜730ページ）、および、新たな労働過程についての（同上、730〜732ページ）論述をマルクスは行なっているのである。換言すれば、大規模な機械設備が出現した際の資本家の指揮（Leitung）タイプcは、新しい作業組織および新たな労働過程を形成することを意味する。その詳細は以下において論じてゆく。

　新しい作業組織の形成に関しては、マニュファクチュアから「自動化工場」への基礎的変化を次のように説くことから、マルクスは開始している。

　　労働道具とともに、それを操縦する巧妙さもまた、労働者から機械に

移行する。道具の作業能力は、人間労働力の個人的諸制限から解放されている。それとともに、マニュファクチュアにおける分業の土台をなしている技術的基礎が廃除されている。それゆえ自動化工場では、マニュファクチュア的分業を特徴づけている専門化された労働者たちの等級制に代わって、機械設備の助手たちが行なわなければならない諸労働の均等化または平準化の傾向が現われ、部分労働者たちの人為的につくり出された区別に代わって、年齢および性の自然的区別が主要なものとして現われる。(『資本論』③、726ページ)

これらのすべての出発点は、「労働道具とともに、それを操縦する巧妙さもまた、労働者から機械に移行する。」ということである。そして、「マニュファクチュア的分業を特徴づけている専門化された労働者たちの等級制」とは、マニュファクチュア的分業によってつくり出された新たな組織に関する特性の一つであった（本書193ページ、注4参照）。「自動化工場」ではこれを代えるのであるから、さらに新たな作業組織が出現した点を意味するのである。また、「機械設備の助手たちが行なわなければならない諸労働の均等化または平準化の傾向」とは、このより新たな作業組織の基礎的特徴として理解すべきであろう。マルクスは、このより新たな作業組織の内容と特性について次のように論述している。

　　自動化工場において分業が再現する限りでは、その分業は、まず第一に、専門化された諸機械のあいだへの労働者の配分、および、工場のさまざまな部門への労働者諸群——とはいえ編制された諸群を形成していないもの——の配分であり、後者では、労働者群は並列する同種の道具機について労働しており、したがって、彼らのあいだでは単純協業が行なわれるだけである。マニュファクチュアの編制された群に代わって、主要労働者と少数の助手との連関が現われる。本質的区別は、現実に道具機について働いている労働者（これに原動機の見張りまたは給炭を行なう何人かの労働者が加わる）と、これら機械労働者の単なる下働き（ほとんど児童ばかりである）との区別である。この下働きのうちには、多か

れ少なかれ、すべての「フィーダー」(機械に労働材料を供給するだけの者) が数えられる。これらの主要部類のほかに、技師、機械専門工、指物職などのような、機械設備全体の管理とその不断の修理とに従事している数的には取るに足りない人員がいる。それは、比較的高級な、一部は科学的教養のある、一部は手工業的な、労働者部類であり、工場労働者の範囲外のものであって、右の部類のものに配属させられているにすぎない。この分業は、純粋に技術的である。(『資本論』③、726〜727ページ)

さて、新しい作業組織の内容を確定させるために、予め次の2点を確認しておかなければならない。第一は、引用文中の「および、工場のさまざまな部門への労働者諸群……彼らのあいだでは単純協業が行なわれるだけである。」の取り扱いについてである。これは、すでに紹介した第13章第1節における「ところで、多数の同種の機械の協業と機械体系との二種のものが区別されなければならない。」という記述における「多数の同種の機械の協業」と照応する事態である。しかし、この第13章第4節以下ではマルクスは主として「機械体系」を前提として考察を進めているが故に、以上の指摘にとどめ、より深い論究の対象とはしない。

第二に、そこで「機械体系」を前提とする、「自動化工場において分業が再現する限りでは、その分業は、まず第一に、専門化された諸機械のあいだへの労働者の配分」が中心的な論究の対象となる。但し、次の諸点はすでに第13章第1節において、マニュファクチュアから機械体系・機械設備への移行、両者の関連性と相違点についてマルクスが論じた二つの箇所 (209〜211ページの引用文) より、また、これに類する同第8節の記述 (注3参照) より、明確な事柄となっている点に留意しなければならない。

資本家はその社会的労働過程に対する指揮として、

1. 自然科学を適用して総過程を各部分過程へと客観的に分割する。そして、再び自然科学を応用して総過程を新たに結合する。
2. 各部分過程にはそれ専用の機械を導入する。

すなわち、すでに上記の2点が前提として成立していることを基礎とし

て、今やマルクスは「自動化工場において分業が再現する限りでは、その分業は、」という点を課題としているのである。換言すれば、分業として、各部分工程における専門的機械への労働者の配置の仕方が問題とされているのである。そして、整理して言うならば、上記の2点ならびに、これを基礎とした労働者の配置を仕方を、その全体を、本章では新しい作業組織として描写しているのである。

　では、新たに出現した専門化された機械への労働者の配置の仕方とはどのようなものであろうか。それは先の引用文より容易に理解できるであろう。その内容と特性を典型的に示す部分を取り上げておこう。「主要労働者と少数の助手との連関が現われる。本質的区別は、現実に道具機について働いている労働者……と、これら機械労働者の単なる下働き（ほとんど児童ばかりである）との区別である。」

　そこで、第1巻第13章において資本家の指揮（Leitung）タイプcが新たに形成した作業組織とは何かをまとめておこう。すでに成立していた2点（219ページ）にまず留意しなければならない。この2点を前提として次の諸点がその内容となる。

1. 各部分工程における専用の機械に対する労働者の配置の仕方が新たな課題となる。
2. その独特な配置の仕方とは、専用の機械に対する主要労働者と少数の助手との連関である。つまり一人の機械労働者とその単なる下働きという構成が出現した。

　最後に、この新しい作業組織に関しては、マルクスは労働者に与える作用について以下のように論じるのである。

　　ところで、機械が古い分業体系を技術的にくつがえすとはいえ、さしあたりこの体系は、マニュファクチュアの伝統として慣習的に工場内で存続し、やがて労働力の搾取手段として、資本によっていっそう忌まわしい形態で系統的に再生産され固定されるようになる。部分道具を扱う終生的専門が、部分機械に仕える終生的専門になる。機械は、労働者そのものを幼少時から部分機械の部分に転化させるために悪用される。こ

うして労働者自身の再生産に必要な費用がいちじるしく減らされるだけでなく、同時に、工場全体への、すなわち資本家への、労働者のどうしようもない従属が、完成される。いつものように、この場合にも、社会的生産過程の発展による生産性の増大と、社会的生産過程の資本主義的利用による生産性の増大とを、区別しなければならない。(『資本論』③、729～730ページ)

　上記の引用文に見られるマルクスの論旨は明確なものであるが、二つの点を付言しておこう。第一は、引用文の最後における「いつものように、この場合にも、社会的生産過程の発展による生産性の増大と、社会的生産過程の資本主義的利用による生産性の増大とを、区別しなければならない。」とは、第4節の当初におけるマルクスの記述「これらの二つの表現は、決して同じではない。」ならびに「第一の表現」・「第二の表現」(215～216ページの引用文参照)と実質的に同じことを意味する点である。この「第一の表現」・「第二の表現」の議論を経たが故に、あるいは、「第一の表現」・「第二の表現」を生産性の増大という側面から把握する結果、「いつものように、この場合にも、…区別しなければならない。」と結論づけられるのである。第二に、上記の引用文では最初に「ところで、機械が古い分業体系を技術的にくつがえすとはいえ、」と、先の218～219ページの引用文では最後に「この分業は、純粋に技術的である。」とマルクスは言明している。現地点では、「技術的」とはいかなる意味であるのか、あるいは、その具体的内容はいかなるものか、という諸点が必ずしも明確になってはいない。次節において解明する予定である。
　さて、この第4節で、新しい作業組織の形成の次にマルクスが論述しているものは、「もっとも完成された姿態における工場全体」・「自動化工場」における新たな労働過程の形成に関するものである。
　「マニュファクチュアと手工業では労働者が道具を自分に奉仕させるが、工場では労働者が機械に奉仕する。マニュファクチュアと手工業では労働者から労働手段の運動が起こるが、工場では労働手段の運動に労働者がつき従わなければならない。」(『資本論』③、730ページ)という一文より開始される

マルクスの新たな労働過程の形成に関する議論は、引用文からも見てとれるように新しい作業組織が新たな労働過程を形成させるという直接的な論理展開を示すものである。そして、新たに形成された労働過程に関するマルクスの論述は、つまり、大規模な機械設備が出現した際の資本家の指揮（Leitung）タイプcがもたらした新たな労働過程の内容と特質とは、次の3点にまとめることができよう。第一は労働内容そのものの極度の低下であり、第二は労働手段が労働者を使用し・支配するという現象の顕在化であり、第三は新たな労働過程が労働者に与える作用についてである。その内容は、手の労働と精神労働との分離、ならびに、分離を通じた資本による権力の掌握である。以下では、それぞれ該当する著述部分を引用するが、明確な主張であり引用のみで十分であろう。

　　機械労働は神経系統を極度に疲れさせるが、他方では、それは筋肉の多面的な働きを抑圧し、いっさいの自由な肉体的および精神的活動を奪い去る。労働の軽減さえも責め苦の手段となる。というのは、機械は労働者を労働から解放するのではなく、彼の労働を内容から解放する〔内容のないものにする〕からである。(『資本論』③、730〜731ページ)

労働過程であるだけでなく、同時に資本の価値増殖過程でもある限り、すべての資本主義的生産にとっては、労働者が労働条件を使用するのではなく、逆に、労働条件が労働者を使用するということが共通しているが、しかしこの転倒は、機械とともにはじめて技術的な一目瞭然の現実性をもつものになる。労働手段は、自動装置に転化することによって、労働過程そのもののあいだ、資本として、生きた労働力を支配し吸い尽くす死んだ労働として、労働者に相対する。(『資本論』③、731ページ)

生産過程の精神的諸力能が手の労働から分離すること、および、これらの力能が労働にたいする資本の権力に転化することは、すでに以前に示したように、機械を基礎として構築された大工業において完成される[5]。内容を抜き取られた個別的機械労働者の細目的熟練は、機械体系のなかに体

化しこの体系とともに「雇い主」の権力を形成している科学や巨大な自然諸力や社会的集団労働の前では、取るに足りない些細事として消えうせる。(『資本論』③、731ページ)

3.「第9節　工場立法（保健および教育条項）。イギリスにおけるそれの一般化」における展開

　大規模な機械設備が出現した際の資本家の指揮（Leitung）タイプｃに関して、第4節に続いて第9節において、もう一つの本論が、そして結論部分が論述されている。「われわれは、イギリスにおける工場立法の一般化に移るまえに、なお、イギリスの工場法のなかの労働日の時間数には関係のないいくつかの条項について、簡単に述べなければならない。」（『資本論』③、828ページ）というパラグラフから出発する第9節では、資本家の指揮（Leitung）タイプｃに類する議論は標題の「教育条項」に対応する著述部分（『資本論』③、831～844ページ）において遂行されている。そこでは、イギリスの工場法のなかの教育条項自体に関する説明は簡単なものではあるが、資本家の指揮（Leitung）タイプｃに類する論述は決して簡単なものではなく、やや難解で・やや錯走した議論を経ながら、マルクスは資本家の指揮に関する新たな展開と結論を導き出しているのである。なお、マルクスはこれらの論述をなぜ「教育条項」と照応させる形で行なったのか、その理由は本節の最後に述べる予定である。[6]

　まず、「教育条項」に対応する著述部分において、大規模な機械設備が出

---

5)「すでに以前に示したように、」とは第12章第5節における記述である。それは、本書においては207ページの引用文を意味する。
6)　第13章第9節の「教育条項」に対応する著述部分（『資本論』③、831～844ページ）は、イギリスの工場法のなかの教育条項自体に関する簡単な説明（同上、831～833ページ）で始まり、家内労働における児童労働の搾取（家内労働における児童保護規制）に関する短かな論説（同上、841～844ページ）で終了するという構成をとっている。そして、前者は「全面的に発達した人間をつくるための唯一の方法」に言及することで終わり、後者は「逆に、人間的発展の源泉に急変するに違いない。」と結んでいる。つまり、なぜここに至り「全面的に発達した人間」をマルクスが強調するのか、どのような論理でかような「人間的発展」が必要とされるのか。この点を理解することが、「教育条項」に対応する著述部分全体を、あるいは、前者と後者の中間に位置する同本論部分（同上、834～841ページ）を真に読解するための鍵となるのである。

現した際の資本家の指揮（Leitung）タイプ c に関する論述は以下の一文から開始している。

　すでに見たように、大工業は、一人の人間全体を生涯にわたって一つの細部作業に結びつけるマニュファクチュア的分業を技術的に廃除するが、同時に、大工業の資本主義的形態は、この分業をいっそう奇怪なかたちで再生産する。(『資本論』③、834 ページ)

　上記の引用文における「すでに見たように」とは、第 13 章第 4 節を、あるいは、本章で扱ったそこでの新しい作業組織についての・新たな労働過程についての論述（『資本論』③、726～732 ページ）を意味しよう。そして、マルクスはこれを基礎としながら、「この分業をいっそう奇怪なかたちで再生産する」という点をさらに詳しく論じようとしているのである。
　すなわち、「この分業をいっそう奇怪なかたちで再生産する」典型として、「その矛盾は、とりわけ、近代的工場およびマニュファクチュアに就業している児童の大部分が、ほんの幼少のころからもっとも単純な操作にかたく縛りつけられ、長年にわたって搾取されていながら、しかも、のちに彼らがせめて同じマニュファクチュアか工場で使えるようななんらかの労働をも習得できない、という恐るべき事実のなかに現われている。」(『資本論』③、834 ページ) という事例を注視する。より具体的には、マルクスはイギリスの書籍印刷業を一例に取り、未成年労働者に対しマニュファクチュアと機械制大工業ではどのような相違点が生ずるかを論じてゆくのである。まず前者については、「以前は、古いマニュファクチュアや手工業の制度に照応して、徒弟たちが比較的やさしい労働から内容のある労働に移行するということが行なわれていた。彼らは、ある修業課程を経て一人前の印刷工になった。読み書きができることは、彼らすべてにとって手工業上の一要件であった。」(『資本論』③、834 ページ) と述べている。これに対し、機械制大工業では、「印刷機の出現とともにあらゆることが変化した。」(同上) のである。そして、未成年労働者に係わる変化を、マニュファクチュアの事情と対照させるようにマルクスは次のように論述する。「印刷機には二種類の労働者が使用さ

れ、一人は成年労働者で機械の見張工であり、その他はだいたい 11 歳から 17 歳までの機械少年工たちである。これらの少年工の仕事は、もっぱら、印刷用紙を機械に差し込んだり、印刷された紙を機械から取り出したりすることである。」「彼らの大部分は字が読めず、そして、通常、まったく粗野な、常軌を失った人たちである。」「彼らは、年をとりすぎて子供向きの労働に適しなくなると、すなわち少なくとも 17 歳になると、ただちに印刷所から解雇される。彼らは犯罪の新兵となる。」(『資本論』③、834〜835 ページ)

　以上、「大工業の資本主義的形態は、この分業をいっそう奇怪なかたちで再生産する」というテーマのもとで、具体的な事例を取り上げて詳しく論じている点を紹介してきた。これを本章の論旨に置き換えるのであれば、大規模な機械設備が出現した際の資本家の指揮（Leitung）タイプ c は児童労働のこのような状況を生じさせるまでに到った、と理解しうるのである。但し、結果として生じたこのような状況は、これまでの本章第 2 節までの論理展開の（『資本論』第 1 巻第 13 章第 4 節までの論理展開の）延長線上に位置することも事実であろう。第 13 章における資本家の指揮（Leitung）タイプ c の具体的内容として、従来の論理展開と異なる側面での展開をマルクスが新たに打ち出すのは、次の一文より始まるやや長いパラグラフにおいてである。難解なマルクスの著述故に、綿密な議論とともに、ていねいな引用文呈示を行なってゆく。

　　　作業場の内部におけるマニュファクチュア的分業についてあてはまることは、社会の内部における分業についてもあてはまる。(『資本論』③、836 ページ)

　短い一文であるものの、極めて重要な一文であるが故に、以下二つの点に大別して論じてみよう。
　第 1 に、この第 13 章第 9 節に至り「作業場の内部におけるマニュファクチュア的分業についてあてはまること」とは何を意味するのか、確定しなければならないのである。当然のことながら第 13 章においてマニュファクチュア的分業を問題とする以上、ここでの課題は大工業とマニュファクチュ

ア的分業との関連に置かれるのである。そして、この両者の関連を端的に示す記述は、マルクスが同じ第9節にてすでに直近で記したもの、つまり本章で紹介した224ページの引用文であると理解するのが妥当であろう。そこで、この224ページの引用文、ならびに、上記の引用文（前ページ）以降の第9節におけるマルクスの立論の様相に拠るのであれば、「作業場の内部におけるマニュファクチュア的分業についてあてはまること」とは、a. 人間に対するマニュファクチュアの固定性、b. 論理展開の仕方1-3、であろう。後者の論理展開の仕方1-3、について224ページの引用文に即して明確にするのであれば次のようになる。

1. 「一人の人間全体を生涯にわたって一つの細部作業に結びつけるマニュファクチュア的分業」。この記述は、マニュファクチュア的分業がどのように人間を固定化しているかを示したものである。と同時に、議論はマニュファクチュアおよびその固定性から出発することを意味するのである。
2. 「大工業は、…を技術的に廃除するが」。ここではマニュファクチュア的分業を技術的に廃除するということである。しかし、論理展開として転ずるのであれば、大工業はマニュファクチュア時代特有の何らかの経済的事象を廃除する、ということになる。
3. 「同時に、大工業の資本主義的形態は、この分業をいっそう奇怪なかたちで再生産する。」同じく論理展開として解すのであれば、同時に、大工業の資本主義的形態は、分業に関する何らかの経済的事象を新たに具体的に形成する、ということになる。

すなわち、「作業場の内部におけるマニュファクチュア的分業についてあてはまること」とは、以上のように論じてきた、a. 人間に対するマニュファクチュアの固定性、および、b. 論理展開の仕方1-3、を意味するのであり、これらの点が「社会の内部における分業についてもあてはまる。」となり、この方向で以下第9節の著述は進んでゆくのである。

次に、225ページの引用文を起点として論じなければならない第2の点は、マルクスは第13章第9節のこの地点まで何を行なってきたのか、ならびに、第9節のこの地点以降何を行なおうとしているのかを確定することである。

換言すれば、本章では第13章を対象にして、大規模な機械設備が出現した際の資本家の指揮（Leitung）タイプｃの具体的内容を論じてきたのであるが、第9節のこの地点を境界として、新たな展開と分類を提示しなければならないであろう。

本章においてここまで分業を取り上げる際は、経営内での分業を前提として論を進めてきた。しかし、今や「社会の内部における分業についてもあてはまる。」ということが課題となっているのである。ここで、経営内での分業と社会的分業の論じ方について『資本論』を振り返るのであれば、マルクスはマニュファクチュアに際して両者を明確に区分した上で論述しているのである。例えば、第1巻第12章第4節は「マニュファクチュア内部の分業と社会内部の分業」という標題のもとで著述が行なわれているのである。とすれば、マルクスは第13章「機械設備と大工業」においても、機械制大工業の内部での分業とその変化を、および、機械制大工業が社会的分業に及ぼす影響を、明確に区分した上でそれぞれ論じているのであろう。

すなわち、第13章「機械設備と大工業」において、機械制大工業の内部での分業とその変化（大工業は従来のマニュファクチュア的分業をどのように変化させたのか）を対象に、これを資本家の指揮論（その具体的内容）として把握したものを、「第13章．資本家の指揮（Leitung）タイプｃのA系統〔経営内分業〕」と以下称することとする。これに対し、第13章「機械設備と大工業」において、機械制大工業が社会的分業に及ぼす影響を対象に、これを資本家の指揮論（その具体的内容）として把握したものを、「第13章．資本家の指揮（Leitung）タイプｃのB系統〔社会的分業〕」と以下称することとする。

ここで、本章における立論を振り返るのであれば次のようなものであった。まず本章冒頭で、第12章第5節からの引用文（207ページ）を紹介し、本章において解決されるべき一課題を提示した。次に、本章第1節では、『資本論』第1巻第13章第1節において、マニュファクチュアから機械体系・機械設備への移行について、ならびに、両者の関連性と相違点について、を論述している二つの箇所に注視し（209〜211ページの引用文）、第13章における資本家の指揮（Leitung）タイプｃの具体的内容を考察するための、有力

かつ重要な素材であると断定した。さらに、本章第2節では、第13章第4節「工場」を取り上げた。そこでは、マルクスが第13章においても資本家の指揮（Leitung）タイプcに類する視点を有していること、ならびに、その具体的な内容として「自動化工場」において新しい作業組織および新たな労働過程を形成させることを論じてきた。第13章における資本家の指揮（Leitung）タイプcに関する本論の一つがこの第4節で言及されていたのである。最後に、この延長線上に第13章第9節の「教育条項」に対応する当初の著述部分（224ページの引用文）を取り上げながら、マルクスが「大工業の資本主義的形態は、この分業をいっそう奇怪なかたちで再生産する」というテーマのもとで、具体的な事例を挙げながら詳しく論じている点を検討した。

しかし、結論として断ずるのであれば、上述の本章の立論はすべて「第13章．資本家の指揮（Leitung）タイプcのA系統〔経営内分業〕」に関するものなのである。但し、同A系統に属するマルクスの議論は終了しているわけではない。ある重要な一点を未だマルクスは論述していないのである。したがって、225ページの引用文以降の第13章第9節（「教育条項」）で第一にマルクスが行なっていることは、同A系統の議論に不可欠な当該の一点を解明し、「第13章．資本家の指揮（Leitung）タイプcのA系統〔経営内分業〕」に類する議論を完結させることなのである。

また、社会の内部における分業に関するものである、「第13章．資本家の指揮（Leitung）タイプcのB系統〔社会的分業〕」に類する議論は、未だ第13章においては全く行なわれていない。したがって同B系統の議論を全面的に展開することが、225ページの引用文以降の第9節（「教育条項」）でマルクスが行なう第二の課題なのである。なお、その際の考察と論述は、先に述べたように、225ページおよび224ページの引用文から導き出した、a. 人間に対するマニュファクチュアの固定性、および、b. 論理展開の仕方 1-3、という言及と方向性で進行してゆくのである。

以上が、225ページの引用文を起点として論じなければならない第2の点、としたものの全容である。それでは、以下225ページの引用文以降の第9節（「教育条項」）を取り上げて、マルクスがどのような議論と論理展開をしてい

るのかを見てゆこう。そして、最後になぜこのような複雑かつ難解な著述の仕方——系統Aを完結させ、かつ、系統Bを全面的に展開すること——が必要であったのか言及するものである。

さて、225ページの引用文に続き、第9節ではマルクスは次のような記述を行なっている。

> 手工業とマニュファクチュアが社会的生産の一般的基礎をなしている限り、排他的な一生産部門への生産者の包摂、生産者の仕事がもつ本来の多様性の破壊は、必然的な発展契機である。……経験的に適応した形態がひとたび得られると、労働用具も骨化するのであって、そのことは、しばしば千年にもわたってある世代の手から他の世代の手へと伝えられていくことが証明している。18世紀までは特殊な生業が"秘伝技"と呼ばれ、その神秘の世界には、経験的かつ職業的に秘伝を伝授された者のみがはいることができたということは、特徴的であった。(『資本論』③、836ページ)

「作業場の内部におけるマニュファクチュア的分業についてあてはまることは、社会の内部における分業についてもあてはまる。」という一文に続く上記の引用文の前半からは、明らかにマルクスが社会の内部における分業について言及し始めていることがわかる。そして、すでに論じたように、二つの分業について共通してあてはまることとは、a. 人間に対するマニュファクチュアの固定性、および、b. 論理展開の仕方1-3を意味するのであった。

つまり、上記の引用文の前半「手工業とマニュファクチュアが社会的生産の一般的基礎をなしている限り、排他的な一生産部門への生産者の包摂、生産者の仕事がもつ本来の多様性の破壊は、必然的な発展契機である。」という記述は次の2点を意味する。第一にこの記述は、マニュファクチュア的分業がどのように人間を固定化しているかを示す「一人の人間全体を生涯にわたって一つの細部作業に結びつけるマニュファクチュア的分業」(224ページの引用文より)という表現と対応するものであり、マニュファクチュアは社会の内部における分業という点からも人間を固定化させるという主張であ

る。第二は b. 論理展開の仕方についてである。その b.-1 とは、分業に関するマルクスの議論はマニュファクチュアおよびその固定性から出発する、ということであった（226 ページ参照）。これが「社会の内部における分業についてもあてはまる」ことを意味するのである。なお、上記の引用文の後半は、社会の内部における分業という点でのマニュファクチュアの固定性が、「秘伝技」や「神秘の世界」を結果として生じさせる、というものであろう。

また、これもすでに設定した点であるが、「第13章．資本家の指揮（Leitung）タイプ c の B 系統〔社会的分業〕」とは、第13章「機械設備と大工業」において、機械制大工業が社会的分業に及ぼす影響を対象に、これを資本家の指揮論（その具体的内容）として把握したものであった。そして、上記の引用文に関するここまでの論述を同 B 系統として理解し直すのであれば、同 B 系統に係わるマルクスの議論は、上記の引用文より、特に引用文の前半において、開始されたと見なしうるのである。そこで、便宜上、上記の引用文を B 系統 b.-1 と記しておこう。

では、上記の引用文に続き、第13章第9節「教育条項」ではマルクスはどのような内容を著述しているのであろうか。以下の通りである。

　　人間にたいして彼ら自身の社会的生産過程をおおい隠し、種々の自然発生的に分化された生産諸部門を互いに謎にし、また各部門の精通者にとってさえ謎にしていたヴェールを、大工業は引き裂いた。各生産過程を、それ自体として、さしあたりは人間の手をなんら考慮することなく、その構成諸要素に分解するという大工業の原理は、技術学（テヒノロギー）というまったく近代的な科学をつくり出した。社会的生産過程の多様な、外見上連関のない、骨化した諸姿態は、自然科学の意識的に計画的な、そしてめざす有用効果に従って系統的に特殊化された応用に分解された。技術学は、使用される道具がどれほど多様であろうとも、人間の身体のあらゆる生産行為が必然的にそのなかで行なわれる少数の大きな基本的運動諸形態を発見したのであるが、それはちょうど、機械学が、機械がどんなに複雑であっても単純な機械的力能の絶え間ない反復であることを見誤らないのと同じである。近代的工業は、ある生産過程の現存の形態

を決して最終的なものとはみなさないし、またそのように取り扱わない。それゆえ、近代的工業の技術的基盤は、革命的である——これまでの生産様式の技術的基盤はすべて本質的に保守的であったが。近代的工業は、機械設備、化学的工程、その他の方法によって、生産の技術的基礎とともに、労働者の諸機能および労働過程の社会的諸結合を絶えず変革する。(『資本論』③、836〜837ページ)

　以上において紹介したこの長文の引用文は、一読して理解できるように、大工業と社会の内部における分業との関係を論述したものではない。確かに、上記の引用文にある「謎にしていたヴェール」とは、マニュファクチュアが社会の内部における分業に与えた影響「排他的な一生産部門への生産者の包摂、生産者の仕事がもつ本来の多様性の破壊」(229ページ)に基づく結果ではある。しかし、これを「大工業は引き裂いた。」という事態は、もっぱら大工業の経営内のある分業に起因して生じたのである。したがって、上記の引用文全体で論述されている内容は、「第13章．資本家の指揮(Leitung) タイプcのA系統〔経営内分業〕」に属するものと判断できよう。この同A系統については、これまで中心的論点として詳論しており、また、立論の整理も行なっている。そこで、課題は上記の引用文の内容が同A系統の中でどのように位置づけられるのか、ということである。

　同A系統に関する本章での議論を振り返ってみるのであれば、本質的に同様の事柄を意味するある一点が不明のままであった。まず、第12章第5節の引用文(207ページ)からは、「この分離過程は、科学を自立的な生産能力として労働から分離して資本に奉仕させる大工業において完成する。」とは、具体的に何を意味するのか、課題として残されていたのである。次に、第13章第1節における、マニュファクチュアから機械体系・機械設備への移行、および、両者の関連性と相違点についての二つの引用文(209〜211ページ)からは、「力学、化学などの技術的応用」、「その理論的構想」、あるいは、「自然科学の意識的応用」とは、具体的に何を意味するのかという疑問が残されたままであった。さらに、第13章第4節においては、Leitungタイプcがもたらした新しい作業組織の内容を紹介した二つの引用文(218

〜219ページ、220〜221ページ）からは、「この分業は、純粋に技術的である。」、あるいは、「ところで、機械が古い分業体系を技術的にくつがえすとはいえ」、とマルクスは言明する。しかし、ここでの「技術的」とはいかなる意味であるのか、その具体的内容はいかなるものか、という点が明確にはなっていないのであった。

換言すれば、マルクスがしばしば高く評価する「自然科学」とは何か、これを資本家の指揮（Leitung）タイプ c が応用する具体的な機能は何か、また、なぜこの営為が「純粋に技術的」と形容されうるか、という諸点が未解明なまま残されていたのである。

以上より、上記の引用文が有する「第13章．資本家の指揮（Leitung）タイプ c の A 系統〔経営内分業〕」における役割は明確なものであろう。上述の未解明な諸点に明白な回答を与えることが、上記の引用文における課題なのである。つまり、これまでマルクスがしばしば言及してきた「自然科学」とは「技術学」(Technologie) という「まったく近代的な科学」なのであった。また、資本家が資本家の指揮（Leitung）タイプ c の方向で「技術学」を応用する際の具体的な機能も、上記の引用文より判明している。引用文3行目「各生産過程を、」から13行目「見誤らないのと同じである。」までが、その内容を論じた部分であろう。さらに、引用文から判断しうるように、生産過程を対象にして「技術学」が有する客観性故に、それを応用する際の指揮が極めて特殊なもの（資本家の指揮、Leitung、タイプ c、A 系統）であるとしても、「純粋に技術的」と形容しうる結果を残すのである。

上記の引用文においては最後に、「技術学」を適用するに至った近代的工業に関して、「これまでの生産様式の技術的基盤はすべて本質的に保守的であったが」と対照させる形で、マルクスは次のように断言しているのである。「それゆえ、近代的工業の技術的基盤は、革命的である。」「近代的工業は、…絶えず変革する。」そして、以上をもって、「第13章．資本家の指揮（Leitung）タイプ c の A 系統〔経営内分業〕」に類するマルクスの議論は完結する、と理解しうるのである。そこで、便宜上、上記の引用文部分を、A 系統 − 「技術学」と記しておこう。

では、上記の引用文以降、第9節「教育条項」に対応する著述部分におい

て、資本家の指揮（Leitung）タイプ c に類するマルクスの論述はどのように進行してゆくのであろうか。これは、その内容から判断し、三つの点の主張として区分しうるであろう。以下、連続している著述部分を三つの引用文として掲げながら、議論を行なってゆく。先の引用文（230～231 ページ）にすぐ続くのは次のような記述である。

> 近代的工業は、それとともに社会の内部における分業も絶えず変革し、大量の資本および大量の労働者をある生産部門から他の生産部門へ間断なく投げ入れる。それゆえ大工業の本性は、労働の転換、機能の流動、労働者の全面的可動性を条件づける。（『資本論』③、837 ページ）

　先の引用文で最後に記されていた、近代的工業の有する「革命的である」・「絶えず変革する」という特質を前提として、マルクスが上記の引用文において再び社会の内部における分業を問題とし始めている点は明白である。議論は、「第13章．資本家の指揮（Leitung）タイプ c の B 系統〔社会的分業〕」に戻ったのである。では、上記の引用文はその論理展開の中でどのように位置づけられるのであろうか。

　すでに論じたように（225～226 ページ）、「作業場の内部におけるマニュファクチュア的分業についてあてはまることは、社会の内部における分業についてもあてはまる。」（225 ページの引用文）という点について、両者に共通してあてはまることは、a．人間に対するマニュファクチュアの固定性、b．論理展開の仕方 1-3、であった。そして、端的に言えば、上記の引用文は社会の内部における分業を論じる際の b．論理展開の仕方 2 に相応する記述である、と位置づけられるのである。

　すなわち、b．論理展開の仕方 2 とは、大工業はマニュファクチュア時代特有の何らかの経済的事象を廃除する、ということである。この点を、経営内での分業＝マニュファクチュア的分業に適用したものが、「大工業は、一人の人間全体を生涯にわたって一つの細部作業に結びつけるマニュファクチュア的分業を技術的に廃除するが、」（224 ページの引用文より）という記述であった。この一文に対照させる形で、つまり上述の点を社会の内部におけ

る分業に適用しているものが、上記の引用文における「近代的工業は、それとともに社会の内部における分業も絶えず変革し、大量の資本および大量の労働者をある生産部門から他の生産部門へ間断なく投げ入れる。」という記述である。近代的工業は「大量の資本および大量の労働者をある生産部門から他の生産部門へ間断なく投げ入れる」ことにより、社会の内部における分業をも変革させるのである。つまり、社会の内部における分業の面でマニュファクチュアが示していた人間に対する固定性、「排他的な一生産部門への生産者の包摂、生産者の仕事がもつ本来の多様性の破壊」(229ページの引用文より) を、近代的工業は廃除するのである。さらに、上記の引用文の後半「それゆえ大工業の本性は、労働の転換、機能の流動、労働者の全面的可動性を条件づける。」とは、社会の内部における分業に関する旧来の固定性に代わる、社会の内部における分業についての新たな原則として「労働の転換、機能の流動、労働者の全面的可動性」を大工業は定めると理解しうるのである。

　「第13章. 資本家の指揮 (Leitung) タイプcのB系統〔社会的分業〕」は第2の段階に達したのである。そこで、上記の引用文を便宜上、B系統 b.-2 に位置する著述部分としておこう。また、上記の引用文を資本家の指揮論として厳密に考えるのであれば、「資本家の指揮(Leitung)タイプcのB系統〔社会的分業〕」は、社会的労働過程そのものをいきなり全面的に別の新しいものにすると解釈しうるのである。同タイプcの全く新たな側面がここで登場したのである。

　上記の引用文にすぐ続く、マルクスの第2の主張は以下の通りである。

> 他方、大工業は、その資本主義的形態においては、古い分業をその骨化した分立性とともに再生産する。すでに見たように、この絶対的矛盾が、労働者の生活状態のいっさいの平穏、堅固、および安全をなくしてしまい、労働者の手から労働手段とともに絶えず生活手段をたたき落とそうとしており、そして、労働者の部分機能とともに彼自身を過剰なものにしようとしている。さらに、この矛盾は、労働者階級の絶え間ない犠牲(いけにえ)の祭典、諸労働力の際限のない浪費、および社会的無政府性の荒廃

第7章　『資本論』第1巻第13章「機械設備と大工業」における資本家の指揮（Leitung）を解明する――特にタイプｃを中心として――

状態のなかで、暴れ回る。これは否定的側面である。しかし、労働の転換がいまや、ただ圧倒的な自然法則として、また、いたるところで障害に突きあたる自然法則の盲目的に破壊的な作用をともないながら、実現されるならば、大工業は、労働の転換、それゆえ労働者の可能な限りの多面性を一般的な社会的生産法則として承認し、そしてこの法則の正常な実現に諸関係を適合させることを、自己の破局そのものを通じて、死活の問題とする。大工業は、資本の変転する搾取欲求のために予備として保有され自由に使用されうる窮乏した労働者人口という奇怪事の代わりに、変転する労働需要のための人間の絶対的な使用可能性をもってくることを――すなわち、一つの社会的な細部機能の単なる担い手にすぎない部分個人の代わりに、さまざまな社会的機能をかわるがわる行なうような活動様式をもった、全体的に発達した個人をもってくることを、死活の問題とする。（『資本論』③、837〜838ページ）

　この第２の引用文でマルクスが力説していることは、第一に、大工業が分業に関してもたらすものは（とりわけ労働者に対して）二つの側面があること、ならびに、ここで重要なのは後者の側面であることの強調であり、第二に、先の引用文（Ｂ系統 b.-2）をより詳しく論じ、新たに必要とされる労働者の個人的特性を説くことである。
　第一の論点については次のように論じうる。上記の引用文の前半部分「他方、大工業は、……否定的側面である。」（1〜8行目）に関しては、大工業が経営内の分業を変化させ、その結果何を生じさせるのかという点を問題としており、本章での把握の仕方では「第13章. 資本家の指揮（Leitung）タイプｃのＡ系統〔経営内分業〕」に属する議論である。これに対し、上記の引用文の後半部分「しかし、労働の転換がいまや、……死活の問題とする。」（8〜20行目）に関しては、大工業が社会の内部における分業の編成についてどのような作用を及ぼすかを課題としており、本章での把握の仕方では「第13章. 資本家の指揮（Leitung）タイプｃのＢ系統〔社会的分業〕」に属する議論である。そして、引用文全体より判断すれば、前半部分を省みながら、これと対照させる形で後半部分の重要性を強調することがマルクスの本意で

あることがわかる。

　第二の論点については、引用文の後半部分において、先の引用文（B系統 b.-2）をより詳しく論じ、新たに必要とされる労働者の個人的特性を説いていることがわかる。その中でも核心は、新たに必要とされる労働者の個人的特性を中心課題として論じている、「大工業は、……変転する労働需要のための人間の絶対的な使用可能性をもってくることを——すなわち、一つの社会的な細部機能の単なる担い手にすぎない部分個人の代わりに、さまざまな社会的機能をかわるがわる行なうような活動様式をもった、全体的に発達した個人をもってくることを、死活の問題とする。」という記述であろう。

　さて、上記の引用文にすぐ続く、マルクスの第3の主張は以下の通りである。

　　大工業を基礎として自然発生的に発展した一契機は、総合技術および農学の学校であり、もう一つの契機は、労働者の子供たちが技術学とさまざまな生産用具の実際的な取り扱いとについてある程度の授業を受ける「"職業学校"」である。工場立法は、資本からやっともぎ取った最初の譲歩として、初等教育を工場労働と結びつけるにすぎないとすれば、労働者階級による政治権力の不可避的な獲得が、理論的および実践的な技術学的教育のためにも、労働者学校においてその占めるべき席を獲得するであろうことは、疑う余地がない。また、生産の資本主義的形態とそれに照応する経済的な労働者の諸関係とが、そのような変革の酵素とも、また古い分業の止揚というその目的とも真正面から矛盾することは、同じように疑う余地がない。しかし、一つの歴史的な生産形態の諸矛盾の発展は、その解体と新たな形成との唯一の歴史的な道である。「"靴匠は靴型以上に出るなかれ"」！という手工業的英知のこの "究極" は、時計工ワットが蒸気機関を、理髪師アークライトが経糸織機を、宝石細工職人フルトンが汽船を、発明した瞬間から、恐るべき愚かさとなった。（『資本論』③、838～839ページ）

　上記の引用文は、マルクスが大工業が社会の内部における分業に与える影

響を論じる際に、どのように位置づけられるのであろうか。「社会の内部における分業についてもあてはまる」ことの一つは、b. 論理展開の仕方 1-3 であった。そして、端的に言えば、上記の引用文は社会の内部における分業を論じる際の b. 論理展開の仕方 3 に相応する著述である、と位置づけられるのである。

すなわち、b. 論理展開の仕方 3 とは、大工業の資本主義的形態は、分業に関する何らかの経済的事象を新たに具体的に形成する、というものであった（226 ページ参照）。この点を、大工業における経営内での分業に適用したものが、「同時に、大工業の資本主義的形態は、この分業をいっそう奇怪なかたちで再生産する。」（224 ページの引用文より）という一文であった。そして、この一文と続くより詳細な記述（『資本論』③、834〜835 ページ）と対照させる形で、上述の点を社会の内部における分業に適用しているものが上記の引用文なのである。

そこで、社会の内部における分業との関連で新たに具体的に形成されたものは何か、ということを焦点とするのであれば、次のように論じられる。B 系統 b.-2 の分析より、「労働の転換、機能の流動、労働者の全面的可動性」という、社会の内部における分業に関する新たな原則を大工業は定めたのである。この原則をより具体的に表現するのであれば、「変転する労働需要のための人間の絶対的な使用可能性をもってくること」、あるいは、「さまざまな社会的機能をかわるがわる行なうような活動様式をもった、全体的に発達した個人をもってくること」（234〜235 ページの引用文より）を意味するのである。では、この新たに必要とされる労働者の個人的特性を、新たなタイプの賃労働者を育成するためには何が必要か。その点の回答を直截的に論述しているものこそ上記の引用文に他ならないのである。そして、マルクスの回答とは、広範囲な労働者およびその子供たちのための、職業と技術に関する各種の専門的学校の必要性、および、そこでの中心科目が「技術学」（Technologie）であること、なのである。

以上のように、上記の引用文において大工業と社会的分業との関連に関するマルクスの議論は新しい段階を迎えたのである。つまり、「第 13 章. 資本家の指揮（Leitung）タイプ c の B 系統〔社会的分業〕」は第 3 の段階に達し

たのである。そこで、上記の引用文を便宜上、B系統b.-3に位置する著述部分としておこう。また、上記の引用文をもって、つまり、労働者のための各種の専門的学校の必要性、ならびに、そこでの教育上の「技術学」の中心的役割をマルクスが強調することで、同B系統は完結するものと考えられる。

なお、「第13章. 資本家の指揮（Leitung）タイプcのB系統〔社会的分業〕」については次の諸点を付言できよう。まず、B系統b.-3にて結論として生じた、各種の専門的学校を設立すること、および、そこでの中心科目を「技術学」と定めることは、もちろん資本家の指揮（Leitung）ではない。生産過程における協業と離れた領域での事象なのである。また、技術・職業教育の発展とは、個別資本というよりも、総資本の課題として捉えるべきかもしれない。そして、第13章第9節からの引用文（233、234〜235、236ページ）からわかるように、技術・職業教育の発展については経済理論の論理以外の面も（工場立法、労働者階級による政治権力の獲得など）視野に入れなければならない。さらに、同じく、従来「第13章. 資本家の指揮（Leitung）タイプcのA系統〔経営内分業〕」を一貫して追求してきた資本家が、同B系統に転じるためには、つまり、「変転する労働需要のための人間の絶対的な使用可能性」の重要性を理解するためには、紆余曲折と長い期間を要することもわかる。

しかし、B系統b.-2において行使した資本家の指揮（Leitung）が、つまり、「大量の資本および大量の労働者をある生産部門から他の生産部門へ間断なく投げ入れる」ことが（＝社会的労働過程そのものをいきなり全面的に別の新しいものにすることが）、時間を要するとはいえ、必然性をもってB系統b.-3に到達する、と筆者はマルクスの著述より理解している点を強調しておこう。

最後に、『資本論』第1巻第13章における、資本家の指揮（Leitung）タイプcに属する議論についてマルクスの結論を探らなければならない。そのためには、第13章において資本家の指揮について最後に論じている同第9節に関し、その難解かつ複雑な内容を分析した本章第3節を簡単に振り返ることが有用であろう。

第13章第9節の「教育条項」に対応する著述部分においては、「作業場の内部におけるマニュファクチュア的分業についてあてはまることは、社会の内部における分業についてもあてはまる。」というパラグラフ冒頭の一文以降、大規模な機械設備が出現した際の資本家の指揮（Leitung）タイプcは、機械制大工業の内部での分業とその変化を問題とする「第13章．資本家の指揮（Leitung）タイプcのA系統〔経営内分業〕」、ならびに、機械制大工業が社会的分業に及ぼす影響を問題とする「第13章．資本家の指揮（Leitung）タイプcのB系統〔社会的分業〕」と明確に二分して議論を展開しなければならないのであった。

　そして、このパラグラフにおいてマルクスが最初に論じる内容（229ページの引用文）はB系統b.-1と称しうるものであった。「手工業とマニュファクチュアが社会的生産の一般的基礎をなしている限り、排他的な一生産部門への生産者の包摂、生産者の仕事がもつ本来の多様性の破壊は、必然的な発展契機である。」というマルクスの論述からは、マニュファクチュアは社会の内部における分業という面からも人間を固定化させることがわかり、同時に、社会的分業に関する議論である「第13章．資本家の指揮（Leitung）タイプcのB系統〔社会的分業〕」はマニュファクチュアおよびその固定性から出発することを意味するのであった。

　ところが、このパラグラフにおいて次にマルクスが論じる内容（230〜231ページの引用文）は、機械制大工業の内部での分業とその変化を対象としたものであり、A系統－「技術学」と称しうるものとなる。従来マルクスが評価してきた「自然科学」とは「技術学」（Technologie）であることを明かし、資本家が資本家の指揮（Leitung）タイプcの方向で「技術学」を応用する際の具体的な機能も説くのであった。そして、ここでの論述をもって「第13章．資本家の指揮（Leitung）タイプcのA系統〔経営内分業〕」は完結するのである。

　一転し、このパラグラフにおいてマルクスが次に進むのは、B系統b.-2と記しうる一文である（233ページの引用文）。近代的工業は「大量の資本および大量の労働者をある生産部門から他の生産部門へ間断なく投げ入れる」ことにより、B系統b.-1として示した社会的分業に関するマニュファクチュ

アの固定性を廃除するのであった。同時に、大工業は、社会の内部における分業に関する新たな原則として、「労働の転換、機能の流動、労働者の全面的可動性」を定めるのであった。そして、続く論述においては（234～235ページの引用文）、再び「第13章．資本家の指揮（Leitung）タイプcのA系統〔経営内分業〕」とその否定的側面に触れながら、上記の原則をより具体的に、新たに必要とされる労働者の個人的特性として説いてゆく。その要点は、「変転する労働需要のための人間の絶対的な使用可能性をもってくること」、つまり、「さまざまな社会的機能をかわるがわる行なうような活動様式をもった、全体的に発達した個人をもってくること」なのである。

このパラグラフにおいて、マルクスが最後に力説するものがB系統 b.-3 と称しうる一文である（236ページの引用文）。つまり、上述した新たに必要とされる労働者の個人的特性を実現するために、大工業の資本主義的形態が、社会の内部における分業と関連して、新たに具体的に形成するものは、労働者およびその子供たちのための、職業と技術に関する各種の専門的学校を設立し、そこでの中心科目として「技術学」を設定することであった。

以上の第9節の要約より、第13章における資本家の指揮（Leitung）タイプcに属する議論に関するマルクスの結論として、次の2点を導き出すことができよう。

まず、『資本論』③、836～839ページについての以上の要約では、一つのパラグラフの中で、一方で「第13章．資本家の指揮（Leitung）タイプcのA系統〔経営内分業〕」に関する議論が「技術学」を登場させることで完結され、他方では、初めて「第13章．資本家の指揮（Leitung）タイプcのB系統〔社会的分業〕」に関する議論が出現し、その展開は「技術学」の重要性を力説することで終了している。また、この一つのパラグラフの中で、同A系統についての論述と同B系統についての論述が交互に行なわれている。さらに、マルクスは同A系統を振り返りながら同B系統の重要性を説くという叙述も行なっていた。すなわち、機械制大工業およびそこでの資本家の指揮（Leitung）タイプcが生じさせたA系統とB系統という二面性が併存するかたちで継続してゆくこと。その二面性の併存は、『資本論』第1巻第13章「機械設備と大工業」以降において、ならびに、機械制大工業以後の

現実の資本制経済において継続するのである。これが第一の結論である。

次に、先のパラグラフにおいて、「第13章. 資本家の指揮（Leitung）タイプcのA系統〔経営内分業〕」に関する議論は「技術学」を登場させることで完結し、また、全面的に展開された同B系統に関する議論はマルクスが「技術学」の役割を強調することで終了している。すなわち、第13章「機械設備と大工業」に至り、社会的労働過程を課題とする限り、「技術学」が不可避的に重要となること、これが第二の結論なのである。換言すれば、資本家の指揮が工場内で社会的労働過程を対象とする際に「技術学」の応用が不可欠となっていた、のみならず、職業と技術に関する各種の専門的学校において、「技術学」は労働者が個人として全体的な発達を実現するための中心科目と位置づけられるのである。二重の意味での「技術学」の重要性が生じたのである。

結びに代えて、ここでマルクスの叙述の仕方について論じておこう。それは、なぜ、第9節「工場立法（保健および教育条項）。イギリスにおけるそれの一般化」の「教育条項」で資本家の指揮（Leitung）タイプcの本論・結論が述べられているのか、および、先のパラグラフにおいてマルクスはなぜかような複雑かつ難解な著述の仕方を行なっているのか、という疑問を解くことである。実は、この二つの疑問点については、その回答は表裏一体の関係をなしている。前者に対しては次のような回答が導き出せよう。タイプcのA系統は「技術学」の登場で完了する。タイプcのB系統の結論は、各種の専門的学校の必要性、そこでの中心科目は「技術学」である、ということであった。つまり、B系統の結論として各種の専門的学校が出現し、かつ、両系統において「技術学」という研究・教育が結論として出現する故に、著述を「教育条項」で行なったのであろう。後者の疑問に対しては、「技術学」がA系統およびB系統の結論であるということを、さらには、「技術学」が二重の意味で重要である点を強調するために、かかる著述の仕方を要したということであろう。

さて、以上のように結論の一つとして「技術学」（Technologie）の重要性が生じてきた。そこで、目下の課題として、「技術学」とはいかなるものであるのかをより詳しく明かすこと、また、現在どのような展開を示している

のか、という点が挙げられる。本書では以降、まず最初に補章として、これらの諸点を解明することから開始してみよう。

補　章　技術学（Technologie）とは何か、技術学の現在

　この補章の課題は本書第7章と関連した諸点の解明である。前章における論述および引用文と重複する部分もあるが再び取り上げることとする。前章においては、『資本論』第1巻第13章「機械設備と大工業」における資本家の指揮（Leitung）の具体的内容を明確にすることを試みた。その際の分析の中心的視点は、資本家の指揮（Leitung）タイプc（「資本主義的生産様式に特有な指揮の機能」が協業に際して「社会的労働過程」を対象として行なうもの）であった。ところで、この大規模な機械設備が出現した際の指揮（Leitung）タイプcに類するマルクスの論述は、同第13章第9節「工場立法（保健および教育条項）。イギリスにおけるそれの一般化」において、以下のような展開をしめしている。まず、機械制大工業の内部での分業とその変化（大工業は従来のマニュファクチュア的分業をどのように変化させたのか）を対象に論じたものであり、筆者は、これを資本家の指揮論（その具体的内容）として把握したものを、「第13章．資本家の指揮（Leitung）タイプcのA系統〔経営内分業〕」と命名した。次に、これに対し、マルクスは機械制大工業が社会の内部における分業に及ぼす影響を対象に論じてゆき、筆者は、これを資本家の指揮論（その具体的内容）として把握したものを、「第13章．資本家の指揮（Leitung）タイプcのB系統〔社会的分業〕」と命名した。マルクスはこの第9節において初めて、A系統〔経営内分業〕およびB系統〔社会的分業〕を併存するかたちで論じているのである。そして、『資本論』第1巻第13章における資本家の指揮（Leitung）タイプcに属する議論についての、マルクスの一つの結論は次のようなものとなる。同第9節においては、「第13章．資本家の指揮（Leitung）タイプcのA系統〔経営内分業〕」に関する議論は「技術学」（Technologie）を登場させることで完結し、また、同

第9節で全面的に展開された「第13章. 資本家の指揮（Leitung）タイプ c の B 系統〔社会的分業〕」に関する議論はマルクスが「技術学」の役割を強調することで終了している。すなわち、第13章「機械設備と大工業」に至り、社会的労働過程を課題とする限り、「技術学」が不可避的に重要となること、これが一つの結論なのである。換言すれば、資本家の指揮が社会的労働過程を対象とする際に「技術学」の応用が不可欠となっていた、のみならず、職業と技術に関する各種の専門的学校において、「技術学」は労働者が個人として全体的な発達を実現するための中心科目と位置づけられるのである。二重の意味での「技術学」の重要性が生じたのである。(245〜246および248ページの引用文参照)

さて、以上のように一つの結論として「技術学」（Technologie）の重要性が生じてきた。そこで、目下の課題として、「技術学」とはいかなるものであるのかをより詳しく明かすこと、また、現在どのような展開を示しているのか、という点が生じてくる。本書での課題として、本書第7章に対する補章という形で、これらの諸点を解明してみよう。

1. マルクスの言及

マルクスは『資本論』においてしばしば高く評価した上で技術学を紹介している。例えば、以下の一文に見られる通りである。同文からは、技術学は「唯一の唯物論的な、それゆえ科学的な方法」に資する重要な一学問・一手段とも評していることがわかるのである。

> 批判的な技術学史（テヒノロギー）があれば、それは、およそ、18世紀のどの発明も一個人のものであることがいかに少ないかを、証明するであろう。これまでのところ、このような著作は存在していない。ダーウィンは、自然の技術学の歴史に、すなわち、動植物の生活のための生産用具としての動植物の諸器官の形成に、関心を向けた。社会的人間の生産的諸器官の、すなわち、特殊な各社会組織の物質的土台の、形成史も、同じような注意に値するのではないか？ そして、この形成史のほうが、いっそう容

補　章　技術学（Technologie）とは何か、技術学の現在

易に提供されうるのではなかろうか？　そのわけは、ヴィーコが言うように、人間の歴史が自然の歴史から区別されるのは、前者はわれわれがつくったのであるが、後者はそうでないという点にあるからである。技術学は、人間の自然にたいする能動的態度を、人間の生活の直接的生産過程を、それとともにまた人間の社会的生活関係およびそれから湧き出る精神的諸表象の直接的生産過程を、あらわにする。どんな宗教史も、この物質的土台を度外視するものは──批判的とは言えない。実際、分析によって宗教的な諸幻像の現世的核心を見いだすことは、その逆に、そのときどきの現実的生活諸関係からそれらの天国的な諸形態を展開することよりも、はるかに容易である。後者が唯一の唯物論的な、それゆえ科学的な方法である。（『資本論』③、645〜646 ページ）

さて、『資本論』第 1 巻第 13 章第 9 節においてマルクスが技術学に言及していたものは、二つの論理展開においてであった。第一は、「第 13 章．資本家の指揮（Leitung）タイプ c の A 系統〔経営内分業〕」において、その論理を完結するに際して次のように技術学を論じていたのである。

人間にたいして彼ら自身の社会的生産過程をおおい隠し、種々の自然発生的に分化された生産諸部門を互いに謎にし、また各部門の精通者にとってさえ謎にしていたヴェールを、大工業は引き裂いた。各生産過程を、それ自体として、さしあたりは人間の手をなんら考慮することなく、その構成諸要素に分解するという大工業の原理は、技術学（テヒノロギー）というまったく近代的な科学をつくり出した。社会的生産過程の多様な、外見上連関のない、骨化した諸姿態は、自然科学の意識的に計画的な、そしてめざす有用効果に従って系統的に特殊化された応用に分解された。技術学は、使用される道具がどれほど多様であろうとも、人間の身体のあらゆる生産行為が必然的にそのなかで行なわれる少数の大きな基本的運動諸形態を発見したのであるが、それはちょうど、機械学が、機械がどんなに複雑であっても単純な機械的力能の絶え間ない反復であることを見誤らないのと同じである。近代的工業は、ある生産過程の現存の形態

を決して最終的なものとはみなさないし、またそのように取り扱わない。それゆえ、近代的工業の技術的基盤は、革命的である——これまでの生産様式の技術的基盤はすべて本質的に保守的であったが。近代的工業は、機械設備、化学的工程、その他の方法によって、生産の技術的基礎とともに、労働者の諸機能および労働過程の社会的諸結合を絶えず変革する。(『資本論』③、836～837ページ)

　すでに、第9節以前の第13章においてマルクスは大規模な機械設備が出現した際の資本家の指揮(Leitung)タイプcに類する議論を進行してきた。しかし、そこでマルクスがしばしば高く評価する「自然科学」とは何か、これを資本家の指揮(Leitung)タイプcが応用する具体的な機能は何か、また、なぜこの営為が「純粋に技術的」(『資本論』③、727ページ)と形容されうるか、という諸点が未解明なまま残されていたのである。
　それに対し、上記の引用文が有する「第13章．資本家の指揮(Leitung)タイプcのA系統〔経営内分業〕」における役割は明確なものであろう。上述の未解明な諸点に明白な回答を与えることが、上記の引用文における課題なのである。つまり、これまでマルクスがしばしば言及してきた「自然科学」とは「技術学」(Technologie)という「まったく近代的な科学」なのであった。また、資本家が資本家の指揮(Leitung)タイプcの方向で技術学を応用する際の具体的な機能も、上記の引用文より判明している。引用文3行目「各生産過程を、」から13行目「見誤らないのと同じである。」までが、その内容を論じた部分であろう。さらに、引用文から判断しうるように、生産過程を対象にして技術学が有する客観性故に、それを応用する際の指揮が極めて特殊なもの(資本家の指揮、Leitung、タイプc、A系統)であるとしても、「純粋に技術的」と形容しうる結果を残すのである。
　第二は、「第13章．資本家の指揮(Leitung)タイプcのB系統〔社会的分業〕」における、その結論としての技術学の言及である。マルクスは第1巻第13章第9節において、まず、「手工業とマニュファクチュアが社会的生産の一般的基礎をなしている限り、排他的な一生産部門への生産者の包摂、生産者の仕事がもつ本来の多様性の破壊は、必然的な発展契機である。」(同

上、836ページ）と論じた後に、これに相対する形で、「近代的工業は、それとともに社会の内部における分業も絶えず変革し、大量の資本および大量の労働者をある生産部門から他の生産部門へ間断なく投げ入れる。それゆえ大工業の本性は、労働の転換、機能の流動、労働者の全面的可動性を条件づける。」（同上、837ページ）と論述することにより、「第13章．資本家の指揮（Leitung）タイプcのB系統〔社会的分業〕」に関する議論を実質的に開始するのである。そして、この「労働の転換、機能の流動、労働者の全面的可動性」という、社会の内部における分業に関する新たな原則をより詳しく述べるために、また、そこで新たに必要とされる労働者の個人的特性を説くために、次のように論を進めるのである。「大工業は、労働の転換、それゆえ労働者の可能な限りの多面性を一般的な社会的生産法則として承認し、そしてこの法則の正常な実現に諸関係を適合させることを、自己の破局そのものを通じて、死活の問題とする。大工業は、資本の変転する搾取欲求のために予備として保有され自由に使用されうる窮乏した労働者人口という奇怪事の代わりに、変転する労働需要のための人間の絶対的な使用可能性をもってくることを——すなわち、一つの社会的な細部機能の単なる担い手にすぎない部分個人の代わりに、さまざまな社会的機能をかわるがわる行なうような活動様式をもった、全体的に発達した個人をもってくることを、死活の問題とする。」（同上、838ページ）

では、「労働者の可能な限りの多面性」、「変転する労働需要のための人間の絶対的な使用可能性をもってくること」、あるいは、「さまざまな社会的機能をかわるがわる行なうような活動様式をもった、全体的に発達した個人をもってくること」という、この新たに必要とされる労働者の個人的特性を、新たなタイプの賃労働者を育成するためには具体的に何が必要か。その点を以下の引用文のように論述することで「第13章．資本家の指揮（Leitung）タイプcのB系統〔社会的分業〕」は完結するのである。そして、上記の課題に対するマルクスの回答が、広範囲の労働者およびその子供たちのための、職業と技術に関する各種の専門的学校の必要性、および、そこでの中心科目が技術学（Technologie）であることは、引用文より判明している。

大工業を基礎として自然発生的に発展した一契機は、総合技術および農学の学校であり、もう一つの契機は、労働者の子供たちが技術学とさまざまな生産用具の実際的な取り扱いとについてある程度の授業を受ける「"職業学校"」である。工場立法は、資本からやっともぎ取った最初の譲歩として、初等教育を工場労働と結びつけるにすぎないとすれば、労働者階級による政治権力の不可避的な獲得が、理論的および実践的な技術学的教育のためにも、労働者学校においてその占めるべき席を獲得するであろうことは、疑う余地がない。また、生産の資本主義的形態とそれに照応する経済的な労働者の諸関係とが、そのような変革の酵素とも、また古い分業の止揚というその目的とも真正面から矛盾することは、同じように疑う余地がない。しかし、一つの歴史的な生産形態の諸矛盾の発展は、その解体と新たな形成との唯一の歴史的な道である。「"靴匠は靴型以上に出るなかれ"」！という手工業的英知のこの"究極"は、時計工ワットが蒸気機関を、理髪師アークライトが経糸織機を、宝石細工職人フルトンが汽船を、発明した瞬間から、恐るべき愚かさとなった。(『資本論』③、838～839ページ)

さて、先に本章の課題が、「技術学」とはいかなるものであるのかをより詳しく明かすこと、また、現在どのような展開を示しているのか、と述べた。それは、マルクスが当時直面していた技術学とは、つまり、245～246ページの引用文および248ページの引用文で取り上げていた技術学とは、具体的にどのようなものであったのかを検証することである。同時に、「技術学」は現在どのような展開を示しているのかという点は、マルクスが当時希求していた、「これまでのところ、このような著作は存在していない」「批判的な技術学史」の水準に到達しているのかを検討することでもある。

2. ベックマン（Johan Beckmann）、星野芳郎教授の業績

本章の冒頭において課題として示した、「技術学」（Technologie）に関する二つの論点を解明するには、換言すれば、補章第1節の最後にまとめた以上

補　章　技術学（Technologie）とは何か、技術学の現在

の2点の検討課題を共に解決するためには、星野芳郎教授の業績を振り返り・取り上げることが有用となる。星野教授は博士学位論文「技術の体系」の序論において、次のように論を開始している。

　　工業労働には、じつに多くの種類がある。工業技術は、千差万別の労働において、個々に必ず有効でなければならないから、その内容は複雑多岐をきわめている。そのような工業技術を、何らかの理論によって体系づけようとする試みは、産業革命の初期に始まっている。
　　ドイツのベックマン（Johan Beckmann）は、その著書「一般技術学の輸廓」（Entwurf der Allgemeine Technologie, 1806）のなかで、工業諸部門の分類を外部的な経済要因によって行うのではなく、それらの技術の主要な諸機能の内部的な類似によって行うべきことを主張しており、そこに統一的な技術学が成立すると述べている。
　　ベックマンによると、技術学には、特殊技術学（Spezielle Technologie）と一般技術学（Allgemeine Technologie）とがある。特殊技術学の内容は、特定の原料や材料から特定の製品を製造するさいの全工程の記述である。たとえば、毛布の製造にあっては、(1) 羊毛を洗い浸油し梳毛することによって準備的加工を行い、(2) 練紡、紡績によって紡糸し、(3) これに若干の副加工をほどこして織機にかけ、(4) この織物から搗晒機によって本格的な毛氈をつくり、(5) けば立て、剪截、加熱、加圧等によって外観をよくするというような、すべての工程を叙述することが、特殊技術学の内容である。
　　これに対して、一般技術学の内容は、さまざまな産業の生産工程の個々の操作に共通している方法を取りだして整理することである。たとえば、(1) 引き裂く、切断する、磨りつぶす、押し砕く、打ち砕く、掻き削るというような、材料の分割ないしは細砕、(2) 突き刺す、貫孔、中ぐりのような穿孔、(3) 鋳造、鍛錬、圧延、彎曲、圧縮、延伸、鉋かけ、鑢かけ、旋盤加工というような製造ないしは加工、(4) 縛る、縒る、編む、織る、縫う、膠接、蝋接、鍛接、鋲打ち、釘打というような材料の統一ないしは構成等々という如く、さまざまな生産工程内部のす

249

べての方法を総括し、記述し、比較することが、一般技術学の内容である。

そしてベックマンは、このようにして「一見異なる労働や道具の内的な類似性を明らかにし、さらに、同一目的に対するさまざまな手段の存在を説明するならば、これらの方法をみごとにやってのけるということに対して、非常な興味が呼びおこされ、新しい観点が与えられるにちがいなく、また、理解力や観察力を効果的に実地に高めて行くことができるであろう。実際的な産業人は、こうしたやりかたによって認識を広く深くし、一見遠く離れた技術部門での方法をわがものとし、自己の部門に有利に導入できるようになるであろう。」と言っている。

産業革命とともにあらゆる産業部門に現われたさまざまな生産工程の知識を整理し、体系づけることが、当時の産業界から強く要求されたことは、想像にかたくない。特定の生産工程の内容を記述する特殊技術学は、ことに当時の経営者に必要とされたであろう。また、技術者や労働者の教育のためには、特殊技術学のみならず一般技術学と言われているような学問の形成が必要であったろう[1]。

ヨハン・ベックマン（1739-1811）に関して、上記の引用文より、彼が統一的な技術学（Technologie）の提唱者であったこと、その技術学は特殊技術学および一般技術学の二部構成であること、そして、その特殊技術学ならびに一般技術学の定義（おおよその内容）を理解しうるであろう。しかし、本章においてより肝心な点は、『資本論』における技術学についての記述（245～246ページの引用文）と上記の引用文とを比較し・対照しながら検討することである。この点を通して、本章における第一の課題、マルクスが当時直面していた技術学とは具体的にどのようなものであったのかを解明しうるのである。

その点でまず、マルクスは、245～246ページの引用文において、「各生産過程を、それ自体として、さしあたりは人間の手をなんら考慮することな

---

1) 星野芳郎「技術の体系」（博士学位論文、東京工業大学、1980年）、序論Ⅰ～Ⅱページ。

補　章　技術学（Technologie）とは何か、技術学の現在

く、その構成諸要素に分解するという大工業の原理は、技術学《テヒノロギー》というまったく近代的な科学をつくり出した。」と述べている。このマルクスの記述と、星野教授によるベックマンの特殊技術学に関する論述（249～250ページの引用文、11～18行目）とを比較しなければならない。マルクスは、大工業の原理として各生産過程をその構造要素に分解することを取り上げて、これを技術学《テヒノロギー》と関連づけている。これに対し、星野教授は、ベックマンの特殊技術学の内容として全工程を構成する諸要素に分解した上ですべての工程を叙述すること、と把握されているのである。つまり、マルクス・星野教授とも、ほぼ同一の学問事象を取り扱い、ほぼ同一の内容を言及していることがわかる。

　次に、245～246ページの引用文6行目以降のマルクスの論述と星野教授の引用文19行目以降とを比較しなければならない。第一に、マルクスは、「社会的生産過程の多様な、外見上連関のない、骨化した諸姿態は、自然科学の意識的に計画的な、そしてめざす有用効果に従って系統的に特殊化された応用に分解された。」と論じている。この内容は、星野教授の引用文におけるベックマン自身の言及と、見地とニュアンスの差はあれ、全く同一のものであろう。

　第二に、続いてマルクスは、「技術学は、使用される道具がどれほど多様であろうとも、人間の身体のあらゆる生産行為が必然的にそのなかで行なわれる少数の大きな基本的運動諸形態を発見したのであるが、それはちょうど、機械学が、機械がどんなに複雑であっても単純な機械的力能の絶え間ない反復であることを見誤らないのと同じである。」と論じている。この内容は、星野教授の引用文に際して「これに対して、一般技術学の内容は、さまざまな産業の生産工程の個々の操作に共通している方法を取りだして整理することである。たとえば、……さまざまな生産工程内部のすべての方法を総括し、記述し、比較することが、一般技術学の内容である。」という、ベックマンの一般技術学に関する教授の内容規定と全く同一のものに他ならない。

　以上の検討から明らかなように、マルクスが『資本論』において直面していた技術学とは、ヨハン・ベックマンの技術学であり、特殊技術学と一般技

術学より構成される技術学であると断定して差し支えないのである。また、マルクスには、1851年作成とされている「技術学に関する僕のノート」が存在している。このノートには、ベックマン『発明史論稿』第1～5巻 1782～1805年、および、ポッペ『科学の復興から18世紀末までの技術史』第1～3巻　1807～11年、からの詳細な書き抜きがあったという[2]。

さて、星野教授の博士学位論文においては、19世紀の中頃から、工学系の各学会がぞくぞくと成立するに及んで、それらの学会の編さんによる特定の生産工程に対するハンドブックが数多く出版されるようになり、ベックマンのいう特殊技術学に関しては、ベックマン学派がとくに寄与する余地は狭められた、と述べられている。そして、ベックマン学派のゆくえについて次のように論じられている。

　　これに対して、生産工程の個々の作業の目的や内容の共通性にもとづいて全技術体系を統一的にとらえようという一般技術学においては、ベックマン学派の活動の余地は多分にあったはずである。なぜなら、そのような学問の形成は、個々の学会の活動の範囲をこえるものであり、各学会を横断するような組織の活動によって、はじめて可能だからである。
　　しかし、この部門においては、ベックマン学派は、さまざまの産業分類の基準を求めようと努力したものの、ついに統一的な論理を提示できずに終った。たとえばユンク（Jung）は、機械的作業を手による製造法と機械による製造法とに分け、化学的作業を湿式法と乾式法とに分けた。ベックマンは、さまざまの産業は、動物界、植物界、鉱物界のそれぞれの産物を加工し改良する三つの産業に分けうると説いた。

---

[2] 不破哲三著、『資本論』はどのようにして形成されたか、新日本出版社　2012年、176～177ページ。
　なお、現行『資本論』第1巻第13章「機械設備と大工業」が『経済学批判』以降、どのような経緯で執筆され・完成されたのかを同書は明らかにしている。さらに不破氏は、マルクスが技術学を詳論した同第13章「第9節　工場立法（保健および教育条項）。イギリスにおけるそれの一般化」は、1866年1月から始まった『資本論』第1部完成稿の作成作業において新たに追加されたものと推定している。詳しくは、この好著第7～第9章に譲るものとする。

補　章　技術学（Technologie）とは何か、技術学の現在

　ロエスリンク（Lösring）は、生産物の本質がその原料のほんらいの化学性質によって直接に規定されている産業と、生産物の本質が原料の化学的性質のほかにそれに加えられた特定の形によって規定される産業とに分類し、さらに後者を、主要な生産行為が分離にあるもの、同質ないし異質の物質の結合にあるもの、分離にも結合にも見られないものに分類した。

　これらは、ベックマン学派による産業分類論の一部にすぎないが、見られるように、分類の規準が、製造法の現象的な相違や、資源の違いや、物質の変化の構造の違いによっていて、それらすべてをふくめた、全技術体系を一貫した論理が示されているわけではない。じつは、その論理こそ、技術学の論理であろうし、それにもとづいた全技術体系の統一的な記述こそ、特殊技術学及び一般技術学の内容であったろうが、ベックマン学派は、ついにそのような技術学の形成に成功せず、19世紀中葉に学派の歴史を閉じた[3]。

上記の引用文では、一般技術学および技術学の課題が再度述べられている（1〜2行目、および、21〜24行目）と同時に[4]、「ベックマン学派は、ついにそのような技術学の形成に成功せず、19世紀中葉に学派の歴史を閉じた。」ことが明確となった。では、なぜベックマン学派は失敗したのか、この点を星野教授は以下のように論じる。それはまた、教授の博士学位論文の目的と考察方法を明らかにし始めることでもある。

　ベックマン学派が、なぜ、全工業技術体系を統一的にとらえる論理の骨格を発見できなかったかと言えば、第一の理由は、生産工程（労働過程）を、全技術体系の中心に据えなかったことにあると思われる。広い意味の生産工程は、現象的に見れば、資源や原材料や人・貨物の位置や発生情報などの入力が、各種生産物や輸送効果や再生情報などの出力に

---

[3]　星野、前掲稿、序論Ⅲページ。
[4]　星野教授は、ベックマンが一般技術学の課題とした点として「各種の作業要素に共通する目的や方法の整理や体系化」とも示されている。（同上、序論Ⅲページ）

変換する過程を主軸としている。

　この入力・出力変換過程を作業システムとすれば、その作業に必要なエネルギーを供給するシステムはエネルギー供給システム、作業の方向と速度を指示するシステムは、制御情報システムと呼ぶことができる。そして、これら三つのサブシステムによって構成されるものが、機械や装置（労働手段）である。この労働手段を介して、技術者や労働者などの労働力が、入力（労働対象）を出力（広義の生産物）に転化させ、目的を実現するのである。

　つぎに、ベックマン学派は、技術発展の論理構造をとらえることに関心がなかった。技術の発展は特定の生産工程に対して、従来より技術水準の高い特定の目的が課されることから始まる。その目的を達成すべき手段は、労働力と労働手段と労働対象であるが、このさいの目的と手段との矛盾が、技術発展の根源的な契機である。技術者や労働者は、開発や生産において努力する過程で、自己の能力を向上させ、また、新たな性能の労働手段や労働対象を見いだして、目的と手段との矛盾を克服し、目的は実現される。実現された目的が、広義の生産物である。

　では、特定の生産工程に課された特定の目的は、どこからどのようにして措定されたか。その目的は、生産工程相互の矛盾によって生じたものである。

　さまざまの産業部門における生産工程は、資源から原料や燃料を取りだす採取、原料から二次原料や材料を製造する原材料生産、原材料から寸法を第一義的に重視する製品をつくる機械生産、自然の基盤の上にあらゆる生産工程の場をつくる建設、人や貨物の輸送、情報を再生し、あるいは問題を数量的に解く情報処理、エネルギー資源からエネルギーを生産するエネルギー生産の7部門に分類できるが、これらは相互に目的となり手段となって密接に結合しあい、そのような生産工程の連鎖の上に、全技術体系が形成されている。

　ベックマン学派は、産業分類を試みたが、生産工程を全技術体系の中心に据えなかったので、生産工程が相互に目的となり手段となって全産業の骨組みをつくっていることに気づかず、技術学の樹立に有効である

補　章　技術学（Technologie）とは何か、技術学の現在

ような産業分類の規準をとらえ得なかったのである。

　さて、たとえば、機械生産部門において、ガスタービンのような動力機械が設計されれば、それは新たな耐熱材料の開発を原材料部門に要求し、機械生産と原材料生産とのあいだに矛盾が生じる。この矛盾が、原材料生産工程に対して、新たな目的を措定するのである。

　つぎに、耐熱材料が開発されて、機械生産と原材料生産との矛盾が克服され、ジェット機の設計が可能になると、プロペラ機にくらべてのその相対的な揚力の低さと、ずばぬけた高速のために、新たな航空管制システムをそなえた空港が、建設部門に要求される。ふたたび、機械生産と建設とのあいだに、矛盾が生じ、建設工程に対し、新たな目的が措定される[5]。

　すなわち、上記の引用文より博士学位論文における考察方法として次の三点を重視していることがわかる。第一に、生産過程（労働過程）を全技術体系の中心に据えることである。第二に、技術発展の論理構造をとらえることを中心的課題とすることである。第三は、産業分類における7部門に関し、これらがどのように相互に目的となり手段となって密接に結合しあうのかを、全技術体系の形成として把握することである。

　換言すれば、「ベックマン学派は、産業分類を試みたが、生産工程を全技術体系の中心に据えなかったので、生産工程が相互に目的となり手段となって全産業の骨組みをつくっていることに気づかず、技術学の樹立に有効であるような産業分類の規準をとらえ得なかったのである。」というベックマン学派の実相と、全く逆の道を進みだそうとする点が星野教授の考察方法なのである。その上で、当博士学位論文の第一次的な目的を次のように述べるのである。それは、現代の特殊技術学というべきものの課題を提示し、これを確立しようということであろう。

　ベックマンのいう特殊技術学は、このような7つの生産工程の記述に

---

[5] 星野、前掲稿、序論V～VIページ。

かかわる学問である。特殊技術学は、特定の生産工程ごとに成りたつが、千差万別の生産工程が7つの部門に集約されるとすれば、特殊技術学もまた7つの部門に集約されるはずである。そして、各部門ごとに個々の特殊技術学相互に共通するシステムを見いだすと同時に、見いだされた各部門のシステムの特性を明らかにすることが必要になる。

　それによって、個々の生産工程の内容が鮮明に理解されるとともに、各生産工程相互の技術的結合の論理的必然性が明らかにされるはずである。本論文の第3章は、それらを論じた形になっている[6]。

　7つの部門の生産工程において、人間が広義の自然と切り結ぶ基本的関係を明らかにすることを教授は当博士学位論文の本編第3章にて論じられており、これが当論文の中心課題であることは、当論文本編396ページ中第3章が61〜273ページを占めている点からも明らかである。その上で教授は、「人間と自然、人間と人間との技術的関係において、各生産工程に共通して根本的に問題となるのは、ほんらい変化し流動し、あるいは循環しつつある自然と人間を、どのように扱って、生産工程の目的を達するか」（星野、前掲稿、序論VIIページ）と次の課題を設定する。そして、この課題を管理技術に関する問題と捉え直した上で、以下のように言及するのである。

　　各生産工程に直接間接にかかわる管理技術の分野は、以上の生産、労務、消費、環境の4つの部門につきると思われるが、それぞれ、定常化に対しては流動化、集中化に対しては分散化、労働力の分断に対しては連帯、人間と自然、あるいは自然そのものの分断に対しては循環という別のシステムもまたありうるのであり、両極のシステムの均衡をいかにたもつかということは、管理技術上の根本問題である。

　技術学におけるこのような問題の所在は、ベックマン学派によっては、ほとんど気づかれなかった。個々の企業においても、管理の重要性が意識されはじめるのは、テイラー（Taylor）の著書「工場管理」（Shop

---

6) 星野、前掲稿、序論VI〜VIIページ。

補　章　技術学（Technologie）とは何か、技術学の現在

Management, 1903）あたり以来のことであるから、それは当然と言うべきであろう。
　筆者は、管理技術は、個々の生産工程に即したものであり、工業生産に直接役だつという意味で、ベックマンのいう特殊技術学の範疇に入るべき分野と考えている。本論文の第4章は、以上のような管理技術の基礎理論を扱ったものである[7]。

さらに、当博士学位論文・本編第2章において、全技術体系に共通する論理を捉え、複雑をきわめる諸技術を統一的に捉えるために、技術本質論や技術構造論を教授は展開されている。このような第2章および第4章を備えた上での、第3章を中心課題とする当博士学論文を星野教授は、「以上のような本論文の構成からして、ベックマン流の用語を用いるならば、本論文の内容は、特殊技術学原論とでも呼ぶべきものである。」（星野、前掲稿、序論Ⅸページ）と断言するのである。
　星野教授が当博士学位論文において、さらには、その研究生活において課題としていたものを整理してみよう。教授はベックマンを次のように再び高く評価する。

　　ベックマン学派は、その志を大成させることはできなかったが、19世紀の初めにベックマンが提起した一般技術学と特殊技術学の構想は、今日においても、きわめて有効な役割をはたしている。ベックマンの意図は、今日の段階においてこそ実現させることができると、筆者は考えている[8]。

そして、教授は、「ベックマン学派のはたしえなかった課題を、筆者が自己の学問の課題と定めたのは、1948年に「技術論ノート」を出版して以来のことである。」（星野、前掲稿、序論Ⅻページ）と明言する。以下、この課題に取り組んできた経緯と概略を、「技術論ノート」、論文「現代技術史学の方

7）星野、前掲稿、序論Ⅷ～Ⅸページ。
8）同上、序論Ⅻページ。

法」(1956年)、著書「日本の技術革新」(1965年)、論文「技術の論理」(1969年)、著書「技術と人間」(1969年)の順で言及されてゆく。最後に、星野教授は、当博士学位論文の有する意味を次のように論じることで、当論文序論は結ばれているのである。

  1970年及び1971年に発表された「技術の体系」(藤原注. 星野「技術の体系」Ⅰ、1970、同Ⅱ、1971、岩波講座基礎工学、第17、19巻) は、以上のようにして、技術の具体的な歴史的発展の分析と、それを土台としての技術発展の論理構造の解明とを積みかさねたうえで、はじめて展開しえたものである。本論文の第1章から第4章までは、ほぼこの論文によっているが、この段階にまで到達するのに、「技術論ノート」以来、23年にわたる研究を必要とした。ここにおいて、ベックマン学派がはたしえなかった課題の半ば——特殊技術学の体系化が実現し、かつ、一般技術学の体系化への道がひらかれたと、筆者は確信している[9]。

さて、ここに到り補章の第二の課題としたもの、つまり、「技術学」は現在どのような展開を示しているのか、どのような水準に達しているのか、を検討し結論を下す段階に移行したのである。1980年の時点において、「ここにおいて、ベックマン学派がはたしえなかった課題の半ば——特殊技術学の体系化が実現し、かつ、一般技術学の体系化への道がひらかれたと、筆者は確信している。」と星野教授は高らかに明言されたのである。では、それ以後技術学はどのような発展を呈示したのであろうか。星野教授は、大学教員を退職されるに当たる1997年に次のように述べられている。

  筆者の考える現代技術史学は、技術の全分野を総合したうえに、それらの技術と経営や経済、政治、さらには自然科学との関係を追求しようというのであるから、そもそもそれが可能かどうかが問題である。技術の分野を総合するだけでも、現在のところ、国際的にも国内的にもその

---

 9) 星野、前掲稿、序論 XIV〜XV ページ。

補　章　技術学（Technologie）とは何か、技術学の現在

試みはない。大部分の技術者は、技術は実際の課題の解決をめざすものであるから、ほんらいケースバイケースで成り立っており、それが体系化するなどとは考えられないし、その必要もないとしている。筆者はその常識に挑戦したわけである。

　技術の体系化の試みの先例は、今から約 200 年ぐらい前にあった。筆者は技術の体系化にかかわるベックマンの方法は基本的に正しいとし、かつ現代においても、その発想は依然として注目に値するとして、筆者の学位論文「技術の体系」の序論において、次のように述べた。「ドイツのベックマン（Johan Beckmann）はその著書『一般技術学の輪廓』（Entwurf der Allgemeine Technologie 1806）のなかで、工業諸部門の分類を外部的な要因で行なうのではなく、それらの技術の内部的な類似によって行なうべきことを主張しており、そこに統一的な技術学が成立すると述べている。ベックマンによると技術学には、特殊技術学(Spezielle Technologie）と一般技術学（Allgemeine Technologie）とがある。特殊技術学の内容は、特定の原料や材料から特定の製品を製造するさいの全工程の記述である。…これに対して、一般技術学の内容は、さまざまな産業の生産工程の個々の操作に共通している方法を取りだして整理することである。」

　この学位論文は、主要著作のリストのなかの『技術の体系』をベースとしたものだが、筆者はそれをベックマンの特殊技術学の現代版だと考えている。したがって筆者はまだベックマンが名づける一般技術学を書いてはいない。30 年近く『技術の体系』の後半として、何度もそれを試みたのであるが、固い壁にぶつかって、はねかえされてきた。それを完成して、筆者は初めて、技術は体系化できるのだという筆者の仮説を、全面的に提示できるのだが、この道を歩みはじめてから 60 年後… 2003 年までに上梓できれば良い方である。『技術の体系』が完成し、ベックマンのいう技術学の現代版として、各大学の教科書に採用されるようになれば、筆者の生涯の学問の目標は達成されることになる[10]。

あまねく知名である星野芳郎教授は、技術学およびベックマンの重要性を

十分に認識し、現代版としての技術学の確立をその研究生涯の目標とされてきた研究者であった。また、マルクスが希求する技術学を展開しようとも意識されてきたのであろう。そして、教授はベックマンの特殊技術学の現代版を確立することには成功した。しかし、惜しむらくは、星野教授は2007年11月8日に逝去されたのである。ベックマンが名づける一般技術学は未だ確立されていないと言えよう。

---

10) 星野芳郎「研究の経過と目標」、帝京経済学研究第31巻第1号（1997. 12）所収、32～33ページ。

第8章　結語／これまでの立論と成果を整理・再検討する

　この第8章は、本書におけるこれまでの立論と成果を整理することを目的としている。但し、その方法としては、マルクスは『資本論』第1巻第3篇において、そこでは理論上解決できないが、より後に解決すべき重要な諸課題を提起していると考えられるのであり、その諸課題に回答するという形式で総括を行なうものである。この『資本論』第1巻第3篇（主として同第5章第1節）における諸課題とは、すでに本書第1章第2節2-2. あるいは第1章第3節. で示した〔課題1〜3〕および〔マルクスの課題1・2〕を意味するが、第8章では再びこの点を明示することから開始しておこう。

　マルクスは、『資本論』第1巻第5章第1節（第3篇）において、そこでは理論上解決できないが、より後に解決すべき重要な諸課題を提起していると考えられる。何よりも、これらの提起された諸課題と、第11章あるいは第4篇との関連性が問題となるのである。第5章第1節（第3篇）において提起された諸課題とは、本書第1章第2節2-2. で示した〔課題1〜3〕および〔マルクスの課題1・2〕を意味するが（本書46〜49ページ）、再び明示しておこう。
　〔課題1〕
　マルクスは、第5章第1節において、「それゆえ、われわれは、労働者を他の労働者たちとの関係において叙述する必要がなかった。一方の側に人間とその労働、他方の側に自然とその素材があれば、それで十分であった。」（『資本論』②、314ページ）と述べている。では、いかなる箇所で、「労働者を他の労働者たちとの関係において叙述する必要が」あるのかが、課題となる。さらに、資本家と労働者が存在する中で（労働過程に資本家が現われた

ケースで）、労働者たちが集団労働を行なう場合の労働過程に関しては、第5章第1節とは全く別のより先の諸章において考察しなければならないのである。

〔課題2〕

第5章第1節においてマルクスは、「人間にのみ属している形態の労働」として、人間のみが目的を有していること、その実現に不可欠となる頭脳労働を人間のみが遂行していることを挙げていた。そして、この頭の労働は、手の労働と結合して、労働過程に存在するただ一人の労働者に付与されていたのである。では、資本家のもとに多数の労働者が存在し、彼らが集団労働を行なう段階では、はたして、手の労働と頭の労働の所在はどのようになるのか、という疑問が浮かぶ。これが〔課題2〕である。

〔課題3〕

マルクスは、資本家が現われた場合の労働過程の考察において（第5章第1節）、および、第9章のむすびにおいて、早くも管理（Kontrolle）あるいは指揮権（Kommando）という概念を提起し、その資本家への移行に言及している。また、資本家の管理の内容と資本の指揮権の内容についても述べていた。では、資本家のもとに、多数の労働者が存在し、彼らが集団労働を行なう段階においては、資本家の管理あるいは指揮権は、どのような内容のものとなるのかが、問題となる。第3篇段階における資本家の管理あるいは指揮権の内容と、大きく様相を異にしたものに変貌するのか、という課題である。

〔マルクスの課題1〕

マルクスは、第5章第1節に際し、資本家が現われた場合の労働過程の考察において、次のように課題を提起している。「労働が資本のもとに従属することによって生じる生産様式そのものの転化は、もっとのちになってからはじめて生じうるのであり、それゆえもっとあとになってはじめて考察されるべきである。」（『資本論』②、316ページ）

〔マルクスの課題2〕

マルクスは、第3篇第9章のむすびにおいて、次のように課題を提起している。「われわれは、資本家と労働者との関係が生産過程の経過中にこう

第 8 章　結語／これまでの立論と成果を整理・再検討する

むった諸変化の詳細には立ち入らないし、したがってまた、資本そのもののさらに進んだ諸規定にも立ち入らない。ただここでは、わずかの要点だけを強調しておこう。」(『資本論』②、540 ページ)

　上述した、『資本論』第 1 巻第 5 章第 1 節 (第 3 篇) において提起された〔課題 1～3〕および〔マルクスの課題 1・2〕と、第 11 章あるいは第 4 篇との関連性が問われなければならないのである。結論を先取りするのであれば、課題 1 および課題 3 については、マルクスは、第 11 章「協業」において論じはじめており、第 11 章「協業」、ならびに、これと密接に関連する第 12 章「分業とマニュファクチュア」こそが、主たる考察の場であると考えられるのである。そして、上述の諸課題のすべてに回答を与えているものが第 4 篇なのであり、これが、実は第 4 篇のもう一つの目的なのである。

　上述の諸課題に対して、マルクスは第 4 篇においてどのように詳論しているのであろうか。上述の諸課題相互の関係はどのようになっているのであろうか。これらの問題を、本書第 3 章以降において解明してゆく必要があるといえよう[1]。

　これより以降では、〔課題 1～3〕および〔マルクスの課題 1・2〕の各々について、マルクスはどこで議論を行なっているのか、マルクスはどのような形式のものとして立論しているのか、ならびに、本書ではどのような内容のものとして論じてきたのか (筆者の見解の独自性)、という形で整理を試みてゆく。そして、上述の五つの諸課題は相互にどのような関係となっているのかを最後に論じる。これは本章の理論的総括の結び・結論とも言うべきものとなろう。以上のような方法で、本書におけるこれまでの立論と成果を整理してゆく。また、この作業を遂行することにより、「そして、上述の諸課題のすべてに回答を与えているものが第 4 篇なのであり、これが、実は第 4 篇のもう一つの目的なのである。」という点を真に明確化することに繋がるで

---

[1]　以上は、本書、46～49 ページ、より一部訂正のうえ転載したものである。
[2]　マルクスが『資本論』第 1 巻第 4 篇の主たる目的として明言しているものは、同第 10 章末における以下の論述である。念のために記しておく。
　　労働の生産力の発展は、資本主義的生産の内部では、労働日のうち労働者が自分自身のために労働しなければならない部分を短縮し、まさにそのことによって、労働

あろう[2]。

〔課題1〕について

〔課題1〕に関しては、マルクスが初めて「労働者を他の労働者たちとの関係において叙述する」ことを試みるのは第1巻第4篇第11章である。それは、正に「協業」という形式で立論しているのである。本書では、第3章で協業および分業についての諸規定・概念の整理を行なった。そして、第4章では、これらの諸規定・概念の相互関連性を明確にすることにより、「協業の二重性」という概念を導出し、資本主義的経営の形成の仕組みを論じたのである。

次に、〔課題1〕で挙げた、資本家と労働者が存在する中で（労働過程に資本家が現われたケースで）労働者たちが集団労働を行なう場合の労働過程、つまり、協業における社会的労働過程とその変容については、以下のように纏めることが可能である。

『資本論』では、まず、第1巻第11章で単純協業における生産力の増大について詳しく論述している。そして、協業における社会的労働過程の変容に関する具体的な内容という点で、同第11章・第12章でマニュファクチュアに際しての、同13章では機械制大工業に際しての、豊富な素材を提示している。

これに対し、本書では、協業における社会的労働過程とその変容を資本家の指揮論として考察した。すなわち、第6章で資本家の指揮（Leitung）の具体的内容を検討した際の第5節「資本家の指揮（Leitung）、タイプcを考察する。その内容と展開」および第6節「資本家が協業における指揮者になること」において、マニュファクチュアにおける社会的労働過程の変容の具体的内容を詳論した。さらに、この資本家の指揮（Leitung）タイプc（「資本主義的生産様式に特有な指揮の機能」が、協業に際して「社会的労働過程」を対象として行なうもの）の以後の展開、つまり、『資本論』第1巻第4篇第13章「機

日のうち労働者が資本家のためにただで労働することのできる他の部分を延長することを、目的としている。このような結果が、諸商品を安くしないでもどの程度達成されうるかは、相対的剰余価値の特殊な生産諸方法において示されるであろう。いまやわれわれは、その生産諸方法の考察に移ることにする。(『資本論』③、560ページ)

械設備と大工業」におけるマルクスの論述より導きうる、タイプcの観点からの機械制大工業における社会的労働過程の変容については、本書第7章にて詳論した。

〔課題2〕について

資本家のもとに多数の労働者が存在し、彼らが集団労働を行なう段階では、はたして、手の労働と頭の労働の所在はどのようになるのか、という課題に関しては、マルクスは同第4篇で論及している。一例として、第12章からの一文を示しておこう。

> 未開人が戦争のあらゆる技術を個人的策略として行なうように、自立的な農民または手工業者がたとえ小規模にでも展開する知識、洞察、および意志は、いまではもはや、作業場全体にとって必要とされているにすぎない。生産上の精神的諸能力は、多くの面で消滅するからこそ、一つの面でその規模を拡大する。部分労働者たちが失うものは、彼らに対立して資本に集中される。部分労働者たちにたいして、物質的生産過程の精神的諸能力を、他人の所有物、そして彼らを支配する力として対立させることは、マニュファクチュア的分業の一産物である。この分離過程は、資本家が個々の労働者に対立して社会的労働体の統一と意志を代表する単純協業において始まる。この分離過程は、労働者を不具化して部分労働者にするマニュファクチュアにおいて発展する。この分離過程は、科学を自立的な生産能力として労働から分離して資本に奉仕させる大工業において完成する。(『資本論』③、627～628ページ)

そして、この協業下で手の労働と頭の労働の所在という課題について、マルクスの結論は『資本論』第1巻第5篇第14章における以下のような言及であろう。

> 労働過程が純粋に個人的な労働過程である限りは、のちには分離されるすべての機能を同じ労働者が結合している。彼は、自分の生活目的のために自然対象を個人的に取得するにあたって、自分自身を管理してい

る。のちには、彼が管理される。個々の人間は、彼自身の頭脳の管理のもとで彼自身の筋肉を働かすことなしには、自然に働きかけることはできない。自然体系〔生来の人体〕では頭と手が一組になっているように、労働過程では、頭の労働と手の労働とが結合されている。のちには、この二つは分離して、敵対的に対立するようになる。生産物は、一般に、個人的生産者の直接的生産物から一つの社会的生産物に、一つの総労働者、すなわち一つの結合された労働人員——その成員は労働対象の処理に直接または間接にかかわっている——の共同生産物に、転化する。そのため労働過程そのものの協業的性格とともに、生産的労働の概念や、その担い手である生産的労働者の概念も、必然的に拡大される。生産的に労働するためには、みずから手をくだすことはもはや必要でない。総労働者の器官となって、そのなんらかの部分機能を果たせば十分である。生産的労働にかんする前述の本源的な規定は、物質的生産そのものの性質から導き出されたものであり、全体として見た場合の総労働者にとっては依然として真実である。しかし、その規定は、個々に取り上げられたその各成員にとっては、もはやあてはまらない。(『資本論』③、871〜872ページ)

ところで、手の労働と頭の労働の所在・その分離と対立という課題について、本書で扱ってきたものは、上記のようなマルクスの言明に関する根拠と経緯を、初期のマニュファクチュアに遡り探ることであった。すなわち、本書第5章では、同第4章で論じた「協業の二重性」より、資本家の指揮の二重性(「資本主義的管理の二重性」)が導かれうる点を言及した。その上で、同第5章第3節「指揮概念 Kommando から Leitung への転化の根拠について」において、協業における実際に遂行される資本家の指揮：Leitung は、当初より価値増殖過程のみならず社会的労働過程においても必然である点を論証した。こうして資本家の指揮（Leitung）の確立により、頭の労働を資本家が占有する基本的条件が形成された。そして、手の労働と頭の労働の所在・その分離と対立という現象を具体化し、これらを実際にもたらしたものは、本書では第6章で論じた資本家の指揮（Leitung）タイプcとその展開に他なら

第 8 章　結語／これまでの立論と成果を整理・再検討する

ないのである。

〔課題 3〕について

資本家の指揮については、『資本論』においては第 1 巻第 4 篇第 11 章より協業が実際に成立するとともに、その原語名称が Kommando から Leitung へと転化している点に留意しなければならない。一般的協業における指揮 (Direktion) との並存である。『資本論』において資本家の指揮に関する新たな規定・概念が協業とともに生じたのである。この極めて重要な論理転換については、本書第 5 章第 2 節「『資本論』「管理の二重性」規定におけるマルクスのもう一つの主張」で論じている。なお、資本家の指揮に関して新たな規定・概念：Leitung が生じたのであるから、その具体的内容もこの第 1 巻第 4 篇で（あるいは同第 3 巻第 5 篇第 23 章で）マルクスは言及していると考えられる。

本書においては、資本家の指揮 (Leitung) の具体的内容について第 6 章～補章で詳しく論じた。第 6 章では、まず資本家の指揮 (Leitung) の分類として、そのタイプ a～c の成立を主張した。この中ではタイプ c を最も重視しつつ、マニュファクチュアにおける資本家の指揮 (Leitung) タイプ a～c の内容と展開を次に論じている。第 7 章においては、機械制大工業（第 1 巻第 13 章「機械設備と大工業」）における資本家の指揮 (Leitung) の具体的内容と展開をタイプ c を中心に詳論した。付言すれば、もはや第 3 篇レベルの資本家の指揮 (Kommando) の内容[3]にはとどまりえないのである。

〔マルクスの課題 1〕について

「労働が資本のもとに従属することによって生じる生産様式そのものの転

---

[3] 第 3 篇レベルでの資本家の指揮の内容とは『資本論』における以下の記述を意味する。

労働者は、自分の労働の所属する資本家の管理 (Kontrolle) のもとで労働する。資本家は、労働が秩序正しく進行し、生産諸手段が合目的的に使用され、したがって原料が少しもむだづかいされず、労働用具が大切にされるように、すなわち作業中のそれの使用によって余儀なくされる限りでしか労働用具が傷められないように、見張りをする。(『資本論』②、316 ページ)

生産過程の内部では、資本は、労働にたいする──すなわち自己を発現している労働力または労働者そのものにたいする──指揮権 (Kommando) にまで発展した。人格化された資本である資本家は、労働者が自分の仕事を秩序正しく、ふさわしい強度で遂行するように気を配る。(同上、540 ページ)

267

化は、もっとのちになってからはじめて生じうるのであり、それゆえもっとあとになってはじめて考察されるべきである。」というマルクスの言葉通り、これは『資本論』では第1巻第4篇第11章より考察されてゆく。その点は注2中の引用文および265ページの引用文からも明らかであろう。

本書では、既述したように、第6章において資本家の指揮（Leitung）タイプcを導出し、もっぱらこのタイプcにより生産様式そのものの転化が生じることを論述した。つまり、マルクスの言う「労働が資本のもとに従属することによって生じる生産様式そのものの転化」に関しては、「労働が資本のもとに従属すること」を資本家の指揮（Leitung）の成立と進展と捉え、「生産様式そのものの転化」を協業における社会的労働過程とその変容と捉え、その上で、前者のタイプcが後者を主導すること、その経緯を論じたのである。また、マニュファクチュア以後の資本家の指揮（Leitung）タイプcと第1巻第4篇第13章「機械設備と大工業」との関連については、あるいは、機械制大工業に際してタイプcによる協業における社会的労働過程とその変容の様相については、第7章で詳しく論じた。

〔マルクスの課題2〕について

〔マルクスの課題2〕については、課題設定に関しここで新たに解説を加えた上で、その回答を提示しなければならないのであろう。ここでの課題は2点、「資本家と労働者との関係が生産過程の経過中にこうむった諸変化の詳細」とは何か、「したがってまた、資本そのもののさらに進んだ諸規定」とは何か、であることは明白である。

最初の課題について、「生産過程の経過中」とは〔マルクスの課題1〕における「生産様式そのものの転化」と同一のことを意味すると考えられるため、最初の課題「資本家と労働者との関係が生産過程の経過中にこうむった諸変化の詳細」とは〔マルクスの課題1〕に起因する資本家と労働者との関係における諸変化の詳細を意味する。では、この点をマルクスはどのように論じているのであろうか。

生産様式そのものの転化に起因する資本家と労働者との関係における諸変化について、マルクスがまず言及する点は、生産上の精神的諸能力と肉体的諸能力との分離過程に関する265ページの引用文である。しかし、この引用

第 8 章　結語／これまでの立論と成果を整理・再検討する

文は資本家と労働者との関係における諸変化の詳細に関する一つの起点を意味しよう。あるいは、「この分離過程は、資本家が個々の労働者に対立して社会的労働体の統一と意志を代表する単純協業において始まる。」が起点となり、この分離過程つまり資本家と労働者との関係における諸変化の詳細は、「マニュファクチュアにおいて発展」し、「大工業において完成する」ことになるのである。

　なお、「この分離過程は、労働者を不具化して部分労働者にするマニュファクチュアにおいて発展する」という点に関する詳細は、もちろんマルクスによって論述されている。一例を挙げれば下記の引用文のようなものであろう。また、「この分離過程は、科学を自立的な生産能力として労働から分離して資本に奉仕させる大工業において完成する」に関する詳細は、本書第7章において筆者が「第13章．資本家の指揮(Leitung) タイプ c の A 系統〔経営内分業〕」と称した『資本論』第1巻第13章における記述を意味しよう。

　　マニュファクチュア的分業は、社会的生産過程の独自的・資本主義的な形態としては――そしてそれは、既存の基礎の上では資本主義的形態でのそれとして以外に発展しえなかったが――相対的剰余価値を生み出すための、または資本――社会的富とか「諸国民の富」とか呼ばれているもの――の自己増殖を労働者の犠牲において高めるための、一つの特殊な方法でしかない。マニュファクチュア的分業は、労働の社会的生産力を、労働者のためにではなく資本家のために、しかも個別的労働者を不具にすることによって発展させる。マニュファクチュア的分業は、労働にたいする資本の支配の新しい諸条件を生み出す。(『資本論』③、633〜634 ページ)

そして上述の起点と展開による、〔マルクスの課題1〕に起因する資本家と労働者との関係における諸変化の詳細に関する一つの結論が、第1巻第5篇第14章で論述された265〜266ページの引用文であろう。さらに、より厳密に、この結論部分を二つの剰余価値の生産と関連づけて論じたものが以下の引用文となる。

相対的剰余価値の生産の場合には、労働日ははじめから二つの部分に——すなわち必要労働と剰余労働とに分かれている。剰余労働を延長するためには、労賃の等価がより短時間で生産される諸方法によって、必要労働が短縮される。絶対的剰余価値の生産では労働日の長さだけが問題である。相対的剰余価値の生産は労働の技術的諸過程および社会的諸編成を徹底的に変革する。
　したがって、相対的剰余価値の生産は、一つの特殊な資本主義的な生産様式を想定するのであって、この生産様式は、その方法、手段、および条件そのものとともに、最初は、資本のもとへの労働の形式的包摂を基礎として、自然発生的に成立し、発展させられる。形式的包摂に代わって、資本のもとへの労働の実質的包摂が現われる。(『資本論』③、873〜874ページ)

　以上が「資本家と労働者との関係が生産過程の経過中にこうむった諸変化の詳細」という論点について、マルクスはどこで議論を行なっているのか、マルクスはどのような形式のものとして立論しているのか、という観点で筆者が整理したものである。これに対し、同論点について、本書ではどのような内容のものとして論じてきたのか、という観点より言及するのであれば、「生産過程の経過中」つまり「生産様式そのものの転化は、」資本家の指揮（Leitung）タイプcにより主導されたものであり、それ故、資本家と労働者との関係における諸変化の詳細も資本家の指揮（Leitung）タイプcにより導かれたものである、ということになる。
　さて、〔マルクスの課題2〕における二つめの課題「したがってまた、資本そのもののさらに進んだ諸規定」を解明することについては、前述の「資本家と労働者との関係が生産過程の経過中にこうむった諸変化の詳細」と明確に関連する新たな資本の諸規定とは何かを探ることであろう。しかし、この点についてはすでに本書では言及している。すなわち、マルクスが『資本論』において、資本を初めて論じた第1巻第4章ならびに第5章における資本というカテゴリーの規定と第4篇段階での資本というカテゴリーの規定との相違点については、および、第4篇第10章ならびに第11章以下における

第 8 章　結語／これまでの立論と成果を整理・再検討する

「生産過程の経過中」と関連した資本の内容規定については、筆者の見解として本書第 4 章において論述した。再び提示しておこう。

　これに対し、第 4 篇においては、まず第 10 章「相対的剰余価値の概念」で、資本について次のように言及する。

　　労働の生産力を増大させ、労働の生産力の増大によって労働力の価値を低下させ、こうしてこの価値の再生産に必要な労働日部分を短縮するためには、資本は、労働過程の技術的および社会的諸条件を、したがって生産方法そのものを変革しなければならない。(『資本論』③、550 ページ)

　つまり、第 4 篇の序論にあたる第 10 章にて、資本とは、相対的剰余価値の獲得を、直截には特別剰余価値の獲得を目的とするものであり、そこでは労働の生産力増大を必要とし、そのためには労働過程の技術的および社会的諸条件を変革してゆくものと、内容が規定されていることがわかる。これは第 4 篇全体を通じる枠組みとしての資本の規定であろう。

　そして、これを基礎として、第 11 章以下では、資本はさらに明解なものに転じているのである。すなわち、資本は、多数の労働力を同時に購買し、協業者である多くの賃労働者を現実に指揮しうるという仕組みを得たが故に（社会的労働過程における何らかの変化を遂行した結果）、労働の社会的生産力の増大と関連して、できるだけ大きな剰余価値の獲得が可能になると、ここに到り初めて規定できるのである。

　換言すれば次のようにもなる。資本というカテゴリーに不可分な概念は剰余価値である。『資本論』第 1 巻第 4 章および第 5 章は、剰余価値とは何か、あるいは、剰余価値はなぜ生じるかを論じたものである。他方、資本ができるだけ大きな剰余価値を獲得するためには、どのような条件が必要なのかを具体的に論じている著述が、『資本論』第 1 巻第 4 篇および第 11 章以下であると理解できよう[4]。

　4）本書 135〜136 ページより一部訂正のうえ転載。

271

最後に、以上で論じた五つの諸課題は相互にどのように関連しているのか、解明しなければならない。まず、〔課題1〕に関してやや詳しく論じることから開始しよう。

　〔課題1〕についてマルクスが明確に論述し始めるのは、もとより『資本論』第1巻第4篇第11章「協業」からである。そして、上述の五つの課題の中での〔課題1〕の役割を考える際には、あるいは、〔課題1〕と他の四つの課題との関連を考える場合、重要な点は結局同第1巻第4篇第11章をどのように理解すべきかということであろう。同第10章末に掲げられた第4篇に関するマルクスの著述目的（本章注2参照）とを、ならびに、第10章でマルクスが再三強調する労働の生産力の増大および生産方法そのものの変革という点とを照らし合せるのであれば、同第11章におけるマニュファクチュア、つまり、資本主義的協業により導入され、作業形態として単純協業を遂行する経営では、生産方法そのものが変革されているわけではないし、顕著な労働の生産力の増大が生じているわけではない。また、同第11章において、指揮あるいは資本家の指揮のみに注目するのであれば、〔課題1〕を検討することなく、直截に〔課題3〕を検討し始めることになるのである。

　そこで、この第1巻第11章でマルクスが真に論じているものは協業論というべき議論であり、また、上述の五つの課題の中で誰かが同第11章を協業論として再構築しなければならないのである。この協業論とは以下の内容の論及を意味しよう。『資本論』においては、賃労働者による実際の集団労働を現出すること、これを検討することは、この第11章から始まる。そこで、集団労働においては何が最も基礎的な範疇かを定める必要がある。それが協業（協業一般）と分業である。その上で、集団労働に関する基礎理論として、この二つの範疇の展開を考察することが問題となる。具体的には、各種の協業と分業の諸規定・概念の内容を確定すること、協業一般の一要件としての指揮の規定、これら諸規定・概念の相互関連性を明確にすること、「協業の二重性」概念の導出、「資本主義的管理の二重性」の根拠、指揮概念：Kommando, Direktion, Leitung の規定、等を探ることである。

　このように、第1巻第4篇第11章とは集団労働に関する基礎理論を展開している著述部分であり、同時に、資本主義的経営が形成される基本的な仕

組みを説いていると理解しうるのである。したがって、〔課題1〕とは他の4課題に対し、直接には〔課題3〕に対して基礎と位置づけられる課題なのである。本書においては、この〔課題1〕を念頭に第3章および第4章において協業論を展開してきたものと考えている。また、第5章より指揮の問題を論述したが、この第5章は指揮に関する基礎的な問題を扱ったが故に、〔課題3〕への移行を図る機能をも有する結果となった。つまり、広義として、同第5章は〔課題1〕を解明している論述部分といえよう。

次に、〔課題3〕の役割、他の課題との関連について述べる。本書においては、〔課題3〕は〔課題1〕を基礎として解明されなければならないという基本的認識を有している。そして、本章とこれまでの本書の論述から判断しうるように、〔課題3〕こそが5課題のうち最も重要な課題であり、本研究において中心的論点として解明にあたってきた。さらに、〔課題2〕〔マルクスの課題1〕〔マルクスの課題2〕という課題とその解明過程との関連で、〔課題3〕に関しては、資本家の指揮（Leitung）タイプcという概念とその具体的内容を明確にすることが肝要なのである。その上で、〔課題3〕の解明に成功した後に、次の理論展開として・その応用的考察として、他の3課題は解明されうるのである。

本書においては、〔課題1〕をベースとした〔課題3〕の回答として、資本家の指揮（Leitung）の分類、資本家の指揮（Leitung）の具体的内容を確定すること、とりわけ、資本家の指揮（Leitung）タイプcの具体的内容をマニュファクチュアと機械制大工業に際して明らかにする、という形で提示した。換言すれば、本書第3章・第4章における協業論を基礎に、同第5章における、指揮概念 Kommando・Direktion・Leitung の提示、ならびに、指揮概念 Kommando から Leitung への転化の根拠について等の論点を媒介とし、同第6章～補章で〔課題3〕の回答として資本家の指揮論を論述したのである。

さて、〔課題2〕は、〔課題1〕の解明を基礎とし〔課題3〕を解明し、これを手がかりとして〔マルクスの課題2〕を解決すれば、さほど困難なく解ける課題であろう。本書では、その回答の核心部分についてはすでに論じている。

また、〔マルクスの課題1〕および〔マルクスの課題2〕に関しては、「生産

様式そのものの転化」と「生産過程の経過中」という観点で両課題は連関している。本書においては、両課題に共通して、その解決へと導くものは資本家の指揮（Leitung）タイプ c であると断じたのであり、回答の主要部分は指揮論においてすでに論じている。総じて言うのであれば、〔課題3〕が中心的課題であるのに対して、これらの3課題は応用的課題と位置づけられよう。

　しかし、他の側面から見れば、これらの3課題は単なる応用的課題ではない。とりわけ〔マルクスの課題2〕において「資本そのもののさらに進んだ諸規定」をマルクスが提起している点に留意しなければならない。つまり、これまで述べた道すじを通してはじめて、『資本論』第1巻第4章・第5章で最初に提示された資本の規定に対し、次のレベルに位置するさらに進んだ資本の規定を明確にすることが可能になるのである。〔課題1〕の解決を基礎とし、中心的論点として〔課題3〕を詳細に解明し、次の論理展開として（応用課題として）〔課題2〕〔マルクスの課題1〕〔マルクスの課題2〕をそれぞれ明らかにしてゆく、こうした五つの課題の関連性は、上記の点を確定させるために不可欠な手順としても認識しなければならないと言えよう。

第9章 『資本論』第3巻第5篇第23章中「──商業的部門をまったく度外視すれば──」を考察する

　これまでの本書前半部は『資本論』等に依拠する経営学の（経営労務論分野の）基礎理論を構築するための一助として、主として協業論および指揮論の確立を目差したものである。しかし、以上を成すためには、直接に『資本論』等を対象とした理論的検討が未だいくつか残されているのである。さらにまた、本書前半部の成果を用いることにより、先学が繰り広げられた論争に対し、あるいは、先学が提起された課題に対し、一定の回答を示すことも可能となる。本章以下は上記の両点を解明することを目的とした一連の研究である。

1. 問題の所在

　経営学の基礎理論構築と関連する、『資本論』を直接の対象とした理論的検討の第1の課題は、以下に掲げる同第3巻第5篇第23章におけるいわゆる「資本主義的管理の二重性」規定の中に存在する。

　　監督（Oberaufsicht）および指揮（Leitung）という労働は、直接的生産過程が社会的に結合された一過程の姿態をとり、自立的生産者たちの個々ばらばらの労働としては現われないところでは、どこでも必然的に生じてくる。しかし、この労働は、二重の性質をもっている。
　　一方では、多数の個人が協業するすべての労働においては、過程の連関と統一とは、必然的に、オーケストラの指揮者（Direktor）の場合のように、一つの司令的な意志において、また部分労働にではなく作業場の総活動に関係する諸機能において、現われる。これは、どの結合され

た生産様式においても遂行されなければならない生産的労働である。

　他方では——商業的部門をまったく度外視すれば——この監督労働は、直接生産者としての労働者と生産諸手段の所有者との対立を基礎とするすべての生産様式において、必然的に発生する。この対立が大きければ大きいほど、この監督労働の演じる役割はそれだけ大きい。それゆえそれは、奴隷制度においてその最高限に達する。しかし、それは、資本主義的生産様式においてもまた欠くことはできない。というのは、この場合には、生産過程は同時に、資本家による労働力の消費過程であるからである。それは、専制国家において、政府の行なう監督および全面的干渉の労働が、二つのもの、すなわち、あらゆる共同体の本性に由来する共同事務の遂行、ならびに、政府と人民大衆との対立に起因する独特な諸機能を含んでいるのとまったく同じである。(『資本論』⑩、649〜650ページ)

　ここでは、「資本主義的管理の二重性」規定および同23章後半における指揮・資本家の指揮それ自体を問題としているのではない。すでに本書前半部において十分に論及しているからである。つまり、本書第2章第1節「『資本論』第3巻第23章「利子と企業者利得」における「資本主義的管理の二重性」規定について」では次の諸点を論じたのである。この第3巻第23章における「資本主義的管理の二重性」規定の理論上の位置づけを確定すること。あるいは、マルクスは第3巻第23章において「資本主義的管理の二重性」を持ちだすことにより何を主張しているのか。その上で、本書前半部において、この第3巻第23章における「資本主義的管理の二重性」規定の取り扱い方法を定めること。また、本書第5章第2節「『資本論』「管理の二重性」規定におけるマルクスのもう一つの主張」では、『資本論』第3巻第23章に際する「資本主義的管理の二重性」規定およびその周辺における指揮概念の使い分けという問題（指揮等についてどのような用語を採用しているのか）を論じた。

　しかし、これら本書前半部においては未だ触れることができなかった課題に関して、マルクスは先の引用文において端的に明示しているのである。そ

れは、「他方では——商業的部門をまったく度外視すれば——この監督労働は」という事項である。なぜ、マルクスは資本家の指揮（Leitung）および資本家の指揮の二重性を論じる同23章後半において「商業的部門をまったく度外視」するのであろうか。また、そもそも商業的部門においては、資本家の指揮（Leitung）および資本家の指揮の二重性は成立するのか否か、成立するのであればどのような態様のものとして現われるのであろうか。これが本章から次章への課題なのである。

「——商業的部門をまったく度外視すれば——」という点については、その前後の文章で（先の引用文で）マルクスが直接的生産過程を舞台として論述を行なっているからであると、一応形式的には考えられる。しかし、そのより本質的な理由を、マルクスが同23章において「事業の商業的部分について言えば、それについて必要なことは、すでに前篇で述べられている。」（『資本論』⑩、655ページ）と言うように、同第3巻第4篇「商品資本および貨幣資本の商品取引資本および貨幣取引資本への（商人資本への）転化」（第16章—第20章）より、特に第17章「商業利潤」を中心に探り出さなければならない。

2. 第3巻第4篇第17章「商業利潤」を取り上げる

同第17章「商業利潤」は、第16章「商品取引資本」末からの次の引用文のように、剰余価値との関連での商人資本の本質的規定、ならびに、商人資本の資本制的機能（利潤率等との関連での総資本的機能）を論じることで開始される。

> 商人資本は、流通部面内で機能する資本以外のなにものでもない。流通過程は、総再生産過程の一局面である。しかし、流通過程では価値は、したがってまた剰余価値も生産されない。同じ価値総量の形態変化が生じるだけである。実際に、諸商品の変態以外にはなにも生じないのであり、この変態そのものは価値創造または価値変化とはなんのかかわりもない。生産された商品の販売にさいして剰余価値が実現されるとす

れば、それは、この剰余価値がすでにその商品のなかに実存しているからである。〔中略〕それゆえ、商人資本は価値も剰余価値も創造しない。すなわち直接には創造しない。商人資本が流通時間の短縮に寄与する限りでは、それは間接に、産業資本家によって生産される剰余価値の増加を助けることができる。商人資本が市場の拡張を助け、諸資本間の分業を媒介し、したがって資本がより大きな規模で操業することを可能にする限りでは、商人資本の機能は、産業資本の生産性とその蓄積とを促進する。商人資本が通流時間を短縮する限りでは、それは前貸資本にたいする剰余価値の比率、すなわち利潤率を高める。商人資本が資本のよりわずかな部分を貨幣資本として流通部面に閉じ込める限りでは、それは直接に生産に使用される資本部分を増大させる。(『資本論』⑨、475〜476ページ)

次に、同17章においてマルクスは商業利潤がどのように由来するかについて論究し、この点に関し以下のように結論づけている。

産業資本が利潤を実現するのは、利潤が剰余価値としてすでに商品の価値に潜んでいるからにすぎないのと同じように、商業資本が利潤を実現するのは、産業資本によって実現される商品の価格においては、まだ剰余価値または利潤の全部が実現されていないからにすぎない。それゆえ、商人の販売価格が購入価格を超えるのは、販売価格が全価値を超えるからではなく、購入価格が全価値よりも低いからである。(『資本論』⑨、485ページ)

剰余価値にたいする商人資本の関係は、産業資本のそれとは異なる。後者〔産業資本〕は、他人の不払労働の直接的取得によって剰余価値を生産する。前者〔商人資本〕は、この剰余価値の一部分を産業資本から自分のほうに移転させることによってこの部分を取得する。(『資本論』⑨、497ページ)

以上の、剰余価値との関連での商人資本の本質的規定、および、商業利潤の由来に関するマルクスの言及より（以上3点の引用文より）、直接的生産部門と商業的部門、産業資本と商人資本との間にはある基本的な違いが存在することがわかる。

　前者の直接的生産過程・産業資本の目的はいうまでもなく剰余価値の生産であり、そのためには複数の（多数の）賃労働者が資本家のもとに存在することが絶対要件である。この点は絶対的剰余価値の生産ならびに相対的剰余価値の生産との関連で区分して説く必要があり、実際『資本論』第1巻では以下のように論じられているのである。

　まず、絶対的剰余価値の生産との関連で複数の賃労働者が一人の資本家のもとに必要であるという点について、マルクスは第1巻第3篇第9章「剰余価値の率と総量」において一定の最小限の資本・貨幣量とは何かという議論の中で次のように論じている。

　　　可変資本の最小限は、剰余価値を手に入れるために年中毎日消耗される個々の一労働力の費用価格である。この労働者が自分自身の生産諸手段をもっており、しかも彼が労働者として生活することで満足するとすれば、彼にとっては、自分の生活諸手段を再生産するのに必要な労働時間、たとえば毎日8時間で十分であろう。したがってまた彼は、8労働時間分の生産諸手段を必要とするにすぎないであろう。これに反して、この8時間のほかにたとえば4時間の剰余労働をこの労働者に行なわせる資本家は、追加的生産諸手段を調達するための追加的貨幣額を必要とする。とはいえ、われわれの仮定のもとでは、この資本家は、日々取得される剰余価値で労働者と同じ暮らしをするためだけでも、すなわち彼の必要な諸欲求を満たしうるためだけでも、すでに二人の労働者を充用しなければならないであろう。この場合には、彼の生産の目的は単なる生活維持であって、富の増加ではないであろうが、しかし資本主義的生産のもとではこのあとのほうのことこそが想定されているのである。彼が普通の労働者のわずか2倍だけよい暮らしをし、しかも生産される剰余価値の半分を資本に再転化するためには、彼は、労働者数と同時に、

前貸資本の最小限を8倍にふやさなければならないであろう。もちろん、彼自身が自分の労働者と同じように直接に生産過程で働くこともできるが、しかしその場合にも、彼はただ、資本家と労働者とのあいだの中間物、「小親方」であるにすぎない。ある一定の高度に達した資本主義的生産は、資本家が、資本家としてすなわち人格化された資本として機能しているあいだの全時間を、他人の労働の取得、したがってまたそれの監督に、ならびにこの労働の生産物の販売に、振り向けうることを条件とする。(『資本論』②、536〜537ページ)

また、相対的剰余価値の生産との関連で多数の賃労働者が必要であるという点は、同第4篇「相対的剰余価値の生産」を振り返れば十分であろう。相対的剰余価値の生産と関連して、今や資本家の目的は生産様式の変化・労働の生産力の増大による特別剰余価値の取得である（同第10章）。この労働の生産力の増大のためには、「協業」「分業とマニュファクチュア」「機械設備と大工業」が不可欠であった。つまり、ここでは一人の資本家のもとに（工場内に）多数の賃労働者が存在することは必然であり、自明な事態なのであった。

他方、後者の商業的部門・商人資本には、277〜278ページにおける3点の引用文に示された経緯より、出発点として、論理的にも賃労働者を必ずしも必要としないのである。まさに「商人資本」、商人一人のみの資本が成立しうるのであり、この点についてマルクスは次のように論じている。

それゆえ商人的資本家は、剰余価値総量の分け前にあずかるために、自分の前貸しを資本として増殖するために、賃労働者を使用する必要はない。もし彼の営業および資本が小さければ、彼自身が、彼の使用する唯一の労働者であるかもしれない。それによって彼に支払われるものは、利潤のうち、諸商品の購買価格と現実の生産価格との差額から彼のもとに生じる部分である。(『資本論』⑨、491ページ)

マルクスはこの商人一人だけの資本を議論の出発点に設定しているのであ

る。すなわち、商業的部門においてはそもそも協業が成立しない場合が十分有り得るのであり、それ故に指揮の考察も不要・不可能となるのである。この事情が同 23 章において「──商業的部門をまったく度外視すれば──」とマルクスが記した一つの有力な理由であろう。

しかし、同時にマルクスは商人的資本家のもとに商業賃労働者が従事する事態に多大な関心を示している。『資本論』⑨、490 ページ以下の第 17 章は（同第 17 章の後半部分は）ほぼこの事態の解明にあてられている。そこで、節を改めてこの第 17 章の後半部分を取り上げて論を進めてゆくこととしよう。

3. 商人的資本家のもとでの商業賃労働者の出現、マルクスは何を論じているのか

同第 17 章における商人的資本家のもとに商業賃労働者が従事する事態に対するマルクスの多大な関心は、以下の引用文で示されるように純粋に商人的な流通費を取り上げることより開始されている。

> 　純粋に商人的な流通費（したがって、発送、輸送、保管などのための費用をのぞいたもの）は、商品の価値を実現するために必要な──商品から貨幣へであれ貨幣から商品へであれ、その価値を転化し、商品の交換を媒介するために必要な──諸費用に帰着する。〔中略〕われわれがここで考察する費用は、買うことの費用と売ることの費用である。これらの費用は、すでに前に述べたように、計算、簿記、市場取引、通信などに帰着する。そのために必要な不変資本は、事務所、紙、郵便料金などからなっている。その他の費用は、商業賃労働者の使用に前貸しされる可変資本に帰着する。〔中略〕
> 　これらいっさいの費用がかかるのは、諸商品の使用価値の生産においてではなく、諸商品の価値の実現においてである。それらは、純粋な流通費である。それらは、直接的生産過程にははいり込まないが、流通過程にはいり込み、それゆえ再生産の総過程にはいり込む。
> 　これらの費用のうち、ここでわれわれの関心を引く唯一の部分は、可変資本に支出される部分である。（『資本論』⑨、489〜490 ページ）

そこで、「いまや問題は、商人的資本家——ここでは商品取引業者——が就業させる（beschftigt）商業賃労働者の事情はどうであるか？　ということである。」（『資本論』⑨、495ページ。原語表記は藤原によるものである、以下同。）と問いかけ始めるマルクスは、同第17章「商業利潤」の後半部分において、商人的資本家のもとに商業賃労働者が従事する事態に関していったい何を論じようとしているのであろうか。それは、結論から先に述べるのであれば、(1)商人的資本家が商業賃労働者を雇用する理由、および(2)「困難な問題」・「困難な点」等と再三繰り返す論点を整理し・これを解決すること、である。このうち、マルクスの主たる関心は明らかに第2の課題にある。この第2の課題「困難な問題」とはマルクスが言う通り難解な課題であるために、以下第17章の後半部分を逐次ていねいに読み解くこととしよう（第1の課題に関する論述と第2の課題に関する論述が交互に出現する煩わしさはあるが）。
　マルクスは、「商業賃労働者たちにかんして生じる困難な問題は、彼らは直接に剰余価値（利潤はその一転化形態にすぎない）を生産しないのに、どのようにして直接に自分たちの雇い主のために利潤を生産するのか、を説明することでは決してない。この問題は、実際上、商業利潤の一般的分析（藤原注：第17章の前半部分のこと）によってすでに解決されている。」（『資本論』⑨、496〜497ページ）と、早くも第2の課題の存在を予告している。この後、第1の課題：商人的資本家が商業賃労働者を雇用する理由の一つめを次のように論じるのである。

　　商業資本が再生産過程で資本として機能し、それゆえ機能しつつある資本として、総資本によって生み出された剰余価値の分け前にあずかるのは、価値を実現するという商業資本の機能によってだけである。個々の商人にとっては、彼の利潤の総量は、彼がこの過程において使用しうる資本総量に依存しており、そして彼は、彼の事務員たちの不払労働が大きければ大きいほど、それだけ多くの資本を売買に使用することができる。商人的資本家は、彼の貨幣を資本にする機能そのものを、大部分は彼の労働者たちに行なわせる（verrichten）。これらの事務員の不払労働は、剰余価値を創造はしないが、しかし商人的資本家のために剰余価

値の取得〔の可能性〕を創造するのであり、それは、この資本にとっては結果から見れば〔剰余価値の創造と〕まったく同じことである。したがって、この不払労働は、この資本にとっては利潤の源泉である。もしそうでなければ、商人的営業は決して大規模には、決して資本主義的には、営まれえないであろう。

　労働者の不払労働が生産資本のために直接に剰余価値を創造するのと同様に、商業賃労働者たちの不払労働は商人資本のために右の剰余価値の分け前を創造する。(『資本論』⑨、497～498ページ)

　今や『資本論』は第3巻第4篇「商人資本」に達しているが故に、剰余価値は利潤に、利潤は平均利潤に転化している。したがって、利潤の総量は資本総量により決定し、商業賃労働者の不払労働はその分だけ資本総量を増大させるということなのである。換言すれば、商人的資本家の目的は商業賃労働者の不払労働自体であり、それは資本総量を多大にしうる特殊な商品である、ということになる。以上の第1の課題に対する一つめの論述に続き、マルクスは第2の課題「困難な問題」についての最初の言及を次のように行なう。

　　困難は次の点である――商人自身の労働時間および労働は、すでに生み出された剰余価値の分け前を彼のために創造するとはいえ、価値を創造する労働ではないのであるから、彼が商業労働力の購入に投下する可変資本については事情はどうなのか？　この可変資本は、出費として前貸商人資本に加算されるべきなのか？　加算されるべきでないとすれば、これは利潤率均等化の法則と矛盾するように見える。前貸資本として100を計算しうるだけなのに、150を前貸する資本家があるであろうか？　加算されるべきであるとすれば、それは商業資本の本質と矛盾するように見える。というのは、この資本種類が資本として機能するのは、産業資本のように他人の労働を運動させることによってではなく、それ自身が労働する――すなわち売買の機能を果たす――ことによってであり、また、まさにそのことにたいしてのみ、またそのことによって

のみ、産業資本によって生み出された剰余価値の一部分を自分のほうに移転させるのであるから。(『資本論』⑨、498 ページ)

「困難な問題」の概略は明らかになりつつある。商人的資本家が商業労働力の購入に投下する可変資本は、出費として前貸商人資本に加算されるべきなのか否か、が問題なのである。そして、加算されるべきでないとすれば理論上の問題が生じ、加算されるべきであるとすれば別の理論上の問題が生じてしまう点こそが、問題の解決を困難にしている要因である点もわかる。

続いては、マルクスは再び第 1 の課題：商人的資本家が商業賃労働者を雇用する理由、に立ち戻る。おおよそ以下のような議論を行なうのである。仮に商人資本がすべて商人個人営業でのみ行なわれているとするならば、資本主義的生産様式が進むにつれて産業資本家における流通費用は無限に拡大するであろう。同じく、商人資本自身にとっても流通費用は拡大する。そこで、「商業の仕事場で、ある人は帳簿をつけ、他の人は経理を扱い、第三の人は通信をし、あの人は仕入れ、この人は販売し、あの人は出張販売をするなどというような明確な分業が行なわれれば、莫大な量の労働時間が節約され、その結果、卸売業で使用される (verwandte) 商業労働者たちの数は、営業の大きさに比べればまったく取るに足りないほどである。」(『資本論』⑨、499～500 ページ) ということになる。つまり、前述の流通費用の軽減を目的として、商業賃労働者を雇用し、彼らの間に明確な分業を導入すれば、莫大な量の労働時間の節約が生じるのである。これに付随して、商人資本における不変資本に要する費用の低下・資本の節約にもマルクスは言及している。これらが第 1 の課題に関する二つめの回答であろう[1]。

商業賃労働者を雇用することによる流通費用の軽減・莫大な量の労働時間の節約という以上の議論について、マルクスは総資本の観点より次のような要約を行なう。

---

[1] 以上の議論を端的に表現するのであれば、同第 17 章末部における次の論述が該当しよう。「彼が資本家に費やさせるものと、彼が資本家にもたらすものとは、異なる大きさである。彼が資本家にもたらすのは、彼が直接に剰余価値を創造するからではなく、彼が、一部分は不払いの労働を行なう限りで、剰余価値実現の費用の軽減を助けるからである。」(『資本論』⑨、508 ページ)

第9章 『資本論』第3巻第5篇第23章中「──商業的部門をまったく度外視すれば──」を考察する

　諸商品の売買に直接投下された総商人資本をBとし、商業補助労働者の支払いに投下される、それに照応する可変資本をbとすれば、B＋bは、どの商人も助手なしでやり抜くであろう場合に──すなわち資本の一部分がbに投下されないであろう場合に──総商人資本Bがそうでなければならないであろう大きさよりも小さい。とはいえ、困難は依然としてかたづいてはいない。(『資本論』⑨、500ページ)

　以上の論述により、第1の課題：商人的資本家が商業賃労働者を雇用する理由を論じ終えたのであり、二つの回答を提示したのである。しかしここでは、「とはいえ、困難は依然としてかたづいてはいない。」点が肝心なのである。つまり、第17章後半部分における中心的課題である第2の課題「困難な問題」は、第1の課題が解決されても必然的に答えに導かれるものではなく、未だ解明されていない。そこで、マルクスの著述は再び第2の課題へと移行することになる。

　諸商品の販売価格は、（一）B＋bにたいする平均利潤を支払うのに足りるものでなければならない。このことはすでに、B＋bがもともと最初のBの縮小したものであるということ、bのない場合に必要とされるであろうものよりも小さい商人資本を表わすということによって、説明されている。しかし、この販売価格は、（二）いま追加的に現われているbにたいする利潤のほかに、支払われた労賃、すなわち商人の可変資本＝bそのものをも補塡するのに足りるものでなければならない。この後者が困難な点である。bは、価格の新たな構成部分をなすのか、それとも、B＋bによって獲得された利潤の一部分──商業労働者にかんしてのみ労賃として現われ、商人自身にかんしては彼の可変資本の単なる補塡として現われる利潤の一部分──でしかないのか？　後者の場合には、商人が彼の前貸資本B＋bにたいして獲得した利潤は、一般的な〔利潤〕率に従ってB*に帰属する利潤、プラス、b──この後者〔b〕を彼は労賃の形態で支払うが、それ自身はなんらの利潤ももたらさない──に等しいだけであろう。

285

＊〔ロシア語サチネーニヤ版では、「B＋b」となっている。一般的利潤率に参加するのは、B＋bであり、ここでのbは、商人が補塡しなければならない費用を表わす〕
（『資本論』⑨、501ページ）

　難解な議論であるが、「困難な問題」の概略は（283〜284ページの引用文は）上述の引用文により次のような展開を示しているのである。まず、（一）として諸商品の販売価格はB＋bおよびBに対する平均利潤＋bに対する平均利潤であることの成立を説く[2]〔これを仮に議論アとする〕。しかし、マルクスは（二）としてbの由来とbに対する平均利潤の成立を「この後者が困難な点である」と問題視するのである。すなわち、一方で「bは、価格の新たな構成部分をなすのか」という見解が発生し〔これを仮に議論イとする〕、他方では、bは「B＋bによって獲得された利潤の一部分」でしかないのか、という見解が生じる。そして、後者の場合つまりbは産業資本家より移転された利潤であり前貸資本であっても本質的には資本部分でないとするならば、「商人が彼の前貸資本B＋bにたいして獲得した利潤は、一般的な〔利潤〕率に従ってBに帰属する利潤、プラス、b(中略)に等しいだけであろう。」となるのである〔これを仮に議論ウとする〕。つまり、マルクスの言う「後者の場合には」、bに対する平均利潤は形成されないのである。これは、Bは資本であるが故に平均利潤獲得に参加しうるが、bは利潤（すでに移転された利潤であり資本ではない）であるが故に平均利潤獲得に参加することは不可能であるとのマルクスの思考によるものであろう。ここに至り、問題点・矛盾は鮮明なものになってきた。bは「B＋bによって獲得された利潤の一部分」でしかないとするならば、「後者の場合」が正しいのであれば、議論ウに基づく販売価格が成立するのであり、この販売価格は議論アによる販売価格と異なる（bに対する平均利潤の有無による差額）という問題点・矛盾が生じるのである。また、「bは、価格の新たな構成部分をなす」という見解〔議論イ〕を採用するのであれば、前述のような矛盾は生じず、議論イに基づく販売価格と議論アによる販売価格は一致するであろう。しかし、マルクスは

　2）ここでのBとは「諸商品の売買に直接投下された総商人資本」のことであり、ここでのbとは「商業補助労働者の支払いに投下される、それに照応する可変資本」のことである。285ページ本文の引用文参照。

議論イを正しいとは見なせないようであり、ここに問題点がある。では、これらの問題点はどのように正されるのであろうか、また、問題点はどのような展開を示すのであろうか。マルクスによる「困難な問題」についての論述はさらに続いてゆく。

なお、「B*」に関する訳注として「一般的利潤率に参加するのは、B+bであり」とされている。しかし、bが一般的利潤率に参加しうるのはそれが資本であるケースであり、議論イならばこれに該当する。ここでは明らかに議論ウの場合が問題とされており、マルクスによる記述「Bに帰属する利潤、プラス、b」はもともと正しいのである。

さて、「困難な問題」に関するマルクスの議論は次のような展開を迎える。「実際には、bの諸限界（数学的な意味での）を見いだすことが問題である。まず、困難な点を厳密に確定しておこう。諸商品の売買に直接に投下された資本をBとし、この機能に消費される不変資本（物的な取引諸費用）をKとし、商人が投下する可変資本をbとしよう。」（『資本論』⑨、501ページ）そして、マルクスは、Bの補塡について、Bにたいする利潤の取得について、ならびに、Kの補塡について、Kにたいする利潤の取得について、順次検討してゆく。その結論が次の引用文である。

　　したがって、これまでのところでは、販売価格は、B+K+（B+Kにたいする利潤）からなっている。販売価格のこの部分は、前述したところによれば、なんの困難も呈しない。ところがいまや、bが、すなわち商人によって前貸しされる可変資本が、はいってくる。

　　これによって、販売価格は、B+K+b+（B+Kにたいする利潤）+（bにたいする利潤）となる。

　　Bは購買価格を補塡するだけであり、Bにたいする利潤のほかにはこの価格になんらの部分もつけ加えない。Kは、Kにたいする利潤だけではなく、Kそのものをつけ加える。しかし、K+（Kにたいする利潤）すなわち、流通費のうち不変資本の形態で前貸しされた部分、プラス、これに照応する平均利潤は、商人的資本家の手のなかでよりも産業資本家の手のなかでのほうがより大きいであろう。平均利潤の減少は、次のよ

うな形態で現われる。すなわち、十全な平均利潤が——前貸産業資本からB＋Kをのぞいて——計算され、B＋Kのための右の平均利潤控除分が商人に支払われ、その結果、この控除分が商人資本という特殊な一資本の利潤として現われるという形態が、それである。(『資本論』⑨、503～504ページ)

ここからは、「困難な点」はBおよびKには全く存在しないことがわかる。とすれば、「困難な点」はbおよび（bにたいする利潤）に存在すると推定できよう。マルクスが「そしてここに、真の困難がある。」あるいは「したがって、これが解決されなければならない問題である。」と断定するように、「困難な問題」の中心的論点・核心は以下の引用文に存在するのである。「困難な問題」はそのクライマックスを迎えた。

　　しかし、b＋（bにたいする利潤）については、すなわち、利潤率が10％と想定されているこの場合における$b+\frac{1}{10}b$については、事情が異なる。そしてここに、真の困難がある。
　　商人がbで買うものは、想定によれば、商業労働、すなわち資本流通の機能であるW−GおよびG−Wを媒介するために必要な労働であるにすぎない。しかし商業労働は、一資本が商人資本として機能するために——それが商品の貨幣への転化および貨幣の商品への転化を媒介するために——一般的に必要な労働である。それは、価値を実現しはするが、なんらの価値も創造しない労働である。そして、一資本がこのような諸機能を行なう——したがって一資本家がこれらの操作、これらの労働を自分の資本で行なう——限りでのみ、この資本は商人資本として機能し、一般的利潤率の規制に参加する、すなわち、総利潤から自分の配当分を引き出すのである。しかしb＋（bにたいする利潤）においては、第一には、労働が支払われるように見え（というのは、産業資本家が商人に商人自身の労働の代償として労働に支払うにせよ、それとも商人によって支払われる事務員の労働の代償としてそれに支払うにせよ、同じことであるから）、第二には、商人自身が行なわなければならないであろうこの労

第9章 『資本論』第3巻第5篇第23章中「――商業的部門をまったく度外視すれば――」を考察する

働への支払い金額にたいする利潤が支払われるように見える。商人資本は、第一には、bの払いもどしを受け取り、第二には、これにたいする利潤を受け取る。したがって、このようなことは次のことに起因する。すなわち、商人資本は、第一に、それが商人資本として機能するのに用いる労働にたいして支払いをしてもらうということ、そして第二に、それが資本として機能するので――すなわち、機能しつつある資本としての自分に利潤で支払われる労働を行なうので――利潤にたいして支払いをしてもらうということが、それである。したがって、これが解決されなければならない問題である。(『資本論』⑨、504～505ページ)

やはり難解な上述の引用文は次の3点の論究より成り立つのであろう。第一は、4行目「商人がbで買うものは」から13行目「自分の配当分を引き出すのである。」であり、ここでマルクスは商業労働とは何かを記しながら、実は商人資本が「一般的利潤率の規制に参加する、すなわち、総利潤から自分の配当分を引き出す」条件を規定している。つまり、一方で「このような諸機能を行なう」こと(「資本流通の機能であるW−GおよびG−Wを媒介する」こと、「商品の貨幣への転化および貨幣の商品への転化を媒介する」こと)、ならびに他方で、これらの操作を「自分の資本で行なう」こと、この2条件を必要とするのである。そして、前者の条件と関連して、「商業労働は、一資本が商人資本として機能するために〔中略〕一般的に必要な労働である。」と言う。

この第一の主張を敷衍すれば次のようになる。一資本が商人資本として機能するために商業労働(商業賃労働者)の存在が必須である場合、「商人自身が行なわなければならないであろうこの労働への支払い金額」と言うように、bは商人的資本家により資本として投じられねばならない。この条件のもとでのみ、bにたいする利潤は「総利潤から自分の配当分を引き出す」という性質を有するのである。しかし、他方でマルクスはこのような状態を、283～284ページの引用文後半部分で明記しているように「それは商業資本の本質と矛盾するように見える」と疑問視するのである。

では、実際にはb+(bにたいする利潤)は何に由来し、どのよう性質を有

するのかを確認することが第二の論究である。これは上述の引用文13行目「しかしb＋（bにたいする利潤）においては、」から同20行目「第二には、これにたいする利潤を受け取る。」までが（あるいは同引用文最後までが）該当しよう。まず、bの由来・性質であるが、「産業資本家が商人に…支払うにせよ、…それを支払うにせよ」、ならびに、「商人資本は、第一には、bの払いもどしを受け取り、」とあるように（商人資本はb相当額を前貸部分として仮払いしているにすぎない）、明らかにbは産業資本家の利潤からの移転部分なのであり、商人資本による資本支出ではない。次に、(bにたいする利潤）に関しては、「総利潤から自分の配当分を引き出す」ための条件は、bへの支出を「自分の資本で行なう」ことであった。しかし、bが産業資本家の利潤からの移転部分である故に、商人資本が「一般的利潤率の規制に参加する」ことはあり得ず、(bにたいする利潤）の由来・性質として残る可能性は同様に産業資本家の利潤から移転された部分であるという点のみである。

　実際にはb＋(bにたいする利潤）は何に由来し、どのような性質を有するのか、という論点はよりシンプルに考えることもできる。マルクスは言う。「商人資本は、第一に、…労働にたいして支払いをしてもらうということ、そして第二に、…利潤にたいして支払いをしてもらうということが、それである」（傍線は筆者による）。誰に支払いをしてもらうのか、産業資本家である。何から支払いをしてもらうのか、産業資本家の利潤からである。そして、産業資本家から純然として「支払いをしてもらう」のであり、商人的資本家が資本として支出した部分を「補塡」される事態と明確に区分しなければならない。マルクスはこれらの諸点をその平易な言い回しにより伝えているのである。ここに至り問題点は明白なものになってきた。商人資本は、なぜbに対する「払いもどし」を産業資本より受け、なぜか資本ではない「払いもどし」bに対する利潤も産業資本より「支払いをしてもらう」。いったいこれらはなぜ生じるのか、という点が一連の「困難な問題」の正体なのである。

　上述の引用文に関する第三の論究は、以上の「困難な問題」の正体に関して商人的資本家がこれを要求しうる根拠についてである。上述の引用文20行目「したがって、このようなことは次のことに起因する。」以降最終行ま

でがこれに該当する。つまり、「商人資本は、第一に、それが商人資本として機能するのに用いる労働にたいして支払いをしてもらう」とは、自らは商業労働者を使う商人である・その商人としての機能をはたすためにはどうしても商業労働者が必要である・よって産業資本にbを要求する、というものであろう。また、「第二に、それが資本として機能するので〔中略〕利潤にたいして支払いをしてもらう」とは、自らは商業労働者を使う資本である・労働者を使うこと自体で産業資本と同様に利潤が得られるはずだ、というものであろう。

　商業利潤に関する「困難な問題」とは何かを最終的に確定させておこう。「したがって、これが解決されなければならない問題である。」という点を確認しておこう。販売価格：B＋K＋b＋（B＋Kにたいする利潤）＋（bにたいする利潤）に関して、このうち商人資本の資本より投下されたB＋Kは転売により「補塡」される。また、（B＋Kにたいする利潤）は産業資本の利潤より受け取るものであるが、「一般的利潤率の規制に参加する、すなわち、総利潤から自分の配当分を引き出す」という性質を有するのであった。これに対し、bは産業資本の利潤から商人資本へ純然と「払いもどし」（商人資本による立て替え払いbにたいする「払いもどし」）として移転されるのである。よって、ここで商人資本による産業資本の利潤からの二重取りの問題が生じる。また、（bにたいする利潤）は、投下資本ではない「払いもどし」b（商人資本による立て替え払いb）に対し生じる利潤として、やはり産業資本の利潤から商人資本へ移転されるのである。したがって、ここに商人資本による産業資本の利潤からの三重取りの問題が生じるのである。しかし、なぜこのような二重取り・三重取りが商人資本に限り許されるのか、これが「困難な問題」についての最終的な課題なのである。

　以上の言説は次のように論じることも可能であろう。「困難な問題」に関する285〜286ページの引用文では、一方で「諸商品の販売価格は、（一）B＋bにたいする平均利潤を支払うのに足りるものでなければならない。」のであった〔議論ア〕。他方で、bは「B＋bによって獲得された利潤の一部分でしかない」と断ずるのであれば、「商人が彼の前貸資本B＋bにたいして獲得した利潤は、一般的な〔利潤〕率に従ってBに帰属する利潤、プラス、b

に等しいだけであろう。」ということになる〔議論ウ〕。そして、問題点はこの議論アと議論ウの両立は成り立たないことであり、議論アの販売価格と議論ウに基づく販売価格は異なるという矛盾である（後者はbにたいする平均利潤が欠けている故に、この分が前者の販売価格と比べ低くなること）。この矛盾を解消するために（両者の販売価格を一致させるために）、現実の資本制経済が行なっている操作は何か。それは、bは「B+bによって獲得された利潤の一部分でしかない」にもかかわらず、bにたいする平均利潤を商人資本に付与することである。しかし、なぜこのような操作が可能なのかという新たな疑問点が生じてくる。この新たな疑問点こそ、マルクスが記す「これが解決されなければならない問題である」と言えよう。

　商業利潤に関する「困難な問題」についての最終的な課題はここで明確となった。これに対し、マルクスは残された同第17章において簡単な回答を用意している。「bが商人によって労賃に投下されないとすれば」、商品の価格の上昇あるいは社会的な総資本増大を招来するというものである。(『資本論』⑨、505ページ）しかし、「したがっていま問題となっているbは、なによりも、ここで、すなわち産業資本家自身の事務所において研究されなければならない。」(同上、506ページ）と言うようにマルクスによる本格的な検討は先送りされた状況にある。そして、この一言をもって第17章における「困難な問題」への著述は終了するのである。

　以上のようにマルクスは商業資本のもとへ賃労働者の就業について第17章のほぼ後半をあてて論じている。商業労働者の賃労働者規定から議論は始まり、商人的資本家が商業労働者を雇用する理由を2箇所にわたり説明する。しかし、マルクスの主たる関心は「困難な問題」「困難な点」としばしば言及する、商業資本における可変資本相当部分bおよびbに対する利潤に関しその由来と一般的利潤率形成への整合性・正統性をめぐる課題である。そして、この課題を展開しつつ鋭利に提起している。いかにも『資本論』第3巻における第1・2篇を経た第4篇にふさわしい課題であり、また実際に難問でもあろう。

　筆者は商業理論あるいは経済原論専攻ではない故に、「困難な問題」にこれ以上踏み込み、例えばその回答等を提示する予定はない。しかし、邦訳書

の訳注を一例として（285～286ページの引用文、287ページ参照）窺い知ることができるように、未だ「困難な問題」自体の問題の所在が十分に理解されていないのであろう（この点の詳細は本章末の付論を参照されたい）。したがって、本章において「困難な問題」を読み解き、整理し、問題の所在を明確にした点は一定の意義を有すると思われる。但し、経営学の基礎理論の観点より重要なのは、同第17章における商人的資本家のもとに商業賃労働者が従事する事態に対するマルクスの多大な関心が専ら「困難な問題」に向けられている点を認識することであろう。

　さて、本章の主題である「――商業的部門をまったく度外視すれば――」との関連で「困難な問題」を考察するのであれば、マルクスはやはり「困難な問題」の議論においても、商人一人だけの商業資本に言及し、これが出発点であり、商業労働者による協業はその代替であると理解しているようである。マルクスは283～284ページの引用文の中で次のように言及していた。「加算されるべきである（可変資本が出費として、筆者注）とすれば、それは商業資本の本質と矛盾するように見える。というのは、この資本種類が資本として機能するのは、産業資本のように他人の労働を運動させることによってではなく、それ自身が労働する――すなわち売買の機能を果たす――ことによってであり、」。商業資本の本質は、他人の労働を運動させることではなく、それ自身が売買の機能を果たすことにある、という主張である。商業資本のもとに商業労働者が従事する状況に商業資本の本質があるとは、マルクスは全く考えていないことがわかる。また、288～289ページの引用文中では次のように言う。「第一には、労働が支払われるように見え（というのは、産業資本家が商人に商人自身の労働の代償として労働に支払うにせよ、それとも商人によって支払われる事務員の労働の代償としてそれに支払うにせよ、同じことであるから）、」。マルクスは、商人自身のみが労働する商人資本が論理展開の出発点であり、事務員の労働はその代替と考えていることがわかる。

4. 次章に向けてのむすび

　賃労働者が商業資本に出現した際に同第17章で論じられているのは以上

であり、そこでの協業については「事務所内での分業」という形で少々述べられているものの（『資本論』⑨、499～500、508～509ページ）、商人的資本家の指揮について論じられることはない。付言すれば、第17章内では、産業資本家に関して「個人的には、それによって彼が生産過程そのものの指揮者（Dirigent）として自分の機能を…」（同、492ページ）と記しているのに対し[3]、マルクスは商人的資本家が商業賃労働者に対して行なう動作を、「商人的資本家――ここでは商品取引業者――が就業させる（beschäftigt）商業賃労働者」（同、495ページ）、「商人的資本家は、彼の貨幣を資本にする機能そのものを、大部分は彼の労働者たちに行なわせる（verrichten）。」（同、497ページ）、「卸売業で使用される（verwandte）商業労働者たちの数は」（同、500ページ）、「一部は諸価値の計算に、一部は諸価値の実現に、一部は実現された貨幣の生産諸手段への再転化に結びついている媒介的諸操作（Operationen）でしかない労働」（同、507ページ）、と称している。これらを見る限り、マルクスは商業賃労働者に対する商人的資本家の指揮に特段の関心を有していないことがわかる。

　しかし、「商業的部門をまったく度外視すれば」とマルクスが『資本論』第3巻第23章で述べる理由を、これまで論じてきた、商人一人だけの資本が出発点・そもそも協業が成立する必然性はない、という点にのみ求めることで足りるのであろうか。『資本論』では今や商人的資本家のもとに複数の商業賃労働者が就業させられ、さらに彼らは商人的資本家のために不払労働を余儀なくさせられている。また、マルクスは、比較的高かった彼らの賃金と位置づけが資本主義的生産様式の進展につれて平均以上に下落する傾向を

 3）Dirigentとは下記に示すように、資本家の指揮に関してその機能を管理者に移行させた際に多々マルクスが採用する用語である。また、『資本論』の草稿等では資本家の指揮そのものに対してこの用語を使うケースも多い。「同じ資本の指揮のもとでともに働く労働者大衆は、労働過程のあいだに資本の名において指揮する産業将校（支配人、マネージャー：Dirigenten, managers）および産業下士官（職長、"監督"）を必要とする。」（『資本論』③、578ページ）「この搾取が彼に必要とさせる努力、また彼が手ごろな報酬を支払って管理人（Dirigenten）にこれを転嫁できる努力の程度に依存するのではない。」（『資本論』⑩、656～657ページ）
 4）その具体的な内容は『資本論』第1巻第11章においても記述されている。なお、筆者の論述においては、本書第6章において資本家の指揮（Leitung）タイプbと称したものが、これに該当する。

述べている(『資本論』⑨、508～509ページ)。とすれば、同第3巻第23章でいう資本家と労働者の対立と「この監督労働の演じる役割」[4](275～276ページの引用文より)は商業資本についても該当するものであろう。

この点のみからでも「商業的部門をまったく度外視」するための他の根拠が探究されなければならないであろう。さらに、商業資本における資本家の指揮の基礎的態様も具体的に規定されなければならない。但し、これらの課題は批判経営学の先学が行なわれたある論争とリンクするものでもある。この点を併せて次章で論じることとしよう。

付論.「困難な問題」に関する従来の研究について

新日本出版社新書版『資本論』⑨に関し、その第4篇第16章～第20章の翻訳は(従って285～286ページの引用文の訳注も)森廣正氏によるものである。森廣正氏とは、同書が発行された1987年時点において法政大学経済学部教授の職にあり、社会政策論を専攻し、外国人労働者問題を研究課題とされた研究者である。

では、専門分野である商業論の研究者たちは、この「困難な問題」をどのように取り扱ってきたのであろうか。商業論分野においてこの問題を初めて本格的に取り上げたのは井田喜久治氏である(『商業経済学』青木書店 1967年)。同氏は、「商業的賃労働者の可変資本の塡補」と題する一節において(同上42～53ページ)、近江谷左馬之介氏ならびに森下二次也氏の文章を引用しつつ「いずれも、問題の所在そのものの把握の欠如を特徴としている」と断じながら、「困難な問題」に関する独自の解釈と独特な解決策を提示している。しかし、これらは曲解と呼ぶべきものに他ならず、同氏自身の「問題の所在そのものの把握の欠如を」表明されたのである。付言すれば、井田氏は「困難な問題」を「商業的賃労働者の可変資本の塡補」と理解されているようであるが、すでに論じてきたように、『資本論』においては商人的資本家が投下した資本部分が補塡されるのであり、可変資本相当部分を購入するために投じた資金は結局のところ産業資本家より「払いもどしを受け取り」、あるいは、「支払いをしてもらう」のであった。このような留意すべき読解

は同氏には期待しかねるのである。

　やがて、商業論分野における「困難な問題」についての理解は、以下の引用文に示すように「商業労働費用である資本部分の回収問題」として収束したと考えられる。

> 　この商業労働費用の資本化問題は、戦後のマルクス商業理論をめぐる論争の第2期を形成する。この論争は大きく二つにわけられる。〔中略〕第2は、その使用によって消滅し、売買される商品には何らの実質的価値をも追加することのない、したがって販売によって当然に回収されるという関係にはないこの資本部分も、資本たるかぎり回収されなければならないことからくる、マルクスも「困難な問題」といったこの関係をどのように説明するかという問題である。〔中略〕第2の問題は、森下二次也氏と井田喜久治氏との間で議論が展開された。(小西一彦「商業労働」、森下二次也監修『商業の経済理論』ミネルヴァ書房　1976年　所収、99ページ)

　また、マルクスの言う「困難な問題」を「商業労働費用である資本部分の回収問題」たる理解として定着するためには、上記論争の当事者である森下二次也氏の大きな影響力が存在したと考えられる。森下氏は次のように言及している。

> 　しかしまだこれをもって商業利潤の大きさ、その取得方式についての最終結論とすることはできない。売買費用に充てられる資本部分については、とくに回収の問題を考慮しなければならないからである。商業労働が価値を生産しないものとすれば、売買費用のために前貸しされた資本は商品の販売によって当然に回収されるという関係にあるものとはいえない。しかし前貸資本は回収されなければならないし、しかもそれは販売価格のなかからするほかはない。したがって商品が価値通りに販売され、かつ少なくとも単純再生産が維持されることを前提とすれば、回収は商品価値のうち剰余価値部分からせざるをえない。(『経済学辞典

第9章 『資本論』第3巻第5篇第23章中「──商業的部門をまったく度外視すれば──」を考察する

第3版』岩波書店　1992年、森下稿　項目「商業利潤」687ページ）

　さらに、先の小西氏は「商業労働費用である資本部分の回収問題」に関して、次の点を自身の研究課題とすらされていた。

　　ようするに、商人が商業労働者を雇用する場合、そのための費用は、たんに売買操作のためだけの費用であってはならない。これもまた一個の資本として、すなわち価値増殖する価値として社会的にも約束されたものでなければならない。さもなければ商人は商業労働者を雇用しないだろう。ひいては大規模な売買は行なわれないだろう。資本家的平等の原則からそういうことができる。ここでの問題は、商業賃労働（ただし商人の支出する売買操作費用）がいかにして商人の商品資本を商品資本たらしめるかではなくて、それ自体もいかにして一個の資本たりうるかということを証明することである。(小西一彦、前掲稿、96〜97ページ)

　マルクスの言う「困難な問題」を回収の問題と把握することは必ずしも誤りではない。但し、『資本論』においては288〜289ページの引用文で示したようにすでにb＋(bにたいする利潤)は産業資本家より回収されているのである。本章において回収という点で課題なのは、回収のされ方と回収されうる根拠なのである。しかし、「困難な問題」を「商業労働費用である資本部分の回収問題」と捉えることは誤りであろう。
　上記の森下氏の引用文によれば（小西氏の第一引用文でも）、商業労働力の購入に要する前貸し部分は資本である点に疑いを入れていないようである。しかし、『資本論』では、商業労働費用として前貸しされた資金は当然のこととして資本であるわけではない。結局のところ、これらの資金については産業資本家より「bの払いもどしを受け取り」、「労働にたいして支払いをしてもらうということ」(288〜289ページの引用文より)なのであった。つまり、商人的資本家にとっては、商業労働力の購買に要する前貸し部分は一時的な立て替え払いであり、それはすべて産業資本家の利潤を源泉として、当該商品の販売により回収されうるのである。

また、小西氏の第二引用文では、商人が商業労働者を雇用するための費用を資本であると明示した上で、それ故に「価値増殖する価値として社会的にも約束されたものでなければならない」と言う。しかし、同じく288～289ページの引用文からわかるように、マルクスは、商人の立て替え払いであり、産業資本家の利潤の移転部分であり、決して商人の資本支出ではないｂについて、「利潤にたいして支払いをしてもらう」と論じている。そして、資本でない立て替え払いにすら平均利潤（ｂにたいする利潤）が支払われる不可思議さを、マルクスは「そしてここに、真の困難がある。」と評するのである。

　では、両氏の主張されるような商業労働費用は資本であると仮定した場合、『資本論』の論理展開はどのように推移するのか、本章ですでに掲げた諸引用文より検討しておこう。出発点は、「この可変資本は、出費として前貸商人資本に加算されるべきなのか？」という283～284ページの引用文中の記述である。可変資本を字句通り資本と解するのであれば、それは前貸商人資本に加算されることになる。とすれば、「ｂは、価格の新たな構成部分をなす」（285～286ページの引用文より）ということになる。商人的資本家が消費する不変資本（物的な取引諸費用）Ｋは当然のことながら資本部分として彼が前貸ししていた。それ故に、287～288ページの引用文で示すようにＫは販売価格の新たな構成部分として加算される。これと同様のことがｂについても生じることになる。最後は（ｂにたいする利潤）についてである。ｂが資本支出であるならば、288～289ページの引用文中の次の事態が生じる。「そして、一資本がこのような諸機能を行なう──したがって一資本家がこれらの操作、これらの労働を自分の資本で行なう──限りでのみ、この資本は商人資本として機能し、一般的利潤率の規制に参加する、すなわち、総利潤から自分の配当分を引き出すのである。」

　以上がｂが資本として支出されたケースでのマルクスの見解である。しかし、第一に、この見解は一応論理展開としては完成しており、「困難な問題」とは形容できないのである。第二に、マルクス自身がこの論理展開について、283～284ページの引用文で疑問を呈し、288～289ページの引用文では結局退けているのである。商人的資本家が商業労働力の購買のために支出

する前貸し部分は資本ではありえないのである。

　マルクスが「困難な問題」として提起している内容と、森下・小西両氏によるこれを「商業労働費用である資本部分の回収問題」とする定説化した理解とは、最初からズレが生じていたと言わざるを得ない。その上で、誤った方向に研究は進んでゆくのであった。両氏が考えられる以上に「困難な問題」とは深く・解決が困難な問題なのである。決して軽く扱ってはならず、熟考が必要とされるのである、『資本論』(Das Kapital) における課題であるが故にも。

第10章　商業資本における資本家の指揮の基礎的態様

　前章より、『資本論』第3巻第5篇第23章後半における「他方では——商業的部門をまったく度外視すれば——この監督労働は」（『資本論』⑩、650ページ）という事項を取り上げ、なぜ、マルクスは資本家の指揮（Leitung）および資本家の指揮の二重性を論じる同第23章後半において「商業的部門をまったく度外視」するのであるのかを考察してきた。本章では、そもそも商業的部門において資本家の指揮（Leitung）および資本家の指揮の二重性は成立するのか否かを、ならびに、商業資本における資本家の指揮の基礎的態様を具体的に規定すること、これらを解明することが課題である。しかし、その点に関しては本書前半部および前章での検討より、次の2点を指摘しておかなければならない。

　第一に、商業資本における商人的資本家の指揮に対するマルクスの関心と取り扱い方についてである。マルクスが商業資本について広範にわたり詳論を行なっているのは『資本論』第3巻第4篇の諸章であった。その中心は同第17章「商業利潤」であり、同章の後半より商業賃労働者が登場している。したがって、この第17章後半より商業資本における協業が形成され、商人的資本家の指揮も成立する。しかし、この第17章後半でマルクスが主たる関心を示すものは「困難な問題」「困難な点」と称する論点であった。この論点は、商人的資本家が商業賃労働者への支払いに投下し、それに照応する可変資本部分（マルクスはこれをbと呼ぶ）はいかなる性質を有するのかということである。さらに端的に述べるのであれば、b＋（bにたいする利潤）に関しては、実はbは商人的資本家による資本支出ではなく、産業資本の利潤から商人資本へ純然と「払いもどし」（商人資本による立て替え払いbにたいする「払いもどし」）として移転されるのであり、また、(bにたいする利潤)

301

は投下資本ではない立て替え払いｂに対し生じる利潤として再び産業資本の利潤から商人資本へと移転されるのである。すなわち、第17章後半で出現する、なぜこのような多重取りが商人資本に限り許されるのか、資本ですらない立て替え払いに平均利潤（ｂにたいする利潤）が支払われる不可思議さに、マルクスは多大な関心を有し、「困難な問題」と称しているのである。その一方で、この第17章後半以降の第4篇において商人的資本家の指揮（Leitung）に対して特段の関心を示していないのである。

第二に、商人的資本家の指揮への扱いとは対照的に、マルクスは産業資本における資本家の指揮について、特に一章を配して論及しているわけではないが、多くの言及と深い考察を示していた（『資本論』第1巻第4篇、同第3巻第23章にて）。筆者はこれらのマルクスに著述に依拠しながら、本書前半部において産業資本における資本家の指揮に関して以下のような体系化を試みていたのである。まず、『資本論』では第1巻第4篇第11章以降、資本家の指揮概念は Kommando から Leitung へと展開しており、同時に協業一般における指揮を Direktion と記している点の指摘である。（本書第5章）次に、資本家の指揮（Leitung）の具体的内容を探る前提として、資本家の指揮の機能と資本家の指揮の対象とを組み合わせて考察することにより、資本家の指揮（Leitung）を、タイプａ（「指揮の一般的機能」が協業における「社会的労働過程」を対象として実施するもの）・タイプｂ（「資本主義的生産様式に特有な指揮の機能」が協業に際して「資本の価値増殖過程」を対象として実行するもの）・タイプｃ（「資本主義的生産様式に特有な指揮の機能」が協業に際して「社会的労働過程」を対象として実行するもの）と分類したのである。（本書第6章第1・2節）その上で、マニュファクチュアにおける資本家の指揮の具体的内容を上述の分類に従い（特にタイプｃを中心に）、『資本論』に依拠しながら確定させたのである。（本書第6章第3～6節）さらに、機械制大工業における資本家の指揮の具体的内容を特に Leitung タイプｃを中心に『資本論』に依拠しながら探究したのである。（本書第7章・補章）

以上のように論じた、商業資本における資本家の指揮と産業資本における資本家の指揮に対するマルクスの関心と取り扱い方の差異を考慮して、本章では以下のように論じてゆくこととする。まず、第1節では商業資本におけ

第10章　商業資本における資本家の指揮の基礎的態様

る資本家の指揮に関するある論争を紹介し、そこから抽出しうる課題を呈示する。第2節では商業資本の本質ならびに商業資本における資本家の指揮の特質について、注目すべき考察を行なった角谷登志雄教授の業績を取り上げて分析を試行する。そして、第3節では、この角谷教授の業績を基礎としながら、先に述べた（302ページ）産業資本における資本家の指揮に関して筆者が本書前半部にて行なった体系化の試みを方法論として、商業資本における資本家の指揮の具体的内容を規定する。最後に第4節では「結語」として、マルクスが「他方では——商業的部門をまったく度外視すれば——この監督労働は」とした要因を前章から本章へと振り返りながら総括することとする。

1. 商業資本における資本家の指揮についてのある論争

かつて川端久夫教授は、いわゆる労務管理対象論争において、木元進一郎教授の見解「われわれはこうした点に、いいかえるならば、支配されているものと、支配されていないものとの二者闘争的な性格をもつ賃労働者という点に、労務管理の本質的な対象を求めうるのである。」（木元、「労務管理の対象について」日本経営学会編『労務管理と経営学』1964年所収、106ページ）を基本的に支持しつつ、同上木元論文について次のような批判を行なっていた。

　　木元氏の「賃労働者説」はこのように定立されている。規定の末尾にいう、支配されているものは労働力、支配されていないものは労働者に、さしあたり比定してよいであろう。だがこう比定したばあい、氏の論証は必ずしも一貫していない。（中略）だが、この点をやや硬直的に解すれば、労働管理は労働力を搾取し労働者を支配するものであることとなり、後段の規定——支配されていない労働者とくいちがう。むろんこのくいちがいは、労務管理を、本来支配の埒外にある労働者を支配しようとする諸方策とみなすことによって消化しうるが、木元氏のこの点についての手続は不十分のようである。

　木元氏の「搾取・支配」論の典拠は、いうまでもなく、資本論Ｉ第4

篇第 11 章である。
　(以下、新日本出版社新書版『資本論』③、575〜576 ページに相当する一節の記載が続くが、省略する。)
木元氏は、おなじ社会的労働過程における資本家の管理(指導・監督・媒介)のうちに労働力搾取と労働力支配の双方を見出す——この視点は問題なく正しい。だが、ここで、つぎの自明の事柄を確認しておかねばならない。みぎにのべられた二重の管理は、あくまで生産過程(労働力の売買という流通過程に条件づけられた)にかぎって成立するものであること、したがって生産過程のそとに展開する「管理」を根拠づけるものではないということ、これである。(ここでは商業資本等々のもとでの労働を無視する)
　テーラー・フォードに代表される極限的な管理(＝搾取と支配)は、やがて労働者の労働意欲の低下と組織的反抗に逢着する。作業場内に確立した資本の権威は、社会的な階級関係の次元で動揺し、それはやがて作業場内に反作用してくる。一方では直接的に搾取と抑圧の緩和を要求する労働組合の「挑戦」「浸透」(標準作業量、賃金支払形態にはじまって、技能訓練、人事考課、配置、昇進、解雇、職務評価、さらに操業方式、設備革新計画にいたるまで生産過程全般にわたる)に対処せねばならず、他方では労働者の個人的・集団的人格への配慮、福利施設の拡充、地域社会対策、労働者の生活過程全般への干渉ないしサーヴィスにまで、多面的に展開しなければならなかった。
　これらの労務「管理」は、前記資本論に規定された「管理」ではない。(同時にまた、経営管理論において定形化されている「管理」概念にもあてはまらない。)共同的労働における指導・監督・媒介の機能が、ここには欠けているからである。管理は作業に立脚し、作業を対象として機能するのであるが、ここに云う管理は、いかなる作業にも立脚せず、企業に敵対的ないし、非協力的な存在としての労働者・労働組合そのものを対象とした、交渉・抑圧・干渉・サーヴィス等々の多様な形態をもつ"働

---

1) 川端久夫「労務管理の理論について」社会問題研究(大阪社会事業短期大学)第 15 巻第 3・4 号 (1965 年) 所収、223〜225 ページ。

第10章　商業資本における資本家の指揮の基礎的態様

きかけ"である[1]。

　これに対して木元教授は、20年余の年月を経た後に以下のような反論を行なっている。

　　ところで、以上のほかにも、労務管理研究にあたって応えられなければならない問題なり、疑問なりが残されている。その一つに、労務管理の「管理」概念の「再構成」といわれている問題がある。
　　テイラーの科学的管理にみられるように職場（=「直接的生産行程」）を中心に登場してきた労務管理は、今日では流通やサーヴィス部門での職場はいうに及ばず、教育・訓練、福利施設、「従業員家族への働きかけ」、組合対策（labor relations）等々に至るまで、「直接的生産行程」を超えた領域にまで及んでいる。「本来の労務管理」を「理論的」（？）に措定したうえで、労務管理領域のこのような拡大を「本来の労務管理からの逸脱」として労務管理の外に追放してしまうのではなく、労務管理研究の視野のなかに置かれなければならない。資本主義的な「直接的生産行程」における「社会的・結合的な労働」とのかかわりで規定されている『資本論』第1巻第11章の「指揮概念」（以下「資本論指揮概念」と記す）に基づいて労務管理の機能を「搾取と支配・抑圧」に求める「搾取と支配・抑圧説」（=「賃労働者説」）では、「直接的生産行程」の外にまで以上のように拡大され続けている労務管理をとらえることができず、労務管理の「管理」概念が検討ないしは「再構築」されなければならないという問題が提起されている。
　　なるほど、「資本論指揮概念」は、「資本制的生産の出発点」「資本制的生産様式の基本形態」=「同じ労働過程における比較的多数の賃労働者の同時的就業」=協業の箇所で規定されていることは、したがって「直接的生産行程」を中心として「資本論指揮概念」が展開されていることは、事実である。しかしながら、多数の賃労働者の同時的就業による社会的・結合的な労働は、ひとり直接的生産行程のみに限られるものではなく、流通やサーヴィス、さらには事務などの職場でもみられること

や、『資本論』における論理展開では「抽象的なものから具体的なものへ」「単純なものから複雑なものへ」という過程がとられていることなどをふまえて考えてみると、「資本論指揮概念」を「直接的生産行程」におけるものとして封じこめてしまうのは、いかがなものであろうか。そしてまた、「資本論指揮概念」規定の方法を展開させつつ、「直接的生産行程」の外にまで及んでいる労務管理の本質を規定するのは、はたして「資本論指揮概念」からの「逸脱」であろうか。労務管理の「管理」概念の再構成という問題提起にこうした疑問が当然起こってくる。

　（中略）労務管理研究にとって大切なことは、「資本論指揮概念」をあまりにも訓古学的かつ硬直的に理解したうえで、それに代わる「管理」概念を「再構成」することではなく、現実に広範にわたってくりひろげられている労務管理現象を「資本論指揮概念」の展開にかかわらしめて解明することであるように考えられる。こうしたことを欠く、言い換えるならば、現実の労務管理の解明・内容規定を抜きにした労務管理の本質規定は、概念のいたずらなせんさくの域から脱し得ず、労務管理研究の発展に寄与するところがないことを銘記すべきであろう[2]。

この木元反論に即した反批判を川端教授は以下のように試みている。

　　資本論〔Ⅰ-4-11〕の管理概念は正当かつ含蓄深いものであるが、企業における管理（とよばれている）現象の全面を直截に分析しうるほどの内容には欠けている。領域・状況に応じて具体化する、といっても限度がある。資本主義体制ないし労資関係の歴史的発展段階に応じて修正を施すとしても、現代企業活動の大規模複雑化、と（資本家機能としての）管理機能の分化・拡大、その反映としての'ブルジョア'的経営管理論の肥大・多様化、に対処しきれるものではない。といってそれらを無視して我が道を往く——'資本論指揮概念'でたやすく消化しうる部分のみを吸収する——ことは'経営学批判'の自己破産を意味する。そ

---

[2] 木元進一郎編著『労務管理の基本問題』（木元稿「第1章　労務管理研究の視角と課題」）中央経済社　1987年、21〜23ページ。なお、傍線は藤原によるものである。

第10章 商業資本における資本家の指揮の基礎的態様

こで、'管理'概念詮索の幅を思いきり拡げるために、'資本論指揮概念'の妥当範囲を、ひとまず最も狭く生産過程内部に限定したのである。生産過程外の労務'管理'の多様多種な内容を収集・整理・類型化して'資本論指揮概念'と共存(→対峙あるいは交絡)の関係におき、現実の'労務管理'の展開と照合しつつ総合的観察を重ねていけば、やがて労務'管理'の全容を過不足なく解明しうる'管理'概念(の体系)を構築できるであろう。……この作業が未済の間はとりあえず、'資本論指揮概念'的管理とそれ以外の管理とを併せて'労務管理'と総称する他はない。だから「労務管理とは、個別資本が従業員たる労働者に対して行なう諸方策の体系である。このごく常識的な定義以上にほり下げた本質規定は、労務管理の全容をおおうことができない」としたのである[3]。

そして、川端教授は反批判を次のように結ぶのである。

　　この木元の指示(藤原注、305～306ページの引用文中の34～38行目のこと)に、本稿で検討した諸説は、忠実だったのだろうか、それとも違反したのだろうか？　諸説の稿者たちが、いずれも内外の現実の労務管理について歴史研究や現状分析に取りくみ、着々と成果を蓄積しつつあることは、もとより筆者の知るところである。にもかかわらず、それらの蓄積を、'資本論指揮概念'の展開にかかわらしめることなく、むしろ、その原形に固執していることを本稿の分析は示している。──筆者の構想する管理概念の多段式構成(そこでは'資本論指揮概念'が、枢要ではあるが全体構造の一結節にすぎないところの)が、諸氏自身による展開に資することを願うものである[4]。

---

[3] 川端久夫「再び労務管理の理論について」経済学研究(九州大学)第56巻第3号(1990年)所収、8～9ページ。
[4] 同上、14～15ページ。なお、「本稿で検討した諸説」とは次の論稿を意味する。木元進一郎　前掲編著〔1987〕とは「編者の還暦記念の1冊として、明治大学大学院経営学研究科労務管理特殊研究で直接・間接のいかんを問わず学んできた人々によって企画されたもの」(同上、1ページ)であり、そのうち木元教授による論述第1章に続く第2章以降の論稿の中で、川端教授の問題提起に直接関連する論点を扱ったものである。

これらの論争からは次の２点の事柄を指摘しうるのであり、同時に二つの課題が導き出せるのである。
　第一に、川端教授は最初の引用文で『資本論』第１巻第４篇第11章からの一節を記載されており、また、木元教授も「『資本論』第１巻第11章の「指揮概念」（以下「資本論指揮概念」と記す）に基づいて労務管理の機能を…」と述べられているが、これらは『資本論』における指揮概念の把握という点で狭いと言わざるをえない。木元教授の言う「資本論指揮概念」の展開（これは川端教授も賛同）それ自体をくり広げなければならない。なぜならば『資本論』の指揮概念自体が「『抽象的なものから具体的なものへ』『単純なものから複雑なものへ』という過程」でマルクスにより考察されているからである。『資本論』第１巻第４篇第11章の一節は、この出発点ないし一部と位置づけられるべきものである。そして、産業資本における資本家の指揮に関しては、「資本論指揮概念」の展開という方向で、その体系化を本書前半部で筆者は試みているのである（不充分なものではあるものの）。したがって、「資本論指揮概念」の展開という方向で、商業資本における資本家の指揮の実質を解明することが残された課題として今問われているのである。
　第二は若干の論点のすれ違いである。直接的生産過程以外へ『資本論』第１巻第４篇第11章適応の可否を問題としている点は両教授とも共通している。しかし、川端教授は生産過程外の労務管理の多種多様な内容として労働者の生活過程全般への干渉を主たる問題点としていることがわかる。これに対し、木元教授は「多数の賃労働者の同時的就業による社会的・結合的な労働は、ひとり直接的生産行程のみに限られるものではなく、流通やサーヴィス、さらには事務などの職場でもみられることや」と述べているように「直接的生産行程」以外のものとして流通やサーヴィスさらには事務などの職場を対象としている。そして、木元説に関して考えるのであれば次の点が課題となろう。やはり、これらの領域における資本家の指揮の内容を「資本論指揮概念」の展開にかかわらしめて解明しなければならない。また、流通＝商業とは『資本論』第３巻で最終的に論述されているのであり、「直接的生産行程」を中心として「資本論指揮概念」が論じられていたのは『資本論』第１巻第４篇第11章である以上、前者に関する指揮の規定はまさに「抽象的

なものから具体的なものへ」「単純なものから複雑なものへ」という視点より考察しなければならないのである。

2. 商業、商業労働、商人的資本家の指揮
——角谷登志雄教授の業績を振り返る

　商業資本における資本家の指揮の具体的内容を確定するためには、商業資本における資本家の指揮の特質を解明することに通じる、すでに1960年代半ばに発表された角谷登志雄教授の二つの論文を是非とも参照しなければならない。前者は商業の本質規定を探ること、後者は商業資本家の機能と商業労働との本質的・機能形態的異同を解明すること、これらを中心課題とした論文であるが、同時に、商業資本における資本家の指揮の特質について注目すべき考察を行なっている。そこで、角谷教授の両論文を紹介しながら、いかなる点が商業資本における資本家の指揮の具体的内容を確定するために資するのか論じてみよう。

　角谷教授の第1論文とは、「本稿の意図が、商業の本質との関連において、追加的生産を明確化し、あわせて、商業の「使用価値的側面」のいわゆる「超歴史的」性格を主張する見解の批判におかれていること」[5]とされるものである。そして、角谷教授は「商業の「使用価値的側面」のいわゆる「超歴史的」性格を主張する見解」について次のように述べられている。

　　いうまでもなく、商品は使用価値と価値との統一であり、商品にふくまれる労働の二重性によって基礎づけられる。その二重性は、同時に、商品の生産過程の二重性、つまり、労働過程と価値増殖過程との矛盾として展開される。資本主義的商品生産は、使用価値・社会的有用生産物の生産であると同時に、価値および剰余価値の創出を直接的目的とする生産である。使用価値の生産は、社会の存続、人間の生存にとって不可欠の自然的条件であって、あらゆる社会的生産にひとしく共通する側面をなす。これにたいして、価値および剰余価値の創出は、賃労働の存在

5）角谷登志雄「商業の本質と「追加的生産過程」」経営会計研究（愛知大学経営会計研究所）第6号（1965年）所収、16ページ。以下、同論文を「角谷①」と記す。

を前提とする資本主義的生産に独自のものである。資本主義的生産過程は、生産過程一般の特殊的歴史的形態である。

ところで、以上のごとき、きわめて常識的な規定から、流通過程にたいして、直接的生産過程の二重性と同様な「二重性」を措定し、商業の本質を、この「二重性」の統一の見地から規定しようとする見解がうまれてくる(10)。

(10) このような流通過程における"使用価値的側面＝自然的・超歴史的側面"を措定することによって、商業ないし経営経済の"二重性"を主張し、あるいは、さらに、個別的資本の全循環過程の"二重性"を規定づける見解は、かなり多くの論者のあいだに、みられるようである。
（以下、角谷教授は3氏の諸論を取り上げて紹介しているが、これらは省略する。）
これらの諸見解にかんしては、商業ないし経営経済を、統一的・体系的に把握しようという主観的な意図はともかくとして、その商業・流通過程の本質、それらの「二重性」、とくに、その「使用価値的側面」などの基本的認識の点において、看過しがたい偏向をもつように思われる。

伊藤氏が、「生産物の配分という実質的機能」をもって商業の「使用価値的側面」と規定し、それを、直接的生産過程における物質的生産と同様に、超歴史的性格をもつものと考え、「商業は売買を直接の前提とし、売買は配分という超歴史的機能の特殊歴史的発現形態である、という一面をもっている。」（「第2論文」112ページ）と主張するとき、まさに、上記のごとき、論理的過程を歩まれているのである[6]。

「生産物の配分という実質的機能」をもって商業の「使用価値的側面」と規定し、それを超歴史性格をもつものとする考えに対し、当然のことながら角谷教授は否定する。その論拠は以下の2点から成る。

第一は商業と貨幣との関連から見た考察である。商業は、本質的に、価値の一般的等価形態としての貨幣の流通を前提とする。しかし、「この取引を媒介するところの貨幣は、たんなる自然物ではない。貨幣が貨幣としての社会的意味をもつのは、それが形式的使用価値〔formalen Gebrauchswert〕

---

6) 角谷①、25〜26ページ。なお、伊藤氏・「第2論文」とは、伊藤岩「流通労働と商品価値——森下教授の反批判に関連して——」法経論集（新潟大学人文学部）第13巻第2号（1964年）、を意味する。

第 10 章　商業資本における資本家の指揮の基礎的態様

をもつからである。しかし、この「使用価値」は、あくまで、商品生産という特殊社会的・経済的形態にもとづいて発生するものであって、商品が使用価値と価値との統一であるのとまったく同じ意味でもって、貨幣の貨幣としての超歴史的・質料的側面を措定することはできない。」（角谷①、26 ページ）という。

　第二は、以下の引用文でマルクスの言う、商品の姿態変換、商品の運動における二つの側面に関する「質料的〔stofflich〕には、相異なる諸商品相互の交換からなりたち」という点を、商業的機能における「質料変換」であると理解した上で、これを商業の「使用価値的側面」と把握しうるか、さらに、これを超歴史的性格のものと把握しうるのか、という観点からの検討である。これらに関して角谷教授は以下のように論じられている。

　　なるほど、商業的機能または流通機能も、素材的・質料的側面と歴史的・形態的側面との両側面に区別することができよう。あるいは、これを、「使用価値的側面」と「価値的側面」との対応とみてもよい。それは、一方において「質料変換」であるとともに、他方において、「形態変換」である[11]。

　　(11)　マルクスは、商品の姿態変換、商品の運動における二つの側面にかんして、つぎのとおり、のべている　「(1) 質料的〔stofflich〕には、相異なる諸商品相互の交換からなりたち、(2) 形式的には〔formell〕、商品の貨幣への転化たる販売と、貨幣の商品への転形たる購買とからなりたつ」（Kapital、Ⅲ、S.357、④463 ペ．さらに、同様な規定は、たとえば、Ⅱ．S.187、③247 ペ．；Ⅱ、S.353、③458 ペ．；Ⅲ、S.312、④404 ペ．；Ⅲ、S.881、⑤1166 ペ．；Grundrisse、Ⅲ、S.531、③584〜585 ペ；S.559〜560、③617〜618 ペ、などの叙述個所にもみられる）。

　対置された質料変換と形態変換のうち、前者は、諸商品の現実的交換・ある人から他の人への諸商品の移行・持手の変換が、そして、後者は、価値の実現、つまり、商品から貨幣へ、貨幣から商品への、価値の形態変換が、意味されている。商品の変換は、それが非使用価値たる人の手から、使用価値たる人の手への移行をしめすもかぎりにおいて、社会的労働の社会的質料変換〔gesellshaftlichen Stoffwechsel〕ということができる。この商品の持手の交換は、私有財産制のもとにおいては、

交換対象たる商品の所有名義の変更をともなう。商品交換は、交換の当事者たる商品所有者双方に共通なひとつの意志行為に媒介され、自分の所有する商品（貨幣）を譲渡するとともに、相手の所有する貨幣（商品）を自分のものとする。この場合、かれらは、相互に私有権者として認めあうわけである。したがって、商品交換は、売買契約という法律的関係を媒介とする所有名義の変更を意味する。この意味において、売買＝純商業的機能の「使用価値的側面」を、"所有名義の変更„ということもできるであろう。

このような売買の「使用価値的側面」は、貨幣の形式的使用価値と同様に、歴史的契機にもとづいてのみ発生し、実存する。したがって、商業にかんして二つの側面をみとめることは、その「使用価値的側面」を超歴史的性格のものと規定することと、同じではない。事物の質料・素材には、特殊歴史的生産関係にもとづいてのみ生成し、実存するものがある。商業の「使用価値的側面」としての商品の社会的質料変換・所有名義の変更とは、そのような性格をもつものである。「使用価値的側面」＝質料的側面ということから、それを生産過程における二重性の一側面たる使用価値的側面と同一視し、あらゆる社会的生産に共通なものとみることは、基本的にあやまりである、といわなければならない。（角谷①、26〜27ページ）

その上で、教授はマルクスの二つの引用文（Grndrisse、Ⅲ、S.559、および、Kapital、Ⅱ、S.77）を掲げながら、「一般に、社会的経済事象については、その実体として質料的・素材的内容を無視することができないのであるが、それは、つねに、超歴史的なものとはかぎらない。質料的・素材的内容が歴史的に規定された存在としてのみ定在するものがある。」（角谷①、27ページ）と結論づけるのである。

さて、以上の第2の論拠について整理しておこう。

商業的機能における「質料変換」に関しては、商品の交換が社会的労働の社会的質料変換へと、さらには、所有名義の変更へと展開して考えうる。そして、このような内容を有するものを商業の「使用価値的側面」と仮称する

ことはできる。しかし、この商業の「使用価値的側面」は特殊歴史的生産関係にもとづいてのみ生成するものであり、超歴史的なものではありえないのである。ここでの特殊歴史的生産関係とは具体的には、「私有財産制のもとにおいては」、「相互に私有権者として認めあう」、「売買契約という法律的関係を媒介とする」等々であり、私的分業にもとづく商品生産社会に特有の社会的事象を意味する。

　あるいはまた、次のようにも言えよう。「使用価値的側面」とは、商品の生産過程における二重性の一側面である使用価値的側面のようにあらゆる社会的生産に共通なもの、この点を要件として成立する概念である。したがって、商業の「使用価値的側面」は成立しないのであり、少なくとも誤解を招くおそれ故に使用するべきではない。

　以上のように、商業の「使用価値的側面」を否定的に捉える角谷教授の見解は、商業資本における資本家の指揮を解明することと、どう通じているのであろうか。この点は次に角谷教授の第2の論文を検討する中で明らかにしてゆく。

　角谷教授の第2論文は、「商業労働は、資本主義的生産関係によって規定される賃労働の特殊形態として、実存するものであり、その本質の解明にあたっては、その対極たる商業資本との関連を明確にすることが必要である、と思われる。(中略) 本稿では、まず、その理論的基礎のひとつをなすと考えられる、商業資本家の機能と商業労働との本質的・機能形態的異同を中心としてとりあげ、ついで、これに関説する論者のあいだでみられるところの、二つの対立的見解を検討することとした。」[7]という諸点を課題としたものである。この諸課題に沿って、商業資本家の機能の具体的内容、ならびに商業労働の形態を、『資本論』からの引用によりそれぞれ明記されている。この後に、角谷教授は商業資本における資本家の指揮の特質として、その第一点を以下のように論述される。

　　資本運動を規定する自己増殖が、直接的生産過程における価値および

[7) 角谷登志雄「資本家の機能と商業労働」愛知大学法経論集・経済篇 第50号 (1966年) 所収、2～3ページ。以下、同論文を「角谷②」と記す。

剰余価値の創出と流通過程におけるその実現によって可能であるかぎり、資本の人格化としての資本家は、本来的生産労働のみならず、商業労働の管理＝搾取についても無関心でいることは許されない。マルクスは、商業労働の管理の問題をくわしく展開しなかったとはいえ、それを無視していたとは考えられないのであって、商業労働の管理については、かの産業労働にかんする諸規定を、一定の条件づきで適用することができる、と思われる(九)。

> (九)「まえがき」でふれたように、前稿（「資本制企業における労働と管理にかんする基本的考察」）において、資本主義的管理の基本的性格の究明をこころみたのであるが、それは、直接的生産過程を中心とするものであった（同論文、七ページ参照）。本稿は、それに対応して、流通過程における労働および管理労働にかんする一分析という意味を、あわせてもつものである。(角谷②、29ページ)

　では、「一定の条件づきで」とは何を意味するのであろうか。教授は次のように述べてゆく。

> それゆえに、資本主義的生産様式のもとにおける商業労働の管理は、一面において、価値および剰余価値実現のため共同的労働たる商業労働の計画化・指揮・評価の合目的的遂行、という機能をもちながら、他面において、独自的生産関係の担い手として商業的賃労働者の労働力の搾取・抑圧という機能をもつ。この意味において、それは、直接的生産過程における管理の二重性と外見的に類似をもつ。ただし、前者における質料的側面は、資本主義的商業機能の生成そのものが経済的契機に規定されるのと、まったく、同一性をもつことに注意を要する。(角谷②、30ページ)

　そして、「純粋な商業機能に関連する商業労働は、社会の空費に属する。「工場的管理」がいかなる社会にも必須の社会的活動であるのにたいして、「商業的管理」は、資本主義的商品生産にのみ固有のものであり、それ自体は生産の空費的性格をもつものである。」(角谷②、31～32ページ) と結論づけるのである。

第 10 章　商業資本における資本家の指揮の基礎的態様

　この角谷教授の主張を再構成し、私見も交えながら、商業資本における資本家の指揮の特質を確定しておこう。「直接的生産過程における管理の二重性」とは、筆者の従来の研究から正確には、直接的生産過程における資本家の指揮（Leitung）に係るその機能の二重性を意味していた（「指揮の一般的機能」と「資本主義的生産様式に特有な指揮の機能」）。前者は、例えば「資本家の指揮（Leitung）は、社会的労働過程の本性から発生し、この過程につきものの一つの特殊な機能であるだけではなく」（『資本論』③、576 ページ。原語表示は藤原によるもの、以下同。）という一文から容易に導き出せる概念である。そして、教授は確かに「資本主義的生産様式のもとにおける商業労働の管理」の機能についても論じられており、これは、「一面において、価値および剰余価値実現のため共同的労働たる商業労働の計画化・指揮・評価の合目的的遂行、という機能」、ならびに、「他面において、独自的生産関係の担い手として商業的賃労働者の労働力の搾取・抑圧という機能」より成り立つと述べられている。しかし、角谷教授の第 1 論文における結論：商業の「使用価値的側面」を否定的に捉える見解により、商業労働の管理の機能のうち、その一面における機能（「価値および剰余価値実現のため共同的労働たる商業労働の計画化・指揮・評価の合目的的遂行、という機能」）には、社会的労働過程が存在する限りその本性から当然発生するという普遍性、ならびに、一般的機能という性質は、到底生じえないことになる。ここで、商業資本による資本家の指揮の特質として、第一点目をまとめておこう。商業資本における資本家の指揮では、その機能として二つの面が成立する。だが、前者の機能「価値および剰余価値実現のため共同的労働たる商業労働の計画化・指揮・評価の合目的的遂行、という機能」には、直接的生産過程の場合とは対照的に、社会的労働過程が存在する限りその本性から当然に発生するという普遍性、ならびに、一般的機能という性質は、到底生じえない。このように導き出しうるのである。なお、上述の同機能が商業資本における資本家の指揮の全体の中でどのように位置づけられるのか、この点については、次節で論じておこう。

　さて、『資本論』第 1 巻第 4 篇第 11 章における、一般に指揮・資本家の指揮の二重性を論じているとされる部分では（『資本論』③、575〜578 ペー

ジ)、実はマルクスは資本家の指揮（Leitung）の対象も提示していたのである[8]。そして、筆者のこれまでの研究では、資本家の指揮の機能（その二重性）および資本家の指揮の対象（その二面性）を併せて考察することが、筆者の指揮論および資本家の指揮の実質を導き出すための核心であった。では、商業資本における資本家の指揮の・対・象について角谷教授は何か語っているのであろうか。教授は次のように論述する。

> 第二は、監督労働の二重性の商業労働への類推適用の点である。直接的生産過程における監督労働の二重性をそのまま、商業労働に適用することができるであろうか？　前者は、一般的・技術的規定と特殊歴史的・社会的規定との両面の統一として把握された（角谷稿「資本制企業における労働と管理にかんする基本的考察」第1章参照）。だが、その一般的・技術的側面は、あらゆる社会における社会存続の一般的条件としての生産に基礎づけられる。しかしながら、資本主義的商業ないし商業労働は、その純粋機能から逸脱しないかぎり、資本主義的商品流通に固有のものであり、「配給」という超歴史的側面を有するものではない。それゆえに、商業労働の「二重性」を主張することは、一方において商業労働の歴史的規定を恣意的に解釈し、他方において「商業労働」の被搾取的性格をおおいかくすことになる、といわなければならない。（角谷②、45ページ）

「監督労働の二重性」とは資本家の指揮の機能が二重性を有することを意味していた。ところが、ここでの「商業労働」とは教授の行論より商業的賃労働者の労働であり、明らかに資本家の指揮の対象を意味する。つまり、両概念は別々のものであり、両概念を「類推適応」しうるか否かを課題とする時点で論理的に難があると言わざるをえない。この点はさておき、資本家の指揮の対象である商業労働に関しては、先の教授の第1論文の結論：商業の

---

[8]「それゆえ、資本家の指揮（Leitung）は、内容から見れば二面的である――それは、指揮される（leitenden）生産過程そのものが、一面では生産物の生産のための社会的労働過程であり、他面では資本の価値増殖過程であるという二面性をそなえているためである――とすれば、形式から見れば専制的である。」（『資本論』③、577ページ）

第 10 章　商業資本における資本家の指揮の基礎的態様

「使用価値的側面」を否定的に捉える見解により、教授は商業労働の「二重性」をはっきりと否定するのである。この点を敷衍すれば次のようになる。直接的生産過程・産業資本において、『資本論』第 1 巻第 4 篇第 11 章以降での資本主義的経営において資本家の指揮の対象として存在するものは、一方で社会的労働過程、他方で資本の価値増殖過程である。商業資本において、この後者に対応するものを「価値および剰余価値実現過程」と命名しておこう。これは商業資本において確かに存在しうる。しかし、商業労働の「二重性」は成立しえないのであった。つまり、商業資本においては社会的労働過程は存在しないことになる。その論拠は、先の第 1 論文の結論、あるいは、「商業労働は…「配給」という超歴史的側面（あらゆる社会における社会存続の一般的条件）を有するものではない」という点なのである。商業資本における資本家の指揮の対象として商業労働における社会的労働過程は成立しない。これが商業資本における資本家の指揮の特質として第二点目となると断じうるのである。

では、以上のように社会的労働過程の側面が否定された商業労働について、そもそも商業資本における商業労働とはいかなるものと概念化しうるのであろうか。

角谷教授は、商業労働は、あくまで"売買操作であって、売買そのものではない"という森下二次也氏の見解を批判しながら、次のように述べる。「商業資本家は、必要に応じて、売買そのものを被雇用者たる商業労働者に担当せしめる。かれらの行為は、その委任の範囲内で、売買の社会的効力を発生する。（中略）商業労働者の遂行する機能が、資本家の機能の委任・代行であるかぎりにおいて、それは、資本の流通機能の媒介（＝資本家の機能）だということができるのである。」（角谷②、53 ページ）また、松原昭氏の見解を批判する中で次のようにも論述する。

　　松原氏の見解は、売買と売買操作とを形式的に区別する森下氏の所説を批判し、商業労働者の担当する商業労働が資本の流通機能を代理するとのべたかぎりにおいて、妥当なものであった。だがしかし、その反面、商業資本家の担当する機能と商業的賃労働者の労働とを同一視する

ことによって、商業資本家が保有し、そしてあらたな形態において発現するところの資本機能、つまり商業労働者の労働力の搾取という側面を無視してしまうという、逆のあやまりをおかしてしまったのである。（角谷②、62〜63ページ）

以上の二つの引用文より、商業資本のもとにおける商業労働とは次のように規定できよう。1)「商業労働者の担当する商業労働が資本の流通機能を代理する」ものに他ならないこと。2)「商業労働者の労働力の搾取という側面」の確認。つまり、商業労働者は商人的資本家により不払労働の支出を余儀なくされていること。また、次の引用文からわかるように、3) 商人一人での商業資本とは段階を経たものとして、商業労働は新たに商人的資本家の指揮の対象となるのである。

しかしながら、商業的賃労働者を雇用し、かれらに、売買活動の一部を代行せしめるようになるときは、商人資本家の「労働」は、かれがひとりで売買を遂行するときとはことなって、雇用した賃労働者の指揮・監督という機能が付加された、あたらしい機能形態に転化する。このあたらしい付加的機能は、かれが資本家であり、商業労働者を賃労働として雇用することから、必然的に生成するものである。このことから、資本家の機能は、商業的賃労働者の担当する商業労働と、敵対的関係におかれることになる。（角谷②、61ページ）

冷静な筆致による議論の運びであり、妥当な規定と言えよう。ここで、議論は再び商業資本における資本家の指揮の内容に戻ってきた。「雇用した賃労働者の指揮・監督という機能が付加された、あたらしい機能形態に転化する。」とは何を意味するのであろうか、節を改めて論じることとしよう。

3. 商業資本における資本家の指揮の実質

筆者が本書前半部の中で論じた資本家の指揮論の核心は、つまり、資本家

第 10 章　商業資本における資本家の指揮の基礎的態様

の指揮（Leitung）の具体的内容を明らかにするための分類の基礎は、『資本論』より資本家の指揮の機能ならびに資本家の指揮の対象を導き出し、前者の二重性と後者の二面性を組みあわせることであった。簡潔にではあるが、再びこの点を論じておこう。

　それに反して、資本主義的生産様式を考察するにあたっては、経済学者は、共同の労働過程の本性から生じる限りでの指揮（Leitung）の機能を、この過程の資本主義的な、それゆえ敵対的な性格によって条件づけられる限りでの指揮の機能と、同一視する。(『資本論』③、578 ページ)[9]

　指揮（Leitung）および監督（Oberaufsicht）という労働は、それが、あらゆる結合された社会的労働の本性から生じる特殊な機能からではなく、生産諸手段の所有者と単なる労働力の所有者との対立から生じる限りでは〔中略〕、直接生産者の隷属から生じるこの機能は、実にしばしば、この関係自体の正当化の根拠とされており、そして搾取、すなわち他人の不払労働の取得は、同様にしばしば、資本所有者に当然支払われる労賃として描かれてきている。(『資本論』⑩、653 ページ)

　前者の『資本論』第 1 巻第 11 章からの引用文も、後者の同第 3 巻第 23 章からの引用文も、厳密に考えれば、資本家の指揮の機能について、それが二重の機能を有する点を論じている。これに対し、注 8 で紹介した引用文は、資本家の指揮の対象について、それが二面的であることを論じているのである。
　そこで、筆者は、資本家の指揮の機能（資本家の指揮の性質）と、資本家の指揮の対象（「指揮される生産過程そのもの」）とを、それぞれ明確に限定した上で、これらを組み合わせることにより資本家の指揮（Leitung）の実質が導き出されるものと考えた。すなわち、この二つの観点（二重の機能と対象

---

[9]　この「共同の労働過程の本性から生じる限りでの指揮（Leitung）の機能」が「指揮の一般的機能」であり、「この過程の資本主義的な、それゆえ敵対的な性格によって条件づけられる限りでの指揮の機能」が「資本主義的生産様式に特有な指揮の機能」である。念のため。

の二面性）からは、形式的には4種類の資本家の指揮のタイプが導き出されることとなるが、「指揮の一般的機能」が「資本の価値増殖過程」を対象とすることは現実にも・理論上もありえない。そこで、資本家の指揮（Leitung）の実質としては次の三つのタイプが存在することになる。

 a.「指揮の一般的機能」が、協業における「社会的労働過程」を対象として実施するもの。

 b.「資本主義的生産様式に特有な指揮の機能」が、協業に際して「資本の価値増殖過程」を対象として実行するもの。

 c.「資本主義的生産様式に特有な指揮の機能」が、協業に際して「社会的労働過程」を対象として実行するもの。

そして、すでに本章冒頭で述べたように、本書前半部にて資本家の指揮（Leitung）の具体的な内容をマニュファクチュアならびに機械制大工業において、タイプa・タイプb・タイプcごとに詳論してきた。直接的生産過程・産業資本においては確かにLeitungタイプa・タイプb・タイプcは成立していたのである。これに対して、商業資本における資本家の指揮はいかなるものが形成されるのであろうか、直接的生産過程・産業資本の事例と対照しながら論じてみよう。

商業資本に関するマルクスの議論の出発点は、商人的資本家一人のみで営まれる商業資本であった。直接的生産過程・産業資本の場合には全く成立しえなかったこのケースで何が行なわれているか否かを簡単に述べておこう。このケースでも不変資本K（注、『資本論』第3巻第17章での用例、以下同）は支出されるものの、労働者を雇用していない故に資本家の指揮（Leitung）は当然生じない。この商人一人が遂行している活動は、「価値および剰余価値実現過程」と命名したものであっても、労働過程とは呼べない。資本家の行為であり、また、前節で見た商業・商業資本の機能の限定性のためである。

このケースを基礎として、商人的資本家が商業賃労働者を雇用する事態に展開する。マルクスの主たる関心であった可変資本（のように現象する費用支出／立て替え払い）bが生じてくる。同時に、商人的資本家の指揮（Leitung）も初めて出現する。そして、この商人的資本家の指揮の対象と指揮の機能は次のように整理することが可能であろう。

第 10 章　商業資本における資本家の指揮の基礎的態様

　◎商人的資本家の指揮の対象
　ア．社会的労働過程
　イ．「価値および剰余価値実現過程」

　◎商人的資本家の指揮の機能
　1．指揮の一般的機能
　2．資本主義的生産様式に特有な指揮の機能

　後者について補足するのであれば次のように言えよう。商人的資本家の指揮の機能のうち、1．指揮の一般的機能とは、角谷教授のいう「価値および剰余価値実現のため共同的労働たる商業労働の計画化・指揮・評価の合目的的遂行、という機能」を意味し、1．指揮の一般的機能と設定したものの、前節で検討したように商業ならびに商業資本に限定される機能である。また、2．資本主義的生産様式に特有な指揮の機能とは、この場合、同じく角谷教授の言う「独自的生産関係の担い手として商業的賃労働者の労働力の搾取・抑圧という機能」を意味する。

　さて、前節で検討したように商業資本における商業労働には社会的労働過程は存在しないのである。したがって、商業資本における資本家の指揮（Leitung）の分類は 4 形式（実際に産業資本では 3 形式であったが）ではなく、上に補足した意味における商人的資本家の指揮の二つの機能（1．指揮の一般的機能、ならびに、2．資本主義的生産様式に特有な指揮の機能）が、商人的資本家の指揮の対象／イ．「価値および剰余価値実現過程」を対象とした 2 形式のみが成立することになるのである。

　では、商人的資本家の指揮の機能 1 が「価値および剰余価値実現過程」を対象として遂行すること、ならびに、同機能 2 が「価値および剰余価値実現過程」を対象として遂行すること、とは具体的に何を意味するのであろうか、特に前者を中心として明らかにしてみよう。

　商人的資本家の指揮の機能／1．指揮の一般的機能とは、角谷教授の言う「価値および剰余価値実現のため共同的労働たる商業労働の計画化・指揮・評価の合目的的遂行、という機能」であり、しかも、直接的生産過程の場合

とは対照的に、社会的労働過程が存在する限りその本性から当然発生するという普遍性、ならびに、一般的機能という性質は到底生じえないものであった。これが、商人的資本家の代理である商業賃労働者の労働に関し、そこには社会的労働過程が存在しえないために「価値および剰余価値実現過程」を対象に遂行することになるのである。以上より判断する限り、これは一般性を欠いた商業資本に限定された商業活動そのもの、その質的な側面と言えよう。また、商人的資本家の指揮の機能／2．資本主義的生産様式に特有な指揮の機能が「価値および剰余価値実現過程」を対象として遂行することとは、同じく一般性を欠いた商業資本に限定された商業活動そのもの、その量的な側面と言いうる。

　前者に関して一般性の欠如という点は産業資本における資本家の指揮の実質と比べることでより明確となろう。産業資本における指揮の一般的機能は対象として社会的労働過程に向かうのであった。マルクスは協業一般（一般的な協業）における指揮を Direktion と命名し、資本家の指揮（Leitung）の二重性の一方：指揮の一般的機能とはこの Direktion 的な機能を意味する。そして、後掲する323～324ページの引用文における「第一の表現では…」「第一の表現は…」、あるいは、324ページの引用文における「社会的生産過程の発展による生産性の増大」が、指揮 Direktion が社会的労働過程を対象として遂行されたケースを意味するのである。産業資本における指揮の一般的機能が対象として社会的労働過程に向かうことには、確かな一般性が存在すると言わざるをえない。これに対し、商業資本においては、極めて限定された指揮の機能1が、商業労働において社会的労働過程は存在しない故に「価値および剰余価値実現過程」を対象とし遂行するのである。その機能において、対象とされる商業賃労働者の労働の内容において、両者ともに、二重の意味で限定された資本家の指揮の実質となるのである。

　しかし、より積極的に、何らかの展開を見出す方向で、この商業資本における資本家の指揮を評価することは可能であろうか。別の議論を試みてみよう。

　商業資本における資本家の指揮（Leitung）の具体的な目的は、価値および剰余価値を実現しながら、1)．商業賃労働者より不払労働を行なわせるこ

と、2）．不変資本に関する費用Kをできうる限り節約すること、である。1）．を担うものが、前述の指揮の機能2が「価値および剰余価値実現過程」を対象として遂行するものとなる。これについては、最大限の不払労働の引き出し・商業賃労働者の抵抗・その抑圧と続くであろう。だが、本質的にこれは産業資本のケース（Leitungタイプb）とほぼ同じ意味を有するものである。

　問題は上記の2）．である。2）．を担うものが、前述の指揮の機能1が「価値および剰余価値実現過程」を対象として遂行するものとなる。商人的資本家が商業賃労働者を雇用するそもそもの動機がKの節約であった。ただ同時に、その多数の雇用によりさらなるKの節約を生む可能性が生じたのである。換言すれば、当初の商業賃労働者の単純協業が分業・機械設備へと進む途が生じたのである。実際に商人的資本家のLeitung 2）．として（明言しているわけではないが）、マルクスは「事務所内での分業」に言及している（『資本論』⑨、499～500、508～509ページ）。この不変資本の節約を目的として「協業」「分業」「機械設備」の場面で展開される商人的資本家の指揮は、「価値および剰余価値実現過程」における商業賃労働者の働き方を大きく変容させよう。したがって、一見すれば、前述の指揮の機能1が「価値および剰余価値実現過程」を対象として遂行するものは、産業資本におけるLeitungタイプcと類似しているよう思える。

　しかし、産業資本におけるLeitungタイプcとは同Leitungタイプaと対照して成立するものであった。この点について、マルクスは自動化工場に関するユアの二つの表現を引用しながら[10]、次のように断定していた。

　　これらの二つの表現は、決して同じではない。第一の表現では、結合された総労働者または社会的労働体が支配的な主体として現われ、機械

---

[10]「一つの中心力（原動力）によって間断なく作動させられる一つの生産的機械体系を、熟練と勤勉とをもって担当する、成年・未成年のさまざまな等級の労働者の協業」
　「一つの同じ対象を生産するために絶えず協調して働く無数の機械的器官および自己意識のある器官——その結果、これらすべての器官が自己制御的な一つの動力に従属する——から構成されている一つの巨大な自動装置」（『資本論』③、725ページ）

的自動装置は客体として現われている。第二の表現では、自動装置そのものが主体であって、労働者はただ意識のある諸器官として自動装置の意識のない諸器官に付属させられているだけで、後者とともに中心的動力に従属させられている。第一の表現は、大規模な機械設備のありとあらゆる充用にあてはまり、第二の表現は、それの資本主義的充用を、それゆえ近代的工場制度を特徴づけている。それゆえユアはまた、運動の出発点となる中心機械をただ自動装置(アウトマート)としてのみならず、専制君主(アウトクラート)として叙述することを好むのである。

「これらの大きな作業場では、仁愛な蒸気の権力が自分のまわりに無数の家来を集めている」。(『資本論』③、725ページ)

また、同じく第1巻第13章「機械設備と大工業」においてマルクスは次のように留意を促すのであった。

こうして労働者自身の再生産に必要な費用がいちじるしく減らされるだけでなく、同時に、工場全体への、すなわち資本家への、労働者のどうしようもない従属が、完成される。いつものように、この場合にも、社会的生産過程の発展による生産性の増大と、社会的生産過程の資本主義的利用による生産性の増大とを、区別しなければならない。(『資本論』③、730ページ)

商業資本におけるLeitung 2).つまり指揮の機能1が「価値および剰余価値実現過程」を対象として遂行するものは、以上の何れの内容にも該当しえない点で産業資本におけるLeitungタイプcと決定的に異なるのである。換言するのであれば以下のようにもなる。マルクスは産業資本におけるLeitungタイプaと類すべきものを、上記の二つの引用文よりも、下記注内[11]

---

11)「一方では、多数の個人が協業するすべての労働においては、過程の連関と統一とは、必然的に、オーケストラの指揮者(Direktor)の場合のように、一つの司令的な意志において、また部分労働にではなく作業場の総活動に関係する諸機能において、現われる。これは、どの結合された生産様式においても遂行されなければならない生産的労働である。」(『資本論』⑩、650ページ)

第 10 章　商業資本における資本家の指揮の基礎的態様

の引用文よりも、高く評価していることがわかる。マルクスが Direktion と記した指揮が有する普遍性とそれに基づく生産性の増大に、商業資本における資本家の指揮 Leitung 2). が通じることは決してあり得ないのである。論理的に考察するのであれば、指揮の機能 1 が「価値および剰余価値実現過程」を対象として遂行するものとは、産業資本における Leitung タイプ a と隔絶した世界で生じた指揮であり、普遍性に欠けた資本家の指揮現象なのである。孤立した指揮概念、指揮現象と評することができよう。

4. 結語

前章より『資本論』第 3 巻第 5 篇第 23 章における「他方では——商業的部門をまったく度外視すれば——この監督労働は」という事項を取り上げて、なぜ、マルクスは資本家の指揮（Leitung）および資本家の指揮の二重性を論じる同第 23 章後半において「商業的部門をまったく度外視」するのかを検討してきた。今や、その要因を以下のように総括することが可能となろう。

第一に、商業資本において商人一人のみの資本が成立する点をマルクスは示しており、同時に、この商人一人だけの資本を商業資本に関する議論の出発点に設定しているのである。つまり、商業的部門においてはそもそも協業が成立しない場合が十分に有り得るのであり、それ故に指揮の考察も不要・不可能となる事情が存在するためである。（本書第 9 章第 2 節）

第二に、本章において商業資本における資本家の指揮の実質を詳しく検討してきたが、産業資本における資本家の指揮の実質とは大きく異なったものであることが判明した。検討の基礎となる資本家の指揮の二重性でさえ、産業資本と商業資本ではその意味・内容を異にしてきたのである。そして、極めて限定的な性質を商業資本における資本家の指揮に見出した。以上が第二の要因である。

第三に、商人資本を扱った『資本論』第 3 巻第 4 篇におけるマルクスの最大の関心は同第 17 章後半における「困難な問題」であり、この課題がなぜ「困難な問題」であるのかを展開しながら鋭利に問題提起を行なっている。前章

では、この点を整理しながら、「困難な問題」自体の問題の所在を明確にした(本章第9章第3節〜付論)。しかし、マルクスは同第4篇において、この「困難な問題」に対する詳細かつ明白な回答を用意しているわけではなかった。したがって、マルクスにとって商人資本に関する著述は未だ途上にあり、商業的部門に関する議論を一旦保留するという意味が、「商業的部門をまったく度外視すれば」という一文の中に含まれているとも考えられるのである。

第11章 『資本論』に関わる旧稿における指揮論の展開

1. 問題の所在

　本書において、直接に『資本論』等を対象とした理論的検討として残された課題は、『資本論』に関わる旧稿を取り上げて、そこでの指揮論の展開を探ることである。具体的には次の三つの論点を解明することである。

　a. 用語の選択。マルクスは『資本論』において指揮に対して様々な用語を採用していたが、それぞれに意味が異なるものとして記していた。では、旧稿においては指揮にどのような用語を使用し、どのような意味のものとしていたのか、という課題である。

　b. 論じている指揮の具体的な内容。『資本論』と対照しながら、旧稿においては、どの程度まで指揮・資本家の指揮の具体的な内容が述べられているのか、という課題である。

　c. 資本のもとへの労働の形式的包摂（formelle Subsumtion）と実質的包摂（reelle Subsumtion）に関して[1]。この両概念が『資本論』に関わる旧稿において度々記されていることはよく知られている。本章では、この両概念が指揮と不可分に関連している点をまず明確にし、さらに、両概念が他の諸概念とどのようにつながるかを明らかにする。そして、形式的包摂と実質的包摂に関する諸概念の連鎖が、どのようにして『資本論』へと移行されたか否かを解明することは次章における課題としよう。但し、『資本論』において必ずしも多く語られてはいない両概念について、それが何かを旧稿に戻り明確

---

[1] formelle Subsumtion を形態的包摂と訳出するケースもあるが、本書においては引用文以外では総て形式的包摂と記す。

にする、という研究方法を採るものではない。先に述べた、両概念と指揮ならびに他の諸概念がいかに関連するのか、これらはどのように展開するのかを検討する方法こそ『資本論』研究にふさわしいものであろう。

なお、本章における研究対象である『資本論』における旧稿とは、以下に述べる3点を意味する。周知のように、1859年6月に『経済学批判』第一分冊が刊行された後、1861年8月〜63年6月の期間において、マルクスは『経済学批判』の後続の部分として手稿ノート23冊を執筆する。いわゆる「経済学批判（1861-1863年草稿）」と称されているものである。そこでは、当初より、経済学批判として「第3章　資本一般」のもとでの「Ⅰ　資本の生産過程」の執筆が進む。このうち、「1　貨幣の資本への転化」、「2　絶対的剰余価値」を書き終え、「3　相対的剰余価値」に関しては、「a　協業」、「b　分業」と進み、続く「γ　機械。自然諸力と科学との応用」に至った地点でこの項目の完成を見せぬまま執筆を突然中止してしまうのであった。1862年3月頃のことである。以上が本章における第1の研究対象であり、便宜上「経済学批判（1861-1863年草稿）前期分」と命名することとする[2]。

その後、マルクスは主に「剰余価値に関する諸学説」の研究に転じ、結局1861-1863年草稿全体の半分以上を占める膨大な研究となり、後の『剰余価値学説史』へと結ばれてゆくのである。マルクスは先の「γ　機械」の突然の中断よりほぼ一年を経た1863年1月より「機械」論の執筆を再開する。「3　相対的剰余価値」における「γ　機械。自然諸力と科学の応用（続き）」として始まる再開草稿は、3のh・i・kと進み、「4　剰余価値の資本への再転化」についてα・βを書き進め、最終節「利子計算」の執筆を終えて、「経済学批判（1861-1863年草稿）」は終了する。この再開草稿を、便宜上「経済学批判（1861-1863年草稿）後期分」と命名するが、これが本章における第2の研究対象である[3]。

---

 2) この「経済学批判（1861-1863年草稿）前期分」とは、資本論草稿集翻訳委員会訳『マルクス　資本論草稿集④、経済学批判（1861-1863年草稿）第一分冊』大月書店1978年、その全体を意味する。また、邦訳書の原典は、MEGA, Zweite Abteilung/3. 1, Dietz Verlag 1976. である。以下、本章においては、『資本論』に関わる旧稿に際し、その引用文の提示は邦訳書に依るものとする。但し、そこでの原語の明示は藤原によるものであり、MEGAからの転記である。以下同じ。

さて、マルクスは前述の手稿ノート23冊に基づき、1863年7月―65年12月の期間において『資本論』全3巻の草稿をひとまず完成させている。この内、『資本論』第1巻に関しては、「第1部　資本の生産過程、第6章　直接的生産過程の諸結果」という草稿が残されているのみである。当草稿に関し執筆した当時には、マルクスが第1部の最終章として・全体の総括として著述していたことは、その内容より、また、1863年1月に記された『資本論』第1部プランより、明白である。しかし、当草稿は1867年7月刊行の『資本論』第1巻では、結局組み込まれぬまま今日に至っている。この「第6章　直接的生産過程の諸結果」が本章における第3の研究対象なのである[4]。

なお、本章と次章においては、多数かつ長めのマルクスの引用文を挙げることになる。それは、第一に草稿の研究であること。第二に、論点aのように用語である原語を問題としていること。第三に、論点cに関しては、執筆時期の異なる上記三つの草稿を通してのある諸概念の連鎖を作り出していること。しかも、その意義が第3の研究対象の最後において初めて明確になること。以上の理由によるものである。予め記すとともに御容赦頂きたい。

2.「経済学批判（1861-1863年草稿）前期分」を検討する

2-1. 第3章Ⅰ．1．「g　労働過程と価値増殖過程との統一（資本主義的生産過程）」

以下に見るように、「経済学批判（1861-1863年草稿）」におけるマルクスの指揮論は、その初節である「1　貨幣の資本への転化」よりすでに開始されている点に留意しなければならない。それは先に示した論点c：形式的包

[3)] この「経済学批判（1861-1863年草稿）後期分」とは、資本論草稿集翻訳委員会訳『マルクス　資本論草稿集⑨、経済学批判（1861-1863年草稿）第六分冊』大月書店1994年、その全体を意味する。また、邦訳書の原典は、MEGA, Zweite Abteilung/ 3. 6, Dietz Verlag　1982. である。

[4)] 邦訳書、カール・マルクス著岡崎次郎訳『直接的生産過程の諸結果』大月書店1970年、に引用文の提示等は依っている。なお、現在、'Sechstes Kapitel. Resultate des unmittelbaren Produktionsprozesses, 原文は、MEGA, Zweite Abteilung/ 4. 1, Dietz Verlag 1988, S. 24-135. に掲載されている。藤原による原語の明示は同書に負うている。

摂・実質的包摂と関連しながら展開してゆく。gの見出しと同ページよりマルクスは次のように論じ始める。

> じっさい歴史的に見いだされるのは、資本がその形成の発端で、労働過程一般を自己の統御〔Kontrolle〕のもとにおく（自己のもとに包摂する）ばかりでなく、技術的に出来あいのものとして資本が見いだすままの、そして非資本主義的な生産諸関係の基礎の上で発展してきたままの、もろもろの特殊的な現実の労働過程を自己の統御のもとにおくのだ、ということである。それは現実の生産過程——特定の生産様式——を見いだし、はじめはこの様式を、この様式の技術的規定性にはなんの変更も加えないまま、ただ形態的に自己のもとに包摂する。資本は、それが発展していくなかではじめて、労働過程を自己のもとに形態的に包摂するばかりでなく、それを変形し、生産様式そのものを新たに形づくり、こうしてはじめて、自己に特有の生産様式を手に入れるのである。しかし、生産様式のこの変化した姿〔Gestalt〕がどのようなものであろうとも、それは、労働過程一般としては、すなわちその歴史的な規定性を捨象した労働過程としては、つねに労働過程一般の一般的諸契機を含んでいる。（『マルクス　資本論草稿集④』、145～146ページ）

　上記の引用文は、マルクスが初めて資本のもとへの労働の形式的包摂について（引用文の前半で）、ならびに、その新たな展開について（引用文の後半、8行目「資本は、」より）述べたものである。生産様式の観点からのそれぞれの説明である。すなわち、労働の形式的包摂とはここでは次のように定義できよう。「技術的に出来あいのものとして資本が見いだすままの、そして非資本主義的な生産諸関係の基礎の上で発展してきたままの、もろもろの特殊的な現実の労働過程」、および、「それは現実の生産過程——特定の生産様式——を見いだし、はじめはこの様式を、この様式の技術的規定性にはなんの変更も加えないまま」、これら両者を条件とする現実の労働過程を「自己の統御のもとにおく」こと。また、引用文後半における形式的包摂の新たな展開に関しては、「こうしてはじめて、自己に特有の生産様式を手に入れるの

第11章 『資本論』に関わる旧稿における指揮論の展開

である」という点が核心であろうが、「自己に特有の生産様式」（あるいは後の、「独自に資本主義的な生産様式」）という規定と形式的包摂・実質的包摂との関連は後に詳しく論じることとする。さて、以上の生産様式の観点からの説明に続き、マルクスは別の観点からの形式的包摂に関する論述をより詳しく行なう。以下の通りである。

　自己のもとへの労働過程のこの形態的包摂・労働過程を自己の統御（Controlle）のもとにおくこと・は、労働者が労働者として資本の、あるいは資本家の監督（Aufsicht）下に、したがってまた指揮（Commando）下に陥る、ということである。資本が労働にたいする指揮（Commando）になるというのは、A・スミスがその意味で言っているような、富はそもそも労働にたいする指揮（Commando）だ、という意味においてではなく、労働者が労働者として資本家の指揮（Commando）のもとにはいる、という意味においてである。というのは、自分の労働能力を時間ぎめで労賃と引き換えに資本家に売ってしまえば、労働者はいまや、自分が労働者として、資本が働く〔arbeiten〕さいに必要とする諸要因の一つとして、労働過程にはいらなければならないからである。〔中略〕だが、労働は同時に、労働者自身の生の発現であり、彼自身の人的熟練および能力〔Fähigkeit〕の実証——この実証は、彼の意志しだいであり、同時に彼の意志の発現である——であるから、資本家は労働者を監視し（überwacht）、自分のものたる行動としての労働能力の実証を統御する（controllirt）。彼は、労働材料が労働材料として合目的的に使用されるよう、労働材料として消費されるよう、気をつけるであろう。材料が浪費されれば、それは労働過程にははいらず、労働材料としては消費されない。労働手段についても、労働者がひょっとしてそれの素材的な実体を、労働過程そのものによってではなくそれ以外の方法で摩損させる〔aufreiben〕ことでもあれば、同じことが言えるであろう。最後に、資本家は、労働者がほんとうに労働するよう、時間いっぱい労働するよう、また、必要労働時間だけを支出するよう、すなわち、一定時間内に正常な量の労働をするよう、気をつけるであろう。こ

331

れらすべての側面から見て、労働過程が、同時にまた労働および労働者自身が、資本の統御（Controlle）のもとに、その指揮（Commando）のもとにはいるのである。私はこれを、資本のもとへの労働過程の形態的包摂と呼ぶ。(『マルクス　資本論草稿集④』、146〜147ページ）[5]

　指揮（Commando）の登場である。しかも、労働の形式的包摂を説く中で、引用文前半にて4箇所に記され、引用文の最後では「資本のもとへの労働過程の形態的包摂」の定義を指揮（Commando）という用語で締めているのである。さらに、上記引用文のすぐ後にマルクスは、「資本のもとへの労働過程のこの形態的包摂、あるいは労働者にたいする資本家の指揮（Commando）は、…。」（同上、147ページ）とも断じている。つまり、ここでのマルクスによる資本のもとへの労働の形式的包摂の定義は、労働過程が、同時にまた労働および労働者自身が、資本の指揮（Commando）のもとにはいること、である。あるいは、「資本のもとへの労働過程のこの形態的包摂」＝「労働者にたいする資本家の指揮（Commando）」なのである。

　以上述べた点は是非とも留意しなければならない。形式的包摂について、形式的包摂とは何かを問題とする論者は、生産様式の観点で論ずるのを常としていた。しかし、これ以外にも、マルクスは「資本のもとへの労働過程のこの形態的包摂」＝「労働者にたいする資本家の指揮（Commando）」という観点を明示しており、こちらの方を重視していたこともわかる。形式的包摂・実質的包摂を問題とする場合は、「労働者にたいする資本家の指揮（Commando）」という観点から論じなければならなかったと言えよう。とすれば、資本家の指揮（Commando）とは何かがすぐに問題となるが、後の草稿より判断可能になるのである。本章第4節以降にて述べることとする。

2-2. 第3章Ⅰ. 3.「a 協業」

　「経済学批判（1861-1863年草稿）」におけるⅠ.「3　相対的剰余価値」は「a

---

[5] マルクスの草稿からの引用文における原語の表示について。例えば、〔arbeiten〕とは前掲邦訳書においてすでに明示されているものである。これに対し、例えば（Commando）が新たに藤原により加えられたものである。以下同。

協業」「b　分業」「γ　機械。自然諸力と科学との応用」から成り、これは『資本論』第１巻第４篇第11章〜第13章に相応する草稿である。では、その最初の「a　協業」における指揮論はどのようなものであろうか。そこでは、マルクスによる指揮に関する言及は以下の４点から成る。

　第１点として、まず、労働力商品の資本家による購買の仕方から始まるある議論を、以下の引用文として紹介しなければならない。

　　資本家は、一個ではなく多くの個別的労働能力を同時に買うが、しかしそれらをすべて、互いに独立した個々別々の商品所有者に属する、個々別々の商品として買う。労働者たちは、労働過程にはいるときには、すでに資本に合体されているのであって、それゆえ彼ら自身の協業は、彼ら自身がとり結ぶ関係ではなく、資本家によって彼らがそこにおかれる関係であり、それは彼らに属する関連ではなく、いまや彼らがそこに属する関連、それ自身が彼らにたいする資本の関係として現われる関連である。それは、彼ら相互の結合〔Vereinigung〕ではなくて、彼らを支配する統一であり、その担い手かつ指導者（Leiter）は、ほかならぬ資本そのものである。労働における彼ら自身の結合〔Vereinigung〕――協業――は、じっさい彼らには無縁の力〔Macht〕であり、さらに詳しく言えば、ばらばらの労働者に対立する資本の力〔Macht〕である。彼らが独立の人格として、売り手として、資本家にたいする関係をもつかぎりでは、それは、相互に独立した個々別々の労働者がもつ関係であって、彼らはいずれも資本家にたいする関係のなかにありはするが、しかし彼ら相互間の関係のなかにあるのではない。彼らが就労中の労働能力として相互間の関係にはいる場合には、彼らは資本に合体されているのであり、それゆえにまたこの関係は、彼ら自身の関係としてではなく、資本の関係として彼らに対立している。彼らは寄せ集められたものとして〔agglomeriert〕存在する。彼らの集聚〔Agglomeration〕から生じる協業は、この集聚そのものがそうであるのと同様に、彼らに対立している資本の作用である。彼らの連関と彼らの統一は彼らのなかにあるのではなく、資本のなかにあるのであり、言い換えれば、そこから生

じる彼らの労働の社会的生産力は、資本の生産力である。〔以下省略〕
（『マルクス　資本論草稿集④』、417〜418ページ）

　以上の引用文の大半は、資本家による労働力商品の購買の仕方と、それに基づく賃労働者と資本家の関係ならびに賃労働者たちの互いの関係について論じられているものである。これらは『資本論』第1巻第11章において、邦訳では新日本出版社刊行新書判『資本論』、579〜580ページにほぼ受け継がれてゆくのである。ここで注視すべきは、論点aとして、マルクスが「その担い手かつ指導者（Leiter）は、……」と言及している点である。第3章Ⅰ.1.gで初めてマルクスは資本家の指揮を記したが、その際の用語はCommandoであった。ここでは資本家である指導者をLeiterとしており、全く異なった用語が登場している点に留意しなければならない。そして、指導者（Leiter）である資本家の指揮の内容は以上の引用文から判断する限り、「彼らは寄せ集められたものとして存在する。彼らの集聚から生じる協業は、この集聚そのものがそうであるのと同様に、彼らに対立している資本の作用である。彼らの連関と彼らの統一は彼らのなかにあるのではなく、資本のなかにあるのであり、言い換えれば、そこから生じる彼らの労働の社会的生産力は、資本の生産力である。」というものであろう。同時に、これは『資本論』第1巻第11章においてマルクスが指揮・資本家の指揮・資本家の指揮の二重性について論じているとされる部分（『資本論』③、575〜578ページ）へと継承されていよう[6]。
　さて、以上の引用文全体を対象として、議論は以下の引用文のように進む。

　　これは、資本のもとへの労働の包摂がもはや単なる形態的包摂として

---

[6]「さらに、賃労働者たちの協業は、資本が彼らを同時に使用することの単なる結果である。賃労働者たちの諸機能の連関と生産体総体としての彼らの統一とは、彼らのそとに、彼らを集め結びつけている資本のなかに、ある。それゆえ、彼らの労働の連関は、観念的には資本家の計画として、実際的には資本家の権威として、彼らの行為を自己の目的に従わせる他人の意志の力として、彼らに対立する。」（『資本論』③、576ページ）

第11章 『資本論』に関わる旧稿における指揮論の展開

現われるのではなく、それが生産様式そのものを変化させることによって資本主義的生産様式が独自な生産様式となっている第一の段階である。個々の労働者が、独立の商品所有者として労働するのではなく、いまでは、資本家のものとなっている労働能力として、したがってまた資本家の指揮（Commando）および監督（Aufsicht）のもとで、さらに、もはや自分のためにではなく資本家のために労働するというだけなら、また労働手段でさえも、もはや労働者の労働の実現のための手段として現われるのではなく、反対に彼の労働が、労働手段にとっての価値増殖の——すなわち労働を吸収することの——手段として現われるというだけなら、包摂は形態的である。この区別は、生産様式と生産が行なわれる社会的諸関係とにどのような変化もまったく加えられなくても存在しうるというかぎりでは、形態上の区別である。協業とともに、はやくも独自な区別が現われる。労働は、個々人の独立した労働の遂行を許さないような諸条件のもとで行なわれる、——しかもこれらの条件は、個々人を支配する関係として、資本が個々の労働に巻きつける紐帯として現われるのである。（『マルクス　資本論草稿集④』、418ページ）

「これは、」とは先の（333～334ページの）引用文全体を意味する。端的に言えば、指導者（Leiter）である資本家の指揮が労働者たちに対して「彼らの連関と彼らの統一」（注．先の引用文でマルクスが唯一強調している箇所）を図ること、となろう。それらが、「資本のもとへの労働の包摂がもはや単なる形態的包摂として現われるのではなく、それが生産様式そのものを変化させることによって資本主義的生産様式が独自な生産様式となっている第一の段階である。」と断定する。この点が上掲の引用文の第一の内容である。続く引用文4行目～11行目「個々の労働者が、…資本家の指揮（Commando）および監督のもとで、さらに、もはや自分のためにではなく資本家のために労働するというだけなら、……包摂は形態的である。」という引用文第二の内容は第一の内容と対照させるためのものであろう。つまり、指導者（Leiter）による労働者たちの連関と統一・単なる形式的包摂を超える第一の段階・独自な資本主義的生産様式に通じること、以上の連鎖と資本家の指揮

（Commando）＝労働の形式的包摂とは明確に異なることをマルクスは強調していよう。さらに、引用文11行目以降の第三の部分は「第一の段階」がもたらす労働形態の変容について触れたものである。

以上、上掲2引用文は労働の形式的包摂から実質的包摂への展開に関する第一歩として極めて重要な論述と規定である。そこで、これまでの行論を整理し、課題を提示してみよう。労働の形式的包摂と資本家の指揮（Commando）とは等式で結ばれうる関係にあった。「資本のもとへの労働の包摂がもはや単なる形態的包摂として現われるのではな」い第一の段階も資本家の指揮と密接な関係にあった。そこでの用語はLeiterが選ばれている。そして、この第一の段階に不可欠な概念が独自な資本主義的生産様式である。推論すれば、Leiterである資本家の指揮の何らかの側面が起因し、「資本主義的生産様式が独自な生産様式となっている」結果を生じさせているのであろう。ではCommandoならびにLeiterとはどのように定義しうるのであろうか（両指揮概念はどのように異なるのか）。具体的な指揮の内容をマルクスはいかように考えていたのか。また、「資本主義的生産様式が独自な生産様式となっている」とはどのような態様のものであろうか。そして、Leiterと独自な資本主義的生産様式との関係性もできうる限り明らかにしなければならないであろう。以上の課題が生じたのである。

「a　協業」における指揮に関する言及の第2点目は次の引用文においてである。

> 多数者の結合労働〔Zusammenarbeiten〕——彼らの連関そのものは彼らにとっては無縁の関係であり彼らの統一は彼らの外にある——とともに、指揮の（Commandos）、監督の必要性が、それ自身一つの生産条件として現われる、すなわち、労働者たちの協業によって必須のものになった、つまり協業が原因で生まれた新しい種類の労働、つまり監督労働〔labour of superintendence〕として現われる。それは、軍隊において、たとえそれが同一の兵科だけから成っているとしても、それが一つの兵団として行動しうるためには、指揮官の必要が、つまり命令の（Commandos）必要が生まれるのとまったく同じである。この指揮権

(Commando) は資本に属するものである。ただし個々の資本家はこの指揮権を、またふたたび独自な労働者によって行使させることができるが、〔この場合には〕この労働者たちは、労働者軍に対立して資本と資本家とを代表するのである。(『マルクス　資本論草稿集④』、419 ページ)

再びマルクスが「彼らの連関」「彼らの統一」に言及している点は注目に値するが、このパラグラフ全体としては監督労働について・資本家の代理人について述べる意図のものであろう。これらについて『資本論』では邦訳書③、577〜578 ページに類似の記述があり、上掲の草稿部分が継承されたものと考えられる。但し、草稿での指揮等は Commando となっているが、Commando でよいのかは検討の余地がある。以上、論点 a、b としての考察である。

指揮に関する言及の第 3 点目は次の引用文においてである。同様に論点 a、b として考えられよう。

それにたいして、協業が、たとえばオーケストラでのように指揮者 (Direktor) を必要とする場合に、それが資本の諸条件のもとでとる形態と、それがそうではないところで、たとえば連合社会〔Assoziation〕のもとでとるであろう形態とは、まったく別物である。後者で〔それが必要とされるの〕は、他の労働諸機能とならぶ特殊な一機能としてであって、労働者自身の統一性を、彼らにとって無縁な統一性として実現し、彼らの労働の搾取を、無縁な力〔Macht〕によって彼らにたいしてなされる搾取として実現する、そういう力としてではない。(『マルクス　資本論草稿集④』、419〜420 ページ)

草稿の内容は資本家の指揮の二重性に係わるものである。これが草稿段階で早くも登場している点に留意すべきであり、『資本論』第 1 巻第 11 章へ (邦訳書③、575〜576 ページ) へ受け継がれていよう。また、指揮に関する用語も注視しなければならない。資本家の指揮の二重性に関する議論として、そこでのオーケストラの指揮者を例示する形式で、ここでの指揮者には

Direktorが選語されているのである。この点は『資本論』と全く同じである。
「a　協業」における指揮に係わる言及の第4は次の引用文においてである。

> 最も重要な点は依然として次のことである。――単純協業は、労働の社会的性格を資本の社会的性格に転換させ、社会的労働の生産力を資本の生産力に転換させる最初のものであり、最後に、資本のもとへの〔労働の〕形態的包摂を生産様式そのものの実質的変化に転化させる最初のものだ、ということである。(『マルクス　資本論草稿集④』、420ページ)

「最も重要な点は依然として次のことである。」からはじまる上の引用文は次のことを意味しよう。まず、以上で紹介した「a　協業」における指揮に関する言及4点のうち第1点目の要点を再び取り上げるものである。そして、「a　協業」を労働の形式的包摂とその転化という点で総括しているのである。なお、引用文中の「単純協業は、労働の社会的性格を資本の社会的性格に転換させ、社会的労働の生産力を資本の生産力に転換させる最初のものであり」という点が有する意味については、本章最終節で解明することとする。

最後に草稿「a　協業」の全体としての特色を整理しておこう。第一は指揮に関する用語についてであり、Commando・Leiter・Direktorと三者が現われている。これは『資本論』とほぼ同様の事態である点に注意しなければならない。第二に、『資本論』へ継承されうる著述が多々あり、それが明白に判断可能であるという特色も有している。以上の2点より「a　協業」とは完成度の高い草稿であると判断できよう。第三に、上記の引用文では「最も重要な点は依然として次のことである。単純協業は、〔中略〕資本のもとへの〔労働の〕形態的包摂を生産様式そのものの実質的変化に転化させる最初のものだ、ということである。」と論じていた。つまり、この点が「a　協業」の中心的論点なのである。マルクスは、労働の形式的包摂とその転化から協業を論じることを最重要視していたと言えよう。では、今後、形式的包摂とその転化はどのように展開してゆくのであろうか。あるいは、先に336ページで記した課題はいかに解決されてゆくのであろうか。草稿の後続の諸項目をさらに精査してゆこう。

第 11 章 『資本論』に関わる旧稿における指揮論の展開

補記．『資本論』における指揮概念とその展開

すでに本書前半部において詳論したものであるが、『資本論』におけるマルクスの指揮に対する用語選択とその定義規定ならびに指揮諸概念の関係性について、念のためにここで簡単に整理しておこう。マルクスによる指揮3用語がすべて出揃い、その展開のダイナミズムを認識しうるものが以下の『資本論』第1巻第11章からの引用文である。

　それと同様に、労働にたいする資本の指揮（Kommando）は、はじめは労働者が自分のためにではなく、資本家のために、それゆえ資本家のもとで労働することの形式的結果として現われたにすぎなかった。〔しかし〕多数の賃労働者の協業とともに、資本の指揮（Kommando）は、労働過程そのものを遂行するための必要事項に、現実的生産条件に、発展する。生産場面における資本家の命令は、いまや、戦場における将軍の命令と同じように不可欠なものになる。
　比較的大規模の直接に社会的または共同的な労働は、すべて多かれ少なかれ一つの指揮（Direktion）を必要とするのであるが、この指揮は、個別的諸活動の調和をもたらし、生産体総体の運動――その自立した諸器官の運動とは違う――から生じる一般的諸機能を遂行する。バイオリン独奏者は自分自身を指揮する（dirigiert）が、オーケストラは指揮者（Musikdirektor）を必要とする。指揮、監督、および調整というこの機能は、資本に従属する労働が協業的なものになるやいなや、資本の機能となる。この指揮機能（die Funktion der Leitung）は、資本の独特な機能として、独特な特性をもつようになる。（『資本論』③、575～576ページ。なお原語表示は藤原によるもの。以下同じ）。

上掲の引用文では初めに資本の指揮（Kommando）が登場する。しかし、資本の指揮（Kommando）は「現実的生産条件に、発展する」のである。Kommando は他の概念に展開すると言えよう。ついで、「比較的大規模の直接に社会的または共同的な労働」と協業一般を紹介し、そこで必要とされる

339

指揮を Direktion と命名しているのである。マルクスは協業一般：一般的な協業の例としてオーケストラを取り上げており、故にそこでの指揮者は Musikdirektor になる。だが、もちろん Direktion が資本の指揮 Kommando の発展したものではない。引用文の最後に、資本の指揮 Kommando は、資本の指揮 Leitung へと展開しているのである。なお、引用文以下の『資本論』では続く2パラグラフにおいて、Leitung（leitenden, Leiter）が5箇所で使用されてゆく。

次に、筆者が『資本論』に基づき考察したところの、それぞれの指揮概念の定義を記しておこう。資本の指揮 Kommando とは、賃労働者の労働力を資本家が購買する点に由来する資本家の権利としての指揮、を意味している。そこで筆者は「資本家の指揮権（Kommando）」と表記していた。Direktion は一般的協業における指揮であり、これは明白である。Leitung とは、協業（はじめは単純協業）において、社会的労働過程ならびに価値増殖過程を対象に実際に行なわれる資本家の指揮、を意味する。そこで筆者は「実際に行使される資本家の指揮（Leitung）」と表記した。

また、上記3指揮概念の関係性を示すのであれば以下のようになる。まず、資本主義的生産の出発点における指揮概念は Kommando である。協業者である賃労働者たちは存在し、同時に指揮者である資本家も存在する。ただ未だ実際に協業が遂行されているわけではない、という状況における資本家の指揮権が Kommando であった。もっとも抽象的な概念と言えよう。次に、Direktion とは Kommando・Leitung という資本家の指揮と対照させるためにマルクスが持ちだした指揮概念である。さらに、Leitung は「資本家の指揮権（Kommando）」が「現実的生産条件に、発展する」指揮概念である。協業者である賃労働者たちと指揮者である資本家が存在し、彼らが実際に協業を遂行した瞬間に Kommando に代わり Leitung が顕在化すると言えよう。そして、「実際に行使される資本家の指揮（Leitung）」はその機能の点で、一方では Direktion に類するものを、他方で「資本の独特な機能として、独特な特性をもつようになる」とするものを有する。資本家の指揮（Leitung）における機能の二重性が引用文に続き論述されてゆく。指揮概念はここまで具体化されたのである。

第 11 章 『資本論』に関わる旧稿における指揮論の展開

　以上、本書第 5 章からの抜粋であるが、最後に次の点に触れておこう。上述したように、マルクスには三つの指揮概念があり、これらは明確に区分されなければならない。この点を最初に指摘されたのは哲学者の牧野広義教授であろう。教授は著書『『資本論』から哲学を学ぶ』(学習の友社、2007 年) において、その「まえがき」で、テキストとして邦訳書、新日本出版社新書版および上製版の使用を示した上で「6. テキストの訳語を一部変更しています。〔中略〕d)「指揮」と訳されている言葉も、「指揮権」(Kommando)、「指揮」(Direktion)、「管理」(Leitung) などと訳し分けました。」(同上、3 ページ) と述べている。そして、本文においては、『資本論』③、575〜578 ページを引用した後に以下のように論じられている。

　　なお、以上のように、マルクスは、資本の「指揮権」(Kommando)、「管理」(Leitung) とオーケストラなどの「指揮」(Direktion) を違った言葉で表現しています。訳書はこれらをすべて「指揮」と訳しています。しかし私たちは、マルクスが異なった言葉を使った意味を考える必要があると思います。資本の「指揮権」(指揮する権力) は軍隊にも例えられる司令と統制です。それと対極にあるのは、オーケストラのように多様な個性を生かしつつ調和 (ハーモニー) をはかる「指揮」です。資本の「管理」は、労働力の社会的結合をつくる機能であるとともに、労働力を搾取し、抵抗を抑圧する機能です。資本の「管理」は、資本が資本であるがゆえにもつ「指揮権」のもとに行われるのです。(牧野、前掲書、117〜118 ページ)

　慎重な姿勢による真に貴重な提言であると言えよう。但し、筆者は指揮概念相互の関係性に関して牧野教授とは異なる見解を有している。教授は Kommando と Leitung について上下に位置する概念 (メインとサブとも言えよう) と理解されているようである。しかし、すでに論述したように筆者は Kommando と Leitung に関し発展関係にある概念 (抽象性と具体性) と把握しているのである。

2-3. 第3章Ⅰ.3.「b 分業」他

草稿Ⅰ.3.「b 分業」における指揮に関する言及は、論点cに係わるもの、および、論点aについてのもの、この2点に区分されうる。前者：形式的包摂・実質的包摂に関する議論から検討してみよう。

マルクスは「a 協業」で（『マルクス 資本論草稿集④』、418ページ）すでに、単なる形式的包摂からの展開と関連し、「資本主義的生産様式が独自な生産様式となっている」事態を言及していた。次いで「b 分業」では、まず、この概念をA・スミスの分業論批判に転じている。「要するに、A・スミスは分業を、特殊的な・独自の区別がある・資本主義的生産様式に特徴的な・形態としてとらえられていないのである。」（前掲邦訳書、430ページ）このA・スミス批判は次のように展開する。

> 　A・スミスが分業を、資本主義的生産様式に特有なものとして、すなわち、機械および単純協業と並ぶ、労働を形態的にだけでなくその現実性においても資本のもとへ包摂することによって変化させるもの、として把握しなかったことだけは明らかである。彼が分業を理解する仕方は、ペティやペティ以後の彼の先行者たちの仕方と同じなのである。（東インド、〔貿易について〕の著作を見よ。）（『マルクス 資本論草稿集④』、433ページ）

上掲の引用文からは、「資本主義的生産様式に特有なもの」と「労働を形態的にだけでなくその現実性においても資本のもとへ包摂することによって変化させるもの」との繋がりが見て取れる。また、マルクスは、分業は「資本主義的生産様式に特有なもの」の一部であり、これが上記後者を引き起こすと主張しているとも解しうる。但し、「現実性においても資本のもとへ包摂すること」と資本家の指揮との関係は定かではない。さて、「b 協業」において「労働を…変化させるもの」については次の引用文のように議論は進む。

> 　ここでは、資本主義的生産様式はすでに、労働をその実体において捉

えて変化させてしまっている。それはもはや、単に資本のもとへの労働者の形態的包摂、すなわち他人の指揮（Commando）と他人の監督とのもとで他人のために労働すること、ではない。それはさらに、単に、単純協業の場合に見られる次のような事態でももはやない。〔中略〕ところがここでの事態はそのようなものとは異なっている。彼の労働能力が全体機構——その全体が作業場(アトリエ)を形成する——の一部分の単なる機能に転化することによって、彼はそもそも一商品の生産者であることをやめてしまったのである。彼は一つの一面的な作業の生産者でしかなく、その作業がそもそもなにかを生産するのは、作業場(アトリエ)を形成する機構全体とのつながりのなかにおいてでしかない。つまり、彼は作業場(アトリエ)の生きた一構成部分なのであって、自身の労働の様式そのものによって資本の付属物になってしまった。（『マルクス　資本論草稿集④』、445〜446ページ）

　引用文の前半からは前項2-2までで論述した点を再確認できよう。労働者の形式的包摂＝資本家の指揮（Commando）であり、単純協業はそこからの展開の第一の段階であった。引用文後半では、単純協業とは明白に異なる事態が新たに生じていると主張していることがわかる。核心は「彼は作業場(アトリエ)の生きた一構成部分なのであって、自身の労働の様式そのものによって資本の付属物になってしまった。」という点であろう。「b　分業」に至り、労働の形式的包摂からの展開は第二の段階に進んでいるとマルクスは説いている。なお、やはり形式的包摂からの展開と資本家の指揮との関係は不明である。

　さて、論点ａに関しては次のようにまとめうる。「b　分業」全体で指揮という用語は17箇所に記されており、すべてがCommandoである。また、「指揮者」(シェフ)（Chef）という用語が前掲邦訳書440ページ以降に多数現われる。これは、同438ページ以降でアダム・ファーガスン（『市民社会史論』〔フランス語版〕、1783年）を多々引用しているためであろう。

　さらに、草稿「b　分業」の全体としての特色を記しておこう。まず、形式的包摂・実質的包摂に関する議論は、上述したように一定の進展が見られる。また、指揮という用語もよく登場する。しかし、指揮論（分業と関連させた）の展開に乏しく、その点で『資本論』第１巻第12章に明確に劣ると

言えよう。

　最後に、「経済学批判（1861-1863 年草稿）前期分」における実質的な最終項目である「γ　機械。自然諸力と科学との応用」（前掲邦訳書、512～558 ページ）について簡単に触れておこう。そこでの内容は、おおよそ、機械を用いた際の価値の移転と剰余価値の表出の仕方について、ならびに、機械制生産における労働者の状態を論じたものである。しかし、機械の体系や機械が使用価値を作る側面について叙述が不足している。また、『資本論』第1巻第13章におけるキーワードの一つである「技術学」はどこにも現われていない。肝心の資本家の指揮についての言及は、用語として指揮（Commando）を1点挙げるのみであり、指揮論として何かを述べることはない。以上である。総じて、2. 2～2. 3で a・b・γと草稿を検討してきたところで明らかなようにそれらの完成度の低下は著しいと言えよう。

3.「経済学批判（1861-1863 年草稿）後期分」を検討する

　1863年1月より執筆が開始された後期分は「3　相対的剰余価値」を再開する形でスタートする[7]。同節はγ～kまで項目が続き、次の「4　剰余価値の資本への再転化」α・β、その他で、「経済学批判（1861-1863 年草稿）」は、終了する。このうち、「3　相対的剰余価値」における「γ　機械。自然諸力と科学との応用（続き）」ならびに「i　資本のもとへの労働の形態的包摂と実質的包摂。過渡諸形態」にてマルクスは指揮に関する言及を行なっている。順次精査していこう。

3-1. 後期分 3.「γ　機械。自然諸力と科学との応用（続き）」

　見出しの「γ　機械。自然諸力と科学との応用（続き）」については、実は以下、「分業と機械制作業場。道具と機械」、「機械による労働の代替」、「蓄

　7）なぜ、「経済学批判（1861-1863 年草稿）」を1862年3月に中断し、1863年1月に再開したのかを知るためには、不破哲三『『資本論』はどのようにして形成されたか』新日本出版社　2012年、が好著である。詳しくはこちら（同書、第7章）に譲る。

積」という諸項目が続く。そこで、最初の「γ　機械。自然諸力と科学との応用（続き）」（邦訳書『マルクス　資本論草稿集⑨』、11〜34ページ）を狭義のもの、これを含めた「蓄積」までの草稿部分（同上、〜309ページ）を広義の「γ　機械。自然諸力と科学との応用（続き）」と扱うものとする。そして、本章での研究対象は後者である。

　広義のγについては前掲邦訳書において300ページにも及んでいることから、その内容の紹介は一切省くこととする。ここでの指揮に関連する言及は、論点bに2点、論点cに1点である。前者より論じてみよう。

　論点bとは指揮・資本家の指揮の内容に関する言及であった。ただ、以下の2点はマルクスが直接に指揮の内容を語るというよりも、『資本論』第1巻第13章を基礎とした資本家の指揮論を構築する際に、不可欠な要件をすでに草稿段階で用意している点の指摘である。

　第一は「技術学」（Technologie）への多数の言及である。前期分3.「γ　機械。自然諸力と科学との応用」では全く用いられなかった点で対照的な様相を示している。「技術学」とは機械制大工業における資本家の指揮論を考察する場合には、実質上最初から最後まで（『資本論』第1巻第13章第1節〜第9節）生じてくる最重要概念であった。この草稿での「技術学」の取り上げ方は例えば次の通りである。

　　18世紀には、たくさんの学者が過去の手工業やマニュファクチュアや工場を精確に学びとることを熱心な目標とした。いく人かは、そこから特殊な学問分野をつくった。ようやく近時になって、力学、物理学、化学などと手工業（生産、というべきだ）との結びつきが正当に認識されたのである。以前には、仕事場では、もろもろの規則やならわしが親方から職人へ、徒弟へと伝えられ、それが保守的な伝統〔をつくった〕。かつては、偏見が学者にたいして対立していた。1772年に、ベックマンがはじめて技術学〔Technologie〕という名称を使用した。すでに世紀の前半に、イタリア人ラマッツィーニは、工芸家と手工業者の病気について論文〔を書いている〕。包括的な技術学は、レオミュールとショウにはじまる。レオミュールは、フランス科学アカデミーに一つのプラ

345

ンを提出した。ここから、『王立科学アカデミーの会員によって作成ないし承認された、工芸の記述』、1761年初め、パリ（二つ折本）。(『マルクス　資本論草稿集⑨』、64～65ページ)

　第二は、『資本論』第1巻第13章より資本家の指揮論を構築する場合に、その結節点となる「第4節　工場」でのアンドルー・ユアからの引用を『資本論』とほぼそのまま提示していることである。草稿後期分3.γではマルクスは「では、工場制度の抒情詩人ピンダロスのユア氏（『工場の哲学』）が語る機械制作業場の本質をみるとしよう。」(前掲邦訳書、219ページ)としてある議論を始め、「『これらの大広間では、仁慈な蒸気の君が無数の臣下を自分のまわりに集めている。』」(同上、222ページ)というA・ユアからの引用でその議論を終えている。本草稿部分から『資本論』への受け継がれようが窺える。しかし、ただ一点のみであるが本草稿部分と『資本論』とでは異なっている。それは決定的とでも言うべき違いになるのであるが、詳細は次章で論じることとしよう。
　論点c：労働の形式的包摂・実質的包摂については、以下の引用文で示すようにある位置づけと課題が与えられている[8]。

　　ここではさらに、過去の労働は——自動装置とそれによって動かされる機械のかたちで——、外見上は〔生きた〕労働から独立して動く自動的なものとして、労働に従属するのではなくて労働を従属させるものとして——鉄人が生身の人間に対立して——登場するのである。資本主義的生産の概念に含まれているこの資本のもとへの人間の労働の包摂——資本による人間労働の吸収——は、ここでは、技術学的な事実として現われる。礎石は完成している。死んだ労働は運動を授けられ、生きた労働はもはやその意識のある諸器官の一つとして存在するにすぎない。作

---

[8] この本文における引用文を補う意味で、以下の箇所を明示しておく。「これらの自然力の大規模な利用は、ただ機械が大規模に充用されるところで、したがってまた、機械に対応した労働者の集合が、そして資本のもとに包摂された労働者の協業が〔存在する〕ところではじめて可能なのである。」(『マルクス　資本論草稿集⑨』、263ページ)

業場全体の生きた連関は、ここではもはや協業にあるのではない。諸機械の体系が、原動機によって駆動されかつ全作業場を包括する統一体を形成するのであって、そのさい、労働者たちで構成されているというかぎりでの生きた作業場は、この統一体に従属しているのである。こうして、労働者の統一は、明らかに労働者には依存しない、労働者にたいして独立した形態をとるようになったのである。(『マルクス　資本論草稿集⑨』、260 ページ)

　上掲の引用文（注の引用文とも併せて）は注意して読み解かなければならない著述である。そこで、次の諸点を論じることが可能になろう。第一に、「ここでは、技術学的な事実として現われる。」とは、草稿本項目でそれまで多々示してきた技術学への言及を受けて、それを労働の包摂論に導入したことを意味する。第二に、「この資本のもとへの人間の労働の包摂」に関し「礎石は完成している。」と言う。あるいは「機械に対応した労働者の集合が、そして資本のもとに包摂された労働者の協業が」とも言う。礎石は完成しており、労働過程は資本のもとに包摂された、のである。つまり、3.「γ　機械。自然諸力と科学との応用（続き）」の資本主義的生産の場面で、労働の形式的包摂からの展開は第三の段階を迎え、それは到達点に及んだと理解することができよう。しかし、第三に、この到達は、マルクスが協調するように「礎石は完成している」という論理の運びとなる点に留意しなければならない。今や、資本のもとへの労働の包摂はある到達点に及んだ。ただ、これは礎石が完成したことを意味する。つまり、次に展開するある概念への基礎が完成した、ということになる。では、次に展開するある概念とは何か、後に明確になるのである。第四に、指揮の用語・指揮の内容（論点 a・b）という点である前進がみられることである。マルクスは直截に指揮について記してはいないが、上掲の引用文において強調した残る 2 箇所は「作業場全体の生きた連関」ならびに「労働者の統一」である点に着目できよう。すでに 2-2. で論じたように、指導者（Leiter）である資本家の指揮の内容に係わるキーワードが「彼らの連関と彼らの統一」（333～334 ページの引用文。なお、彼らとは労働者たちのこと）なのであった。これらが再び現われた点に注意し

なければならない。但し、労働者たちの連関と統一が労働者たちから独立していることを強調することが、ここ3. γ(続き)の独自な意義とは言えない。それはすでに「a　協業」において成立しているからである。求めるべきは、3. a における労働者たちの連関と統一とはどのような内容のものか、3. γ(続き)における労働者たちの連関と統一とはどのような内容のものか、という点の解明であろう。そして、後者に関しては、上掲の引用文に依れば、統一体・諸機械の体系・技術学的な事実という連鎖が、労働者たちの連関と統一とを図る主体となる、と解せよう。この有り様により、「a　協業」：単純協業における労働者たちの連関と統一と対照的に、「生きた連関」が失われていることをマルクスは強調しているとも言えよう。

3-2. 後期分3.「i　資本のもとへの労働の形態的包摂と実質的包摂。過渡諸形態」

「経済学批判（1861-1863年草稿）」において指揮に関して言及される最後の項目が、この後期分3. i である。ここでは、論点 c として 2 点を考察し、論点 a について若干触れることが可能である。論点 c より開始しよう。以下の引用文を参照されたい。

　　絶対的剰余価値にもとづく形態を、私は資本のもとへの労働の形態的包摂と名づける。この形態は、現実の生産者たちが剰余生産物、剰余価値を提供しているが、すなわち必要労働時間を超えて労働しているが、それが自分のためではなく他人のためであるような、それ以外の生産様式と、ただ形態的に区別されるにすぎない。
　　加えられる強制が、すなわち剰余価値、剰余生産物、あるいは剰余労働の生みだされる方法が、違った種類のものなのである。
　　〔中略〕
　　この場合には、生産様式そのものにはまだ相違が生じていない。労働過程は——技術学的に見れば——以前とまったく同じように行なわれるが、ただし、今では資本に従属している労働過程として行なわれるのである。けれども、生産過程そのもののなかでは、前にも述べたように

|これについて前述したことのすべてがここではじめてその場所に置かれることになる|、第一に、資本家による労働能力の消費が、それゆえ資本家による監視（überwacht）と指揮（dirigirt）とが行なわれることによって、支配・従属の関係が発展し、第二に、労働のより大きな連続性が発展する。(『マルクス　資本論草稿集⑨』、369～370ページ)

　上掲の引用文は、資本のもとへの労働の形式的包摂に関する「経済学批判（1861-1863年草稿）」での最後の定義を付与しているものである。順次説明していこう。第一に、「絶対的剰余価値にもとづく形態を、私は資本のもとへの労働の形態的包摂と名づける。」とマルクスは定義づける。重要ではあるが、十分に予測しうる規定である。なぜなら、形式的包摂は、Ⅰ．１「貨幣の資本への転化」のｇにおいて（Ⅰ．２「絶対的剰余価値」よりも以前の段階で）論じ始められたからである。第二に、資本のもとへの労働の形式的包摂の「形態的(形式的)」という意味がここではっきりしたのである。つまり、現実の生産者たちが剰余生産物を他人のために提供している資本主義的生産様式以外のものと、ただ形式的に（剰余労働の生みだされる方法として）区別される、という意味である。第三は「生産様式そのものにはまだ相違が生じていない。」という点であるが、これはすでに再三にわたり言及された事柄である。さて、これまでの「経済学批判（1861-1863年草稿）」を振り返るのであれば、資本のもとへの労働の形式的包摂とは、労働者たちが資本の指揮（Commando）のもとにはいること、および、上述の三点の計四点で規定された、資本と労働者たちのある関係・状態と言えよう。
　論点ｃに係わる二つ目の考察は次の引用文から入ろう。

　　資本のもとへの労働の実質的包摂は、相対的剰余価値を絶対的剰余価値から区別して発展させるすべての形態において発展させられるが、このことは、すでに見たように、それらの形態が相対的剰余価値と同時に絶対的剰余価値を増大させることを排除するものではまったくない。
（『マルクス　資本論草稿集⑨』、385ページ）

「資本のもとへの労働の実質的包摂」という用語自体はここで初めて現われたものである。そして、マルクスはこれを相対的剰余価値と結びつけて説明している。但し、労働の形式的包摂からの展開を草稿「3　相対的剰余価値」a・b・γですでに論じているので、両者の結びつきは当然のこととも考えられる。そこで、後半分 3. i における労働の実質的包摂に関連する論述としては、以下の二つの引用文の内容がより重要なものとなろう。

　資本のもとへの労働の実質的包摂のもとで、すでに述べた、技術学的な過程である労働過程における変化のすべてが始まり、これらと同時に、労働者の自分自身の生産にたいする、また資本にたいする関係におけるすべての変化が始まる。——社会的労働の生産諸力が発展することによって、そしてこの生産諸力とともに、はじめて同時に、自然諸力の大規模な充用、直接的生産への科学と機械装置との適用が可能となることによって、ついに、労働の生産力における発展が始まるのである。つまりここで変化するのは、形態的関係だけではなくて、労働過程そのものである。資本主義的生産様式は——いまはじめて、一つの独自な種類の生産様式〔Produktionsweise sui generis〕として現われるのであって——、一面ではそれが物質的生産の変化した姿態を創りだす。他面では、物質的姿態のこうした変化が資本関係の発展のための土台となるのであって、それゆえに資本関係に適合的な姿態は、ただ物質的生産諸力の特定の発展程度にのみ対応するのである。それとともに労働者の従属関係が、生産そのもののなかでどのように新たに形成されるかについては、すでに述べた。このことが強調されるべき第一の点である。労働の生産性および生産の段階のこうした上昇は、資本関係の発展の、一部は結果として、一部は基礎として現われるのである。（『マルクス　資本論草稿集⑨』、386 ページ）

　相対的剰余価値が、だからまた独自に資本主義的な生産様式が発展させられるときにとられるすべての方法は、最も抽象的な形態では、次のことに帰着する。すなわちこの生産様式は、個々の商品の価値をそれの

最小限に縮減することを、だからまたある与えられた労働時間内でできるだけ多くの商品を生産することを、言い換えれば労働対象の生産物への転化をできるだけ少ない分量の労働で、最も短い労働時間のうちにやりとげることをめざす、ということである。そもそも労働の生産性とは、最小限の労働をもって最大限の生産物を提供すること、言い換えれば、最小限の労働時間を最大限の生産物のかたちで実現すること、それゆえ個々の生産物の価値をそれの最小限に縮減することにほかならないのである。(『マルクス　資本論草稿集⑨』、391ページ)

「独自に資本主義的な生産様式」(die spezifisch capitalistische Productionsweise) と労働の形式的包摂からの展開との強い関連性の示唆は、これまでの引用文で再三見られたものである。上掲した第一の引用文からは、まず、労働の実質的包摂と「独自な種類の生産様式」との強い関連性が窺える[9]。次に、上掲2引用文より、「独自に資本主義的な生産様式」とは何かが判明したのである。第一の引用文1行目「すでに述べた、」より9行目「労働過程そのものである。」までが、その内容を規定したものといえよう。また、第二の引用文全文が「独自に資本主義的な生産様式」がもたらす機能と作用を述べたものである。更に、第一の引用文で、マルクスは「独自な種類の生産様式」が「土台とな」り・「基礎として」、「資本関係の発展」を造り出すと言う。「礎石は完成している。」(346～347ページの引用文)の先にある概念は「資本関係の発展」であることがわかった。では、この「資本関係の発展」とは何か、という点が新たな課題となったのである。

さて、論点a（指揮に関する用語）については次のようにまとめておこう。まず、348～349ページの引用文では「指揮（dirigirt）とが行なわれる」であった。また、順次挙げてみよう。「資本家はみずからが労働者であることをやめ、指揮（Direction）と…」(前掲邦訳書、380ページ)、「彼は他人の指揮（Direction）のもとで、他人のために…」(同上、403ページ)、「ここでは、つ

---

[9] この労働の形式的包摂からの展開・労働の実質的包摂と「独自に資本主義的な生産様式」との強い関連性は、筆者が初めて取り上げたものではない。例えば、不破哲三前掲書においては、「Ⅲ「独自の資本主義的生産様式」——この規定の誕生と発展を追跡する——」、という一篇においてしばしば言及されている。

いで、指揮労働〔travail de derection〕が華やかに姿を現わすことになる」（同上、407ページ）[10]。以上のうち、1・2番目は資本家による指揮である。3番目はライヤートに関する記述である。4番目は資本家の代理人による指揮である。これら何れにもフランス語表記Direction系の用語が使用されていることがわかる。しかし、Direction/Direktorとは、すでに3.「a　協業」に関して指摘したように資本家の指揮ではなく、協業一般（一般的な協業）における指揮で使用される用語であった（337ページの引用文参照）。どうしたことであろうか。

　以上で、「経済学批判（1861-1863年草稿）」における指揮に関する言及についての検討は終了した。そこで、同草稿を総括する意味で指揮に係わる諸課題を整理しておこう。本章2-2. 336ページにおいて最初に諸課題を提示した。このうち、3-2. で先に述べたように、「独自に資本主義的な生産様式」の内容と機能・作用は判明した。しかし、では労働の実質的包摂と「独自に資本主義的な生産様式」との関係は何かという問題が新たに生じてくる[11]。その他の336ページの諸課題は解決されていない。また、労働の形式的包摂・実質的包摂とは最終的にどのように定義されうるかという点を確定させながら、形式的包摂・実質的包摂論は何を行なうための議論なのかという根本的な疑問を解かなければならない（この課題の方向性は時折示唆したが）。換言すれば次のようにもなる。マルクスは、絶対的剰余価値の形態および相対的剰余価値の形態には、「資本のもとへの労働の包摂の二つの別々の形態が、あるいは資本主義的生産の二つの別々の形態が対応しているのであって、」（『マルクス　資本論草稿集⑨』、369ページ）と言及している。マルクスはなぜ「資本主義的生産の二つの別々の形態」と区分して「資本のもとへの労働の包摂の二つの別々の形態」を強調するのか、という問題である。諸課題

---

10) ここでの〔travail de derection〕とは前掲邦訳書における記述そのままである。しかし、正しくはtravail de directionである。
11) この点に関連して、この草稿後期分 3. i では次のように述べられている。「私がここで過渡諸形態と言うのは、資本のもとへの労働の形態的包摂から資本のもとへの実質的包摂への、だからまた独自に資本主義的な生産様式への過渡諸形態ではなくて、」（『マルクス　資本論草稿集⑨』、402ページ）。ここでは、マルクスは資本のもとへの実質的包摂と「独自に資本主義的な生産様式」が等しい概念であると考えているように受け取れるのである。

は多く、次の草稿を精読しなければならない。また、指揮（Commando, Leiter, Direktor）という用語は3.「b　分業」以降ではあまり使われない状態にあった。これら指揮をマルクスはどのように考えていたのであろうか。思いもかけない展開が生じてくるのである。

4.「第6章　直接的生産過程の諸結果」における進展

「第6章　直接的生産過程の諸結果」に関しては、その論理展開の複雑さ故に、まず最初に邦訳書（岡崎次郎訳『直接的生産過程の諸結果』大月書店・国民文庫　1970年）の目次を掲げることで便宜を図っておこう。

　目　次
　〔Ⅰ〕剰余価値の生産としての資本主義的生産 …………………………………… 10
　　資本のもとへの労働の形態的包摂 ……………………………………………… 79
　　資本のもとへの労働の実質的包摂または独自に資本
　　　主義的な生産様式 …………………………………………………………… 86
　　資本のもとへの労働の形態的包摂に関する補遺 ……………………………… 88
　　資本のもとへの労働の実質的包摂 ……………………………………………… 103
　　生産的労働と不生産的労働 ……………………………………………………… 109
　　総生産物と純生産物 ……………………………………………………………… 126
　　資本の神秘化その他 ……………………………………………………………… 130
　〔Ⅱ〕資本主義的生産は独自に資本主義的な生産関
　　　係の生産および再生産である〕 ……………………………………………… 141
　　直接的生産過程の結果 …………………………………………………………… 149
　　この章の(1)および(2)から(3)への移行。この(3)をわれわれは
　　　ここでは最初は(1)として取り扱っている ………………………………… 150
　〔Ⅲ〕資本の生産物としての商品 ………………………………………………… 152
　〔個々の断片〕 ……………………………………………………………………… 194
　　解　題 ……………………………………………………………………………… 211

このうち、指揮に関する言及が行なわれているのは、〔Ⅰ〕「剰余価値の生産としての資本主義的生産」においてである。なお、同章は特に見出しのない長い著述（10〜79 ページ）から始まり、以下この部分を本節と称す。これに続き見出しを付された七つの節が存在する。この部分を「見出し○節」と称する（例えば「資本のもとへの労働の形態的包摂」に関しては見出し第1節と記す）。特に断りのない場合はすべて本節における記述と理解されたい。

『直接的生産過程の諸結果』の中心をなす〔Ⅰ〕「剰余価値の生産としての資本主義的生産」は、その論証目的が必ずしも明瞭であるとは言えないが、以下の引用文に記された点を確立することを目的としているようである。

> それだから、資本家の立場から見ても、労働者の立場から見ても、生産手段は、資本の定在として、特に資本として、労働に、つまり前貸資本が転化する他方の要素に、対立し、したがってまた生産過程の外でも可能的に資本の独自な存在様式として現われる、ということになるであろう。このことは、後に明らかになるであろうように、あるいは資本主義的価値増殖過程の一般的な性質（生産手段が生きている労働の吸収者としてこの過程のなかで演ずる役割）から、あるいは独自に資本主義的な生産様式（そこでは機械などが生きている労働にたいする現実の支配者になる）から、さらに発展する。それゆえ、このように、資本主義的生産過程の基礎の上では、生産手段の形態で存在する資本の使用価値と、これらの生産手段すなわち一定の社会的生産関係である資本としてのこれらの物の規定とが、分離しがたく融合しているのであって、それは、ちょうど、この生産様式のなかではそれにとらわれている人々にとっては生産物がそれ自体として商品とみなされるようなものである。これは経済学の呪物崇拝の一つの基礎をなすものである。（岡崎訳『直接的生産過程の諸結果』、21〜22 ページ）

上掲の引用文の最初の一文が、端的に言えば生産手段と労働との対立が、次の一文で記されているように、「独自に資本主義的な生産様式から、さらに発展する」と言う。その発展の仕方を「後に明らかに」することが〔Ⅰ〕

第 11 章 『資本論』に関わる旧稿における指揮論の展開

の目的であろう。そして、最後の一文はその発展の仕方がどのようなものになるかを示唆したものである。商品の物神的性格に類する議論が登場してくるのであろうか。

さて、『直接的生産過程の諸結果』における指揮に関する言及は論点 c（形式的包摂・実質的包摂関連）が中心になるものの、論点 a（指揮の用語）、論点 b（指揮の内容）もしばしば現われてくる。そこで、〔Ⅰ〕「剰余価値の生産としての資本主義的生産」における重要な言及を逐次取り上げてみよう。

指揮という言葉ではないが、マルクスは早くも資本家による「監督」（Aufsicht）に言及する。また、その内容として、価値増殖過程における旧価値の維持とその関連事項より記述し始めている（前掲、岡崎邦訳書、26〜27ページ）。次に、実際に指揮という言葉が現われるのは以下の引用文からである。

> 生産過程が同時に現実の労働過程であり、そして資本家がこの過程の監督者および指揮者（Leiter）として現実の生産においてある機能を果たさなければならないかぎりでは、彼の活動は、実際に、ある独自な多様な内容を与えられる。しかし、労働過程そのものはただ価値増殖過程の手段として現われるだけであって、それは、ちょうど、生産物の使用価値がただ生産物の交換価値の担い手として現われるだけなのと同じことである。だから、資本の自己増殖——剰余価値の創造——は、資本家の規定的な、支配的な、圧倒的な目的であり、彼の行動の絶対的な動因と内容である。それは、じっさい、貨幣蓄蔵者の動因と目的が合理化されたものでしかない。その内容は、まったく惨めな抽象的なものであって、資本家を、たとえ別の面から見ての、反対の極においてのことであるにせよ、労働者とまったく同様に、資本関係への隷属状態のもとに現われさせるのである。（前掲、岡崎邦訳書、33 ページ）

極めて重要な諸点を語っている論述であると言わざるをえない。第一に指揮者（Leiter）が再び登場した。第二にこの指揮者（Leiter）の活動について明確な定義を読みとれるのである。それは上掲引用文の最初の一文で与えら

れている。つまり、指揮者（Leiter）とは、「生産過程が同時に現実の労働過程であり」、「現実の生産においてある機能を果たさなければならないかぎりで」の資本家の活動、ということになる。したがって、「経済学批判(1861-1863年草稿)」において、Leiter以前に登場する・Leiterより前の論理上の段階に生じている資本家の指揮Commandoとは、上記の指揮者（Leiter）の定義以前に置かれる資本家の活動、ということになる。第三は、資本家の指揮（Leiter → Leitung）に対するマルクスの評価・論ずべきスタンスが判明したことである。上掲の引用文よりマルクスは、「彼の活動は、実際に、ある独自な多様な内容を与えられる。」ことを認めてはいる。しかし、「労働過程そのものはただ価値増殖過程の手段として現われるだけであ」る。「資本の自己増殖——剰余価値の創造——は、資本家の規定的な、支配的な、圧倒的な目的であり、彼の行動の絶対的な動因と内容である。」したがって、「その内容は、まったく惨めな抽象的なものであって、……資本関係への隷属状態のもとに現われさせるのである。」と断ずる。資本家の指揮（Leitung）に関してマルクスがその内容と内容の検討を軽視していることは明白となった。しかし、資本家の指揮それ自体を等閑視しているわけではない。資本家である指揮者（Leiter）の諸活動がもたらすある作用に深く注視することになる。この点については後述する。

　見出し第1節「資本のもとへの労働の形態的包摂」以前の本節においては、次のようにも論じられている。

> 労働過程の資本のもとへの従属はさしあたりは現実の生産様式を少しも変えないのであって、それは実際にはただ次のことに現われるだけである。すなわち、労働者が資本家の指揮（Commando）、指導（Leitung）、監督（Oberaufsicht）のもとにはいるということである。といっても、それは、もちろん、ただ資本に属する彼の労働に関してのことでしかないのであるが。資本家は、労働者がけっして時間をむだにしないように、たとえばどの1時間にも1労働時間の生産物を提供するように、生産物の生産のためにただ平均的に必要な労働時間だけを費やすように、監視する。資本関係が生産を支配する関係であり、したがって労働者は

第11章　『資本論』に関わる旧稿における指揮論の展開

絶えず売り手として、資本家は絶えず買い手として市場に現われるかぎりでは、労働過程そのものも全体として連続的であって、労働者が独立な商品生産者として自分の商品の個々の顧客への販売に依存している場合のように労働過程が中断されることはないのである。なぜなら、資本の最小限は、労働者を絶えず就業させておいて商品が売れるのを待つことができる程度に大きくなければならないからである。最後に、資本家は、労賃の再生産のために必要な労働時間の限界を越えて労働過程の継続をできるだけ延長することを、労働者に強制する。なぜなら、まさにこの労働の超過分こそは資本家に剰余価値をもたらすのだからである。
（前掲、岡崎邦訳書、65～66ページ）

　上掲の引用文中の1行目～4行目の内容は資本のもとへの労働の形式的包摂を意味しよう。そして形式的包摂に関する指揮にCommando、Leitung、Oberaufsichtという用語をここでは使用している。しかし、先にマルクスは「経済学批判（1861-1863年草稿）前期分」では労働の形式的包摂＝労働者にたいする資本家の指揮（Commando）であった。よって、ここでも上記3用語のうちCommandoの選択が正しいものとしよう。とするのであれば、上掲の引用文における4行目「といっても、それは……」以降の全文は、この時点でマルクスが考えていたCommandoの内容を示したものとなる。1. 労働者の監視、2. 生産の連続性の確保、3. 剰余労働時間を労働者に強制すること、の3点から成る。後に労働の形式的包摂を最終的に定義する際に再びこの引用文を活用することとする。また、このCommandoの内容規定は『資本論』第1巻第9章において（『資本論』②、540～541ページ）受け継がれている点もわかる。
　次に、見出し第1節開始とともに、以下に示す労働の形式的包摂に関する定義が与えられる。

　　労働過程は、価値増殖過程の、資本の自己増殖――剰余価値の生産――の過程の、手段になる。労働過程は資本のもとに包摂されて（それは資本自身の過程である）、資本家は、指揮者（Dirigent）、管理者（Leiter）

357

として、この過程にはいる。それは資本家にとっては同時に他人の労働の直接的搾取過程でもある。私はこれを資本のもとへの労働の形態的包摂と呼ぶ。それはすべての資本主義的生産過程の一般的な形態である。しかし、それは、同時に、発展した独自に資本主義的な生産様式と並ぶ一つの特殊な形態でもある。なぜなら、この独自に資本主義的な生産様式はかの一般的な形態を含んでいるが、後者は必ずしも前者を含んではいないからである。

　生産過程は資本そのものの過程になっている。それは、資本家の貨幣が転化した労働過程の諸要因をもって行なわれるところの、そして資本家の管理（Leitung）のもとに行なわれるところの、そしてまた貨幣をより多くの貨幣にするという目的のために行なわれるところの、過程である。(前掲、岡崎邦訳書、79〜80ページ)

　上述の引用文からは資本家の指揮と労働の形式的包摂との明確な関連性がわかるものの、内容はすでに「経済学批判（1861-1863年草稿）」、から紹介したものと大差ない。問題は指揮・指揮者の用語、選語の仕方である。ここでは、Dirigent、Leiter、Leitungである。先の356〜357ページの引用文ではCommando、Leitung、Oberaufsichtであった。どれを選ぶべきか明確でなく、迷走気味である。この状況は以下の二つの引用文にも引き継がれてゆく。

　　ただ形態的にのみ資本のもとに包摂された労働過程でさえもはじめから違っている点、そして古い伝来の労働様式の基礎の上においてさえもますます違ってくる点は、労働過程が遂行される規模、つまり、一方では前貸しされる生産手段の量、他方では同じ雇い主によって指揮される（commandirten）労働者の数である。〔中略〕なぜなら、……ただ資本家として労働するだけで、過程の監督者（Oberaufseher）および管理者（Leiter）として、価値増殖過程にある資本のいわば意志と意識とを与えられた機能を行なうだけでよいという、〔以下略〕(前掲、岡崎邦訳書、83〜84ページ)

第11章　『資本論』に関わる旧稿における指揮論の展開

　資本がある程度の最小限に達するとともに、はじめて資本家は自分自身が労働者であることをやめて、ただ労働過程の管理（Direktion）と生産された商品の取引だけを自分の手に残しておくようになる。また、資本のもとへの労働の実質的包摂、すなわち本来の資本主義的生産様式がはじめて現われるのも、商人が産業資本家になるのであろうと、形態的包摂を基礎としてより大きな産業資本家が形成されたのであろうと、とにかくある程度の大きさの諸資本が直接に生産を支配するようになったときのことである。（前掲、岡崎邦訳書、91ページ）

　形式的包摂・実質的包摂と関連づけられた指揮（指揮者等）は上に見たように、commandirten、Oberaufseher、Leiter と、最後には Direktion まで現われた。指揮についてあらゆる用語が使用されており、羅列的と言えよう。また、Direktion とは資本家の指揮には選択されない用語であった。これらの状況は、先の355ページの引用文より受け取れる、マルクスの指揮の内容への軽視を起因とするものと言えまいか。用語選択の迷走と対照的に、見出し第1節からの以下のやや長い引用文は論点 c についていくつかの意義を有するものとなる。

　それにもかかわらず、このような変化とともに、労働過程すなわち現実の生産過程の現実の様式における本質的な変化がはじめから現われたのではけっしてない。反対に、資本のもとへの労働過程の包摂は、資本のもとへのこの包摂が行なわれる前から存立していたところの、そして以前の種々の生産過程や別の生産条件を基礎として形成されていたところの、既存の労働過程を基礎として生ずるのだから、資本が、与えられた既存の労働過程を、つまり、たとえば手工業的な労働や、小さな独立な農民経営に対応する農業様式を、自分のもとに包摂するということは、当然である。資本によってその支配（Commando）下に置かれたこれらの伝来の労働過程に変化が生ずるとすれば、この変化は、ただ、与えられた伝来の労働過程の資本のもとへの包摂からしだいに生じてくる結果でしかありえない。労働の強度が高くなるとか労働過程の継続時間

359

が延長されるとかいうことや、労働がより連続的になったり打算的な資本家の監視のもとにより整然と行なわれるようになるというようなことは、それ自体としては、現実の労働過程そのものの、現実の労働様式の、性格を変化させはしない。だから、このことは、前に述べたように資本主義的生産の進むにつれて発展する独自に資本主義的な生産様式（大規模な労働など）にたいして著しい対照をなしているのであって、この独自に資本主義的な生産様式は、いろいろな生産当事者の諸関係を変革すると同時に、この労働の様式や全労働過程の現実の様式を変革するのである。われわれは、この生産様式に対比させて、これまで考察してきた労働過程の資本のもとへの包摂（資本関係が出現するより前にすでに発展していた労働様式の資本のもとへの包摂）を、資本のもとへの労働の形態的包摂と呼ぶ。労働時間の延長によって剰余労働を強要するための強制関係としての資本関係――人身的支配・隷属関係にもとづくのではなくて単に経済的諸機能の相違だけから生ずる強制関係――は、どちらの様式にも共通であるが、独自に資本主義的な生産様式はもっと別な剰余価値強要方法をも知っている。これに反して、既存の労働様式を基礎とする、すなわち労働の生産力の与えられた発展とこの生産力に対応する労働様式とを基礎とする場合には、剰余価値はただ労働時間の延長によってのみ、したがって絶対的剰余価値の様式においてのみ、生みだされることができる。それゆえ、剰余価値の生産の唯一の形態としてのこの形態には資本のもとへの労働の形態的包摂が対応するのである。（前掲、岡崎邦訳書、81～83ページ）

　上掲の引用文は一見したところ全文にわたり労働の形式的包摂についての詳しい説明を行なっているようである。しかし、第一に、9行目「資本によってその支配下に置かれたこれらの伝来の労働過程に変化が生ずるとすれば、この変化は、ただ、与えられた伝来の労働過程の資本のもとへの包摂からしだいに生じてくる結果でしかありえない。」とは、労働の形式的包摂から実質的包摂への展開におけるプロセスについての数少ない記述である。これまでの草稿においては、他には359ページの引用文中の後半の一文(3～8行目)

第 11 章 『資本論』に関わる旧稿における指揮論の展開

で記されているのみである。第二に、上掲の引用文 18 行目「この独自に資本主義的な生産様式は、いろいろな生産当事者の諸関係を変革すると同時に、この労働の様式や全労働過程の現実の様式を変革するのである。」とは、「独自に資本主義的な生産様式」の要点を強調したものである。第三に、この「独自に資本主義的な生産様式」についての記述を受けて、マルクスは労働の形式的包摂に関する最後の定義を行なう。すなわち、「われわれは、この生産様式に対比させて、これまで考察してきた労働過程の資本のもとへの包摂（資本関係が出現するより前にすでに発展していた労働様式の資本のもとへの包摂）を、資本のもとへの労働の形態的包摂と呼ぶ。」（傍線は藤原による）と断言する。

　労働の形式的包摂について 5 番目の定義が出現した。他の 4 点は 348〜349 ページに整理している。そこで、この五つの定義がどのように繋がるのか試みておこう。換言すれば労働の形式的包摂に関する全体像を示すということであるが、その中心概念は資本家の指揮（Commando）とその内容である。

1)「生産様式そのものにはまだ相違が生じていない。」（『マルクス資本論草稿集⑨』、370 ページ）。／これは、資本は特定の生産様式を見出し、はじめはこの様式の技術的規定性にはなんの変更も加えないまま、ただ自己のもとに包摂する状態を意味する。議論の出発点となる規定である。

2) この最初の労働の包摂をマルクスは形式的包摂と呼んだ。それは剰余生産物の取得の仕方においてただ形式的に区分されると言う（同上、369 ページより）。／とするならば、資本のもとへの労働の包摂には、労働力商品、剰余労働、剰余価値の諸概念が連なることになる。

3) 労働者が資本家の指揮（Commando）のもとに入ること（1861-1863 年草稿、Ⅰ. 1. g および I. 3. a より）。／資本家の指揮（Commando）の内容すでに判明している。労働者の監視、生産の連続性の確保、剰余労働時間を労働者に強制すること、の 3 点から成る（356〜357 ページの引用文より）。この 3 番目の発揮により、前記定義 2 は発展し、定義 4「したがって絶対的剰余価値の様式においてのみ、…資本のもとへの労働の形態的包摂が対応するのである。」（359〜360 ページの引用文より）に繋がる。しかし、資本家の指揮

361

（Commando）の内容は上記3点に限られる。資本家の指揮（Commando）は生産様式の変化に関与することは決してない。そこで、「独自に資本主義的な生産様式」・「この生産様式に対比させて」（359～360ページの引用文より）という第五の定義が現われてくるのである。

以上のように労働の形式的包摂に関する五つの定義は結びつけられるのである。しかし、労働の形式的包摂に関する議論はこれでは終らない。マルクスは、労働の形式的包摂がどのように出現するのかこそを後に問題とするからである。

さて、見出し第2節「資本のもとへの労働の実質的包摂または独自に資本主義的な生産様式」より、労働の実質的包摂に関する議論が始まる。それは、以下の引用文のように、労働の実質的包摂と相対的剰余価値の生産を結びつける形の説明から開始する。資本のもとへの労働の実質的包摂の定義である下記引用文の内容は、「経済学批判（1861-1863年草稿）後期分」3. i における論述が踏襲されているものであり（とりわけ、引用文第2パラグラフ全体が『マルクス　資本論草稿集⑨』369ページの当該箇所とほぼ同一である）、ここではこれ以上の新たな言及は行なわない。但し、352～353ページで論じたように、第2パラグラフにおいて「資本のもとへの労働の包摂の二つの別々な形態、または資本主義的生産の二つの別々な形態が対応するのであって、」と言う。マルクスはなぜ後者と区分して前者「資本のもとへの労働の包摂の二つの別々な形態」を強調するのであろうか。これは、労働の形式的包摂・実質的包摂論とは何を行なうための議論なのかという根本的な疑問にも通じることを、再記しておこう。

　　絶対的剰余価値の生産が、資本のもとへの労働の形態的包摂の物質的表現と見られることができるように、相対的剰余価値の生産は、資本のもとへの労働の実質的包摂の物質的表現と見られることができる。
　　いずれにせよ、剰余価値のこの二つの形態——絶対的および相対的——には、それらをそれぞれ独立に別々な存在として考察するならば——そして絶対的剰余価値はつねに相対的剰余価値に先行する——、資本のもとへの労働の包摂の二つの別々な形態、または資本主義的生産の

二つの別々な形態が対応するのであって、そのうち第一の形態はつねに第二の形態の先行者となっている。といっても、より発展した形態、第二の形態は、さらにまた、第一の形態を新たな生産部門で採用するための基礎となることがありうるのであるが。（岡崎訳『直接的生産過程の諸結果』、87〜88 ページ）

　この引用文における定義を基にして、資本のもとへの労働の実質的包摂に関するより詳しい諸規定は、見出し第 4 節「資本のもとへの労働の実質的包摂」において与えられている。以下の引用文の通りである。

　　形態的包摂の一般的な特徴、すなわち、技術的にはどんな様式で営まれていようとも、資本のもとへの労働過程の直接的な従属は、変わらない。しかし、この基礎の上では、労働過程の現実の性質をもその現実の諸条件をも変化させる技術的にもその他の点でも独自な生産様式——資本主義的生産様式が立ち上がる。この生産様式が現われるとき、はじめて資本のもとへの労働の実質的包摂が生ずるのである。〔中略〕
　　資本のもとへの労働の実質的包摂は、絶対的剰余価値とは違う相対的剰余価値を発展させるような諸形態のすべてにおいて発展させられる。
　　資本のもとへの労働の実質的包摂とともに、生産様式そのものにおける、労働の生産性における、そして資本家と労働者との関係における完全な（しかも不断に継続し繰り返す）革命が生ずる。
　　資本のもとへの労働の実質的包摂のもとでは、われわれが前に述べたような、労働過程そのものにおけるすべての変化が現われてくる。労働の社会的生産力が発展させられ、大規模な労働とともに直接的生産への科学や機械の応用が行なわれる。一方では、今では独自な生産様式として形成されている資本主義的生産様式は、物質的生産の変化した姿をつくりだす。他方では、このような、物質的姿の変化は、資本関係の発展の基礎をなし、したがって、資本関係の十分に発展した姿は、労働の生産力の一定の発展度に対応する。（前掲、岡崎邦訳書、103〜105 ページ）

363

上掲の引用文の文面は、「経済学批判（1861-1863年草稿）」3．iにおける「独自に資本主義的な生産様式」の内容規定を行なったもの（350ページの引用文）[12]をベースとし、359～360ページの引用文中の「独自に資本主義的な生産様式」の要点を強調した部分を移行させたものと言えよう。そして、上掲の引用文からは、労働の実質的包摂に関する新たな三つの規定を取り出しうるのである。

　第一は引用文の最初の部分より、実質的包摂と他の概念との関連が一応表明されたことである。つまり、資本のもとへの労働の形式的包摂がまず発生し、「この基礎の上では、……独自な生産様式──資本主義的生産様式が立ち上がる。この生産様式が現われるとき、はじめて資本のもとへの労働の実質的包摂が生ずるのである。」と言う。先に352～353ページにて呈示した疑問点[13]の一つにはひとまず答えが与えられたのである。第二に、引用文の

---

[12] 350ページの引用文とは、『マルクス　資本論草稿集⑨』、386ページ．からの引用を意味する。本章においても、以後再三にわたり言及する故に、念のために再び以下において掲載することとする。
　「資本のもとへの労働の実質的包摂のもとで、すでに述べた、技術学的な過程である労働過程における変化のすべてが始まり、これらと同時に、労働者の自分自身の生産にたいする、また資本にたいする関係におけるすべての変化が始まる。──社会的労働の生産諸力が発展することによって、そしてこの生産諸力とともに、はじめて同時に、自然諸力の大規模な充用、直接的生産への科学と機械装置との適用が可能となることによって、ついに、労働の生産力における発展が始まるのである。つまりここで変化するのは、形態的関係だけではなくて、労働過程そのものである。資本主義的生産様式は──いまはじめて、一つの独自な種類の生産様式〔Produktionsweise sui generis〕として現われるのであって──、一面ではそれが物質的生産の変化した姿態を創りだす。他面では、物質的姿態のこうした変化が資本関係の発展のための土台となるのであって、それゆえに資本関係に適合的な姿態は、ただ物質的生産諸力の特定の発展程度にのみ対応するのである。それとともに労働者の従属関係が、生産そのもののなかでどのように新たに形成されるかについては、すでに述べた。このことが強調されるべき第一の点である。労働の生産性および生産の段階のこうした上昇は、資本関係の発展の、一部は結果として、一部は基礎として現われるのである。」（『マルクス　資本論草稿集⑨』、386ページ）

[13] この、352～353ページにおいて呈示した疑問点とは、本章第1節～第3節において「経済学批判（1861－1863年草稿）前期分」ならびに「経済学批判（1861－1863年草稿）後期分」を検討した結果、両者を総括する意味で指揮に係わる諸課題を整理したものである。また、本章第1節～第3節において初めて行論を整理し・課題を提示したものは336ページにおける記述であるが、同上疑問点はこれを展開・更新したものでもある。
　なお、以上の総括的な課題の提示以外に記述が5点存在する。このうち、同332ページ、338ページ、351ページの諸課題は本節以下にて回答が与えられる。残る同327ページ、346ページの課題は次章において詳論するものである。

中頃より労働の実質的包摂に関する要点が確認できることである。先の 359 ～360 ページの引用文では「独自に資本主義的な生産様式」の要点が強調されていた[14]。そして、上記のように「独自に資本主義的な生産様式」と労働の実質的包摂の関連が明らかになったため、「資本のもとへの労働の実質的包摂とともに、生産様式そのものにおける、労働の生産性における、そして資本家と労働者との関係における完全な（しかも不断に継続し繰り返す）革命が生ずる。」、これが労働の実質的包摂に関する要点となる。第三に、上掲の引用文の最後のパラグラフでは、資本のもとへの労働の実質的包摂のもとで、独自な資本主義的生産様式は「資本関係の発展の基礎をな」すと指摘していることである。これは、明らかに 350 ページの引用文（注 12 参照）における、「資本関係の発展のための土台」、「資本関係の発展の、…一部は基礎として現われるのである。」を継承したものである。では、この「資本関係の発展」とは何を意味するのであろうか。

ともあれ、最初の定義（362～363 ページの引用文）、そして、上述の 3 点の規定により労働の実質的包摂とは何かが与えられている。しかし、労働の形式的包摂の場合と同様に労働の実質的包摂に関する議論もこれでは終らない。マルクスは労働の実質的包摂がどのように出現するのかこそを問題としてゆくからである。

マルクスが何らかの形で指揮論を展開している『資本論』に関わる旧稿のうち、その第 3 の研究対象「第 6 章　直接的生産過程の諸結果」／〔Ⅰ〕「剰余価値の生産としての資本主義的生産」に関しては、本節・見出し第 1 節～同第 4 節の検討はすでに終了し、残るは見出し第 5～第 7 節のみとなった。そこで、今後の行論のために、現時点において、筆者が提示したマルクスの指揮論に関する課題はどこまで解決されているのかを、また、新たな課題は何かを整理しておこう。

筆者が初めて課題を提示したのは 336 ページである（注 13 参照）。このうち、Commando および Leiter の定義と両者の違いは明らかになった（355～356 ページ）。また、Commando の具体的な内容も明かされた（356～357 ペー

---

14)「この独自に資本主義的な生産様式は、いろいろな生産当事者の諸関係を変革すると同時に、この労働の様式や全労働過程の現実の様式を変革するのである。」

ジ)。「独自に資本主義的な生産様式」の基本的な態様も判明した(350〜351ページ、360〜361、364〜365ページ)。しかし、残る一点、Leiterと「独自に資本主義的な生産様式」との関係性は未だ不明なままである。上掲の引用文(363ページ)を検討しても、労働の実質的包摂と資本家の指揮との関連が欠けている。では、マルクスは労働の実質的包摂と関連した指揮(資本家の指揮)をどのように考えているのか。換言すれば、労働の形式的包摂から「独自に資本主義的な生産様式」・労働の実質的包摂への展開について、資本家の指揮の役割をマルクスはどのように論じていたのか、という問題が生じるのである。「とにかくある程度の大きさの諸資本が直接に生産を支配するようになったときのことである。」(359ページの引用文)「この変化は、ただ、与えられた伝来の労働過程の資本のもとへの包摂からしだいに生じてくる結果でしかありえない。」(359〜360ページの引用文)「しかし、この基礎の上では、……」(363ページの引用文)。これらの言及では前述の問題に対する明確かつ十分な説明になっているとは言えまい。以上が336ページでの提起以来、未だ残された状態にある課題なのである。

　これに対し、比較的新しい草稿段階で(主に本節にて)現われた課題があり、再提示しておこう。最初に、354ページの引用文より示したように、『直接的生産過程の諸結果』〔I〕に関しては、「このことは、……あるいは独自に資本主義的な生産様式(そこでは機械などが生きている労働にたいする現実の支配者になる)から、さらに発展する。」と言い、その発展の仕方を「後に明らかに」することが〔I〕の目的であった。また、「経済学批判(1861-1863年草稿)後期分」3. iでは、「一つの独自な種類の生産様式」に続く「資本関係の発展」に言及していた(350ページの引用文、再記注12参照)。正確には、同3. γにおける「資本のもとに包摂された労働者の協業」・「礎石は完成している」から、同3. iにおける「資本のもとへの労働の実質的包摂」・「資本関係の発展」という議論の流れであった。これは『直接的生産過程の諸結果』にもそのまま継承されてゆく(363ページの引用文)。しかし、前者の発展の仕方も、後者の「資本関係の発展」の具体的な態様も、一切明確になっていない。これが残された第二の課題となっている[15]。

　これらの課題はどのように解決されるのであろうか。また、両課題に何ら

かの連関はあるのであろうか。『直接的生産過程の諸結果』〔Ⅰ〕における指揮論に関する議論は、どうやら核心に近づきつつある。そして、マルクスは「さらに進んで、資本主義的生産様式の結果として生ずる資本の姿の変化を考察する前に、」(前掲、岡崎邦訳書、109ページ)と述べて見出し第5節・第6節を論じた後に、〔Ⅰ〕の目的の解明と、形式的包摂・実質的包摂論の意図の明確化が、見出し第7節において図られることになる。労働の形式的包摂ならびに労働の実質的包摂の真の姿が現われてくるのである。

さて、〔Ⅰ〕の最後・見出し第7節「資本の神秘化その他」は以下のような論述より開始される。

　　生きている労働は——生産過程のなかでは——すでに資本に合体されているので、労働の社会的生産力は、すべて、資本に固有な属性としての生産力として現われるのであって、ちょうど、貨幣にあっては価値を形成するかぎりでの労働の一般的性格が物の属性として現われたのと同様である。それは次のような事情によってますますはなはだしくなる。
　　(1) たしかに、労働は、生産物に対象化されたものとしては資本家のものであるとはいえ、労働能力の発揮としては、努力としては、個々の労働者のものである（それは、彼が現実に資本家に支払うもの、資本家に与えるものである）。これに反して、そのなかでは個々の労働能力はただ工場全体を形成する総労働能力の特殊な諸器官として機能するにすぎない社会的な結合は、個々の労働能力のものではなくて、むしろ資本による編成（capitalistisches Arrangement）としてそれらに対立し、それらに押しつけられる。
　　(2) このような、労働の社会的生産力、または社会的労働の生産力は、歴史的には独自に資本主義的な生産様式とともにはじめて発展し、したがって、資本関係に内在するもの、資本関係とは不可分なものとして現われる。

---

15) 筆者の提示した課題としては、もう一点352ページで記したものがあるが（「しかし、では労働の実質的包摂と「独自に資本主義的な生産様式」との関係は何かという問題が新たに生じてくる。」とする課題）、すでに363ページの引用文より解明しているため、これ以上言及しない。

(3) 客体的な労働条件は、資本主義的生産様式の発展につれて、それが充用される規模と節約とによって、変化した姿をとるようになる（機械の形態などはまったく別としても）。そのような労働条件は、社会的な富を表わす集積された生産手段として、また、本来全体をひっくるめてのことであるが、社会的に結合された労働の生産条件の規模や効果において、ますます発展したものとなる。労働そのものの結合を別とすれば、このような、労働条件の社会的な性格——この労働条件にはなかんずく機械や各種の固定資本としてのそれらの形態が属している——は、まったく独立なもの、労働者から独立に存在するものとして、資本の一つの存在様式として、したがってまた労働者から独立に資本家によって編成されたもの（Capitalisten Arrangirtes）として、現われる。労働者自身の労働の社会的な性格よりも、生産条件が結合労働の共同的生産条件として受け取る社会的な性格のほうが、はるかにより以上に、労働者たちから独立にこれらの生産条件そのものに属する資本主義的な性格として現われるのである。(前掲、岡崎邦訳書、131～132ページ)

　見出しの「資本の神秘化」とは、ここではひとまず「労働の社会的生産力は、すべて、資本に固有な属性としての生産力として現われる」事態を意味する。そして、上掲の引用文は、この事態が「ますますはなはだしくなる」事情を、労働そのものの社会的な結合の側面より、および、生産手段の集積・生産手段そのものの結合の側面より説明したものである。

　このうち、労働そのものの社会的な結合の側面からの資本の神秘化については、引用文中(1)・(2)で論じられている。(1)における「これに反して、そのなかでは個々の労働能力はただ工場全体を形成する総労働能力の特殊な諸器官として機能するにすぎない社会的な結合」とは、1861-1863年草稿における3. b「分業」に他ならない。そして、これは「資本による編成」という資本家のある行為により形成されたものを意味する。この資本家のある行為により形成された、特殊な細分化された部分労働の社会的な結合は、(2)「労働の社会的生産力、または社会的労働の生産力」を得る。しかし、このような生産力の増大は、「歴史的には独自に資本主義的な生産様式とともにはじ

めて発展し、したがって、資本関係に内在するもの、資本関係とは不可分なものとして現われる。」と言う。ここで(1)・(2)を整理してみよう。「資本による編成」という資本家のある行為により形成された、特殊な細分化された部分労働の社会的な結合とは生産様式の変化を意味する。しかし、この生産様式の変化は、従来までは存在しえなかった独自なものであり、なお且つ生産力の発展をもたらす。そこで、以上の連関は、現象的には生産力の発展は、資本の働きによるもの（労働者とは無関係なもの）として現われる、という論理展開が行なわれているのである。つまり、マルクスの資本の神秘化論は、資本家のある行為／生産様式の変化／今までなかった独自のもの・生産力の発展／資本の働きによるものとして現われる／労働者との関連が見えなくなる、という連鎖により成立すると理解しうるのである。

　次に、生産手段の集積・生産手段そのものの結合の側面による資本の神秘化は、引用文中(3)で論じられている。生産手段そのものの結合、すなわち、「労働条件の社会的な性格は、まったく独立なもの、労働者から独立に存在するものとして、資本の一つの存在様式として、したがってまた労働者から独立に資本家によって編成されたものとして、現われる。」と言う。そして、こちらの方が労働そのものの社会的な結合によるものと比べ、神秘化の度合いがより高いと主張している。

　なお、続けてマルクスは(3)を・生産手段そのものの結合による資本の神秘化を補足するために次のように論述してゆく。「利潤は、剰余価値とはちがって、たとえば建物や暖房装置や照明などが節約されるというように、共同的な労働条件の経済的な使用によって高くすることができる。」（前掲、岡崎邦訳書、132ページ）但し、「この共同的な使用は、集団化された労働者たちの共同作業を絶対的な前提としており、したがってそれ自身ただ労働の社会的な性格およびその結果としての社会的な生産力の対象的な表現でしかないのである。」（同上）「しかし、これらの条件は、そのもとに置かれる労働者にたいしては、与えられた、彼からは独立な諸条件として、資本の姿として、現われる。それゆえ、たとえばこれらの条件の節約（およびそこから生ずる利潤の増大や商品の低廉化）もまた、労働者の剰余労働とはまったく別なものとして、資本家の直接の行為や企図（direkte That und Veranstaltung）

として、現われるのであって、資本家はここでは一般に労働の社会的な性格の、全工場そのものの、人格化として機能するのである。」(同上、133ページ）と結論づける。つまり、資本家の何らかの行動により生産手段の結合が生じる。それ自体により、生産手段の節約・利潤の増大等が発生しうる。そして、生産手段の結合は労働者たちの共同作業を絶対的な前提とするものの、生産手段の結合それ自体に労働者は関わっていない。そこで、節約・利潤の増大等は、「労働者の剰余労働とはまったく別なものとして、資本家の直接の行為や企図として」、極めて容易に現われやすい、という点を主張していよう。

次にマルクスは、以上の(1)・(2)・(3)の過程を、形式的包摂・「独自に資本主義的な生産様式」等の諸概念を使用しながら、別の仕方での論として説く。以下の通りである。

　資本の生産性は、さしあたりは、形態的包摂を見れば、ただ剰余労働の強制にあるだけである。この強制を資本主義的生産様式は以前の諸生産様式と共通にしているが、それを生産により好都合な形態で行なうのである。

　単なる形態的な関係、すなわち資本主義的生産の発展度の低い様式にも発展度の高い様式にも共通なその一般的な形態を見ても、生産手段すなわち物的な労働条件は労働者に従属するものとしては現われないで、むしろ労働者が生産手段に従属するものとして現われる。資本が労働を使用するのである。すでにこの関係がその単純性において物の人間化であるとともに人間の物化なのである。

　ところが、この関係はますます複雑になり、外見上ますます神秘的になる。というのは、独自に資本主義的な生産様式の発展につれて、これらの物——使用価値および交換価値としてのこれらの労働生産物——は、単に労働者にたいして独立し「資本」として彼に相対するだけではなくて、労働の社会的形態にたいして資本の発展形態として現われ、したがってまた、こうして発展した社会的労働の生産力は資本の生産力として現われるからである。このような社会的な力として、それは労働に

対立して「資本化される」のである。じっさい、協業における共同体的な統一（Einheit）、分業における組合せ（Combination）、自然力や科学の応用、労働生産物の機械としての応用（Anwendung）——すべてこれらは個々の労働者にたいしては、無縁なもの、物的なもの、既存のものとして、労働者の関与なしに、またしばしばそれに反して、独立に相対するのであり、それが物的なものであるかぎりでは、労働者に従属しないで彼らを支配する労働手段の単なる存在様式として彼らに相対し、また、工場全体が労働者の組合せによって形成されるかぎりでは、資本家または彼らの手下（代理人）に化身した工場全体の認識と意志（Einsicht und Willen des Gesammtateliers）とを、資本家のなかに生きている資本の諸機能として彼らに対立させるのである。彼ら自身の労働の社会的な諸形態——主体的‐客体的な——または彼ら自身の社会的労働の形態は、個々の労働者にはまったくかかわりなしに形成された諸関係である。労働者たちは、資本のもとに包摂されたものとして、これらの社会的な形成物の諸要素になるが、これらの社会的な形成物は労働者のものではない。それゆえ、これらの形成物は、資本そのもののいろいろな姿として、労働者たちの個別的な労働能力とは違って資本に属し資本から生まれ資本に合体されている組合せ（Combinationen）として、労働者たちに相対するのである。（前掲、岡崎邦訳書、133〜135ページ）

このやや長い引用文は三つの論述より成り立っている。第一は、第1および第2パラグラフであり、資本の神秘化と関連づけた労働の形式的包摂の現われ方についての論述である。生産手段は労働者に従属するものではなく、「むしろ労働者が生産手段に従属するものとして現われる。資本が労働者を使用するのである」と言う。つまり、労働は労働と資本との関係の中につつみこまれている。但し、労働と資本と生産手段がそこに存在している点は明瞭であり、これら三者の相互の関連も認識しうる状態、これが資本のもとへの労働の形式的包摂の真の意味なのである。

これに対し、第二の論述は第3パラグラフ1〜18行目で記されており、資本の神秘化の形成過程とその具体的な手段を論じたものである。やや難解な

この論述も、先に筆者が指摘した、マルクスの資本の神秘化論は、資本家のある行為／生産様式の変化／従来までなかった独自のもの・生産力の発展／資本の働きによるものとして現われる／労働者との関連が見えなくなる、という連鎖により成立するとの観点に従えば理解可能になろう。まず、出発点である資本家のある行為とは、筆者が原語を付しておいた「統一」「組合せ」「応用」「工場全体の認識と意志」に他ならない。もちろんこれらは、労働者たちによる共同作業を絶対的な前提とし、あるいは、「工場全体が労働者の組合せによって形成されるかぎりで」の資本家のある行為である。しかし、それにより生じる生産様式の変化は「独自に資本主義的な生産様式の発展」となった。つまり、資本制以前には見られなかった全く新たな生産様式が出現し、なお且つ、従来では全く考えられなかった大いなる生産力の発展が眼前に生じた。その結果、人々の目には「資本の発展形態として現われ」、「資本の生産力として現われる」ことになる。今や、社会的労働の生産力は労働に対立して「資本化される」のである。労働者との関連が見えなくなってしまった。

　なお、ここからは先程の連鎖に若干の修正を加えることにより議論をさらに進めることも可能になる。社会的労働の生産力が「資本化される」状態の現在、この資本の神秘化の連鎖の出発点に再び着目するのであれば、それはどのようなものとして現われるのであろうか。協業を前提とした単なる資本家のある行為は、他者との関係なく専ら資本家の決定によってのみ可能となる行為に転じているのである。この資本家のある行為の現われ方の転化により、「無縁なもの、物的なもの、既存のものとして、労働者の関与なしに、」という現象は強化されるのである。367～368ページ・370～371ページの引用文等で筆者が原語を付した用語（「資本による編成」、「直接の行為や企図」等々）は、資本家である指揮者（Leiter）が現実の労働過程にて・現実の生産において行使する指揮（Leitung）に他ならない。しかし、マルクスはこれら行為を指揮の名で一括しない。なぜならば、マルクスにとって重要なのは、これらの資本家のある行為が資本の神秘化に及ぼす作用と、資本家のある行為が転じて現われる姿（「資本による編成」の独り歩き）を論じることであったからである。マルクスの指揮論の真意がここで明確になったのである。

さて、上掲の引用文の第三の論述は、第3パラグラフ18行目（「彼ら自身の労働の…」）～最後までで記されており、その内容は上掲の引用文全体の総括と労働の実質的包摂の最終的な規定である。今や、資本の神秘化が議論となっており、それとの関係で労働の実質的包摂の姿が解明されなければならない。すなわち、労働者たち自身の労働の社会的な諸形態は「個々の労働者にはまったくかかわりなしに形成された諸関係である。」その結果、労働者たちは、「これらの社会的な形成物の諸要素になるが、これらの社会的な形成物は労働者のものではない。」この状態をマルクスは「資本のもとに包摂されたものとして」と呼び、資本のもとへの労働の実質的包摂の最終的規定を意味する。その直接の帰結は、「労働者たちの個別的な労働能力とは違って資本に属し資本から生まれ資本に合体されている組合せ（Combinationen）」のみが現われることである。

付言すれば、この「組合せ」とは以下の意味に解しうる。「個々の労働者にはまったくかかわりなしに形成された諸関係」に関し、出発点である資本家のある行為の内容は「組合せ」である。この資本家の指揮はもちろん労働者たちの協業を前提にしたものに過ぎない。しかし、資本の神秘化が成立した後に現われるものは、あたかも労働者とは無関係に資本家が専ら執る行為に転化した「組合せ」のみである（生産手段の存在を別にすれば）。こうして、資本家の指揮である「組合せ」は独り歩きを始めることになる。「組合せ」という表記に含まれる以上のマルクスの真意を見逃してはならない。

本節を終えるにあたり最後に、筆者が残された課題と称していたもの（365～367ページ）の行方を確認しておこう。第一は、〔Ⅰ〕の目的「あるいは独自に資本主義的な生産様式から、さらに発展する。」、この点を明確にすること、ならびに、1861-1863年草稿より継承されている「独自に資本主義的な生産様式」形成後に生じる「資本関係の発展」とは何か、という課題であった。実は両者には同一の回答が明確に用意されている。資本の神秘化である。

第二はマルクスの指揮論の展開についてである。具体的には、1）Leiterと「独自に資本主義的な生産様式」との関連、2）資本家の指揮と労働の実質的包摂との関係性、3）労働の形式的包摂から労働の実質的包摂への展開

のプロセス、に関する疑問である。これらについても回答を引き出すことができた。『資本論』草稿段階での独特の指揮論であった。マルクスは資本の神秘化論において、その出発点としての資本家の行為に着目し、行為の作用を探る。そして、資本の神秘化が生じた後の（終着点としての）資本家の行為の現われ方を問題としたのである。以下のように整理しておこう。

単なる労働の形式的包摂のもとでは、明確であった資本・生産手段・労働者との関係が（それは労働者が生産手段に従属するものとして現われるが）、「独自に資本主義的な生産様式」の発展につれて、個々の労働者とは無関係なものとして社会的労働の生産力が増大する（ものとして現われる）。これは資本の生産力・資本の発展形態として現われる。こうして資本は非常に神秘的な存在となる。そこで、これらの結節概念が資本家のある行為である。見出し第7節からの引用文における原語を付記した「資本による編成」～「組合せ」全8点がそれにあたる。この8点が資本の神秘化への出発点となり、生産様式の変化を生じさせるのである。ところで、これら8点は資本家の指揮（Leitung）に他ならないが、マルクスは決して資本家の指揮と表わさない。指揮に関しては、一般的協業における指揮（Direktion）であれ資本家の指揮（Leitung）であれ、必然的に協業そして協業者へと導かれるからである。つまり、資本の神秘化の終着点として、資本家のある行為が（例えば「資本による編成」が）あたかも労働者とは無関係に資本家が専ら執る行為に転化していることを伝えるためである。「資本による編成」しかもはや目に見えず、これが独り歩きしていることを説く表記の仕方に留意しなければならない[16]。

残された課題の最後は、労働の形式的包摂ならびに労働の実質的包摂の真の姿を明らかにする（362、365、367ページ）、というものであった。これも本節で明解なものとしたが、次節において本章第4節全体での行論を整理する中で再び論じることにしよう。

---

16) 以上の議論は、厳密に言えば、疑問点「3) 労働の形式的包摂から労働の実質的包摂への展開のプロセス」に対する回答にはなっていないのかもしれない。しかし、この疑問点に対しては次のように付言できよう。見出し第7節において、労働の形式的包摂・実質的包摂という概念は資本の神秘化を論証する目的のもとに置かれていることがわかった。両者の展開のプロセスを技術的側面より研究することをマルクスは目的としていなかったのである。

5. 小括

『資本論』旧稿における指揮への言及についての検討は第4節をもって終了した。そこで、三つの草稿全体を通じて振り返り、何がどの程度まで解明されたのかを、「はじめに」で示した論点a・b・cごとにまとめて述べてみよう。併せて、次章への課題も提示することとする。

論点a. とは指揮に対する用語の選択である。早くも「経済学批判（1861-1863年草稿）前期分」第3章Ⅰ．1．ｇにおいて、労働の形式的包摂との関連で資本家の指揮にCommandoという用語をひんぱんに記していた。次いで、同第3章Ⅰ．3．「a　協業」においてはCommandoと並び、これと対照させるようにLeiter、Direktorという用語が登場してくる。この三つの用語の選択は『資本論』第1巻第11章とほぼ同様の状態である。そして、同第3章Ⅰ．3．「b　分業」においてCommandoが17箇所で記されているのを境に、「経済学批判（1861-1863年草稿）」では指揮・資本家の指揮という言葉があまり使用されなくなる。指揮・資本家の指揮に再び言及しだすのは『直接的生産過程の諸結果』においてである。その前掲邦訳書33ページにおいてLeiterが登場する。しかし、これ以降前掲邦訳書65〜91ページにかけて、資本家の指揮について、Commando, Leitung, Dirigent, Leiter, Direktionと指揮に関するあらゆる用語が使用されることになる。そこには何らかの法則を見出すことはできず、用語選択について羅列的な状況のまま指揮という言葉の使用は終る。ただ、マルクスの実質的な指揮論はこの91ページで終るわけではない。

論点b. とは論じられている指揮の具体的な内容である。草稿において指揮の具体的な内容が実質的に語られているのは、「経済学批判（1861-1863年草稿）」における一点、ならびに、『直接的生産過程の諸結果』における三点である。

「経済学批判（1861-1863年草稿）」における一点とは同第3章Ⅰ．3．「a　協業」において、『資本論』に継承されてゆく指揮の内容を論じている計3箇所を意味する。第一は、「彼らの連関と彼らの統一は彼らのなかにあるのではなく、資本のなかにあるのであり、言い換えれば、そこから生じる彼らの労働

の社会的生産力は、資本の生産力である。」(『マルクス　資本論草稿集④』、418ページ)という指摘である。この労働者たちの$\overset{\cdot\cdot}{連関}$と$\overset{\cdot\cdot}{統一}$の重要性の確認は、後期分3.γにても再び現われている(『マルクス　資本論草稿集⑨』、260ページ)。第二は監督労働について・資本家の代理人について述べた点である(『マルクス　資本論草稿集④』、419ページ)。第三は資本家の指揮の二重性に係わる記述である（同上、419～420ページ）。

　次に、『直接的生産過程の諸結果』における3点とは以下の内容であった。第一は、資本家の指揮（Commando）の具体的な内容として3点を規定したことである(本書356～357ページ)。第二は、資本家の指揮(Leiter→Leitung)に対するマルクスの評価・論ずべきスタンスが判明した部分である。資本家の指揮（Leitung）に関してマルクスがその内容と内容の検討を軽視していることが明白となった（同355～356ページ）。第三は見出し第7節における独特の指揮論の展開である。ここで中心概念となった資本の神秘化と関連させて、マルクスはその出発点に資本家のある行為を置きその作用を論じる。そして、資本の神秘化のここでの終着点として、労働者とは何ら関係ないものとして独り歩きを始める資本家のある行為を描写する。指揮・資本家の指揮という言葉を一切使わない独特の指揮論の展開を提示しているのである。

　しかし、先のスタンスに基づく上述のような指揮論の展開は、はたして正しいものであったのか、また、いか程の重要性を有するものであったのか。これが次章で検討しなければならない第一の課題である。

　さて、論点cとは資本のもとへの労働の形式的包摂と実質的包摂に関して、とするものであった。労働の包摂論が草稿においてどれ程大きな位置を占めていたかは、早くも「経済学批判(1861-1863年草稿)前期分」第3章Ⅰ.1. gにて労働の形式的包摂が取り上げられているのであり、また、完成度の高い同第3章Ⅰ.3.「a　協業」の中心的課題を労働の形式的包摂とそこからの展開であるとマルクスが言明している点よりわかる。そればかりではない。次に述べる形式的包摂・実質的包摂に関する全体構造・諸概念との繋がり、草稿段階での(1863年7月～1865年12月)『資本論』の構成を考えれば、一層明瞭になる。

　では、労働の形式的包摂・実質的包摂論とは何であったのか。それは以下

の諸概念の繋がりから成る、ある明確な目的を有していたものであることを再度認識しておかなければならない。資本のもとへの労働の形式的包摂は資本家の指揮（Commando）と切り離せない概念であった。他方、労働の形式的包摂からの展開（1861-1863年草稿Ⅰ．3.「a-γ」）は資本家である指導者（Leiter）と切り離せない概念であった。そして、労働の形式的包摂を基礎とし、そこに「独自に資本主義的な生産様式」が確立されることにより労働の実質的包摂が生じる。だが、労働の実質的包摂を基礎とした「資本関係の発展」とは資本の神秘化である。あるいは、そこまでの行論は資本の神秘化を目的としたものである。このような周到な全体構造が形成されている点がマルクスの労働の包摂論の真の姿と言えよう。（なお、ここでの指揮者：Leiterの行方は、資本の神秘化と関連づけてすでに再三にわたり言及した。筆者が見出し第7節における独特の指揮論の展開と称したものに行き着くのである。）

　以上より鑑み、資本のもとへの労働の形式的包摂・実質的包摂とは何か、最終的に規定しておこう。一般的にこれらは資本のもとへの労働の従属、あるいは、資本による労働の支配と同様のものであると考えられているようである。しかし、労働の形式的包摂・実質的包摂とは資本の神秘化を論証するための概念であることを忘れてはならない。したがって、労働の包摂は資本のもとへの労働の従属等と関連はあるものの、明白に別の概念として把握されるべきである。すなわち、資本のもとへの労働の形式的包摂とは、労働が資本と労働との関係の中につつみこまれているものの、労働・生産手段・資本の三者の関係は見えている状況（資本の神秘化にはつつみこまれていない状況）、を意味する。それに対して、資本のもとへの労働の実質的包摂とは、労働が資本と労働との関係の中につつみこまれ、なお且つ、資本と労働との関係が資本の神秘化につつみこまれている状況、を意味する。換言すれば、資本のみが、具体的には、労働者たちとは無関係のものとして資本家のある行為のみが、または生産手段のみが見える状態、これが『直接的生産過程の諸結果』段階での資本の神秘化の完成形である。その直接的基礎が労働の実質的包摂という概念なのである。

　また、資本のもとへの労働の形式的包摂および実質的包摂とは何か、次のようにも論じえよう。先に361〜362ページにおいて、資本のもとへの労働

の形式的包摂に関して、労働の形式的包摂＝資本家の指揮（Commando）をはじめとする、五つの定義を示し、それらをまとめつつ整理してきた。しかし、これらの五つの定義のもとでは、労働は資本と労働との関係につつみこまれているものの、労働・生産手段・資本の三者の姿と関係は未だ目に見える状態にとどまるのである。

これに対し、労働の形式的包摂からの展開は資本家である指揮者（Leiter）と不可分な概念であった。そして、先に362～365ページにおいて、資本のもとへの労働の実質的包摂に関する、一つの定義と三つの規定を提示してきた。このうち三番目の規定：労働の実質的包摂のもとでは、「物質的な姿の変化は、資本関係の発展の基礎をなし、」（363ページの引用文）が、次の理論展開の方向を示すものとして重要になる。このマルクスが度々記す「資本関係の発展」とは『直接的生産過程の諸結果』〔Ⅰ〕見出し第7節における資本の神秘化に他ならない。すなわち、1865年段階での『資本論』第1部草稿では、「資本の生産過程」に関する資本の神秘化の完成形が存在しており、その一歩手前の概念として、資本のもとへの労働の実質的包摂は最終的に位置づけられるのである。

最後に2点ほど論じておこう。第一に、ではこの資本の神秘化とは『直接的生産過程の諸結果』において、その〔Ⅰ〕見出し第7節において突然現われた概念であろうか。振り返って見れば、「経済学批判（1861-1863年草稿）前期分」第3章Ⅰ.3「a　協業」において「単純協業は、労働の社会的性格を資本の社会的性格に転換させ、社会的労働の生産力を資本の生産力に転換させる最初のものであり、」（『マルクス　資本論草稿集④』、420ページ）と明言していた。さらに、同後期分3.γでは、「資本主義的生産の概念に含まれているこの資本のもとへの人間の労働の包摂——資本による人間労働の吸収——」と関係して「礎石は完成している」（『マルクス　資本論草稿集⑨』、260ページ）と述べていた。労働の実質的包摂から次の概念への展開を告げていたのである。また、同後期分3.ⅰでは「独自に資本主義的な生産様式」に続く「資本関係の発展」を断言していた（350ページの引用文、または、注12参照）。マルクスは「経済学批判（1861-1863年草稿）」より、そのかなり早い時期より、資本の神秘化概念を用意していたのである。第二に、『直接的生

産過程の諸結果』とは『資本論』草稿第1部第6章つまり最終章を意味していた。その中心部分〔Ⅰ〕「剰余価値の生産としての資本主義的生産」は見出し第7節「資本の神秘化その他」で終えている。すなわち、『資本論』草稿段階では同第1部は、その第1章を「商品の物神的性格とその秘密」でしめる形で始まり、その終章で「資本の神秘化その他」を論じて終えるという、対照化させた意図がうかがえる構成が明らかになったのである。

　本章第4節・第5節では、本節のように論点aを手掛かりに論点bに関し先のようにまとめ得た点（見出し第7節におけるマルクスの独特の指揮論の展開にまで追究しえた点）を副たる意義と自負し、上述のように論点cに関する結論を導き出した点を主たる意義と自負している。しかし、論点cに関し、労働の形式的包摂・実質的包摂とは資本の神秘化の論証を目的とした諸概念の連鎖として形成されていること、とは果たして正しい論理展開の方法であったのであろうか。また、『資本論』第1部の最終章でかような論理展開による資本の神秘化を中心課題にすることに、どれ程の重要性があったのであろうか。これらが次章で検討しなければならない第二の課題である。

第12章　資本のもとへの労働の形式的包摂・実質的包摂論の行方
　　　——『資本論』への移行を考察する——

1. 問題の所在

　『資本論』に関わる旧稿における指揮への言及についての詳細な検討は本書第11章をもって終了している。それは、執筆時期が明確に異なる三つの草稿を、つまり、「経済学批判（1861-1863年草稿）前期分」、「経済学批判（1861-1863年草稿）後期分」、ならびに、「第1部　資本の生産過程、第6章　直接的生産過程の諸結果」[1]を研究対象とし、次の三つの論点を解明するものであった。a. 指揮に対する用語の選択。b. 論じている指揮の具体的な内容。c. 資本のもとへの労働の形式的包摂（formelle subsumtion）と実質的包摂（reelle subsumtion）に関して。そして、同第11章「5. 小括」において、次章で検討しなければならない二つの課題を提示している。そこで、この同第11章を整理しながら、本章における二つの課題を以下のように提示しておこう。

　最初は論点 b に関する事柄である。マルクスは資本家の指揮の具体的な内容等については次の三点を重視していた。第一は、資本家の指揮（Commando）と資本家の指揮（Leiter → Leitung）との峻別である。そして、前者の具体的な内容規定と後者の定義について、それ故に両者の違いについて明らかとなっている。第二は、資本家の指揮（Leiter → Leitung）に対するマルクスの評価・論ずべきスタンスを明確にしていたのである。資本家の指揮（Leitung）に関してマルクスはその内容と内容の検討を軽視していることが明白になった。彼はその作用こそ重視していたのである。第三は『直接的

---

[1] この草稿については以下特にことわりがない限り、『直接的生産過程の諸結果』と表記する。

生産過程の諸結果』〔I〕見出し第7節「資本の神秘化その他」における独特の指揮論の展開である。ここで中心概念となった資本の神秘化と関連させて、マルクスはその出発点に資本家のある行為（例えば、「資本による編成」、「資本家の直接の行為や企図」、「組合せ」、など全8点）を置き、<u>その作用を論じる</u>。そして、資本の神秘化のここでの（『資本論』草稿第1部最終章における）終着点として、労働者とは何ら関係ないものとして独り歩きを始める資本家のある行為を描写する。ところで、これら8点にわたる資本家のある行為とは資本家の指揮（Leitung）に他ならないが、マルクスは決して資本家の指揮と表現しない。それは、資本の神秘化の終着点として、<u>資本家のある行為が（例えば「資本による編成」が）あたかも労働者とは無関係に資本家が専ら執る行為に転化していること</u>を厳密に伝えるためである。「資本による編成」しかもはや目に見えず、これが独り歩きしていることを説く表記の仕方に留意しなければならない。指揮・資本家の指揮という言葉を一切使わない独特の指揮論（端的に言えば、以上において傍線を付した2点を論じるもの）を展開しているのである。

　しかし、先のスタンスに基づく上述のような指揮論の展開は、はたして正しいものであったのか、また、いか程の重要性を有するものであったのか。これが本章で検討しなければならない第一の課題である。

　次の課題は論点cに関する事柄である。資本のもとへの労働の形式的包摂・実質的包摂論とは何であったのか。それは以下の諸概念の繋がりから成る、ある明確な目的を有していたものであることを再度認識しておかなければならない。資本のもとへの労働の形式的包摂は資本家の指揮（Commando）と切り離せない概念であった。他方、労働の形式的包摂からの展開は資本家である指導者（Leiter）と切り離せない概念であった。そして、労働の形式的包摂を基礎とし、そこに「独自に資本主義的な生産様式」が確立されることにより労働の実質的包摂が生じる。だが、労働の実質的包摂は、それを基礎とした「資本関係の発展」へと導く。これは端的に言えば資本の神秘化である。あるいは、そこまでの行論は資本の神秘化を目的としたものである。このような全体構造が形成されている点がマルクスの労働の包摂論の真の姿と言えよう。

第12章　資本のもとへの労働の形式的包摂・実質的包摂論の行方――『資本論』への移行を考察する――

　以上より、資本のもとへの労働の形式的包摂・実質的包摂とは何か、最終的に規定することができる。一般的にこれらは資本のもとへの労働の従属、あるいは、資本による労働の支配と同様のものであると考えられているようである（例えば、邦訳書『資本論』〔9〕、368ページの訳注1）。しかし、労働の形式的包摂・実質的包摂とは資本の神秘化を論証するための概念であることを忘れてはならない。したがって、労働の包摂は資本のもとへの労働の従属等と関連はあるものの、明白に別の概念として把握されるべきである。すなわち、資本のもとへの労働の形式的包摂とは、労働が資本と労働との関係の中につつみこまれているものの、労働・生産手段・資本の三者の関係は見えている状況（資本の神秘化にはつつみこまれていない状況）、を意味する。それに対して、資本のもとへの労働の実質的包摂とは、労働が資本と労働との関係の中につつみこまれ、なお且つ、資本と労働との関係が資本の神秘化につつみこまれている状況、を意味する。換言すれば、資本のみが、具体的には、労働者たちとは無関係のものとして資本家のある行為のみが、または生産手段のみが見える状態、これが『直接的生産過程の諸結果』段階での資本の神秘化の完成形である。その直接的基礎が労働の実質的包摂という概念なのである。あるいは、労働の実質的包摂と関連づけてマルクスがしばしば言及する「資本関係の発展」とは『直接的生産過程の諸結果』〔I〕見出し第7節における資本の神秘化に他ならない。つまり、1865年段階での『資本論』第1部草稿では、「資本の生産過程」に関する資本の神秘化の完成形が存在しており、その一歩手前の概念として、資本のもとへの労働の実質的包摂は最終的に位置づけられるのである。

　しかし、資本のもとへの労働の形式的包摂・実質的包摂を巡る議論は資本の神秘化の論証を目的とした諸概念の連鎖として形成されていること、とは果たして正しい論理展開の方法であったのだろうか。また、『資本論』第1部の最終章でかような論理展開による資本の神秘化を中心課題にすることに、どれ程の重要性があったのであろうか。これらが本章で検討しなければならない第二の課題である。

2. 諸概念の『資本論』への移行について

　前節で挙げた二つの課題は言うまでもなく『資本論』に係わる諸草稿におけるものである。それ故に、この二つの課題の行方と正否については、課題における内容と諸概念が、実際に『資本論』においてどのように取り扱われ、どのように移行しているか、その点が決定的な判断材料となろう。そこで、本節では先の第2の課題について、連鎖を成していた諸概念が『資本論』にてどのように論述されているのかを検討することとする。すなわち、資本のもとへの労働の形式的包摂・実質的包摂、「独自に資本主義的な生産様式」、資本の神秘化、に関しては各々項目を立てて、『資本論』への移行の仕方を精査する。また、資本家の指揮（Commando）・資本家の指揮（Leitung）との関連について、ならびに、「資本関係の発展」については、その他という項目を立てて論じてゆく。なお、『資本論』におけるこれらの諸概念相互の関連の程度については順次明らかにしてゆく。その後に、本節を判断材料とし、先の二つの課題の行方と正否に関する本格的検討は次節にて行なうこととする。

　・資本のもとへの労働の形式的包摂・実質的包摂
　資本のもとへの労働の従属という用語は『資本論』第1巻および第3巻において度々言及されている。しかし、本研究では前述したように、労働の形式的包摂・実質的包摂と労働の従属は別概念のものであると把握しているため、資本のもとへの労働の従属については基本的に取り上げない。とすれば、マルクスが『資本論』において厳密に資本のもとへの労働の形式的包摂・実質的包摂という用語を記しているのは、以下の2点のみである。
　第一は、よく知られている第1巻第5篇第14章における論述である。この検討は次項において行なうこととする。第二は、第3巻第3篇第13章における以下の引用文にての取り扱いである。

　　すなわち、発展段階の異なる諸国を比較する場合――とくに、資本主義的生産の発展している諸国と、労働者が現実に資本家によって搾取され

第12章　資本のもとへの労働の形式的包摂・実質的包摂論の行方——『資本論』への移行を考察する——

ているとはいえ労働がまだ資本のもとに形式的に包摂されていない諸国（たとえば、ライヤトが独立農民として農業を営み、したがって彼の生産そのものはまだ資本のもとに包摂されていない——高利貸しが利子の形態でライヤトの全剰余労働をかすめ取るだけでなく、資本主義的に言えば、彼の労賃の一部分さえもかすめ取ることがあるとはいえ——インドでのように）とを比較する場合に、一国の利子率の高さでその国の利潤率の高さをはかろうとでもするなら、それは非常な誤りであろう。（『資本論』⑨、367～368ページ。但し、引用文における傍線付記・原語表示は藤原によるものである、以下同じ。）

上掲引用文におけるライヤトを例とした「労働がまだ資本のもとに形式的に包摂されていない」状態とは、ライヤトと資本家が未だ資本関係に置かれていない状況と言い換えられよう。また、同上の記述から次の概念への移行を示唆するものでもない。

・「独自に資本主義的な生産様式」
マルクスが『資本論』において「独自に資本主義的な生産様式」ならびに類する用語を記述しているのは計5個所である。逐次紹介してゆく。
　第一に、先に触れた同第1巻第14章「絶対的および相対的剰余価値」における、労働の形式的包摂・実質的包摂について論じた箇所を取り上げる。以下の引用文の通りである。

　　したがって、相対的剰余価値の生産は、一つの特殊な資本主義的な生産様式を想定するのであって、この生産様式は、その方法、手段、および条件そのものとともに、最初は、資本のもとへの労働の形式的包摂を基礎として、自然発生的に成立し、発展させられる。形式的包摂に代わって、資本のもとへの労働の実質的包摂が現われる。
　　（中略）
　　絶対的剰余価値の生産のためには、資本のもとへの労働の単なる形式的包摂だけで——たとえば以前には自分自身のために、あるいはまた同

385

職組合親方の職人として、労働していた手工業者が、いまでは賃労働者として資本家の直接的管理のもとにはいるということで——十分であるとしても、他面では、相対的剰余価値の生産のための方法は、同時に絶対的剰余価値の生産のための方法でもあることが明らかとなった。(『資本論』③、874〜875ページ)

上掲引用文1行目の「一つの特殊な資本主義的な生産様式」とは、eine spezifisch kapitalistische Produktionsweise の邦訳であるが、これは『資本論』の他所にて、諸草稿において、「独自に資本主義的な生産様式」と訳されている原語と全く同一である[2]。したがって、上掲引用文からは、資本のもとへの労働の単なる形式的包摂・「独自に資本主義的な生産様式」・資本のもとへの労働の実質的包摂の繋がりが読みとれるのである。しかし、労働の実質的包摂の先に何があるかは全く記述されていない。これが上掲の引用文の今一つの特徴なのである。

第二に「独自に資本主義的な生産様式」に類する用語が記されているのは、同第3巻第3篇第15章からの以下の引用文においてである。これは、過剰生産についての議論において登場したものであり、本章における第二の課題に付き連鎖を成していた諸概念と結びつくものではない。

要するに、過剰生産の明白な諸現象にたいするいっさいの異論(諸現象はこれらの異論を少しも気にかけはしないが)が帰着するところは、資本主義的生産の諸制限は、生産一般の諸制限ではなく、それゆえまた、この独特な生産様式の、資本主義的生産様式の諸制限でもない、ということである。しかし、この資本主義的生産様式の矛盾は、まさに、生産諸力の絶対的発展へのこの生産様式の傾向にこそあるのであり、この発展は、資本がそのもとで運動しておりまたそのもとでのみ運動しうる独特な生産諸条件とつねに衝突する。(『資本論』⑨、438〜439ページ)

---

2) 但し、kapitalistische Produktionsweise については、草稿では小文字 k の替わりに同 c と記している。

第12章　資本のもとへの労働の形式的包摂・実質的包摂論の行方──『資本論』への移行を考察する──

　第三は、同第3巻第7篇第51章からの以下の引用文においてである。これらの記述は生産様式と生産諸関係との対応に関する議論において登場したものであり、本章における第二の課題に付き連鎖を成していた諸概念と結びつくものではない。

　　これに反して、資本主義的生産様式の科学的分析は、逆に次のことを証明する。すなわち、<u>資本主義的生産様式は、特殊な種類の、独自な歴史的規定性をもつ生産様式であるということ</u>。この生産様式は、他のすべての特定の生産様式と同じように、社会的生産諸力とその発展諸形態との与えられた一段階を、自己の歴史的条件として前提しているのであり、この条件自体は、一つの先行過程の歴史的な結果および産物であり、また新たな生産様式が自己に与えられた基礎としてのそこから出発する、ということ。<u>この独自な歴史的に規定された生産様式に対応する生産諸関係</u>──人間がその社会的生活過程において、その社会的生活の生産において、取り結ぶ諸関係──は、独自な、歴史的な、一時的な性格をもつということ。さらに、最後に、分配諸関係は、この生産諸関係と本質的に同一であり、その裏面なのであり、したがって両者とも同じ歴史的な一時的な性格を共通にもっているということ。(『資本論』⑬、1536～1537ページ)

　さて、資本の神秘化（資本の物神性）に関する議論において「独自に資本主義的な生産様式」に言及する箇所が2点存在する。これらは明らかに本章における第二の課題について連鎖を成していた諸概念と結びついているのであり、より重要なケースとして、先の第2・第3の用例と異なり慎重な検討が必要となる。そこで、この2点のうち第1ケースを以下紹介し、便宜上第2ケースを次項にて論じることとする。
　この第1ケースとは、同第3巻第7篇第51章からの以下の引用文を意味する。

　　さらに、商品のうちにはすでに、また資本の生産物としての商品のう

ちにはなおさらのこと、全資本主義的生産様式を特徴づける、社会的な生産諸規定の物化と生産の物質的諸基礎の主体化とが含まれている。
　資本主義的生産様式をとくにきわ立たせる第二のものは、生産の直接的目的であり規定的動機としての剰余価値の生産である。資本は本質的に資本を生産するのであり、資本がそうするのは、ただそれが剰余価値を生産する限りでのことである。われわれが相対的剰余価値を考察したさいに、さらには剰余価値の利潤への転化を考察したさいに見たように、労働の社会的生産諸力——といっても、労働者にたいしては自立化した資本の諸力としての、それゆえ、彼すなわち労働者自身の発展に直接に対立する——の発展の特殊な一形態である資本主義時代に特有な生産様式は、このことを基礎としている。価値と剰余価値とのための生産は、さらに進んだ展開で示されたように、商品の生産に必要な労働時間、すなわち商品の価値を、そのときどきに存在する社会的平均以下に引き下げようとする、不断に作用する傾向を含む。費用価格をその最低限にまで引き下げようとする衝動は、労働の社会的生産力の増大のもっとも強力な槓杆となる——もっとも、これは、ここでは資本の生産力の恒常的な増大としてのみ現われるのではあるが。
　資本家が資本の人格化として直接的生産過程で手に入れる権威、資本家が生産の指揮者（Leiter）および支配者として身につける社会的機能は、奴隷、農奴等々による生産にもとづく権威とは、本質的に相違する。（『資本論』⑬、1541～1542ページ）

　上掲の引用文部分の論述の主題は、引用文2～3行目「社会的な生産諸規定の物化と生産の物質的諸基礎の主体化」であり、これは資本の神秘化に他ならない。剰余価値の生産を基礎として、やがて「資本主義時代に特有な生産様式」が現われる。同生産様式により労働の社会的生産力の増大が生じる。但し、マルクスは「もっとも、これ（注．労働の社会的生産力の増大）は、ここでは資本の生産力の恒常的な増大としてのみ現われるのではあるが。」と告げる。資本の神秘化の具体的な展開がここで見られるのである。最後に、「資本主義時代に特有な生産様式」に関連した資本家が「身につける社

会的機能」について「生産の指揮者（Leiter）」と記すのである。以上より、上掲の引用文では、資本家である指揮者（Leiter）・「独自に資本主義的な生産様式」・資本の神秘化から成る連鎖が一応形成されていると判断できよう。

・資本の神秘化

以上で論じた、労働の形式的包摂・実質的包摂ならびに「独自に資本主義的な生産様式」の『資本論』への移行は、少数の例にとどまり（前者2点、後者5点）、また、散在して記述されているという特徴を有していた。では、『資本論』において資本の神秘化（資本の物神性）はどのように扱われているのであろうか。『資本論』では387～388ページの引用文部分を除けば論述されている箇所は2点にとどまるものの、上記2概念の例とは異なり、はっきりと詳論を行なっている。しかし、その論じ方がどのようなものか、『直接的生産過程の諸結果』の論じ方と対照しながら綿密に検討を重ねなければならない。

資本の神秘化を詳論している第一は、『資本論』第3巻第5篇第24章「利子生み資本の形態における資本関係の外面化」においてである。「利子生み資本において、資本関係はそのもっとも外面的で物神的な形態に到達する。」（『資本論』⑩、663ページ）という冒頭の一文より開始する同24章は、実は章全体として資本の神秘化を論じていると断じても過言ではない。そもそも、見過ごされがちではあろうが、上記タイトルと冒頭の一文における用語に十分留意しなければならない。つまり、タイトルでは「資本関係の外面化」と記し、冒頭の一文では「資本関係は…到達する」と言う。諸草稿でマルクスが度々記述していた「資本関係の発展」が同第24章にて再来していることを意味するのである。しかも、マルクスはこの「資本関係の発展」が「そのもっとも外面的で物神的な形態に」到ると断定しているが故に、資本の神秘化論における利子生み資本（同第24章）の位置づけの重大さが理解できよう。

さて、先に挙げた冒頭の一文に続き、マルクスは商人資本を取り上げて、G-W-G' ははもっぱら流通部面内にとどまるものの、「それでも利潤は、一つの社会関係の生産物として現われ、単なる物の生産物としては現われな

い。商人資本の形態は、依然として対立する両局面の統一である一つの過程を、諸商品の購買および販売という対立する二つの経過に分かれる一つの運動を、表わす。この点が、利子生み資本の形態 G-G′ では消えている。」（同上）と論述する。利子生み資本の形態 G-G′ では、一つの社会関係および一つの資本の運動が消えている、という主張である。どのような事柄であろうか。その具体的な内容と発生プロセスを二つの側面よりマルクスは論じてゆく。以下の2引用文の通りである。

　G-G′。……それは、没感性的な〔具体性を欠く〕概括に収縮された、資本の最初の一般的な定式である。それは、完成された資本、すなわち、生産過程と流通過程との統一であり、それゆえ一定の期間に一定の剰余価値を生み出す資本、である。このことが、利子生み資本の形態においては、生産過程と流通過程とに媒介されずに、直接に現われる。資本は、利子の、自己自身の増殖の、神秘的で自己創造的な源泉として現われる。物（貨幣、商品、価値）が、いまや単なる物としてすでに資本であり、資本は単なる物として現われる。総再生産過程の結果が、物におのずからそなわる属性として現われる。貨幣を貨幣として支出するか、それとも資本として貸し付けるかは、貨幣——すなわち、いつでも交換されうる形態にある商品——の所有者しだいである。それゆえ、利子生み資本においては、この自動的な物神——自己自身を増殖する価値、貨幣を生む貨幣——が純粋に仕上げられており、資本は、この形態においては、もはやその発生のなんらの痕跡も帯びていない。社会関係は、一つの物の、貨幣の、自己自身にたいする関係として完成されている。ここに現われるのは、貨幣の資本への現実の転化ではなく、内容のないその形態だけである。（『資本論』⑩、664〜665ページ）

　次のこともまた、歪曲されている——利子は利潤の、すなわち機能資本家が労働者からしぼり取る剰余価値の、一部にすぎないのに、いまや逆に、利子が資本の本来の果実、本源的なもの、として現われ、利潤はいまや企業者利得の形態に転化されて、再生産過程でつけ加わる単なる

第12章　資本のもとへの労働の形式的包摂・実質的包摂論の行方──『資本論』への移行を考察する──

付帯物および付加物（アクセサリウム）として現われる。ここで、資本の物神的姿態と資本物神の観念とが完成する。G-G' においてわれわれが見いだすのは、資本の没概念的形態、生産諸関係の最高度の転倒と物化（ザッヘ）であり、資本の利子生み姿態、資本が自己自身の再生産過程にその姿態で前提されている資本の単純な姿態である。再生産から独立して自己自身の価値を増殖する貨幣または商品の能力──もっともきわ立った形態での資本の神秘化。(同上、665 ページ)

ここでは、上掲 2 引用文について具体的な内容には立ち入らないが、「神秘」「物神」等の言葉が多用されていることがわかる。そして、「ここで、資本の物神的姿態と資本物神の観念とが完成する」、あるいは、「資本の没概念的形態、生産諸関係の最高度の転倒と物化（ザッヘ）であり」、と論じているように、マルクスは利子生み資本の形成により資本の神秘化が完成されると結論づけていることが判明したのである。

さらに、続く同第 24 章においては、利子生み資本に関する資本の神秘化に囚われたいくつかの学説を紹介し、そのエピソードを交えながら著述は進んでゆく。そして、最後に再び、「しかし、利子生み資本においては、資本物神の観念が完成されている。」(同上、679 ページ)、この主張を強調することで同第 24 章は著述を終えるのである。

マルクスが資本の神秘化について、どのような概念が決定的であると考えているのかは明確となった。しかし、では『資本論』草稿第 1 部「資本の生産過程」における資本の神秘化は（『直接的生産過程の諸結果』〔Ⅰ〕見出し第 7 節「資本の神秘化その他」は）、どこに行ってしまったのであろうか。今一つの『資本論』における当該詳論箇所を是非とも検討しなければならない。

第二に、資本の神秘化を詳論している著述は『資本論』第 3 巻第 7 篇第 48 章「三位一体的定式」にて見られる。この著述は資本の神秘化について体系的に論じているものであり、資本の神秘化を形成する七つの概念を摘出し（七つの議論を行ない）、資本の神秘化の形成過程を論じたものである。それでは最初の当該概念より順次挙げつつ議論を見ておこう。

マルクスが資本の神秘化に際して第一の概念として議論するものは、

「もっとも単純な諸カテゴリーを考察したさいに、商品および貨幣を考察したさいに、…神秘化的な性格を指摘した。あらゆる社会諸形態は、それらが商品生産および貨幣流通をもたらす限り、このさかさまな置き換えに関与する。」（『資本論』⑬、1447〜1448ページ）という内容のものである。続いて資本の神秘化について第二の概念とその議論が登場してくる。以下のやや長い引用文の通りである。

　　しかし、資本主義的生産様式においては、そしてそれの支配的なカテゴリー、それの規定的な生産関係をなす資本については、魔法にかけられ、さかさまにされたこの世界はさらにいっそう発展する。資本をまず直接的生産過程において——剰余労働をくみ出す力として——考察すれば、この関係はまだ非常に簡単であり、現実の連関がこの過程の担い手である資本家たち自身の心にむりやり刻みつけられ、なおまだ彼らに意識される。労働日の諸限界をめぐる激しい闘争はこのことを適切に証明する。しかし、この媒介されていない部面、労働と資本とのあいだの直接的過程の部面の内部においてさえも、事態はこのような簡単な状態のままではいない。本来の独自な資本主義的生産様式における相対的剰余価値の発展につれて——それとともに労働の社会的生産諸力が発展する——、これらの生産諸力と、直接的労働過程における労働の社会的諸連関とは、労働から資本に移されたものとして現われる。このためだけでもすでに資本はきわめて神秘的な存在になる。というのは、労働のあらゆる社会的生産諸力が、労働そのものにではなく資本に属する諸力として、また資本自身の胎内から生まれ出る諸力として、現われるからである。次に流通過程が介入し、独自の資本主義的生産様式が発展するのと同じ程度に、流通過程の素材変換および形態変換に、資本のあらゆる部分が、農業資本のあらゆる部分でさえもが、とらえられる。この流通過程こそは、本源的な価値生産の諸関係がすっかり背景にしりぞく部面である。すでに直接的生産過程において、資本家は、同時に商品生産者として、商品生産の指揮者（Leiter）として、活動する。それゆえこの生産過程は、彼にとっては、決して単純に剰余価値の生産過程としては現

第12章　資本のもとへの労働の形式的包摂・実質的包摂論の行方──『資本論』への移行を考察する──

われない。資本が直接的生産過程でくみ出し、諸商品として表わした剰余価値がどのようなものであるにせよ、諸商品に含まれる価値および剰余価値は、まず流通過程で実現されなければならない。〔以下省略〕(『資本論』⑬、1448〜1449ページ)

　上掲の引用文の前半より、資本の神秘化の第二の概念が資本主義的生産様式における「直接的過程の部面の内部」であることがわかる。また、同後半より、資本の神秘化の第三の概念が「次に流通過程が介入し、」とするものであることがわかる。この流通過程の介入については邦訳書では以後1ページ弱にわたり記述が続いているが、上掲引用文後半で直接的生産過程と関連して記述する部分に留意を要する。

　さて、前項「独自に資本主義的な生産様式」にて記した、資本の神秘化に関する議論において「独自に資本主義的な生産様式」に言及する箇所2点のうち残された第2ケースとは上掲引用文を意味する。また、「資本の生産過程」に関する資本の神秘化を論じているのも上掲引用文である（この箇所に限られている）。重要な論述である故に内容にも立ち入り、主張を検討しておこう。

　資本主義的生産様式における議論の出発点は、「この関係はまだ非常に簡単であり、」あるいは「このような簡単な状態のまま」という局面である。しかし、「労働と資本とのあいだの直接的過程の部面の内部においてさえも」、「本来の独自な資本主義的生産様式」の発展につれて、「資本はきわめて神秘的な存在になる。」ここでの資本の神秘化の具体的な内容は、「労働のあらゆる社会的生産諸力が、労働そのものにではなく資本に属する諸力として、また資本自身の胎内から生まれ出る諸力として、現われる」、というものである。なお、直接的生産過程において、おそらくは「独自に資本主義的な生産様式」との関連で、資本家である指揮者にLeiterという用語を使っている点にも留意すべきであろう。以上の直接的生産過程の部面の内部における議論は、資本家である指揮者(Leiter)・「独自に資本主義的な生産様式」・資本の神秘化という概念の連鎖から成ることが明らかとなった。また、この帰結としての資本の神秘化の具体的な姿（見え方）も明言されている。

マルクスが、『資本論』段階で「資本の生産過程」に関する資本の神秘化をいかように考えていたのかを知るための貴重な著述と言えよう。短かな文面における簡明な論述と評価しうる。さらに論じてゆけば以下の二点も上掲引用文の特徴である。第一は、ここでの資本の神秘化を論述するに際して、資本のもとへの労働の形式的包摂・実質的包摂という概念はもはや一切登場していない点である。第二に、この直接的生産過程における資本の神秘化という議論（第二の概念）は、資本の神秘化の完成への全体の中で（七つの概念の中で）どのように位置づけられているのであろうか。この点が不明なのである。同第3巻第48章における資本の神秘化に関する体系的な著述の検討をさらに進めてゆこう。

　第三の概念「流通過程が介入し」の論述を終えた後、第四の概念「剰余価値の利潤への転化」とその議論が続き、第五の概念「利潤が平均利潤に転化し、諸価値が生産価格に、すなわち規制的な平均市場価格に転化すること」とその議論が続く（『資本論』⑬、1449～1451ページ）。先の最後の疑問点を解明するには、第六の概念「企業者利得と利子とへの利潤の分裂」、ならびに、第七の概念「土地所有」を取り上げ、これらの議論を精査しなければならない。以下の引用文を参照されたい。

　　<u>企業者利得と利子とへの利潤の分裂は</u>（流通を基礎とするものであり、生産過程自体からではなく完全に流通から発生するように見える、商業利潤および貨幣取引利潤の介入はまったく問題にしないにしても）、剰余価値の形態の自立化を、剰余価値の実体・その本質にたいする剰余価値の形態の骨化を、完成する。利潤の一部分は、他の部分に対立して、資本関係そのものから完全に引き離され、賃労働の搾取という機能からではなく資本家自身の賃労働から発生するものとして現われる。これに対立して、次には利子が、労働者の賃労働にも資本家自身の労働にもかかわりなく、それ自身の独立な源泉としての資本から発生するように見える。<u>資本は当初、流通の表面で、資本物神、価値を生む価値として現われたが、</u>それは、いまやふたたび、利子生み資本の姿態において、そのもっとも疎外された、もっとも独自な形態にあるものとして現われる。それ

ゆえまた、「大地―地代」および「労働―労賃」にたいする第三のものとしての「資本―利子」という形態は、「資本―利潤」よりもはるかに首尾一貫している。というのは、利潤においてはいまなおその起源の思い出が残っているが、利子においてはそれが消滅しているばかりか、この起源とはっきり対立する形態にされているからである。

最後に、剰余価値の自立的源泉としての資本とならんで、土地所有が、平均利潤の制限として、また剰余価値の一部分を次のような一階級に――すなわち、みずから労働するのでもなく、直接に労働者たちを搾取するのでもなく、また利子生み資本のように、たとえば資本の貸し出しにさいしての危険や犠牲という道徳的なありがたい慰めの口実をながながと述べたてることもできない一階級に――移転するものとして、登場する。ここでは、剰余価値の一部分は直接に社会諸関係に結びついているのではなく、一つの自然要素である大地と結びついているように見えるために、剰余価値のさまざまな部分相互の疎外および骨化の形態が完成されており、内的な関連が最終的に引き裂かれており、そして、剰余価値の源泉が、まさに、生産過程のさまざまな素材的諸要素に結びついている生産諸関係相互の自立化によって、完全に埋没されている。

資本―利潤（またはより適切には資本―利子）、土地―地代、労働―労賃においては、すなわち、価値および富一般の構成諸部分とその諸源泉との連関としてのこの経済学的三位一体においては、資本主義的生産様式の神秘化が、社会的諸関係の物化が、素材的な生産諸関係とその歴史的・社会的規定性との直接的な癒着が完成されている。（『資本論』⑬、1451～1452ページ）

上掲の引用文からは、マルクスの資本の神秘化論の全体性という観点で以下の3点を把握することができるであろう。

第一は、引用文前半「企業者利得と利子とへの利潤の分裂」に関して、「剰余価値の形態の自立化を、剰余価値の実体・その本質にたいする剰余価値の形態の骨化を、完成する。」と明言する。マルクスは、資本物神に関して「利子生み資本の姿態において、そのもっとも疎外された、もっとも独自な形態

にあるものとして現われる。」とも述べる。すなわち、資本の神秘化を完成へと導く第一段階がこの「企業者利得と利子とへの利潤の分裂」であると判断できるのである。

　第二に、引用文後半「土地所有」でマルクスは、「一つの自然要素である大地と結びついているように見えるために、剰余価値のさまざまな部分相互の疎外および骨化の形態が完成されており、」と言う。また、「資本主義的生産様式の神秘化が、…完成されている。」と断定するのである。つまり、資本の神秘化を完成へと導く第二（最終）段階がこの「土地所有」であると判断できよう。

　マルクスが資本の神秘化を導く決定的な概念と措定したのは、「企業者利得と利子とへの利潤の分裂」（これは第3巻第5篇のタイトルとほぼ同じ、その内容は同第24章を意味する）および「土地所有」であることが明確となった。では、それに次ぐ概念はないのであろうか、第三の検討である。上掲の引用文では9行目より、「資本は当初、流通の表面で、資本物神、価値を生む価値として現われたが、」とマルクスは言う。「流通の表面」とは第三の概念「流通過程が介入し」（『資本論』では第2部のこと）を意味するのであり、先の二つの概念に次いでマルクスが重視していたことがわかる。とするのであれば、本項で中心課題として論じてきた、直接的生産過程の内部における資本の神秘化（392～393ページの引用文）は、「当初」より以前の論点となってしまったのである。『資本論』第3巻の最終篇を執筆した時点におけるマルクスの「資本の生産過程」における資本の神秘化論の位置づけは、資本の神秘化の完成への全体の中で、このような点におちついてしまったと言わざるを得ないのである。

・その他

　「資本関係の発展」について。『資本論』では「資本関係」という用語は随所で記されている。しかし、諸草稿で度々記述されていた「資本関係の発展」という用語は、すでに指摘したように（389ページ）これに類する用語として以下の2点で記述されているのみである。第一は、同第3巻第5篇第24章のタイトル「利子生み資本の形態における<u>資本関係の外面化</u>」である。

第二は、同第24章の冒頭の一文「利子生み資本において、資本関係はそのもっとも外面的で物神的な形態に到達する。」で語られている。諸草稿で「資本の生産過程」の場面で記述されていた「資本関係の発展」は、『資本論』では第3巻に・利子生み資本へと移し替えられていると言えよう。

　資本家の指揮について。本節では、資本の神秘化の論証を目的とした諸概念の連鎖において指揮という用語が使用されているのか、という点が問題となる。これもすでに言及したように、『資本論』では第3巻第7篇（最終篇）で資本の神秘化（資本の物神性）を論述する際に2箇所のみにおいて記述されている（387〜388ページの引用文、392〜393ページの引用文にて）。いずれも指揮者（Leiter）という用語である。諸草稿に比べ、諸概念の連鎖の中で指揮という用語が使用されるケースは著しく減少してしまった。

3. 考察と結語

　前節を判断材料とし、第1節で掲げた第二の課題の行方と正否を以下本節で最初に検討することとする。次に、それを踏まえて、同じく第一の課題の行方と正否を検討することとする。

　第二の課題に関しては、諸草稿に際しての諸概念の連鎖を振り返っておこう。まず、資本のもとへの労働の形式的包摂は資本家の指揮（Commando）と切り離せない概念であった。他方、労働の形式的包摂からの展開は資本家である指導者（Leiter）と切り離せない概念であった。次に、労働の形式的包摂を基礎とし、そこに「独自に資本主義的な生産様式」が確立されることにより、資本のもとへの労働の実質的包摂が生じる。だが、労働の実質的包摂は、それを基礎とした「資本関係の発展」へと導く。その先に位置するものは、『資本論』草稿第1部最終章段階における資本の神秘化論の本格的展開であった。

　また、諸草稿において、それぞれの概念がどの程度記されていたのかを確認すれば次のようになる。順番に、資本のもとへの労働の形式的包摂、Commando, Leiter・Leitung,「独自に資本主義的な生産様式」、資本のもとへの労働の実質的包摂、は多数記述されてきた。また、「資本関係の発展」

と類する用語は4箇所において記されている。資本の神秘化は、『直接的生産過程の諸結果』〔Ⅰ〕見出し第7節にて初めて登場した概念であるが、やはり同節にてタイトル「資本の神秘化その他」以下、これに類する用語（例えば、「人間の物化」）も含め度々使用されている。

　以上より、『資本論』草稿第1部「資本の生産過程」における資本の神秘化論は実に首尾一貫したものであり、同時に、マルクスが資本の神秘化論への実に大きな問題意識を有していたこともわかる。これに対して、『資本論』における「資本の生産過程」に関する資本の神秘化論は、資本のもとへの労働の形式的包摂・実質的包摂という概念は、どのように評価しえようか。以下の3点を論じることが可能となる。

　第一は、諸草稿で頻出していた諸概念が、『資本論』にて現われるケースの著しい減少である。前節で指摘したように、資本のもとへの労働の形式的包摂・実質的包摂が記されているのは2箇所にすぎない。「独自に資本主義的な生産様式」も5箇所で記されているのみである。また、これらと関係した資本家の指揮はLeiterが2箇所で登場するにすぎない。さらに、「資本関係の発展」は同第3巻第5篇第24章にての1箇所に記されるのみである。

　第二は、『資本論』においても部分的な諸概念の連鎖が3件見られることである。振り返ってみよう。まず、同第1巻第5篇第14章において、資本のもとへの労働の形式的包摂・「独自に資本主義的な生産様式」・資本のもとへの労働の実質的包摂、の連関が見られる（385〜386ページ）。次に、同第3巻第7篇第48章において、指揮者（Leiter）・「独自に資本主義的な生産様式」・資本の神秘化、の連関が見られる（392〜393ページの引用文）。また、同第3巻第7篇第51章においても、指揮者（Leiter）・「独自に資本主義的な生産様式」・資本の神秘化、の連関が繰り返されている（387〜388ページの引用文）。

　これらは、諸草稿における七つの諸概念から成る連鎖に強く影響されたものである点は明白である。しかし、上述の3件からは、諸草稿における、資本のもとへの労働の形式的包摂から始まり・資本の神秘化へと導かれる、「資本の生産過程」における七つの諸概念の連鎖を再現することはもはや不可能であろう。先の第一の部分的な連関と第二・第三の部分的連関とを、「独自に資本主義的な生産様式」を結節点として繋ぎ合わせるのであれば、

第12章　資本のもとへの労働の形式的包摂・実質的包摂論の行方——『資本論』への移行を考察する——

資本のもとへの労働の形式的包摂から資本の神秘化まで一応は結ばれうる。しかし、それはあまりにか細い連鎖と言わざるを得ない。さらに、資本家の指揮（Commando）は存在せず、肝心の「資本関係の発展」はもはや同第3巻第5篇第24章「利子生み資本の形態における資本関係の外面化」に移行されてしまっているのである。

第三は、『資本論』全体における資本の神秘化論の扱われ方である。まず、マルクスが資本の神秘化について最も詳しく著述するのは、先の同第3巻第5篇第24章なのであり、第5篇のタイトルである「利子と企業者利得とへの利潤の分裂」こそが、資本の神秘化に関する決定的な概念であるとマルクスは考えるに到ったのである。次に、資本の神秘化について体系的に論じた同第3巻第7篇第48章における著述では、マルクスは資本の神秘化を形成する七つの概念を摘出し、七つの議論を行なっている。このうち、「資本の生産過程」に関する資本の神秘化として「直接的過程の部面の内部」における資本の神秘化に言及している。しかし、この概念と議論をとりわけ重要なものとマルクスはもはや位置づけていないのも事実なのである。（以上、391～396ページ参照）

前節での検討と以上の考察により、第二の課題については次のような回答を与えることが可能となろう。第二の課題のうち、「また、『資本論』第1部の最終章でかような論理展開による資本の神秘化を中心課題にすることに、どれ程の重要性があったのであろうか。」という問題に対しては、『資本論』第1部の最終章で前述7点の概念の連鎖による「資本の生産過程」における資本の神秘化を確立し、これを資本の神秘化論全体の中で中心課題とすること、それらをマルクスは断念したと確言できよう。マルクスは、「資本の生産過程」における資本の神秘化論の展開を同第3巻第7篇第48章での論述で（392～393ページの引用文で）十分であると判断したのである。そして、第二の課題のうち、「しかし、資本のもとへの労働の形式的包摂・実質的包摂を巡る議論は資本の神秘化の論証を目的とした諸概念の連鎖として形成されていること、とは果たして正しい論理展開の方法であったのだろうか。」という問題に対しては、上述の断念と重点の変化に伴い、「直接的過程の部面の内部」における資本の神秘化論へと（392～393ページの引用文へと）議

論（論理展開）の簡素化を図ったと言えるのである。つまり、同上の資本の神秘化論では、従来の諸草稿のような、資本のもとへの労働の形式的包摂・実質的包摂、「資本関係の発展」、資本家の指揮（Commando）、という諸概念はもはや排除されてしまったのである。

以上のように第二の課題に対する回答を明示した上で、さらに二つの点を考察することができよう。

第一は、前章で論点cと扱い続けてきた、資本のもとへの労働の形式的包摂・実質的包摂とは、諸草稿とは全く異なりもはや『資本論』においてはごく二義的な概念にすぎないという点である。『資本論』におけるわずか2箇所での記載、「資本関係の発展」に結びつかない論述の仕方、同第3巻第7篇第48章に際しての「直接的過程の部面の内部」における資本の神秘化論でも用いられていないこと、などより資本のもとへの労働の形式的包摂・実質的包摂がどのように位置づけられているのか窺い知ることができよう。

第二に、諸草稿における諸概念の連鎖とは、「経済学批判（1861-1863年草稿）前期分」第3章Ⅰ．1．gにおける「資本のもとへの労働過程の形態的包摂」ならびに「資本家の指揮（Commando）」に始まり、『直接的生産過程の諸結果』〔Ⅰ〕見出し第7節「資本の神秘化その他」で終える、実に壮大なものであった。『資本論』における諸概念の連鎖の断念、および、同第3巻第7篇第48章における記述（392～393ページの引用文）にとどめること、これらが与えた帰結が問題となる。マルクスが「資本の生産過程」における資本の神秘化論の本格的展開を断念し、それに代わって『資本論』にて資本の神秘化に関し注力したものは、同第3巻第5篇第24章および同第3巻第7篇第48章における利子生み資本ならびに土地所有‐地代についての著述である。同上第24章全体において、利子生み資本の形態が資本の神秘化を完成させる点を論じている。また、同上第48章「三位一体的定式」においては、各所において（典型的には『資本論』⑬、1440～1447ページにおいて）、土地所有‐地代の形態が資本の神秘化を完結させる点を論じている。このように資本の神秘化論の力点が諸草稿と『資本論』とで大幅に変化したことが、結局『直接的生産過程の諸結果』が『資本論』に採用されなかった中心的理由となろう。

さて、ここからは第一の課題の行方と正否を検討することに移らなければならない。第一の課題とは諸草稿における指揮論の展開に関するものである。本節でここまで論じてきた第二の課題に関しての、『資本論』第1巻最終章における「資本の生産過程」に際する資本の神秘化論の本格的展開の断念は、必然的に諸草稿におけるマルクスの指揮論に大幅な修正を強いることになる。

マルクスの諸草稿における指揮論はすでに指摘したように（381〜382ページ）、三つの内容から成り立っていた。その第三点、『直接的生産過程の諸結果』〔Ⅰ〕見出し第7節「資本の神秘化その他」における独特の指揮論の展開、と筆者が表したものは、つまり、『資本論』草稿第1部最終章における資本の神秘化の終着点として、労働者とは何ら関係のないものとして独り歩きを始める資本家のある行為（例えば「資本による編成」）を描写すること、これらは、先に論じた『資本論』第1巻末における資本の神秘化論の本格的展開の断念により、立ち消えてしまうのが必然となる。そして、同第3巻において、「直接的過程の部面の内部」に関する資本の神秘化の現われ方としてマルクスが最後に記述するものは、「労働のあらゆる社会的生産諸力が、労働そのものにではなく資本に属する諸力として、また資本自身の胎内から生まれ出る諸力として、現われるからである。」（392〜393ページの引用文より）というものである。また、「もっとも、これは、ここでは資本の生産力の恒常的な増大としてのみ現われるのではあるが。」（387〜388ページの引用文より）ともマルクスは言う。これらは、労働の社会的生産力の増大が資本の生産力の増大に転じて現われていることを強調しているのであり[3]、資本家の諸行為の独り歩きを論じているのではない。

次に、諸草稿における指揮論の第二点、資本家の指揮（Leiter → Leitung）に対するマルクスの評価・論ずべきスタンス、すなわち、資本家の指揮（Leitung）に関してマルクスはその内容と内容の検討を軽視すること[4]、はどうなったのであろうか。これは、マルクスが、資本家の指揮について、そ

---

3) 同様のマルクスによる主張は、『資本論』第1巻第4篇第11章において（『資本論』③、579〜580ページ）、ならびに、同第3巻第1篇第2章において（『資本論』⑧、75ページ）みられるが、やはり、労働の社会的生産力の増大が資本家の諸行為の独り歩きに転じて現れていることを論じているものではない。

の作用・現われ方こそを重視するが故の内容の軽視であった。ところが、先に触れたように『資本論』においては、資本家の指揮の作用・指揮の現われ方の著述は結局消滅してしまった。それ故に、資本家の指揮を本格的に考察しようとする限り、その内容についてこそ目を転じなければならないと言えよう。最後に、この点を知覚しうる一つの例証を提示して本章を閉じることとしよう。

「経済学批判（1861-1863年草稿）後期分」3.「γ　機械。自然諸力と科学との応用（続き）」では、マルクスは「では、工場制度の抒情詩人ピンダロスのユア氏（『工場哲学』）が語る機械制作業場の本質をみるとしよう。」（『マルクス　資本論草稿集⑨』、219ページ）としてある議論を始める。以下の引用文がその核心となる。

　　では、典型的な工場すなわち機械制作業場の本質はどこにあるのか？
　　工場は、「……一つの中心的動力によってたえまなく活動させられる一つの生産的機械体系を、器用さと勤勉とをもって見張る成年および未成年の各種の労働者の協業である、ということを示している。……この〔定義〕は、その機構が連続した体系を形成していないような、あるいはただ一個の原動機に従属していないような工場をすべて排除している。……その意味を最も厳密にとれば、この（工場という）名称は、すべてが一個の自分で動く原動機に従属して、同一の対象を生産するために協調してたえまなくはたらいている無数の機械的な器官と知能をもった器官とから構成されている一つの巨大な自動装置である、という思想

4）この点についてのマルクスの言明は既に前章において（355ページ）引用文として提示している。しかし、便宜をはかるため再び当該箇所を以下に掲げることとする。
　「生産過程が同時に現実の労働過程であり、そして資本家がこの過程の監督者および指揮者（Leiter）として現実の生産においてある機能を果たさなければならないかぎりでは、彼の活動は、実際に、ある独自な多様な内容を与えられる。しかし、労働過程そのものはただ価値増殖過程の手段として現われるだけであって、それは、ちょうど、生産物の使用価値がただ生産物の交換価値の担い手として現われるだけなのと同じことである。〔中略〕その内容は、まったく惨めな抽象的なものであって、資本家を、たとえ別の面から見ての、反対の極においてのことであるにせよ、労働者とまったく同様に、資本関係への隷属状態のもとに現われさせるのである。」（カール・マルクス著岡崎次郎訳『直接的生産過程の諸結果』大月書店　1970年、33ページ）

第12章　資本のもとへの労働の形式的包摂・実質的包摂論の行方──『資本論』への移行を考察する──

を含んでいる。」(19、20ページ。)

　機械制作業場の主要な特徴がここにある。

　〔それは〕一つの巨大な自動装置、すなわち自分で運動する一つの中心的動力から駆動力を受け取る相互に関連した生産的諸機構の一体系である。この機械の体系がその自動的原動機といっしょに機械制作業場の身体を、組織された肉体を形づくるのである。いろいろな部類の労働者──彼らの主要な区別は、成年と未成年の区別、年齢と性の相違にある──の協業。これらの労働者自身は、機械の知能をもった器官として現われるにすぎない（機械が彼らの器官として現われるのではない）のであって、彼らは、死んだ器官とは意識がある点で区別されるが、死んだ器官と「協調して」、死んだ機関の動力に従属して働き、死んだ機械と同様に、規則正しくかつ「休みなく」働くのである。(『マルクス　資本論草稿集⑨』、220ページ)

　マルクスは続く次のパラグラフを「この自動装置が、ここでは専制君主なのだ。」(同上、221ページ)という一文で終える。また、次のパラグラフを「『これらの大広間では、仁慈な蒸気の君が無数の臣下を自分のまわりに集めている。』」(同上、222ページ)というA・ユアからの引用で終えている。上掲の引用文におけるA・ユアからの引用の仕方と上記2点の例えの呈示とも、『資本論』第1巻第13章第4節(『資本論』③、725ページ)とほぼ全く同じである。本草稿部分から『資本論』への受け継がれようが窺える。しかし、上掲引用文等に関してはただ一点のみであるが本草稿部分と『資本論』とでは異なっている。それはA・ユアの引用文の扱い方であり、同時に決定的とでも言うべき違いになるのである。以下論じてみよう。

　上掲の引用文、つまり草稿3. γでは、「機械制作業場の主要な特徴がここにある。」以下において、マルクスがA・ユアの引用文をどのように扱ったのかがわかる。要点は二点である。まず、ユアの引用文を一体のものとして、全く区分せずに読み取っていることである。次に、マルクスはユアの引用文に何らかの解説を行なってはいるものの、同引用文から何かを立論しているわけではないことである。

他方、『資本論』においてはA・ユアの引用文をどのように扱っているのであろうか。「自動化工場」に関するA・ユアの二つの記述[5]を紹介した後に、マルクスは以下のように断言するのである。

　　これらの二つの表現は、決して同じではない。第一の表現では、結合された総労働者または社会的労働体が支配的な主体として現われ、機械的自動装置は客体として現われている。第二の表現では、自動装置そのものが主体であって、労働者はただ意識のある諸器官として自動装置の意識のない諸器官に付属させられているだけで、後者とともに中心的動力に従属させられている。第一の表現は、大規模な機械設備のありとあらゆる充用にあてはまり、第二の表現は、それの資本主義的充用を、それゆえ近代的工場制度を特徴づけている。それゆえユアはまた、運動の出発点となる中心機械をただ自動装置（アウトマート）としてのみならず、専制君主（アウトクラート）として叙述することを好むのである。
　　「これらの大きな作業場では、仁愛な蒸気の権力が自分のまわりに無数の家来を集めている」。（『資本論』③、725ページ）

　『資本論』におけるマルクスによるA・ユアの引用文の取り扱いについては、以下の5点の特徴を挙げることができる。まず、草稿において一体として引用したものを、明確に二つに区分していることである。次に、ユアの第一の引用文と第二の引用文とを「決して同じではない。」と明言していることである。また、一方で、第一の引用文―「第一の表現では、……」―「第一の表現は、……」として議論を展開している。他方で、第二の引用文―「第

---

5) 自動化工場のピンダロス〔ギリシアの抒情詩人〕であるユア博士は、この自動化工場を、一方では、
　「一つの中心力（原動力）によって間断なく作動させられる一つの生産的機械体系を、熟練と勤勉とをもって担当する、成年・未成年のさまざまな等級の労働者の協業」
　であると記述し、他方では、
　「一つの同じ対象を生産するために絶えず協調して働く無数の機械的器官および自己意識のある器官――その結果、これらすべての器官が自己制御的な一つの動力に従属する――から構成されている一つの巨大な自動装置」
　であると記述している。（『資本論』③、725ページ）

第12章　資本のもとへの労働の形式的包摂・実質的包摂論の行方――『資本論』への移行を考察する――

二の表現では、……」―「第二の表現は、……」と議論を展開している。最後に、この両者を比較しながら、機械制大工業における社会的労働過程について明確なある立論を遂行しているのである。

　端的に言えば、草稿におけるユアの引用文と『資本論』におけるユアの引用文は同一であるものの、それを見ているマルクスの視点は全く異なっていたのである。つまり、機械制大工業における社会的労働過程について、草稿段階と『資本論』段階では全く異なる観点を有していたのである。そして、先に筆者が記した『資本論』における明確なある立論とは、資本家の指揮（Leitung）の内容に関する以下のものである。マルクスは、A・ユアの第一の引用文―「第一の表現では、……」―「第一の表現は、……」とすることで、この同第1巻第13章第4節「工場」にて、機械制大工業における資本家の指揮（Leitung）タイプ　a（「指揮の一般的機能」が、協業における「社会的労働過程」を対象として実施するもの）と筆者が称するものを表明したのである。また、マルクスはA・ユアの第二の引用文―「第二の表現では、……」―「第二の表現は、……」とすることで、同上第4節「工場」にて、機械制大工業における資本家の指揮（Leitung）タイプ　c（「資本主義的生産様式に特有な指揮の機能」が、協業に際して「社会的労働過程」を対象として行なうもの）と筆者が称するものを表明したのである[6]。

---

[6] この機械制大工業における資本家の指揮（Leitung）タイプaならびにタイプcの詳細については、本書第7章・補章を参照されたい。

第13章　生産的労働・不生産的労働論と資本家の指揮の実質について

1. 問題の所在

　本章は、先学によるある論争・ある指摘に由来するものとして、指揮・資本家の指揮が、どの程度まで生産的労働・不生産的労働に該当しているのか、あるいは、いかなる経路において生産的労働・不生産的労働と関与しているのか、を解明することを目的としている。そして、併せて、生産的労働および不生産的労働の概念を完成させたカール・マルクスによる議論とはどのようなものであったのかを、最新の知見により明確にするものである。

　すでに、先学によるある論争に係わり、ある指摘に回答する試みは、本書において計2回遂行している。第1は、本書第5章「『資本論』における二つの資本家の指揮とその移行」以下にて行なった馬場克三教授の主張より新たに2点の課題（aとb）を設定し、その解決のために努めたことである。

　第2は、本書第10章「商業資本における資本家の指揮の基礎的態様」において、川端久夫教授と木元進一郎教授との間で繰り広げられた、いわゆる「資本論指揮概念」に関する論争を契機として、商業資本における資本家の指揮の実質について探ったものである。「資本論指揮概念」とは、周知のように『資本論』第1巻第4篇第11章においてマルクスが指揮・資本家の指揮について論じている箇所を意味する[1]。川端教授は、資本の生産過程に関するこの概念は生産過程のそとに展開する「管理」を根拠づけるものではないと断言する。これに対し、木元教授は、「資本論指揮概念」とは流通やサーヴィス、さらには事務などの職場に当然応用されうること、なによりも「資

---

　1) 現行の邦訳：新日本出版社新書判『資本論』においては、③575〜576ページでの記述に相応するものである。

本論指揮概念」規定の方法を展開させること・「資本論指揮概念」の展開の必要性を力説する。それに対し、川端教授の反批判では、「資本論指揮概念」の展開の重要性は認めつつ、それが容易く遂行されうるものではないとも論じられている。そこで筆者は、このような論争を敷衍して、「資本論指揮概念」の展開を十分に意識しながら、本書第10章にて商業資本における資本家の指揮の具体的内容を確定したのである。なお、この成果を本章にては第4節において再び取り扱い、議論のための基礎とする予定である。

さて、冒頭で掲げた本章の課題をより明確にするために、本書を通じて3番目として取り上げる、先学によるある論争・ある指摘の内容を振り返って見よう。管理（資本家の指揮）と生産的労働・不生産的労働との関連性を巡る、川端久夫教授と角谷登志雄教授との間で展開された論争である。

「労務管理の対象」規定の究明においては、それを規制する二つの概念——すなわち、「労務」概念と「管理」概念——を分析し明らかにする必要があるが、まず、後者について、その基礎概念の検討をこころみる点を主眼とする角谷教授の論稿では[2]、批判的経営学の立場からの論説の一部において、資本制企業における作業と管理との関係等について不適切な見解がみちびきだされており、それを批判する事をも目的とされている。

この不適切な見解の一部は、角谷教授によれば「管理と作業の混同のあやまり」であり、そのうち、「直接生産過程における管理労働をもって、"具体的有用労働であるのみならず、同時に価値形成労働である"と規定するもの」（角谷、前掲稿、43ページ）として川端久夫教授の論稿[3]を取り上げ、以下のように批判されている。

角谷教授はまず、「意識的統制的活動が生産過程の指揮たるかぎりでは、その活動（＝管理）は生産的労働であり、具体的有用労働＝価値形成労働である。…だが流通過程の指揮としては、そこでの作業労働がそもそも不生産的なのであるから管理労働も当然に不生産的であり、具体的有用労働でも価

---

[2] 角谷登志雄「資本制企業における労働と管理にかんする基本的考察——「労務管理の対象」規定の基礎——」愛知大学法経論集・経済篇、第46号（1964年）所収。
[3] 川端久夫「経営技術の理論について——三戸公氏著「個別資本論序説」をめぐって——」社会問題研究（大阪社会事業短期大学）第13巻第3・4号（1963年）所収。なお、以下この論稿を川端①と記す。

第 13 章　生産的労働・不生産的労働論と資本家の指揮の実質について

値形成労働でもありえない」(川端①、198～199 ページ) という見解を取り上げ、次のように論じる。この規定においては、資本制的管理がいわゆる「管理労働」として把握され、それが生産過程における管理労働と流通過程における管理労働とにわけられている。前者は、その対象としての作業労働が生産的であり、かつ、みずからも生産的労働であるがゆえに、「具体的有用労働＝価値形成労働」とされているのである。ここでは、直接生産過程における作業と管理とのあいだの敵対的関係は捨象され、「搾取する労働」と「搾取される労働」とは、ひとしく「労働」として、価値の実体を形成するものとされている。管理もまた労働だと規定することによって、その資本制的・独自的機能の側面が無視されているのである。(角谷、47～48 ページ)

　さらに角谷教授は、「管理労働は生産的労働と不生産的労働のもつれあった統一であり、後者が主要な側面をなす」(川端①、199 ページ) という記述を取り上げて、次のように疑問を呈す。しかし、管理労働が生産的労働と不生産的労働との「もつれあった統一」とは、いったい、どのような状態をさすのであろうか？　両者は、なぜ「もつれあった統一」でありうるのか？　後者が「主要な側面」をなすのは、なぜであろうか？　あるいは、「管理階層を上昇すればするほど労働の流通過程的・不生産的性格が増大する」(川端①、199 ページ) というのは、そもそも、なにを意味しようとするのであろうか？ (角谷、48 ページ)

　結局、角谷教授は川端教授の論説を次のように結論づける。前記の引用文にみられるような混乱は、基本的に、管理を単純に「管理労働」として把握し、これを作業労働＝生産的労働と同一視し、それが具体的有用労働であるとともに「価値形成労働」と規定したことによる。いうまでもなく、「管理労働」が、現象的に監督賃銀ないし「経営者報酬」に対応するかぎりにおいて、生産的労働とみなされるということと、「管理労働」もまた価値形成労働であると規定することとは、本質的にことなるものである。(角谷、49 ページ)

　なお付言すれば、角谷教授は生産的労働と管理との関連に関して、次のような理解・主張を示されている。資本制生産における生産的労働とは、共同的労働形態をつうじての物質的生産ということだけでなく、資本家のために

剰余価値を生産する労働、ないしは資本の自己増殖に役立つ労働でなければならない。ところが、資本家の管理活動は、この剰余価値生産労働に対立するところの資本の機能にほかならないのであって、それは"資本家のために剰余価値を生産する"という基本的な・歴史的規定のゆえに、生産的労働ということはできないのである。それは、かの商業労働ないしサーヴィス労働とまったく同じ理由からではないにせよ、それらとひとしく、不生産労働といわなければならない。流通過程における労働の管理、ないし商業労働にたいする管理活動が不生産的労働であるばかりでなく、直接生産過程における管理についても、まったく同様である。〔中略〕管理労働が生産的であるか不生産的であるかということは、……それが労働に対立する資本の搾取機能をはたすという点にあるのであって、そのことによって、管理は、「具体的有用労働でも価値形成労働でもありえない」のである。(角谷、53～54ページ)

これに対し、川端教授は続稿において[4]、角谷教授の批判を基本的に容認した上で、次のように論述する。「だが、筆者は現在もさきの論点（藤原注：資本制的管理を全体として統一的に規定すること）について満足な解決をもっていない。ということは、角谷氏による批判および積極的理論展開といえども、いまだ問題の解決をもたらしたとはいえない、ということである。いいかえれば、角谷氏が解決を見出すところに、筆者は問題そのものを見出すのである。」(川端②、39ページ) これはどのような内容の主張であろうか。しばらく川端教授の続稿を検討してみよう。「資本制的管理の二重性にかんする角谷氏の積極的見解、したがって諸見解論評の基準は、氏が論稿の最初に引用している、資本論の一節につきている。」(川端②、39ページ) と教授は述べ、次に『資本論』第3巻の該当部分（現行、新日本出版社新書版『資本論』⑩649～650ページ、に相当する）を掲げる。その上で、マルクスの生産的労働および不生産的労働の概念に関連する、以下の問題提起を行なうのである。

---

[4] 川端久夫「管理労働について――三戸、角谷両氏にこたえる――」社会問題研究（大阪社会事業短期大学）第14巻第4号（1964年）所収。なお、以下この論稿を川端②と記す。

第 13 章　生産的労働・不生産的労働論と資本家の指揮の実質について

　筆者はむろん、この種の二重性論を肯定するが、それだけでは満足できない。資本制的管理労働は、どこまで価値形成的であり、どこから価値形成的でなくなるのか、あるいは、いかなる管理労働が価値を形成し、また形成しないのか——この追跡こそ、批判的経営経済学が、経営管理の分析を通じて解決すべき課題ではないか、と考えるからである。(川端②、40ページ。なお、この引用文を主張 A とする。)

　では、以上の川端教授の問題提起の真意は何であろうか。引き続き探ってゆこう。資本制的管理は、本来、資本の機能としての労働である。搾取と抑圧がその内容をなす。だからおよそ物的生産には属せず、不生産的労働である。それが、協業形態の発展とともに、「労働過程そのものを遂行するための必要事項に、現実的生産条件に」(『資本論』第 1 巻第 11 章)なったときに問題が発生する。ここでもなお、管理「労働」を不生産的労働とのみ規定するならば、協業過程を指揮する生産的労働が捨象され、労働過程が成り立たなくなる、と教授は言う(川端②、40ページ)。以上は次のような議論に繋がってゆく。「作業労働過程は、資本家の管理をうけることによって価値増殖過程となる。(本源的な生産的労働が歴史的規定をうけて、十全な意味における生産的労働となる。)管理労働は、ここで、作業労働とは別の二重性をうけとるのである。本来は不生産的労働であるのに、作業労働が生産的であるために、その反作用として、生産的労働の規定をうけとる。この倒立した特殊の二重性をどう理解するか。——本源的には不生産的で、剰余価値の配分に参加することによって生産的労働となるのなら問題はない。本源的に不生産的かつ生産的な労働となるのである。」(川端②、40〜41ページ) つまり、「資本制商品生産における管理労働の二重性は、…二つの二重性の重合物である」(川端②、41ページ) という仮説を提示する。それ故に、「こういう次第で、単に資本制的管理の二重性を云うだけでは、より具体的な次元における「管理」の経済学的解明を準備するには不十分である」(川端②、41ページ。なお、この引用部分を主張 B1 とする。) と断言されるのである。

　最後に川端教授は、いわゆる管理の二重性に関する『資本論』第 3 巻からの二つの引用[5]を紹介しながら、続稿を次のように結ぶのである。

こうした引用をつらねるまでもなく、資本制的管理の生産的性格は否定しうべくもない。このことは、別段に現象面にとらわれた把握ではなく、本質的な事実なので、筆者としては卒直に承認せざるをえないのである。角谷氏にしても、管理の二重性を云う以上、その生産的性格を一応は承認しているわけである。が、氏は資本制的管理の作業労働に対する敵対性を強調するあまり、「管理労働」という用語法をさえ「ひとつの擬制的表現」だとして警戒心を示し、結局のところ、格別の媒介もなく管理労働の生産的性格を否定し、そうすることによって前記の問題そのものを捨て去るのである。それは、資本制的管理の具体的かつ論理的な把握の道をみずから閉すことである。いうまでもなく、批判的経営経済学の任務は、経営管理に内在する敵対性を見つけ出しては高唱することではない。むしろ敵対性を前提として、その枠の中における、より具体的・現象的な諸法則を発見することこそ主眼なのである。(川端②、43ページ。傍線は藤原による。なお、この引用文を主張B2とする。)

　川端教授の打ちだした主張 B1・B2 における研究方針は、すでに 50 年余を経た現在でも全面的に継承しなければならないであろう。主張 B1 における「より具体的な次元における「管理」の経済学的解明」、ならびに、主張 B2 における「批判的経営経済学の任務は、…むしろ敵対性を前提として、その枠の中における、より具体的・現象的な諸法則を発見すること」とは、批判的経営学に関わる者が常に念頭におくべき研究方針と言えよう。このような問題意識のもとに、今なお詳細かつ完全には解明されていない主張 A に対し明確な回答を提示すること、これこそが本章の主たる課題である。これは同時に主張 B2 における「資本制的管理の生産的性格」とは何かを解明することでもある。本章第 3 節～第 4 節で詳論する予定である。
　次に、冒頭で本章の副たる課題とした、カール・マルクスによる生産的労働・不生産的労働の概念とはいかなるものであったのか、という点については以下のことを意味する。金子ハルオ教授によれば、戦後のわが国において

---

5) 現行の邦訳：新日本出版社新書判『資本論』⑩、654～655 ページ、ならびに、656 ページでの記述に相応するものである。

は、生産的労働について論じた論者は数十人にのぼり、論文数も百数十に達するということである（1984年時点にて）[6]。また、次節で簡単にふれるように、生産的労働と不生産的労働を巡っては様々な論争が行なわれてきた。本章ではこれらの論説・論争の内容からはやや離れる形で、マルクスにおける生産的労働・不生産的労働の概念の構造的意味を問題とする。生産的労働と不生産的労働に関して、『資本論』、そして草稿である『剰余価値学説史』・『直接的生産過程の諸結果』との間での全体としての位置づけと構成を最新の知見より明らかにすることが、本章の副たる課題なのである。併せて、以上の考察の過程で、先の主たる課題を解明する上での極めて重要なマルクスの言及を引き出しうることとなろう。本章第2節〜第3節で詳しく論じる予定である。

2. 『資本論』における生産的労働と不生産的労働の規定

マルクスの生産的労働ならびに不生産的労働の概念は、その定義が『資本論』第1巻第5篇第14章の冒頭より集約されて論じられている。周知の箇所であるものの、本章の行論にて不可欠であるが故に以下そのまま掲げることとする（『資本論』③、871〜873ページ）。

　　労働過程は、なによりもまず、その歴史的諸形態にかかわりなく、人間と自然とのあいだの過程として、抽象的に考察された（第5章を見よ）。そこでは次のように述べられている——「もし労働過程全体を、その結果の、すなわち生産物の立場から考察するならば、労働手段と労働対象の両者は生産手段として、労働そのものは生産的労働として現われる」〔本訳書309ページ〕。そして、注7では、次のように補足された——「生産的労働のこの規定は、単純な労働過程の立場から生じるのであって、資本主義的生産過程にとっては決して十分なものではない」

---

[6] 金子ハルオ稿「《収入》第Ⅲ部　研究と論争　1. 生産的労働と不生産的労働」久留島陽三・保志恂・山田喜志夫編『資本論体系　第7巻　地代・収入』有斐閣1984年所収、417ページ。

〔本訳書310ページ〕。このことが、ここで、さらに展開されなければならない。

労働過程が純粋に個人的な労働過程である限りは、のちには分離されるすべての機能を同じ労働者が結合している。彼は、自分の生活目的のために自然対象を個人的に取得するにあたって、自分自身を管理している。のちには、彼が管理される。個々の人間は、彼自身の頭脳の管理のもとで彼自身の筋肉を働かすことなしには、自然に働きかけることはできない。自然体系〔生来の人体〕では頭と手が一組になっているように、労働過程では、頭の労働と手の労働とが結合されている。のちには、この二つは分離して、敵対的に対立するようになる。／生産物は、一般に、個人的生産者の直接的生産物から一つの社会的生産物に、一つの総労働者、すなわち一つの結合された労働人員——その成員は労働対象の処理に直接または間接にかかわっている——の共同生産物に、転化する。そのため労働過程そのものの協業的性格とともに、生産的労働の概念や、その担い手である生産的労働者の概念も、必然的に拡大される。生産的に労働するためには、みずから手をくだすことはもはや必要でない。総労働者の器官となって、そのなんらかの部分機能を果たせば十分である。生産的労働にかんする前述の本源的な規定は、物質的生産そのものの性質から導き出されたものであり、全体として見た場合の総労働者にとっては依然として真実である。しかし、その規定は、個々に取り上げられたその各成員にとっては、もはやあてはまらない。／

しかし他面、生産的労働の概念がせばめられる。資本主義的生産は商品の生産であるだけでなく、本質的には剰余価値の生産である。労働者は自分のためにではなく、資本のために生産する。それゆえ、彼が一般に生産を行なうということだけでは、もはや十分でない。彼は剰余価値を生産しなければならない。資本家のために剰余価値を生産する、すなわち資本の自己増殖に役立つ労働者だけが、生産的である。／物質的生産の部面外から一例をあげてもよいのであれば、学校教師は、児童の頭脳を加工するだけでなく、企業家を富ませるための労働にみずから苦役する場合に、生産的労働者である。企業家がその資本を、ソーセージ工

第13章　生産的労働・不生産的労働論と資本家の指揮の実質について

場の代わりに、教育工場に投下したということは、その関係を少しも変えない。それゆえ、生産的労働者の概念は、決して単に活動と有用効果との、労働者と労働生産物との、関係を含むだけでなく、労働者を資本の直接的増殖手段とする、特殊に社会的な、歴史的に成立した生産関係をも含んでいる。それゆえ、生産的労働者であるということは、幸福ではなく、むしろ不運である。本書のうち理論の歴史を取り扱う第四部で、古典派経済学はずっと以前から剰余価値の生産を生産的労働者の決定的な性格としたことが、詳細に示されるであろう。それゆえ、古典派経済学が剰余価値の本性をどう理解するかによって、生産的労働者についてのその定義も変わってくる。たとえば重農主義者は、農耕労働だけが剰余価値をもたらすので、農耕労働だけが生産的である、と説明している。ただし重農主義者にとっては、剰余価値はもっぱら地代の形態で実存している。（引用文における傍線・斜線付記は藤原によるものである）

　以上の三つのパラグラフから成る生産的労働の定義は、筆者が3点の斜線を付したように、内容として四つのものに区分されうる。いわゆる、1．生産的労働の本源的規定、ならびに、2．生産的労働の資本主義的形態規定、と分類した先例にならい[7]、逐次四つの内容を論じてゆこう。

　第一は、一つめの斜線以前の、3点の傍線部分を除いた箇所で述べられている、生産的労働の第一の定義である。これは労働過程の観点からの「生産物の立場から」の生産的労働の定義であるが、「単純な労働過程の立場から」の規定であり、『資本論』第1巻第3篇第5章レベルでの議論、つまり、歴史貫通的に生産者一人から成る労働過程、さらには、資本家一人および労働者一人を想定した労働過程に際しての生産的労働の定義である。そこで、筆者はこの第一箇所を「生産的労働の本源的規定①」と命名する。

　第二は、一つめの斜線以後二つめの斜線までの、一つめの斜線以前における3点の傍線部分も含めた、生産的労働の第二の定義である。同じく労働過程の観点からの定義であるが、生産物は「一つの社会的生産物に」、集団労

---

[7] 例えば、金子ハルオ稿「生産的労働・不生産的労働」、大阪市立大学経済研究所編『経済学辞典　第3版』岩波書店　1992年所収、775〜776ページ。

働による「共同生産物に、転化する」。つまり、『資本論』第1巻第4篇第11章「協業」以降における社会的労働過程に際しての（資本家一人のもと多数の労働者が存在するケースでの）生産的労働の定義である。そこで、筆者はこの第二箇所を「生産的労働の本源的規定②」と命名する。

他方、上掲引用文中第3パラグラフにおいて、賃労働者による剰余価値の生産・資本への不払い労働の支出という観点から生産的労働が論じられている。その第三の定義は三つめの斜線以前で述べられているものであり、物質的生産の場面において労働者は資本家のために剰余価値を生産することを意味する。筆者はこの箇所・第三の定義を「生産的労働の資本主義的形態規定①」と命名する。

第四に、三つめの斜線以降で生産的労働の第四の定義が与えられている。これは第三の定義と同じく資本の自己増殖に関するものであるが、物質的生産の部面外（一例としての学校教師）における労働者による資本への不払い労働の支出を内容とするものである。すなわち、『資本論』第3巻においては、労働者が直接に剰余価値を生産する直接的生産部門のみならず、資本はサーヴィスや商業等の非生産部門にも投入される。そして、資本は自己の業種の区別を顧慮することなく、投入資本量に対する平均利潤の取得を目的とすることになる。このように剰余価値から利潤・利潤から平均利潤へと転化した局面に関し、非生産部門において（もはや専業業種を問わず）、労働者が資本の自己増殖へと不払い労働を遂行される場合を生産的労働である、とするものである。そこで、筆者はこの箇所・第四の定義を「生産的労働の資本主義的形態規定②」と命名する。

さて、この第四の定義においてマルクスは生産的労働者として学校教師を挙げている。また、『剰余価値学説史』ならびに『直接的生産過程の諸結果』においては、本章429〜430ページにおける引用文に見られるように、不生産的労働から生産的労働へ転化する局面を、具体的な労働として、マルクスは著述家・文筆プロレタリア、女性歌手、学校教師などを挙げながら論じている。これらのサーヴィスとしての労働への言及により、国民所得を生産す

8）ここで挙げた諸論争については、以下の文献にて詳細にかつ要領良く論述されている。「《収入》第Ⅲ部 研究と論争、1. 生産的労働と不生産的労働（金子ハルオ稿） 2.

第13章　生産的労働・不生産的労働論と資本家の指揮の実質について

る生産的労働の概念にサーヴィス労働は含まれるか否か、あるいは、サーヴィス労働は価値を生産するのか否か、等の諸論争を引き起こした。これらの点については、本章では行論の性質上これ以上立ち入らないものとする[8]。

本章においては、この第四の定義：「生産的労働の資本主義的形態規定②」が以後『資本論』においてどのように扱われているのかが重要になる。実は、この第四の定義が再び登場するのは、『資本論』第3巻第4篇第17章「商業利潤」における一点のみである。以下の通りである。

まず、マルクスは商業労働者と彼らによる資本の自己増殖の様相について次のように論じる。「商業労働者は、直接には剰余価値を生産しない。しかし、彼の労働の価格は、彼の労働力の価値によって、すなわちその生産費によって規定されているが、他方この労働力の発揮は、緊張、力の発現、消耗としては、他のどの賃労働者の場合とも同じように、決して彼の労働力の価値によって限定されてはいない。それゆえ、彼の賃銀は、彼が資本家を助けて実現させる利潤の総量とはなんの必然的な関係もない。彼が資本家に費やさせるものと、彼が資本家にもたらすものとは、異なる大きさである。彼が資本家にもたらすのは、彼が直接に剰余価値を創造するからではなく、彼が、一部分は不払いの労働を行なう限りで、剰余価値実現の費用の軽減を助けるからである。」（『資本論』⑨、508ページ）そして、商業的諸機能および諸流通費が自立化した商業資本のもと、その唯一の作業場である事務所への投資に触れたのち、次のように断言する。

> 産業資本にとっては、流通費は空費として現われ、また実際にそうである。商人にとっては、流通費は、彼の利潤の源泉として現われるのであり、この利潤は——一般的利潤率を前提すれば——流通費の大きさに比例する。それゆえ、これらの流通費のために行なわれる支出は、商業資本にとっては生産的な投資である。したがって、商業資本が買う商業労働も、商業資本にとっては直接に生産的である。（『資本論』⑨、510

サービス労働論の諸問題（渡辺雅男稿）」久留島陽三・保志恂・山田喜志夫編　前掲書所収。

〜511 ページ）

　ところで、生産的労働・不生産的労働と指揮・資本家の指揮との関係を問題とする本章では、マルクスの先の引用文、つまり定義一〜定義四の生産的労働に出現するであろう指揮・資本家の指揮に、仮に『資本論』ではいかなる用語を使用するのが適切なのかを検討しておこう。

　まず、第一の定義：「生産的労働の本源的規定①」に関しては、『資本論』第1巻第3篇第5章において、資本家一人および労働者一人を想定した労働過程には指揮という用語は出現していない。しかし、同第9章において、同じく資本家一人および労働者一人の想定での、労働過程ならびに価値増殖過程に対する資本家の指揮にマルクスは指揮権（Kommando）という用語を採用している[9]。

　次に、第二の定義：「生産的労働の本源的規定②」については同第1巻第4篇第11章「協業」を参照しなければならない。すでに指揮者一人・協業者多数による作業形態へと局面は移行している。この場合、先の引用文による「のちには、この二つは分離して、敵対的に対立するようになる。」という一文を重視するのであれば、実際に成立した資本主義的経営（＝マニュファクチュア）における資本家の指揮が出現してくる。マルクスはこれにLeitungという用語を用いている[10]。それに対し、第二の定義を協業一般（一般的な協業、マルクスはオーケストラを一例としている）における純粋な社会的労働過程に関する場面と解すのであれば、マルクスはそこでの指揮をDirektionと記しているのである[11]。なお、同第11章「協業」における通称：管理の二重性とは、正しくは資本家の指揮（Leitung）の二重性であり、そこにLeitungの機能として「指揮の一般的機能」と「資本主義的生産様式に特有な指揮の機能」が並存することである。そして、前者の「指揮の一般的機能」とはDirektionに類するものを意味するのである。

　第三・第四の定義：「生産的労働の資本主義的形態規定①、②」に関して

---

9) Karl・Marx：Das Kapital. BdI, Dietz Verlag 1980, S. 328.
10) Ebenda, S. 350-352.
11) Ebenda, S. 350.

は、すでに協業は成立しており、実際に資本主義的経営が運営されている状況において、労働者が資本の自己増殖のため、剰余価値の生産を行なう、あるいは、不払い労働を遂行される場面を示している。そこでの資本家の指揮は当然のことながらLeitungであり、Leitungが価値増殖過程（あるいは不払い労働の遂行に）に直接向かう局面を意味するのである。

3. 二つの『剰余価値学説史』と二つの生産的労働・不生産的労働論

3-1. 諸草稿における生産的労働・不生産的労働論とは何か

よく知られているように、『資本論』に関する諸草稿において、生産的労働・不生産的労働を論述されている部分は以下の3点である。まず、『剰余価値学説史』における、「第4章 生産的労働と不生産的労働とに関する諸学説」、ならびに、同書第7章と第8章との間に記載されている補録にての「資本の生産性。生産的労働と不生産的労働」[12]、の2点である。次は、「第1部 資本の生産過程、第6章 直接的生産過程の諸結果」における、「〔Ⅰ〕剰余価値の生産としての資本主義的生産」という本章にての、見出し第5節「生産的労働と不生産的労働」という項である[13]。

さて、Karl Marx-Friedrich Engels Werke, Band 26, Institut für Marxismus-Leninismus beim ZK der SED, Dietz Verlag, Berlin, Erster Teil 1965, Zweiter Teil 1967, Dritter Teil 1968. として編集・刊行された『剰余価値学説史』の

---

12)『剰余価値学説史』については、カール・マルクス著岡崎次郎・時永淑訳『マルクス＝エンゲルス全集版 剰余価値学説史（全9冊）』大月書店（国民文庫）1970～1971年、を用いる。上記の前者はその第2分冊全書を意味し、後者は第3分冊165～204ページを指す。なお、以下では『剰余価値学説史』からの引用文の直後に大月書店（国民文庫）からの引用巻数とページ数を表示する。

13)「第1部 資本の生産過程、第6章 直接的生産過程の諸結果」については、カール・マルクス著岡崎次郎訳『直接的生産過程の諸結果』大月書店 1970年、を用いる。なお上記の〔Ⅰ〕という本章は特に見出しのない長い著述（同上、10～79ページ）から始まり、これに続き見出しを付された七つの節が存在する。「生産的労働と不生産的労働」（同上、109～126ページ）とはその5番目を意味する。

さて、マルクスは「経済学批判（1861-1863年草稿）」を書き終えた後、1863年8月から1865年末までの期間において『資本論』全3部の草稿を一応完成させている。このうち、「第1部 資本の生産過程」に関しては、唯一現存し、結局1867年9月刊行の『資本論』第1巻に採用されなかったものが「第1部 資本の生産過程、第6章 直接的生産過程の諸結果」なのである。

419

由来は次の通りである。周知のように、マルクスは『経済学批判』の出版（初版1859年）後、続編のために、1861年8月から1863年7月の期間において、計23冊から成るノート（通記1〜1499ページ）を書き上げている。これが通称「経済学批判（1861-1863年草稿）」と呼ばれるものである。このうちノート6（通記220ページ）からノート15（同950bページ）、ノート18（同1084〜1157ページ）において、大部にわたる「5 剰余価値に関する諸学説」を残している。基本的にこの著述を編集したものが、上記に原語にて示した『カール・マルクス＝フリードリッヒ・エンゲルス全集、第26巻、全3分冊』なのである。

では、基本的な事柄として、先に挙げた『剰余価値学説史』にて生産的労働・不生産的労働を論じた二つの著述は、何番目のノートに記述されたものであろうか、いつ頃記されたものであろうか[14]。まず、「第4章 生産的労働と不生産的労働とに関する諸学説」はノート7・通記300ページよりノート9・同419ページにおいて記述されている。1862年4月より6月初めまでにおいてと推定されている。これに対し、補録・「資本の生産性。生産的労働と不生産的労働」はノート21・通記1316〜1331ページにて記述されている。1863年5月にて記されたと推定されている。そもそも、後者は「経済学批判（1861-1863年草稿）」／「5 剰余価値に関する諸学説」において記述されたものではない。両者が全く異なったノートにおいて記述されている点、および約1年もの間隔がある点により、両著述の異質性が推測されうる。

さらに、「5 剰余価値に関する諸学説」の最終項にて（ノート18・通記1140ページ）、著名な『資本論』第1部のプラン草案が記されている（1862年12月と推定される）。以下の通りである。

---

14) マルクスの諸草稿の当該箇所がいつ頃記されたのかという点は、基本的にはMEGA第2部第3巻「経済学批判（1861-1863年草稿）」の編集者による「成立と来歴」（資本論草稿集翻訳委員会訳『マルクス 資本論草稿集④』大月書店 1978年、43〜61ページ）に負うている。しかし、MEGA第2部第3巻全6分冊に関しては、編集自体に、それ故執筆時期の推定にも若干の問題があり、資本論草稿集翻訳委員会の委員であった三宅義夫教授による「MEGA第二部第三巻の編集について」（「『資本論草稿集』のしおり」1994.3 大月書店、として『マルクス 資本論草稿集』⑨に所収）という見解も加味したものである。また、不破哲三著『『資本論』はどのようにして形成されたか』新日本出版社 2012年、をも参照した。

第13章　生産的労働・不生産的労働論と資本家の指揮の実質について

　第1篇「資本の生産過程」は次のように分けること。
1. 序説。商品。貨幣。
　（中略）
5. 絶対的剰余価値と相対的剰余価値との結合。賃労働と剰余価値との諸関係（比率）。資本のもとへの労働の形式的および実質的包摂。資本の生産性。生産的および不生産的労働。
　（中略）
7. 生産過程の結果。…
8. 剰余価値に関する諸学説。
9. 生産的労働と不生産的労働とに関する諸学説[15]。

　この『資本論』第1篇のプラン草案後、実質的な『資本論』第1部の草稿はプラン1～7までとなり、「経済学批判（1861-1863年草稿）」／「5　剰余価値に関する諸学説」はプラン8・9に移行し『剰余価値学説史』となるのであろう。そして、「経済学批判（1861-1863年草稿）」ノート21・1316～1331ページにて記述された「k　資本の生産性、生産的および不生産的労働」という題目は、上記プラン草案5の傍線部分と全く同一である。つまり、プラン草案後の「k　資本の生産性、生産的および不生産的労働」という草稿はもはや『資本論』第1部のためのものに転化しているのである。（ちなみに、プラン草案「7. 生産過程の結果」とは『直接的生産過程の諸結果』となろう。）これに対し、「経済学批判（1861-1863年草稿）」／「5　剰余価値に関する諸学説」の中に位置する「第4章　生産的労働と不生産的労働とに関する諸学説」こそが本来的に『剰余価値学説史』のための当該草稿部分であろう。

　このように『カール・マルクス＝フリードリッヒ・エンゲルス全集、第26巻、全3分冊』においては、つまり前掲邦訳書『剰余価値学説史』においては、生産的労働・不生産的労働に関する異質の二つの著述が並存しているのである。編集者（ドイツ社会主義統一党中央委員会付属マルクス＝レーニン主義研究所）は序文にて、その異質性を半ば認識した上で、次のように述べ

---

[15] 資本論草稿集翻訳委員会訳『マルクス　資本論草稿集⑧』大月書店　1984年、542ページ。なお、傍線は藤原による。

る。「第１分冊の補録のなかには、第４章の重要な補足をなす生産的労働と不生産的労働とに関するマルクスの理論的な研究もはいっており、また同じ問題圏へのあまり大きくない付説もはいっている。」（『剰余価値学説史』①、39ページ）しかし、両著述は本当に「第４章の重要な補足をなす」関係にあるのだろうか。次第に明らかとなってゆくであろう。

　次に、二つめの基本的な事柄として本節冒頭で挙げた３点の著述部分はどのような内容を中心としているのであろうか。それぞれ生産的労働・不生産的労働の規定を有しているが、それは何を論じるためのものであったのか、明確にしておかなければならない。

　第一に、「第４章　生産的労働と不生産的労働とに関する諸学説」とは題目通り、学説史的観点より生産的労働と不生産的労働を検討したものである。では、誰の学説を主たる研究対象としていたのか。まず、上記の題目は、「経済学批判（1861-1863年草稿）」では「５　剰余価値に関する諸学説」における「ｃ　Ａ・スミス」に係わる一項としての「生産的労働と不生産的労働との区別」を意味している。次に、「第４章　生産的労働と不生産的労働とに関する諸学説」はドイツ語版編集者によって区分された全19の諸節より成り立っており、このうち、第１～第３節および第19節はＡ・スミスの学説検討であり、これ以外は彼以後の学説検討である。しかし、第４節冒頭でマルクスは次のように言う。「生産的労働と不生産的労働とに関するＡ・スミスの区別にたいする論争──といっても、それは、主として二流どころにかぎられている論争である、というのは、この論争には、重要な経済学者はだれも、経済学上でなんらかの発見をしたと言いうるほどの人はだれも、参加していないからであり、…」（『剰余価値学説史』②、49ページ）[16] 以上より、Ａ・スミスの生産的労働と不生産的労働に関する学説が主たる研究対象であることは明白であろう。そして、同第３節「生産的労働のスミスの見解における二面性」、細題目として「(a) 生産的労働は資本と交換される労働であるとする説明」および「(b) 生産的労働は商品に実現される労働で

---

16)「Ｇ・ガルニエ（スミスの翻訳者）、ローダデール伯、ブルーム、セー、シュトルヒ、のちにシーニア、ロッシらの──この点についての──たわごとに立ち入ることは、骨おりがいのないことである。」（同上、53ページ）ともマルクスは言う。

第 13 章　生産的労働・不生産的労働論と資本家の指揮の実質について

あるとする説明」を挙げながら、前者を極めて高く評価しつつ、後者を実に批判的に評価しつつ、論を進めてゆくのである。

　第二に、これに対して、補録・「資本の生産性。生産的労働と不生産的労働」、ならびに『直接的生産過程の諸結果』〔Ⅰ〕見出し第5節「生産的労働と不生産的労働」に共通して、端的に言えば、これらは資本の神秘化を論じるための著述部分なのである。以下この点を必要十分な限りで論じてみよう。

　補録・「資本の生産性。生産的労働と不生産的労働」はドイツ語版編集者による（a）から（k）までの10の見出しより成る。このうち「（a）社会的労働のいっさいの生産力は資本の生産力として現われる」は、これについていかなる事情で成立したのか、から説き始める。単なる資本のもとへの労働の形式的包摂、独自な資本主義的生産様式の発展、労働者たち自身の労働の社会的諸形態（こうした社会的形成物は労働者のものではない）、といったプロセスを述べながら、「こうして、資本は一つの非常に神秘的な存在となる。」（『剰余価値学説史』③、170ページ）と断言する。ノート21・通記1317～1318ページにおける一連の説明である。そこで、次のような新たな問題を提起する。

　　　次のことが問題となる。労働の生産力は資本に移転されているのであって、同じ生産力を、一度は労働の生産力として、もう一度は資本の生産力として、二度も数えることはできないのだから、どのようにして、または、どんな理由によって、労働は、資本に対立して生産的に、すなわち生産的労働として、現われるのか？ |労働の生産力――資本の生産力。しかし、労働能力は、その価値とその価値増殖との差異によって生産的なのである。|（『剰余価値学説史』③、170～171ページ）

　つまり、ここでの新たな問題とは、「労働の生産力は資本に移転されている」（「こうして、資本は一つの非常に神秘的な存在となる」）という立論の展開の現在において、生産的労働を論じる意味は何か、ということであろう。この点に関しては、直後に次のような便宜的な回答が用意されている。

労働の社会的な一般的な生産力は資本の生産力である。しかし、この生産力は労働過程だけに関係する。すなわち使用価値だけに影響する。この生産力は交換価値には直接には影響しない。労働者たちの生産物の価値は労働の生産性とはかかわりがないのである。これに対し、生産的労働は——価値を生産する労働としては——、資本にたいして、つねに、個々の労働能力の労働として、個々別々の労働者の労働として、対立するのであって、この労働者たちが生産過程のなかでどんな社会的結合をなすかは問題ではない、と言う。（同上、172～173ページ）つまり、労働の社会的な一般的な生産力は資本の生産力である、ということと、価値を生産する労働である個人としての生産的労働とは、それぞれ別々の概念であるという主張であろう。

　しかし、先の問題に対するマルクスの回答はこれにとどまらない。補録・「資本の生産性。生産的労働と不生産的労働」段階におけるより展開された回答を、「(i) 物質的生産の総過程という視角から見た生産的労働の問題」という見出しが付された、次の引用文に発見できよう。

　　いろいろな労働を、したがってまた頭脳労働と手労働——または、そのどちらかがまさっている労働——を分離して、いろいろな人たちに配分することは、まさに資本主義的生産様式の独自性である。といっても、そのことは、物質的生産物がこれらの人々の共同生産物であること、または物質的富に対象化された彼らの共同生産物であること、を妨げるものではない。他面、そのことは、また同じように、これらの人々の各個人の関係が資本にたいする賃労働者の関係であり、またこのすぐれた意味において生産的労働者の関係であることを妨げるものでもなく、またはそれをけっして変えたりするものでもない。これらすべての人々は、直接に物質的富の生産に従事させられているだけでなく、彼らは、その労働を直接に、資本としての貨幣と交換し、したがって彼らの賃金のほかに資本家のための剰余価値をも直接に再生産するのである。彼らの労働は、支払労働・プラス・不払剰余労働から成っている。（『剰余価値学説史』③、202ページ）

第 13 章　生産的労働・不生産的労働論と資本家の指揮の実質について

　引用文直前の段落では、独自な資本主義的生産様式によって展開された、協業・マニュファクチュア的分業という社会的労働過程を指し示している。前節において命名した「生産的労働の本源的規程②」における社会的労働過程と同一の状況である。そこでは資本主義的生産様式の独自性により、労働の生産力は資本に移転されている。その段階でさらに深く資本という概念を追究するための視点を二重に設定したものが上掲引用文の内容であろう。その視点の第一は「物質的生産物がこれらの人々の共同生産物であること」である。その第二が、「これらの人々の各個人の関係が資本にたいする賃労働者の関係であり、またこのすぐれた意味において生産的労働者の関係であること」と言えよう。

　補録・「資本の生産性、生産的労働と不生産的労働」を論じる上で最後に次の点を紹介しなければならない。先に見出し（a）における最初の説明部分として、これはノート 21・通記 1317〜1318 ページで記載されているとした。実はノート 21 のこの箇所は『直接的生産過程の諸結果』〔Ⅰ〕見出し第 7 節「資本の神秘化その他」へと移設されているのである[17]。つまり、『剰余価値学説史』③ 166〜170 ページは、『直接的生産過程の諸結果』133〜137 ページへとほぼそのままの状態で移設されている。この一点のみでも補録・「資本の生産性、生産的労働と不生産的労働」はどのようなものと重要な補足をなす関係にあるのかわかろう。

　『直接的生産過程の諸結果』〔Ⅰ〕見出し第 5 節「生産的労働と不生産的労働」は、「さらに進んで、資本主義的生産様式の結果として生ずる資本の姿の変化を考察する前に、ここでこの問題を予め簡単に述べておこう。」（『直接的生産過程の諸結果』、109 ページ）という一文から始まる。「資本の姿の変

---

17) MEGA 編集者はノート 21 から『直接的生産過程の諸結果』への移設について次のように記す。「1863－1865 年草稿を作成するために、マルクスは、1302 ページから 1309 ページまでと 1318 ページから 1319 ページの全ページまたは一部分を『第 1 部。資本の生産過程。第 6 章。直接的生産過程の諸結果。』という表題の草稿に移した。切り取りと貼り付けによって、本文の損傷が生じた。」（『マルクス　資本論草稿集⑨』、25 ページ）但し、正確には上記「1318 ページから 1319 ページの」は 1317 ページから 1318 ページの、と修正しなければならない。

18) 見出し第 5 節と同第 7 節の間に「総生産物と純生産物」という節がある。但し、マルクスはその前文で、「おそらく第 3 部第 3 章に入れるほうが適当であろう。」と記しているのである。

化を考察する」とは見出し第7節「資本の神秘化その他」を意味し、その実質的な前節がこの「生産的労働と不生産的労働」であるが故に[18]、生産的労働・不生産的労働と資本の神秘化とを関連させた論究が予測できる。以下の通りである。

　資本家が、その使用価値のために、自分の消費のために、買うサーヴィスもまた、生産的に消費されるのではない。それは資本の要因にはならない、したがって、そのようなサーヴィスは生産的労働ではなく、その担い手は生産的労働者ではない。しかし、そのようなサーヴィス提供者個人は、資本主義的生産の進展とともに直接に賃金労働者に転化する。資本家に雇用された賃金労働者がそのサーヴィス提供により資本の自己増殖に資する事態である。(同上、114～115ページ) そこで何が生じるかをマルクスは問題にするのである。

　　ところで、この現象、すなわち、資本主義的生産の発展につれて、すべてのサーヴィスが賃労働に転化し、すべてのその遂行者が賃金労働者に転化し、したがって彼らがこの性格を生産的労働者と共通にするようになるという現象は、この両者を混同するきっかけをますます多く与えるようになる。なぜなら、これは、資本主義的生産を特徴づけるとともに資本主義的生産そのものによってつくりだされる現象だからである。他方、これは、弁護論者たちに、生産的労働者が賃金労働者であるという理由から、これをただ自分のサーヴィス（すなわち使用価値としての自分の労働）を貨幣と交換するにすぎない労働者に転化させることへのきっかけを与える。(『直接的生産過程の諸結果』、115ページ)

　サーヴィス賃労働者が「この性格を生産的労働者と共通するようになるという現象は、この両者を混同するきっかけをますます多く与えるようになる。」この現象は、「資本主義的生産を特徴づけるとともに資本主義的生産そのものによってつくりだされる」とマルクスは主張する。端的に言えば、サーヴィス賃労働者の生産的労働者への転化（本章第2節における「生産的労働の資本主義的形態規定②」に類するもの）に資本の神秘化の新たな展開を見

出しているのである。あるいは、先に挙げたマルクスの問題提起（423ページ）に対して、より具体的な新たな回答を与えているのであろう。

さて、最後にこの3-1. を小括しておこう。『剰余価値学説史』における「第4章　生産的労働と不生産的労働とに関する諸学説」、ならびに、補録・「資本の生産性。生産的労働と不生産的労働」に関しては、第一にマルクスの原典ノートと執筆時期が全く違うこと、第二に論じられている内容・対象が全く異なること、それ故に両者の異質性を指摘しうるのである。それに対し、補録・「資本の生産性。生産的労働と不生産的労働」、ならびに、『直接的生産過程の諸結果』〔Ⅰ〕見出し第5節「生産的労働と不生産的労働」に関しては、第一に草稿そのものが前者から後者へと移設されている点で、第二に論じられている内容・対象の共通性の点で、それ故に両者の強い関連性と繋がりを指摘しうるのである。換言すれば、これらの3点の草稿については、第一は本来の『剰余価値学説史』（『資本論』第4部）のためのものであり、第二・第三は『資本論』第1部のためのものであったということである。では、これらの本質的に由来を異にした三つの草稿における生産的労働と不生産的労働に関する議論は、現行の『資本論』におけるこの議論（端的に本章第2節で紹介したもの）に通じてゆくのであろうか（通じるのか否か）、項を新たにして3-3. にて論じてみよう。

3-2. 諸草稿における生産的労働の規定等

ここでは諸草稿においてマルクスが生産的労働の定義・前提条件としてどのような点を論述しているのか、探っておこう。以下では、『直接的生産過程の諸結果』〔Ⅰ〕見出し第5節「生産的労働と不生産的労働」における用例を逐次指摘してみよう。また、本章第2節で論じた『資本論』における生産的労働に関する四つの定義と対照する形式で記述してゆく。

見出し第5節「生産的労働と不生産的労働」は冒頭第二文の次のような言及より論は始まる。「資本主義的生産の直接の目的および本来の生産物は剰余価値なのだから、ただ直接に剰余価値を生産する労働だけが生産的であり、直接に剰余価値を生産する労働能力行使者だけが生産的労働者である。つまり、ただ、直接に生産過程で資本の価値増殖のために消費される労働だ

けが、生産的なのである。」(『直接的生産過程の諸結果』、109～110 ページ) そして、次のような結語で同節は閉じられてゆく。「こういうわけで、生産的労働(したがってまたその反対物としての不生産的労働)の規定は、資本の生産は剰余価値の生産であって、資本によって充用される労働は剰余価値を生産する労働である、ということにもとづいているのである。」(同上、126 ページ) この両規定は、本章第 2 節で紹介した『資本論』における第三の定義：「生産的労働の資本主義的形態規定①」に相応するものであろう。

次にマルクスが生産的労働に言及するのは、「労働過程一般の単純な立場からは、われわれにとって生産的として現われたのは、ある生産物に、より詳しくは、ある商品に、実現される労働だった。」(同上、110 ページ) という規定である。『資本論』において「単純な労働過程の立場から生じる」生産的労働とは、頭の労働と手の労働との結合が自然に働きかけて単なる生産物を個人的に作ること、といったものである(定義一：「生産的労働の本源的規定①」)。それに対し、ここでは「労働過程一般の単純な立場からは、…ある商品に、実現される労働だった」とマルクスは言う。これは『剰余価値学説史』「第 4 章生産的労働と不生産的労働とに関する諸学説」における「3　生産的労働のスミスの見解における二面性、(b) 生産的労働は商品に実現される労働であるとする説明」を継承しての規定である。但し、これにはマルクスは批判的評価を与えていた。それ故に、上記規定の独り歩きを厳しく非難するのである[19]。

次は、協業・分業という集団労働に際しての社会的労働過程における生産的労働の規定である。以下のやや長い引用文の通りである。『資本論』における第二の定義：「生産的労働の本源的規定②」の当該箇所 (413～415 ページの引用文) では専ら社会的労働過程に対象をしぼり論述しているとも解しえたのに対し、下記引用文では社会的労働過程と価値増殖過程の混合物とし

---

[19] 生産の資本主義的な形態を生産の絶対的な形態と考え、したがってまたそれを生産の唯一の自然形態と考えるブルジョア的な偏狭さだけが、資本の立場からはなにが生産的労働でなにが生産的労働者であるかという問いと、なにが一般に生産的労働であるかという問いとを混同することができるのであり、したがってまた、およそ生産を行なう労働、ある生産物に、またはなんらかの使用価値に、総じてある成果に、結果する労働は、すべて生産的である、という同義反復的な答えで満足することができるのである。(『直接的生産過程の諸結果』、111 ページ)

第13章　生産的労働・不生産的労働論と資本家の指揮の実質について

て把握している点が特徴である。

　　第一に。資本のもとへの労働の実質的包摂または独自に資本主義的な生産様式の発展について、個々の労働者がではなく、社会的に結合された労働能力が、ますます総労働過程の現実の機能者となり、そして、競争しながら総生産機構を形成するいろいろな労働能力が、商品形成の、またはここではむしろ生産物形成の、直接的過程に非常にさまざまな仕方で参加し、一方の者はより多くの手で労働し、他方の者はより多く頭で労働し、一方の者は管理者や技師や技術学者などとして、他方の者は監督として、第三の者は直接的筋肉労働者として、または単に手伝い人としてさえ、労働するようになるので、ますます、労働能力の諸機能は生産的労働の直接的概念のもとに、そして諸機能の担い手は生産的労働者の概念のもとに、すなわち直接に資本によって搾取され資本の価値増殖過程および生産過程一般に従属させられる労働者の概念のもとに、組み入れられるようになる。〔中略〕しかしまた、この総労働能力の活動は、資本によるその直接的生産的消費、すなわち資本の自己増殖過程、剰余価値の直接的生産であり、したがって、後にもっと詳しく述べるべきことであるが、この総労働能力の資本への直接的転化である。(『直接的生産過程の諸結果』、111～112ページ)

さらに、4番目の規定として、労働過程としては不生産的労働であるが、当人が賃労働者として資本に雇用され、資本の自己増殖に資する局面で生産的労働に転化する、というケースを論述する。以下の引用文の通りであり、『資本論』における第四の定義：「生産的労働の資本主義的形態規定②」に相応するものであるが、『資本論』の当該箇所(413～415ページの引用文)に比べ、やや長文の記述となっている。

　　これまでに述べたことから明らかなように、生産的労働であるということは、それ自体としては労働の特定の内容またはその特殊は有用性またはそれを表わす特有な使用価値とは絶対になんの関係もない労働の規

429

定である。

　それゆえ、同じ内容の労働が生産的でも不生産的でもありうるのである。

　たとえば、『失楽園』の作者ミルトンは、不生産的労働者だった。これに反して、出版業者に工場労働を提供する著述家は、生産的労働者である。ミルトンは、蚕が絹を生みだすように、彼の天性の発現として『失楽園』を生みだした。彼は後にその作品を五ポンドで売って、そのかぎりでは商品取引者になった。しかし、出版業者の命令によっていろいろな書物、たとえば経済学に関する概説書を生産するライプツィヒの文筆プロレタリアは、彼の生産が資本のもとに包摂されていて、ただ資本の価値増殖のためにのみ行なわれるかぎり、だいたいにおいて生産的労働者である。鳥のように唱う女性歌手は、不生産的労働者である。彼女が自分の歌を貨幣と引き換えに売るならば、彼女はそのかぎりでは賃金労働者かまたは商品取引者かである。しかし、同じ歌手が、彼女に唱わせて貨幣を得ようとする企業者に雇われるならば、彼女は生産的労働者である。なぜなら、彼女は直接に資本を生産するからである。他の人々に教える学校教師は、生産的労働者ではない。しかし、教師が他の教師とともにある学校に雇われて、この知識を商う学校の企業者の貨幣を自分の労働によって価値増殖するならば、彼は生産的労働者である。
（『直接的生産過程の諸結果』、118〜119ページ）

　また、マルクスは生産的労働を規定するにあたり、次の2点の前提条件を設けている。第一は、賃金労働者の同じ労働であっても、資本家により労働力が購入され、資本の自己増殖に資する場合にのみ生産的労働となる。同じ労働力が資本家により直接購買されても、それが資本家の直接的消費のため

20）同じ労働（たとえば園芸や裁縫など）が同じ労働者によってある産業資本家のために行なわれることも、ある直接的消費者のために行なわれることも、ありうる。どちらの場合にも、彼は賃金労働者または日雇労働者であるが、しかし、一方の場合には彼は生産的労働者であり、他方の場合には不生産的労働者である。なぜなら、彼は一方の場合には資本を生産するが、他方の場合にはそれをしないからであり、また一方の場合には彼の労働は資本の自己増殖過程の一契機をなしているが、他方の場合にはそうではないからである。（『直接的生産過程の諸結果』、119〜120ページ）

第 13 章　生産的労働・不生産的労働論と資本家の指揮の実質について

に使用される場合は不生産的労働となる（資本を生産しないから）、というものである[20]。第二は、自営労働者や手工業者の労働に関しては、そもそも生産的労働と不生産的労働の概念の対象ではないという点である。このケースでは貨幣と商品の直接的交換のみ生じうるにすぎないのである[21]。

以上、『直接的生産過程の諸結果』〔Ⅰ〕見出し第 5 節「生産的労働と不生産的労働」について、生産的労働に関する 4 点の規定と 2 点の前提条件を見出した。これらの諸規定の存在は他の草稿においてもほぼ同一の状況であり、他草稿への検討は省略する。

3-3.　諸草稿から『資本論』へ、次節への手掛かり

ここまで詳論してきた、生産的労働と不生産的労働に関する三つの草稿は、『資本論』の生産的労働と不生産的労働に関する論述（413～415 ページの引用文）とどのように関わってくるのであろうか。実は、この 413～415 ページの引用文においても性格を異にする二つの記述へと区分することが可能であり、この区分に基づき諸草稿と『資本論』との関連の仕方を見ておこう。

第一の区分として、413～415 ページの引用文 44 行目から 51 行目（最後）まで「本書のうち理論の歴史を取り扱う第四部で、古典派経済学はずっと以前から剰余価値の生産を生産的労働者の決定的な性格としたことが、詳細に示されるであろう。…」を取り上げることができる。これは生産的労働と不生産的労働の問題を学説史として取り扱い、それを「本書のうち理論の歴史を取り扱う第四部」で改めて著述することの予告に他ならない。したがって、『剰余価値学説史』「第 4 章　生産的労働と不生産的労働とに関する諸学説」は、つまり、「経済学批判（1861-1863 年草稿）」における「5　剰余価値に関する諸学説」「c　A・スミス」～「生産的労働と不生産的労働との区別」等は、マルクスの予告するこの第四部に充てられる草稿なのである。大幅な

---

21) 生産的労働と不生産的労働との相違は、ただ、労働が貨幣としての貨幣と交換されるか、それとも資本としての貨幣と交換されるか、ということにあるだけである。たとえば、私が自営労働者や手工業者などから商品を買う場合には、けっしてこの範疇は問題にならない。なぜなら、この場合には貨幣となんらかの種類の労働との直接的交換が行なわれるのではなくて、貨幣と商品との直接的交換が行なわれるのだからである。（同上、124 ページ）

431

修正も予想されるものではあるが。

　第二の区分として、では残る413〜415ページの引用文の大半はどのように位置づけられるのであろうか。文面を見る限り、生産的労働に関する四つの定義が、労働過程と価値増殖過程とに分類され、局面を区別し、理路整然と簡明に論述されたものである。すなわち、残る二つの草稿、『剰余価値学説史』補録・「資本の生産性。生産的労働と不生産的労働」、ならびに、『直接的生産過程の諸結果』〔Ⅰ〕見出し第5節「生産的労働と不生産的労働」、これらにおいて生産的労働と不生産的労働を規定した部分（端的に言えば前項3-2. で指摘した6点）を、整理しながら移設・再記したものがこの第2の区分ということになる。但し、2草稿中で論じられていた資本の神秘化論はすっかり姿を消すという形式であるが。その点は、同じく不生産的労働から生産的労働へ転じたケースに関する『資本論』における記述（417〜418ページの引用文）と『直接的生産過程の諸結果』における記述（426ページの引用文）とを対照すれば、より一層明瞭なものとなろう。

　この生産的労働と不生産的労働を巡る議論において資本の神秘化論が消失してしまった事情を以下簡単に記しておこう。マルクスは、1863-65年の『資本論』草稿執筆期間において、その初期には『資本論』第1部の終わりに「資本の生産過程」に関する資本の神秘化論を本格的に展開しようと考え草稿も準備していた。しかし、実際に『資本論』第1巻を執筆した1866-67年においては、結局これを断念する。『資本論』の中では、「資本の生産過程」における資本の神秘化論は、同第3巻第7篇第48章にて「直接的過程の部面の内部においてさえも」生じる資本の神秘化論として、短かな文面における簡明な記述（『資本論』⑬、1448-1449ページ）にとどまるのである。当初は資本の神秘化論全体の中で、「資本の生産過程」における資本の神秘化が中心概念であるとマルクスは考えていた。しかし、『資本論』草稿を書き進めてゆく中で、例えば、「利子生み資本において、資本関係はそのもっとも外面的で物神的な形態に到達する」という一文より始まる同第3巻第5篇第24章「利子生み資本の形態における資本関係の外面化」こそが資本の神秘化の決定的概念・契機であると、考えを改めたからである。以上の経緯に関してはすでに本書第12章で詳論したために、詳しくはこちらに譲る。以上のように『資

第13章　生産的労働・不生産的労働論と資本家の指揮の実質について

本論』第1部における「資本の生産過程」に関する資本の神秘化論の本格的展開は断念せざるをえなくなった。それ故に、もはや生産的労働と不生産的労働の議論において資本の神秘化の概念を関わらせる必要はなくなってしまったのである。

　さて、これまでの行論において本章の副たる課題、すなわち、生産的労働と不生産的労働に関して、『資本論』および草稿である『剰余価値学説史』・『直接的生産過程の諸結果』との間での全体としての位置づけと構成を最新の知見より明らかにすること、これは論じ終えた。しかし、未だ紹介していない諸草稿の箇所において、本章の主たる課題：資本家の指揮における生産的労働の有無を確定すること、この課題を解決するためのマルクスの言及が存在する。本節の最後にその点を論じておこう。『直接的生産過程の諸結果』〔Ⅰ〕見出し第5節「生産的労働と不生産的労働」における最後部からの以下の引用文を参照されたい。

　　生産的労働と不生産的労働との区別は、蓄積に関して重要である。というのは、ただ生産的労働との交換だけが剰余価値の資本への再転化の諸条件の一つだからである。

　　価値増殖過程にある資本――生産資本――の代表者としての資本家は、まさに生産的労働を管理し搾取することこそを本質とする一つの生産的な機能を行なう。剰余価値の生産にたいしてこのような直接的で活動的な関係に立っていない剰余価値の共同消費者との対比において、彼の階級は特にすぐれた意味での生産的な階級である。（労働過程の管理者として、資本家は、彼の労働が、生産物に具体化される総労働過程のなかに含まれているという意味において、生産的労働を行なうことができる。）われわれはここではただ直接的生産過程のなかにある資本を知っているだけである。そのほかの資本機能――および資本がこれらの機能の範囲内で使用する代理者たち――がどういう事情にあるかについては、もっとあとではじめて述べることができる。（『直接的生産過程の諸結果』、125～126ページ）

433

先に挙げた課題を解決するために極めて重要なマルクスの指摘と言わざるをえない。資本家の指揮に関して、上掲の引用文からは次の3点を引き出しうるのである。第1に、生産資本（価値増殖過程にある資本）の代表者としての資本家に関しては、生産的労働を管理し搾取することが本質であり、これをマルクスは「一つの<u>生産的な機能</u>」と言う。これに対し第2に、「労働過程の管理者として、資本家は、彼の労働が、生産物に具体化される総労働過程のなかに含まれているという意味において、<u>生産的労働を行なうことができる。</u>」と明言していることである。つまり、マルクスは資本家の指揮について「生産的な機能」と「生産的労働」とに明確に区分している点に注視しなければならない。a. 価値増殖過程にある資本——生産資本——の代表者としての資本家、b. まさに生産的労働を管理し搾取すること、という2条件を備えた資本家の指揮が「生産的な機能」となる。また、c. 労働過程の管理者として、d. 資本家の労働が生産物に具体化される総労働過程のなかに含まれている、という2条件を備えた資本家の指揮が「生産的労働」になるということである。第3に、マルクスは、「そのほかの資本機能——および資本がこれらの機能の範囲内で使用する代理者たち——がどういう事情にあるかについては、もっとあとではじめて述べることができる。」と宣言する。生産資本の資本家が保持する、資本家の指揮における「生産的な機能」と「生産的労働」とをその峻別も含めより詳しく論じること、そして、資本家の指揮に関する上述の点は、「そのほかの資本機能」つまり商業資本等に、また資本家に替わる代理者の指揮に、適合しうるか否かを論述すること、こ

---

22) 上述のマルクスの言及が出現したところで、先の生産的労働と管理との関連に関する角谷教授の規定（409〜410ページ）について一言できよう。マルクスは、「価値増殖過程にある資本の代表者としての資本家は、まさに生産的労働を管理し搾取することこそを本質とする一つの生産的な機能を行なう」と言う。これに対し、ほぼ同様の意味で角谷教授は「資本家の管理活動は、この剰余価値生産労働に対立するところの資本の機能にほかならないのであって」と述べ、その上で、この資本家の管理活動を、一方では「不生産労働といわなければならない」とし、他方で「具体的有用労働でも価値形成労働でもありえない」と言う。マルクスは、「生産的な機能を行なう」との資本家の活動には労働の性質を認めていないであろう。角谷教授は一方で労働の性質を認め、他方で否定している。どちらが本意なのであろうか。より重要な難点は、先の角谷教授の規定からは、マルクスの「労働過程の管理者として、資本家は、…生産的労働を行なうことができる。」という言及が全く抜け落ちてしまっていることである。

第13章　生産的労働・不生産的労働論と資本家の指揮の実質について

れらを予告している。同時に、これらの論述はマルクスにとりさほど困難な点ではないことも窺える。『資本論』においては、資本家の指揮における「生産的な機能」と「生産的労働」に関するより詳しい論述はなく、上記の予告も果たされなかった。しかし、筆者が設定した主たる課題は実は明快な回答が得られうるものであることも窺えよう[22]。

　なお、本章の主たる課題を探るためには、以下の事柄も一助となる。すでに429ページの引用文に見られるように、集団労働に際して「管理者」・「監督」は生産的労働者と明記されている。さらに、次の引用文に見られるように、社会的労働過程において（本章第2節、『資本論』にての「生産的労働の本源的規程②」に相応するケースで）「支配人」をも生産的労働者に含めているのである。（生産的労働者のなかには支配人も属する、という記述は『剰余価値学説史』②、17ページ、にても見られる。）

　　　第一に、A・スミスは、当然に、売ることができ交換することができる商品に固定され実現される労働のうちに、物質的生産において直接に消費されるすべての知的労働を含めている。すなわち、直接的な手工労働者または機械工だけでなく、監督、技師、支配人、事務員など、要するに、一定の物質的生産部面において、一定の商品を生産するために必要な全人員の労働、つまりその労働の協力（協業）が商品の製造に必要な全人員の労働を含めている。事実上、彼らは、不変資本にその総労働をつけ加え、この額だけ生産物の価値を高めるのである。（このことは、銀行業者などについては、どこまであてはまるであろうか？）（『剰余価値学説史』②、30〜31ページ）

4. 資本家の指揮の実質と生産的労働・「生産的な機能」

　本章第1節で掲げた川端久夫教授の問題提起とは、マルクスの生産的労働および不生産的労働の概念に関連しながら、「資本制的管理労働は、どこまで価値形成的であり、どこから価値形成的でなくなるのか、あるいは、いかなる管理労働が価値を形成し、また形成しないのか——この追跡こそ、批判

的経営経済学が、経営管理の分析を通じて解決すべき課題ではないか」(411ページの引用文、主張Aとしたもの)、というものであった。但し、「どこまで価値形成的であり」とする場合、それが交換価値なのか使用価値をさすのか不明である。また、「資本制的管理労働は」とする場合、産業資本家自身による指揮なのか、この代理者による指揮なのか不明である。これらの諸点を確認しながら、「資本制的管理の生産的性格は否定しうべくもない」(412ページの引用文より)と言われるように、資本家の指揮における生産的労働の側面を明確にしなければならない。

また、マルクスは先の433ページの引用文にて、資本家の指揮の中に「生産的な機能」と「生産的労働」を見出していた。資本家の指揮の具体的な内容のうち、どれが前者・後者に該当するのか、明らかにしてみよう。なお、マルクスが予告したように、この点については、産業資本家による指揮のみならず、「そのほかの資本機能」として以下では商業資本における指揮を取り上げ、また、「代理者」による指揮の場合も、検討することとする。なお、資本家の指揮の具体的内容については、産業資本の場合は本章第6章、第7章・補章において、商業資本の場合は本書第10章において、筆者により判明されている。この両者を基礎にしながら、それぞれ検討を進めてゆく。

4-1. 産業資本における資本家の指揮、基本規定

産業資本(生産資本)における資本家の指揮の具体的内容は、本書第6章「『資本論』における資本家の指揮(Leitung)の実質について——マルクスの視野にある資本家の指揮の具体的内容を考察する——」以下において明らかにしていた。簡単に振り返っておこう。

まず、一般にマルクスが「資本主義的管理の二重性」について論述していると理解されている『資本論』第1巻第11章からの二つの文章を取り上げる。

> それに反して、資本主義的生産様式を考察するにあたっては、経済学者は、共同の労働過程の本性から生じる限りでの指揮(Leitung)の機能を、この過程の資本主義的な、それゆえ敵対的な性格によって条件づけられる限りでの指揮の機能と、同一視する。(『資本論』③、578ページ、

第 13 章　生産的労働・不生産的労働論と資本家の指揮の実質について

原語表示は藤原による、以下同。）

　　それゆえ、資本家の指揮（Leitung）は、内容から見れば二面的である——それは、指揮される（leitenden）生産過程そのものが、一面では生産物の生産のための社会的労働過程であり、他面では資本の価値増殖過程であるという二面性をそなえているためである——とすれば、形式から見れば専制的である。（同上、577 ページ）

　これら二つの文章では「資本主義的管理の二重性」についてマルクスが同様の事を述べているとみられている。しかし、厳密に考えれば、前者は資本家の指揮の機能について、それが二重の機能を有する点を論じているのであり、後者は資本家の指揮の対象について、それが二面的であることを論じているのである。そこで、筆者は、資本家の指揮の性質（資本家の指揮の機能）と、資本家により指揮される対象（「指揮される生産過程そのもの」）とを、それぞれ明確に限定した上で、これらを組み合わせることにより、資本家の指揮（Leitung）の実質が導きだされるものと考えている。

　すなわち、この二つの観点（二重の機能と対象の二面性）からは、形式的には 4 種類の資本家の指揮のタイプが導き出せることとなる。しかし、「指揮の一般的機能」が「資本の価値増殖過程」を対象とすることは現実にはありえない。そこで、資本家の指揮（Leitung）の実質としては、次の三つのタイプが存在することになる[23]。

a.「指揮の一般的機能」が、協業における「社会的労働過程」を対象として実施するもの。

b.「資本主義的生産様式に特有な指揮の機能」が、協業に際して「資本の価値増殖過程」を対象として実行するもの。

c.「資本主義的生産様式に特有な指揮の機能」が、協業に際して「社会的労働過程」を対象として実行するもの。

---

23)「指揮の一般的機能」と「資本主義的生産様式に特有な指揮の機能」は、すでに 418 ページにおいて触れているが、上掲の第 1 引用文の前半が前者を、同第 1 引用文の後半が後者を意味する。

なお、本書第6章の続く第3節～第6節では、資本家の指揮（Leitung）の実質として分類した上記の三つのタイプに関して、マニュファクチュアの場合、それぞれマルクスは『資本論』においてどのような内容のものとして論じているのか、詳細に検討した。また、同第7章「『資本論』第1巻第13章「機械設備と大工業」における資本家の指揮（Leitung）を解明する——特にタイプcを中心として」では、同じく、資本家の指揮（Leitung）の実質として分類した上記の三つのタイプに関し、機械制大工業の場合、それぞれマルクスは『資本論』においてどのような内容のものとして論じているのか、詳細に検討した。

　では、最初に資本家の指揮タイプa：「指揮の一般的機能」が協業における「社会的労働過程」を対象として実施するもの、とはいったい何に該当するのか確認しておこう。第一に、「指揮の一般的機能」とは、協業一般に由来する一般的な指揮であるDirektionに類する指揮機能であった。マルクスは通例、協業一般としてオーケストラを挙げ、この一般的な指揮としてオーケストラの指揮者（Musikdirektor）を挙げていた。これらの性質を有する資本家の指揮が対象として商品の使用価値につながる社会的労働過程に向かうのである。第二に、このタイプaのもとでの賃労働者は、本章第2節で述べた『資本論』における定義「生産的労働の本源的規定②」に正に該当する。これらの生産的労働者とならび彼らの社会的労働過程への指揮が商品の使用価値形成に不可欠となる。生産的労働者の概念の拡大は、「その成員は労働対象の処理に直接または間接にかかわっている」（413～415ページの引用文）ことと直結しているのである。第3に、以上で論じた資本家の指揮タイプaの実質は次のマルクスの言及に適合しよう。「労働過程の管理者として、資本家は、彼の労働が、生産物に具体化される総労働過程のなかに含まれているという意味において、生産的労働を行なうことができる。」（433ページの引用文より）「要するに、一定の物質的生産部面において、一定の商品を生産するために必要な全人員の労働、つまりその労働の協力（協業）が商品の製造に必要な全人員の労働を含めている。」（435ページの引用文より）後者の一文については次のように付言しうる。マルクスは協業または協業一般として社会的生産物の製造に必要な全人員の労働を生産的労働としている。協業とい

第13章　生産的労働・不生産的労働論と資本家の指揮の実質について

う概念については、指揮：Direktion、資本家の指揮：Leitung はその一要件であったが故に、これらも生産的労働に属するのである。

以上の3点による論述により、資本家の指揮タイプaこそが、資本家の指揮の中における生産的労働であると結論づけられよう。これはまた、『資本論』における定義「生産的労働の本源的規定②」に相応する生産的労働と言いうる。

次に、資本家の指揮タイプb：「資本主義的生産様式に特有な指揮の機能」が協業に際して「資本の価値増殖過程」を対象として実行するもの、とは何に該当するのであろうか。ここでの賃労働者は『資本論』における定義「生産的労働の資本主義的形態規程①」に正に該当する。そして資本家の指揮は賃労働者より剰余価値を引き出すための直接的活動であるから、上記生産的労働に対する「生産的な機能」と規定しうるのである。

さらに、資本家の指揮タイプc：「資本主義的生産様式に特有な指揮の機能」が協業に際して「社会的労働過程」を対象として実行するもの、とは何に該当するのであろうか。このケースでの資本家の指揮の対象は社会的労働過程であり、商品の使用価値と関連した指揮である。しかし、指揮の性質として「資本主義的生産様式に特有な指揮の機能」が存在する以上、社会的労働過程に着目しての生産方法の変化・生産力増大、これが特別剰余価値の発生・相対的剰余価値の生産に通じること、以上が資本の目的となる。したがって、社会的労働過程の側面で資本の自己増殖に資するように賃労働者は労働を行なっているために、彼らは『資本論』における定義「生産的労働の資本主義的形態規定①」に該当する。そして、資本家の指揮は上述した意味で賃労働者より剰余価値を引き出すための賃労働者に対する管理である故に、上記生産的労働に対する「生産的な機能」と規定されねばならない。対象を社会的労働過程とする資本家の指揮であれども、タイプaとは対照的にタイプcは生産的労働とは言えないのである。

24）角谷登志雄「商業の本質と「追加的生産過程」」経営会計研究（愛知大学経営会計研究所）第6号（1965年）所収、角谷「資本家の機能と商業労働」愛知大学法経論集・経済篇、第50号（1966年）所収。

4-2. 商業資本における資本家の指揮

　商業資本における資本家の指揮の具体的内容は、本書第10章「商業資本における資本家の指揮の基礎的態様」において明らかにしていた。このうち、商業・商業労働・商人的資本家の指揮に関しては、その諸特質を角谷登志男教授の業績[24]に依拠しながら明記した。その上で、商業資本における資本家の指揮の実質を筆者が独自に明確にした。簡単に振り返っておこう。

　まず、商業・商業労働とは何かという角谷教授の考察より以下の点が判明する。商業的機能の一つとして「質量変換」が挙げられ、これを商業の「使用価値的側面」と規定しうるか、という論争がかつて存在した。しかし、商業的機能における「質料変換」は、私的分業にもとづく商品生産社会に特有の社会的事象を意味する。特殊歴史的生産関係にもとづいてのみ生成するものであり、超歴史的なものではありえない。他方、直接的生産過程による商品に内在する使用価値、そして、労働過程・社会的労働過程は、あらゆる社会的生産に共通するものという要件を備えて成立する概念であった。それ故に、商業には「使用価値的側面」は存在しないのである。同時に、労働過程・社会的労働過程の存在も否定される。また、角谷教授が、資本主義的商業ないし商業労働は資本主義的商品流通に固有のものであり、超歴史的側面を有するものではない、と言われることで、社会的労働過程の存在は直接的に否定される。つまり、商業と商業労働においては社会的労働過程は存在しえないのである。

　次に筆者は、商人的資本家の指揮の特質について以下のような3点を明記した。

　　それゆえに、資本主義的生産様式のもとにおける商業労働の管理は、<u>一面において、価値および剰余価値実現のため共同的労働たる商業労働の計画化・指揮・評価の合目的的遂行、という機能をもちながら、他面において、独自的生産関係の担い手として商業的賃労働者の労働力の搾取・抑圧という機能をもつ。</u>この意味において、それは、直接的生産過程における管理の二重性と外見的に類似をもつ。ただし、前者における質料的側面は、資本主義的商業機能の生成そのものが経済的契機に規定

第13章 生産的労働・不生産的労働論と資本家の指揮の実質について

されるのと、まったく、同一性をもつことに注意を要する。（角谷「資本家の機能と商業労働」、30ページ。なお傍線は藤原によるものである。）

第一は、上掲の引用文に依りながら、商人的資本の機能の二面性が明らかとなった。筆者は、上記引用文の第一の傍線部分「一面において、…という機能をもちながら」を商人的資本家における「1. 指揮の一般的機能」と、第二の傍線部分「他面において、…という機能をもつ。」を商人的資本家の「2. 資本主義的生産様式に特有な指揮の機能」と、命名した。そして、引用文の後半に関しては、「1. 指揮の一般的機能」に対する筆者の次のような議論をもってこれを説明しよう。

この２分類は、すでに 4-1. で論じた産業資本における資本家の指揮の機能の２分類を意識したものである。しかし、産業資本における資本家の指揮の機能としての「指揮の一般的機能」とは、436〜437 ページの引用文から見られるように、社会的労働過程が存在する限りその本性から当然発生するという普遍性を有するものである。また、本来「指揮の一般的機能」とはDirektion に類するものを意味し、指揮：Direktion とは協業一般に由来する一般的な指揮という点で、そもそも「指揮の一般的機能」と名づけることが可能なのである。しかし、商業労働には社会的労働過程は存在しえなかった。また、「一面において、…」という商人的資本の指揮機能は、商業・商業労働・商業資本という、ごく限定された局面にのみ存在可能なものである。したがって、商人的資本家の指揮の機能としての「1. 指揮の一般的機能」と命名しても、そこには、社会的労働過程が存在する限りその本性から当然発生するという普遍性、ならびに、一般的機能という性質は、到底生じえないことになる。

第２は、商人的資本家の指揮の対象についてである。産業資本に際して、『資本論』第１巻第４篇第 11 章以降での資本主義的経営において資本家の指揮の対象として存在するものは、一方で社会的労働過程、他方で資本の価値増殖過程である。商業資本において、この後者に対応するものを「価値および剰余価値実現過程」と命名しておこう。これは商業資本において確かに存在しうる。しかし、商業労働において社会的労働過程は存在しなかった。つ

まり、商業労働の二重性は生じえないのである。

　第三は、商業資本のもとにおける商業労働に関する簡単な規定である。同商業労働は次の２点を特質とする。1）商業労働者の担当する商業労働は資本の流通機能を代理するもの、に他ならないこと。2）商業労働者の労働力の搾取という側面の確認。つまり、商業労働者は商人的資本家により不払労働の支出を余儀なくされていること。

　さて、ここからが本項における本論である。すでに本書第10章で筆者が明確化した商業資本における資本家の指揮の実質に関する議論を交えつつも、新たな問題として、これら資本家の指揮の実質は、生産的労働と不生産的労働、または、「生産的な機能」のいかなる概念に該当するのか、論を進めてゆく。以下３点の局面に区分しながら論述することが可能となる。

　商業資本に関するマルクスの議論（『資本論』第３巻第４篇第17章「商業利潤」）の出発点は、商人的資本家一人でのみ営まれる商業資本であった。産業資本の場合には全く成立しえなかったこのケースで何が該当するのか否かを、まず簡単に述べておこう。ここでは労働者を雇用していない故に資本家の指揮は当然生じない。また、商人一人が遂行している活動は、「価値および剰余価値実現過程」と命名したものであり、労働過程とは呼べない。単なる資本家の行為である。むしろ、この商人的資本家一人のみの営業のケースで該当するものは、諸草稿にて用意されていた生産的労働・不生産的労働に関する前提条件2（本書430～431ページ）であろう。注21の引用文でマルクスは「私が自営労働者や手工業者などから商品を買う場合には、けっしてこの範疇は問題にならない」と断言する。つまり、このケースでは生産的労働と不生産的労働を論じる段階にまでも達していないのである。

　以上の第一の局面を基礎として、商人的資本家が商業賃労働者を雇用する事態に展開し、商人的資本家の指揮（Leitung）も出現する。そして、先に商人的資本家の指揮の特質について明記したことから、この商人的資本家の指揮の対象と指揮の機能を次のように整理することができる。

　◎商人的資本家の指揮の対象
　ア．社会的労働過程
　イ．「価値および剰余価値実現過程」

第13章　生産的労働・不生産的労働論と資本家の指揮の実質について

　◎商人的資本家の指揮の機能
　1．指揮の一般的機能
　2．資本主義的生産様式に特有な指揮の機能

　後者は440〜441ページの引用文に基づくものであるが、「1．指揮の一般的機能」と記したものの、先に見たように商業および商業資本に限定される機能である点を再記しておく。

　さて、何度も指摘したように商業資本における商業労働には社会的労働過程は存在しえなかった。したがって、これまで検討した意味における商人的資本家の指揮の二つの機能（1．指揮の一般的機能、2．資本主義的生産様式に特有な指揮の機能）が、商人的資本家の指揮の対象／イ．「価値および剰余価値実現過程」を対象とする2形式のみが成立することになる。ここからは商業資本における資本家の指揮の実質であるこの二つのタイプを、局面2および3として、そこに何が該当するのかを精査してみよう。

　局面2としての、商人的資本家の指揮の機能1が「価値および剰余価値実現過程」を対象として遂行すること、とは具体的に何を意味するのか。1．指揮の一般的機能とは、角谷教授の言う「価値および剰余価値実現のため共同的労働たる商業労働の計画化・指揮・評価の合目的的遂行、という機能」（440〜441ページの引用文より）であり、しかも、社会的労働過程が存在する限りその本性から当然発生するという普遍性、ならびに、一般的機能という性質は到底生じえないものであった。これが、商人的資本家の代理である商業賃労働者の労働に関し、そこには社会的労働過程が存在しえないために「価値および剰余価値実現過程」を対象に遂行することになる。以上より、この局面2としての商人的資本家の指揮とは、一般性を欠いた商業資本に限定された商業活動そのもの、その質的な側面の遂行を意味するのである。では、この局面2には何が該当するのか。このタイプの資本家の指揮には商業活動そのもの以外見出しえない。つまり、指揮の対象である商業賃労働者は質的な意味での商業活動を正に行なっている故に不生産的労働者であり、彼らに対する指揮も不生産的労働となる。あるいは、商業賃労働者と商人的資本家が一体となり質的な側面での商業活動を行なう（つまり、ここでの商人

443

的資本家の指揮は不可欠なものとなる）と解しても、かような商業活動はそもそも不生産的労働であり、これに携わる商業賃労働者と商人的資本家とは両者ともに不生産的労働者となるのである。この種の商人的資本家の指揮の中に労働としての性質を認めた限りではあるが。

　これに対し、局面3として、商人的資本家の指揮の機能／2. 資本主義的生産様式に特有な指揮の機能が「価値および剰余価値実現過程」を対象として遂行することとは、具体的に何を意味するのか。端的に言えば、同じく一般性を欠いた商業資本に限定された商業活動そのもの、但しその量的な側面の遂行、となる。つまり、ここでの商人的資本家の目的は価値および剰余価値実現の最大化であり、そのための商業取り引きの最大化、商業賃労働者から不払労働を可能な限り多く引き出すことに通じるのである。では、この局面3は何が該当するのか、明白であろう。局面3における商業賃労働者に関しては、その労働は本来の特質より不生産的労働であった（局面2）。しかし、このタイプの商人的資本家の指揮により、資本の自己増殖へと強いられている。したがって、局面3における商業賃労働者の労働は、本章第2節で挙げた『資本論』における生産的労働の四番目の定義「生産的労働の資本主義的形態規定②」に該当するのである。また、このような事例における生産的労働を、マルクスは実際に『資本論』第3巻でどのように扱っているのかは、すでに417ページにて触れた通りである。そして、局面3における商人的資本家の指揮は、資本の自己増殖を遂行することにより、マルクスの言う「生産的な機能」を担うのである。

　小括してみよう。以上の3点の局面より商人的資本家の指揮の実質と商業賃労働者の労働を考察してきた。ここでは、産業資本の場合と異なり、商人的資本家の指揮の中に生産的労働と規定しうる部分は一切存在しない。確かに、生産的労働と規定しうる商業賃労働者の労働は存在するが、それ故に商人的資本家の指揮も生産的労働になるのではない。彼は「生産的な機能」を果たすのである。

4-3. 資本家の代理者による指揮のケース

　最後に、資本家に替わり賃労働者である代理者が指揮を行なう場合（資本

第13章　生産的労働・不生産的労働論と資本家の指揮の実質について

家の指揮のすべてを代位するものとする)、何が該当するのであろうか。これまでの考察より以下のように簡単に記述することで足りるであろう。また、産業資本における代理者のケースのみで十分であろう。

産業資本における資本家に替わり代理者がすべての指揮を担うわけであるから、すでに4-1. で挙げた資本家の指揮（Leitung）タイプ a・b・c のすべてを代理者が遂行することになる。

このうち、タイプ a において資本家自身の指揮にさえ生産的労働（『資本論』での定義「生産的労働の本源的規定②」）と規定しうる性質を見出した。このタイプ a を代理者が遂行するのであるから、ここでの彼の指揮という活動は生産的労働であると当然ながら結論づけられる。

これに対し、タイプ b および同 c においては、そこでの労働者は生産的労働（『資本論』での定義「生産的労働の資本主義的形態規定①」）を遂行していたが、資本家の指揮は生産的労働ではなく、「生産的な機能」に該当するのであった。そこで、代理者が資本家に替わり担うのは搾取を図る「生産的な機能」なのであり、彼自身が生産的労働者になるのではない。すなわち、この場合代理者が賃労働者であろうが、そこに労働としての性質は見出しえないのである。

人名索引

●——あ行

浅野敏　ⅱ, 5-8, 102-107, 201

アダム・スミス　110, 111, 342, 422

アンドルー・ユア　215, 323, 346, 403-405

井田喜久治　295

●——か行

金子ハルオ　412, 413, 415, 416

川端久夫　303, 304, 306-308, 407-412, 435

木元進一郎　303, 305-308, 407

小西一彦　296-299

●——さ行

角谷登志雄　ⅱ, 76, 77, 95-102, 303, 309-311, 313-315, 317, 321, 408-411, 434, 439, 440, 443

●——た行

土屋守章　122

●——な行

中川誠士　74

浪江巌　138

● ────は行

馬場克三　137, 138, 407

不破哲三　344, 351, 420

ベックマン（Johan Beckmann）　248, 250-253, 255, 257, 260

星野芳郎　248-253, 255-260

● ────ま行

牧野広義　341

三宅義夫　420

森廣正　295

森下二次也　296, 297, 299

事項索引

●────あ行

新たに必要とされる労働者の個人的特性　236, 237, 240, 247

●────か行

下降法・上向法　11, 22

課題1　47, 74, 76, 261, 264, 272-274

課題2　48, 75, 76, 262, 273, 274

課題3　48, 75, 76, 262, 267, 273, 274

価値および剰余価値実現過程　317, 321-325, 441-444

監督賃銀　87, 90, 91

管理（Kontorlle）　45-48, 67, 75, 77, 118, 120, 143, 144, 262, 267

（資本主義的）管理の二重性　i, ii, iv, 4, 5, 30, 31, 77, 78, 81, 83-85, 91, 92, 94, 95, 98, 99, 101, 102, 104-106, 109, 120, 122, 138-141, 154-157, 159, 169, 171-174, 179, 183, 198-200, 267, 272, 275, 276, 411, 418, 436, 437

　　資本家の指揮の二重性　200, 266, 277, 301, 315, 322, 325, 334, 337, 376, 418

　　実際に行使されうる資本家の指揮（Leitung）の二重性　200

　　Leitungにおける指揮機能の二重性　200, 315, 316, 340, 418

企業者利得　86, 88-92

技術学（Technologie）　232, 237-241, 243-248, 250-253, 258, 260, 344, 345, 347, 348

　　一般技術学　250-253, 260

　　特殊技術学　250-252, 255, 260

機能資本家　86, 89-94, 156, 157

（第9節）教育条項　223, 228-230, 233, 239, 241, 243

協業一般カテゴリー（協業一般）　iii, 101, 102, 111-115, 120, 122, 127, 128, 132, 139, 150, 151, 154, 155, 159, 161, 163, 167, 171, 272, 302, 339, 340, 352, 418, 438, 441

協業の二重性　132, 134, 139, 140, 160-162, 167, 198, 264, 266, 272
協業論　ii, iii, iv, 81, 109, 121, 122, 196, 272, 273, 275
具体的なものの再生産・発展諸形態　14, 16, 17, 19, 21, 22, 27, 80, 134, 142, 179, 206
経済学的諸範疇の順序・配列　11, 12, 14, 15, 17, 19-21, 25, 26, 29, 72
経済学批判（1861-1863年草稿）　116, 328, 329, 344, 348, 349, 352, 356, 361, 364, 368, 375, 378, 419-422, 431
　　経済学批判（1861-1863年草稿）前期分　328, 329, 344, 357, 358, 364, 375, 376, 378, 381, 400
　　経済学批判（1861-1863年草稿）後期分　328, 329, 344, 362, 364, 366, 381, 402
個別資本理論　4, 5, 31, 83, 95, 104, 105, 109
困難な問題／困難な点　282-293, 296-299, 301, 302, 325, 326
　　bおよび（bにたいする利潤）　286, 288-292, 297, 298, 301, 302

●────さ行

指揮（Direktion）　iv, 101, 102, 147, 149, 162, 163, 170, 177, 178, 197-199, 206, 216, 267, 272, 273, 302, 322, 324, 340, 351, 352, 359, 374, 375, 418, 438, 439, 441
　　指揮者（Musikdirektor）　148, 149, 154, 155, 159, 163, 170, 171, 175, 177, 199, 338, 340, 353, 375, 438
指揮権（Kommando）　iv, 43, 45, 46, 48, 75, 77, 78, 80, 118, 131, 142, 144-147, 149-163, 165, 168-171, 179, 188, 189, 200, 206, 262, 267, 272, 273, 302, 332, 334-341, 343, 344, 349, 353, 356-359, 361, 362, 365, 375-378, 381, 384, 397, 399, 400, 418
　　資本家の指揮権（Kommando）　147, 149, 150, 158, 160, 162, 170, 188, 340
指揮の一般的機能　174-178, 183, 198, 199, 216, 302, 315, 320-322, 405, 418, 437, 438, 441, 443
（資本家による・資本家の）指揮の実質（具体的な内容）　iii, iv, 81, 92, 94, 99, 159, 168, 173, 181, 184, 197-199, 205, 213, 215, 225, 227, 228, 243, 264, 267, 273, 302, 316, 318-320, 322, 327, 336, 345, 347, 356, 375, 376, 381, 401, 407, 408, 436-438, 440, 442-444
指揮の二重性　140, 160, 162

指揮論　ii, iii, iv, 275, 316, 327, 333, 343-345, 365, 372-377, 379, 382, 401

実際に資本家が指揮を行なう事態　142, 150, 151, 158, 163, 418

資本家により指揮される対象（「指揮される生産過程そのもの」）　175, 186, 302, 315-317, 319, 437, 441-443

資本家のある行為　368-370, 372-374, 376, 377, 382, 383, 401

資本家の指揮（Leitung）・指揮者（Leiter）　iv, 148-162, 164, 166, 168, 170-177, 183, 184, 188, 189, 198-202, 205, 206, 238, 266-268, 272, 273, 277, 301, 302, 320, 325, 334-336, 338, 340, 341, 347, 353, 355-359, 365, 366, 372-378, 381, 382, 384, 389, 393, 397, 398, 401, 405, 418, 419, 439

　　実際に行使される資本家の指揮（Leitung）　157-159, 161, 163, 164, 168, 170-173, 187-189, 198, 340

資本家の指揮概念の独特な展開　139, 157, 160, 161

資本家の指揮（Leitung），タイプa　176, 183, 197, 199, 216, 302, 320, 323-325, 405, 438, 439, 445

資本家の指揮（Leitung），タイプb　179, 182-184, 199, 215, 217, 302, 320, 323, 439, 445

資本家の指揮（Leitung），タイプc　iv, 183-185, 187, 189, 192-198, 201, 202, 204, 205, 213, 216, 217, 220, 222-225, 227, 228, 232, 233, 238-241, 243, 246, 264, 266, 268, 270, 273, 274, 302, 320, 323, 324, 405, 439, 445

資本家の指揮の性質（資本家の指揮の機能）　175, 198, 200, 302, 316, 319, 437, 441-444

資本関係の発展／「礎石は完成している」　347, 351, 365, 366, 373, 377, 378, 382-384, 389, 396-400

資本主義的協業　113-118, 122, 126-134, 139-141, 145-147, 150, 157, 161, 164-170, 188, 189, 196, 272

資本主義的経営の成立（形成）　ii, 81, 109, 132, 133, 141, 196, 264

資本主義的生産様式に特有な指揮の機能　174, 179, 180, 183-187, 189, 194, 198, 200, 201, 203, 215, 216, 243, 264, 302, 315, 320-322, 405, 418, 437, 439, 441, 443, 444

資本の神秘化（論）　368, 369, 371-374, 376-379, 382-384, 387-389, 391-401, 423, 426, 432, 433

資本のもとへの労働の形式的包摂　i, ii, 327, 329-332, 335, 336, 338, 342, 343, 346, 347,

349-352, 355, 357-362, 364-367, 370, 371, 373-378, 381-385, 389, 394, 397, 398, 400, 423

資本のもとへの労働の実質的包摂　i, ii, 327, 330-332, 336, 342, 343, 346, 350-352, 355, 359, 360, 362-367, 373, 374, 376-378, 381-386, 389, 394, 397, 398, 400

社会的分業（社会の内部における分業）　i, 110, 122-124, 227-231, 233, 234, 237, 239, 240, 243

社会の内部における分業についての新たな原則　234, 237, 240, 247

商業賃労働者　281-285, 289, 291-294, 298, 301, 316, 318, 320, 322, 323, 417, 442-444

「──商業的部門をまったく度外視すれば──」　275, 277, 281, 293-295, 301, 303, 325, 326

商業利潤　277-279, 282, 291, 292, 301, 417, 442

商人的資本家の指揮（商業資本における資本家の指揮）　294, 295, 301-303, 308, 309, 313-318, 320-325, 436, 440, 442-444

商人一人のみの資本（商人一人だけの資本）　280, 293, 294, 318, 320, 325, 442

剰余価値に関する諸学説／『剰余価値学説史』　328, 413, 416, 419-423, 425, 427, 428, 431-433, 435

（形式的包摂と実質的包摂に関する）諸概念の連鎖　327, 377, 379, 383, 384, 386, 387, 389, 393, 397, 398, 400

（労働者のための）職業と技術に関する各種の専門的学校　237, 238, 240, 241, 247

職場内分業　110, 119, 134

叙述の仕方・研究の仕方　25-30, 206

生産的な機能　434-436, 439, 442, 444, 445

生産的労働　iv, 407-413, 415-436, 438, 439, 442, 444, 445

生産的労働の本源的規定（〃①）（〃②）　415, 416, 418, 425, 428, 438, 439, 445

生産的労働の資本主義的形態規定（〃①）（〃②）　415-418, 426, 428, 429, 439, 444, 445

●───た行

第一の表現・第二の表現　216, 221, 322, 404

第一の道・第二の道　12-22, 24, 25, 27-30, 80, 205

第6章. 直接的生産過程の諸結果／『直接的生産過程の諸結果』　329, 353-355, 364-367, 375-379, 381-383, 389, 391, 398, 400-402, 413, 416, 419, 421, 423, 425, 427, 428, 430-433

第13章. 資本家の指揮（Leitung）タイプcのA系統〔経営内分業〕　227, 228, 231, 232, 235, 238-241, 243, 245, 246, 269

第13章. 資本家の指揮（Leitung）タイプcのB系統〔社会的分業〕　227, 228, 230, 233-235, 238-240, 243, 244, 246, 247

ただ一人の労働者　39, 40, 43, 46-48, 54-64, 67, 68, 72, 73, 145, 157, 179, 180, 262, 415, 418

単純協業　113, 115, 119, 122-129, 131-134, 139-141, 150, 154, 158, 160, 161, 163, 164, 166, 168, 170, 186, 187, 192, 194, 197, 202-204, 264, 272, 323, 340, 343, 348

独自に資本主義的な生産様式　335, 336, 351, 352, 361, 362, 365-367, 370, 372-374, 377, 382, 384-389, 393, 397, 398, 423, 425

●────は行

批判（的）経営学　207, 295, 408, 412

不生産的労働　407-413, 416, 418-422, 426, 427, 429, 431-433, 442-444

●────ま行

マニュファクチュア的分業（マニュファクチュア内部の分業）　i, 119, 128, 129, 132, 134, 167, 187, 189, 190, 192-196, 202, 225-226, 229, 425

マルクスの課題1　49, 75, 76, 262, 267-269, 273, 274

マルクスの課題2　49, 76, 262, 268, 270, 273, 274

（資本家の指揮の）三つのタイプ　175, 199, 205, 267, 320, 437, 438, 445

著者紹介

藤原 直樹（ふじわら　なおき）

1960年　静岡県焼津市に生まれる
1984年　九州大学経済学部卒業
1989年　九州大学大学院経済学研究科博士課程単位取得退学
　　　　日本学術振興会特別研究員（PD）を経て
1991年　大分大学経済学部助教授
現　在　大分大学経済学部教授

専攻：経営労務論

業績

「西ドイツにおける経営内キャリア形成の可能性（1）〜（7）」、『大分大学経済論集』第43巻第5号（1992.1）〜第49巻第2号（1997.7）所収。
「カール・マルクス『資本論』「管理の二重性論」再論〔1〕〜〔9〕」、『大分大学経済論集』第60巻第4・5号（2009.1）〜第64巻第3・4合併号（2012.11）所収。「『資本論』「管理の二重性論」再論、補遺〔1〕〜〔5〕」、『大分大学経済論集』第65巻第2号（2013.7）〜第67巻第4・5合併号（2016.1）所収。その他。

『資本論』の経営理論
――協業論と指揮論の構築をめざして――

2018年11月1日　第1版第1刷発行

著　者　藤原直樹
発行者　橋本盛作
発行所　株式会社 御茶の水書房
〒113-0033 東京都文京区本郷5-30-20
電話　03-5684-0751

Printed in Japan ／ ©FUJIWARA Naoki 2018　　印刷・製本／東港出版印刷

ISBN978-4-275-02096-3　C3033

『ローザ・ルクセンブルク選集』編集委員会編（代表：保住敏彦・小林 勝）

ローザ・ルクセンブルク経済論集 以下続刊

（価格は税別）

第一巻 資本蓄積論
　［第一分冊］第一篇 再生産の問題　小林 勝 訳
　菊判　二〇四頁　価格 三八〇〇円
　［第二分冊］第二篇 問題の歴史的叙述　小林 勝 訳
　菊判　二四〇頁　価格 五六〇〇円
　［第三分冊］第三篇 蓄積の歴史的諸条件　小林 勝 訳
　菊判　二三二頁　価格 四二〇〇円

第二巻 資本蓄積再論
　〈未 刊〉

第三巻 ポーランドの産業的発展　バーバラ・スキルムント　小林 勝 訳
　菊判　二六二頁　価格 四五〇〇円

第四巻 経済学入門　保住敏彦・久間清俊・梅澤直樹・柴田周二・二階堂達郎　桂木健次 訳
　菊判　八四〇頁　価格 一〇八〇〇円

増補改訂版 クラーラ・ツェトキーン——ジェンダー平等と反戦の生涯　伊藤セツ 著
　菊判　一五〇〇頁　価格 一五〇〇〇円

21世紀の『資本論』——マルクスは甦る　岩崎信彦 著
　菊判　三六〇頁　価格 三七〇〇円

フェミニズムと経済学——ボーヴォワール的視点からの『資本論』再検討　青柳和身 著
　A5判　六五八頁　価格 六六〇〇円

御茶の水書房
（価格は消費税抜き）